济宁
社科之声

（第一辑）

中共济宁市委宣传部
济宁市社会科学界联合会 ◎主编

人民日报出版社
北　京

图书在版编目（CIP）数据

济宁社科之声．第一辑 / 中共济宁市委宣传部，济宁市社会科学界联合会主编．—北京：人民日报出版社，2024.3

ISBN 978-7-5115-8197-6

Ⅰ．①济…　Ⅱ．①中…　②济…　Ⅲ．①社会科学－文集　Ⅳ．①C53

中国国家版本馆 CIP 数据核字（2024）第 061582 号

书　　名：济宁社科之声．第一辑
　　　　　JINING SHEKE ZHI SHENG.DI-YI JI

作　　者：中共济宁市委宣传部，济宁市社会科学界联合会

出 版 人：刘华新
责任编辑：周海燕　马苏娜
封面设计：元泰书装

出版发行 人民日报出版社
社　　址：北京金台西路 2 号
邮政编码：100733
发行热线：（010）65369509　65369527　65369846　65363528
邮购热线：（010）65369530　65363527
编辑热线：（010）65369518
网　　址：www.peopledailypress.com
经　　销：新华书店
印　　刷：三河市嘉科万达彩色印刷有限公司
法律顾问：北京科宇律师事务所　（010）83622312

开　　本：710mm×1000mm　1/16
字　　数：405 千字
印　　张：24
版　　次：2024 年 4 月第 1 版
印　　次：2024 年 4 月第 1 次印刷
书　　号：978-7-5115-8197-6
定　　价：88.00 元

目录

凝聚奋进伟力　做好科技强国排头兵

高　琰

2022 年 10 月 16 日，中国共产党第二十次全国代表大会隆重召开。党的二十大报告是新时代十年伟大变革深刻昭示未来的郑重宣示——过去五年和新时代以来的十年，在党和国家发展进程中极不寻常、极不平凡，牢牢把握新时代十年伟大变革对于科技工作来说具有重要意义。要勇立科技创新的潮头，凝心聚力跟党走，踔厉奋发勇担当。

一、凝聚奋进伟力，做好科技强国排头兵

习近平总书记在党的二十大报告中强调，必须坚持科技是第一生产力、人才是第一资源、创新是第一动力，深入实施科教兴国战略、人才强国战略、创新驱动发展战略，开辟发展新领域新赛道，不断塑造发展新动能新优势。

（一）从我做起，强化理论学习，坚决拥护中国共产党领导

党的十八大以来，党所面临形势环境的复杂性和严峻性、肩负任务的繁重性和艰巨性世所罕见、史所罕见。习近平总书记以马克思主义政治家、思想家、战略家的恢宏气魄、远见卓识、雄韬伟略，团结带领全党全军全国各族人民有效应对严峻复杂的国际形势和接踵而至的巨大风险挑战，以奋发有为的精神把新时代中国特色社会主义推向前进。10 年来，在习近平总书记掌舵领航下，在习近平新时代中国特色社会主义思想科学指引下，我们采取一系列战略性举措，推进一系列变革性实践，实现一系列突破性进展，取得一系列标志性成果，攻克了许多长期没有解决的难题，办成了许多事关长远的大事要事，经受住了来自政治、经济、意识形态、自然界等方面的风险挑战考验，党和国家事业取得历史性成就，发生历史性变革。作为党员和科技工作者，要认真学习党章和党的二十大报告，不断加强学习，立足本职工作，把思想和行动统一到二十大精神上来，发挥党员先锋模范作用，做到忠诚履职尽责，用心做好本职工作。

（二）信心满满，实施科教兴国，塑造科技发展新动能

人才是第一资源，习近平总书记在党的二十大报告中强调，深入实施人才强国战略。坚持尊重劳动、尊重知识、尊重人才、尊重创造，实施更加积极、更加开放、更加有效的人才政策。这些年，党和国家大力弘扬劳模精神、劳动精神和工匠精神，让一线的劳动者更有动力，一系列人才激励政策的实施，让技能人员的成长道路更宽。未来规划实施横向课题拓展、自主知识产权培育等计划，培养出一批行业知名的专家和培训师，服务山东新旧动能转换。

创新是第一动力，习近平总书记在党的二十大报告中强调，加快实施创新驱动发展战略。加快实现高水平科技自立自强。以国家战略需求为导向，集聚力量进行原创性引领性科技攻关，坚决打赢关键核心技术攻坚战。营造有利于科技型中小微企业成长的良好环境，推动创新链产业链资金链人才链深度融合。未来进一步深化校企深度融合，实施校企高层次项目培育、精品科技创新成果培育等项目，引入国外相关领域的先进技术为我所用，形成"产学研用"紧密结合的专业发展特色。奋进新征程，我们将持续努力，为增强我国自主创新能力做出更大的贡献。

（三）积极进取，强化使命担当，推动党的二十大精神落地生花

新时代新征程，我们一定要有新气象新精神新作为。首先要想做事，习近平总书记指出："干部干部，干是当头的，既要想干愿干积极干，又要能干会干善于干，其中积极性又是首要的。"时刻想着自己是一名共产党员，时刻不忘记对党应尽的义务和责任，想方设法干好自己的本职工作。其次是善于做事，习近平总书记强调，"人心是最大的政治"。新的历史条件下，必须以习近平新时代中国特色社会主义思想为引领，把党的二十大精神与省、市各项要求结合起来，自觉在思想、目标、任务、举措上与党的二十大精神对标对表、调整完善、制定新的更高的标准，把党的二十大精神贯穿工作的各环节、各方面、全过程，结合工作实际，认真思考谋划。把党的二十大精神带到科研、教学和生产的一线，让科技攻关、教育教学和成果转化更加精准高效。

二、深化校地合作，加快高校科技成果转化

为深入贯彻党的二十大精神，坚持创新驱动战略，发挥政府和市场双轮作用，作为科研工作高地的高校，需创新校地协同机制，构建协同创新平台，加大转化资金投入，激活科技成果转化引擎，消除科技成果转化梗阻，走出一条

校地协同创新之路。

（一）建立校地协同创新制度，激活科技成果转化引擎

提高科技成果转化率，既要求科研机构和企业通过深化改革建立起科技与经济有效结合的微观机制，又需要政府通过转变职能建立起科技与经济有效结合的宏观机制。科研人员的研究成果要得到顺畅转化，跨越科技成果转化的"死亡之谷"，需要创新校地协同制度，赋予科研单位更多的自主权，加大科技开发人员的奖励力度，充分调动科研人员、成果转化服务人员的积极性，激活成果转化引擎。目前济宁市已出台了《关于实施创新驱动发展战略加快创新型城市建设的意见》《促进国内外高校院所在蓉协同创新的若干政策措施》等制度，努力打破校地协同创新促进科技成果转化的种种藩篱，加大科技人员成果转化收益，提高科研人员科技转化的积极性。还应出台相关政策，鼓励高校和科研院所将科技成果转化纳入科技工作者职称评定、岗位考核、绩效奖励等范围，充分调动科研人员成果转化的积极性；应出台允许科技研发人才离岗创业促进科技成果有效转化的政策，让高校和科研院所科技人员，尤其是有创新力、领导力的"双肩挑"科技人员能够放开手脚，无后顾之忧地离岗创办或者领办企业，实现科技成果的有效转化。

（二）建立校地协同创新平台，探索科技成果转化路径

由于协同创新市场化服务滞后，科技成果供求信息不对称，导致高校科研院所科技成果要么缺乏产业化、市场化属性，要么经鉴定后束之高阁，没有发挥出应有价值。针对以上问题，一是优化校地协同创新促进科技成果转化的市场化环境，建立校地协同创新平台，建立产、学、研、用一体化科技城，集聚高素质科研队伍，探索促进科技成果转化的有效路径。济宁市的创新思路是一方面实施"请进来"战略，主动与市外知名高校进行战略合作，共建校区或研究院，对接人工智能、生物医药、金融、半导体等济宁支柱产业或新兴产业促进产教融合。另一方面用好在济高校资源建立智慧区载体，共同打造前沿科技产业研究院，创新创业示范基地和校地科技成果转化中心。二是加强科技成果转化"一站式"服务中心、创新创业孵化和中介体系建设，给科技成果供给方和科技成果需求方提供信息对接，解决科技成果后期转化中试等环节。校地协同创新促进科技成果转化，需要进一步完善创业孵化、知识产权、资源共享、科技金融、政策法规咨询等综合服务载体。比如，一方面加快建设学院科技成果转化服务中心和创业孵化中心，打造众创空间，孵化创新创业团队，为促进

科技成果落地转化提供帮助。另一方面，加快建设科技成果转化中介服务体系，搭建和壮大知识产权交易平台，促进知识产权成果进场交易，支持知识产权成交后尽快产业化，促进科技成果有效有序转化运用。

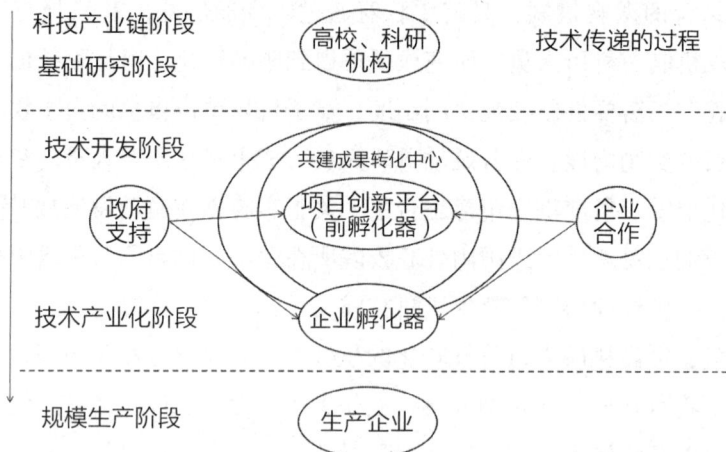

图1　校地共建成果转移中心在产业链上的定位

（三）建立校地协同创新基金，消除科技成果转化梗阻

一项科技研发成果从立项研发到后续中试，从应用推广到成果量产，是一条多环节创新链条，每一个环节都需要资金支持。如果缺少资金支持，科技成果难以顺畅转化。为提高科技成果转化率，应建立科技财政稳定增长机制，加大对科技成果转化的专项投入，加强科技金融服务，降低相关机构科技成果转化风险，引导社会资金、金融资本和企业资金流向科技成果转化。一是出台财政支持政策，扶持校地协同创新工程，建立校地协同创新资金，共建产业创新战略联盟和研发平台，引培重大科技项目，并努力实现量产。二是出台税收优惠政策，对创业苗圃、孵化器和加速器等校地协同创新基地进行税收优惠减免。三是出台金融引导政策，发展科技金融组织，整合金融资源，构建科技银行体系、科技保险体系、科技创投体系、科技担保体系等多层次金融服务机构，引导社会资金流到科技成果转化中来，强化校地协同创新，促进科技成果转化。

三、知识产权赋能技术技能，增强社会服务能力

在经济全球化背景下，知识产权在促进经济发展和提升产业核心竞争力方

面的地位和作用日益显著，知识产权已成为创新驱动发展的促进器，既可以将产业和企业的创新、研发、制造、营销等有效联结起来，引领高新技术产业发展，又能够推动传统产业转型升级，强化社会服务能力建设。

（一）搭建多种类型创新载体，夯实技术技能积累和社会服务能力

创新政校企共同成立济宁知识产权学院，深化产教融合，联合培养高素质知识产权管理和服务人员，为企业提供"一站式"成果转化、技术凝练、高价值专利规划、短期培训服务；深挖企业需求，按需设置各类科研创新平台，以"知识产权学院"为载体，实现政、校、企、行的深度融合，依托载体，根据不同的服务类型，建立中国科协企业服务中心、众创空间、科技企业孵化器、大师工作室、科技成果转移转化中心等多类型"协同创新服务平台"，在二级学院建立企业协同创新中心，夯实校企合作的基础，二级专业学院与企业互聘专家学者，邀请企业专家学院开堂授课，同时对企业提供培训等内涵提升服务。

（二）创新"知识产权赋能企业"的路径，开展高质量的社会服务工作

为使校企合作不流于形式，更为精细化和专业化，需创新"知识产权赋能企业"的社会服务路径。经过多番尝试发现，由不同专业不同特长的教师建立重点企业服务团队对企业提供精准技术服务是一个解决方案，通过"外引内培"进行团队建设工作，不同团队之间既有共性的服务模式又有专业和领域的区别，每个团队统一具有培训、成果凝练、人才培养等共同职能，也根据不同的企业需求提供数字孪生系统开发、危化安全检测系统部署等定制服务。按照调研成熟一个建设一个的模式和方法，组织教师启动对规模以上企业的多轮调研，指导二级学院建立多个企业服务团队。每个服务团队根据自己的特长，以横向课题的形式，不定期为企业提供成果凝练、技术改良、项目申报等多种服务。各个服务团队、各地分中心在校企合作的工作中都导入知识产权元素，将科技成果转化、技术转移与知识产权管理紧密对接，做到研究开发与专利保护相同步，科技成果转移与专利运营相同步，使知识产权为科技创新、成果转化保驾护航。针对企业主营业务进行区分，按师生专业精准对接服务企业，为企业打造和战略产品技术密切相关的知识产权库和商标库，提升软实力。汇聚政府资源，依托各类奖补资金，承接政府成果转化、高价值专利培育等工作，对优质企业进行滚动支持，破解校企合作"一头冷一头热"困局。同时将企业真实的生产案例、企业文化、企业管理制度等全面引入教学，为教师学生提供真实的职场工作氛围，利用项目反哺教学，按照服务类别构建对外服务资源包及对内教学典型案例集，实现教师、学生的科研能力和职业技能的双提升。

（三）建立多模式特色产业学院，丰富高职院校技术技能积累的实践形式

校企合作共建产业学院不仅能够将学校打造成资源集聚地，还能为技术技能积累提供创新驱动平台，同时能够在促进校企资源共享的基础上服务企业发展。通过系列举措深化产教融合、校政企合作，建立多模式特色产业学院，通过与龙头企业、产业园区，以及国内知名高校和研发机构合作，对接区域战略性新兴产业、高端装备制造业、现代服务业，将实习实训搬到产业发展的一线，将人才培养需求交到地方政府手里，培养出大批真正契合地方经济社会发展的高素质技术技能人才，有效促进产业快速发展、创新发展、科学发展，为建设一流的职业教育体系、一流的行业龙头企业等提供智力支撑和人才保障。产业学院既能够为企业提供技术支持、管理咨询、项目设计等服务，有效解决企业面临的实际问题，还能丰富院校技术技能积累实践形式，提高学校社会服务能力。

（作者单位：山东理工职业学院）

参考文献：

[1]萧建秀，王晓辉.高校、科研机构科技成果转化中存在的问题和对策[J].中国经贸导刊，2018（11）.

[2]郭海轩.高校科技成果转化的现状分析[J].科技经济市场，2019（04）.

[3]童金杰.高校和科研院所科技成果转移转化面临的问题及对策研究——以江西为例[J].科技广场，2018（03）.

[4]程君青.高职学生创新创业教育网络平台构建[J].中国教育技术装备，2019（06）.

[5]庄怡萍.高职院校产教融合信息化发展策略研究[J].常州信息职业技术学院学报，2021，20（06）.

[6]竹丽，许桂芳.校企深度融合下的高职院校现代学徒制人才培养模式探索[J].产业与科技论坛，2016（15）.

全面推进乡村振兴背景下
济宁市推动"五大振兴"的实践探索与路径选择

管 馨

党的二十大对全面推进乡村振兴做出了深刻论述和全面部署,进一步强调,"加快建设农业强国,扎实推动乡村产业、人才、文化、生态、组织振兴"。这是以习近平同志为核心的党中央着眼全面建成社会主义现代化强国作出的战略部署,为新时代新征程农业农村现代化指明了前进方向,提出了全面推进乡村振兴的重大任务。

近年来,济宁市立足农业农村发展基础特点和优势条件,推动产业、人才、文化、生态、组织"五大振兴",着力打造鲁南农业高质量发展先行区、乡村振兴齐鲁样板引领区,乡村经济社会发生积极深刻的变化,走出了乡村振兴的"济宁路径"。

一、济宁市推动"五大振兴"的实践经验

济宁市坚持农业农村优先发展,统筹推动"五大振兴",在打造乡村振兴齐鲁样板引领区方面取得重要阶段性成效。

(一)构建现代乡村产业体系,乡村产业发展实现新跨越

1. 紧抓"两个要害",夯实粮食安全根基

耕地是粮食生产的命根子,种子是农业的"芯片",只有把这两个要害抓住了,才能从根本上确保粮食安全。据农情调度,2022年全市秋粮应收获面积596.54万亩,较去年增加10.04万亩,粮食产量稳定在97亿斤以上。紧抓田作物管理,整地和播种质量显著提高,基本实现了苗全、苗齐、苗匀、苗壮的目标。2022年建设87万亩高标准农田,基本实现高标准农田全覆盖。创新一体化种业振兴路径,一是"育"出"好种子",创建国家大豆育种重点实验室,与研院所开展"政产学研用"合作。二是"繁"出"好苗子",以规模以上种子企业发展,带动农业合作社开展标准化育种繁育。三是"推"出"好牌子",

创立"互联网＋种业"的营销模式，开展种子技术推广工作。

2. 坚持"一县一业"，培育优势特色产业

坚持以工业化思维和市场化手段发展农业，以"一县一业"培育特色主导产业，制定启动实施产业振兴助企攀登，对 120 家包保企业要素需求进行摸底，并汇编成册推送至相关业务单位。重点打造"1352"农业全产业链特色集群，新增市级以上农业龙头企业 30 家，销售收入过 50 亿元的企业达到 6 家以上。

3. 实施质量兴农，提升农业品牌知名度

2022 年取得全国第三批、全省唯一一个国家农产品质量安全市创建资格，11 个县市区全部成功创建省级以上农产品质量安全县。7 个农产品品牌入选"好品山东"目录、居全省第 1 位。

4. 创新金融支农，实施"按揭农业（畜牧业）"模式

积极探索"按揭农业（畜牧业）"模式，优选 156 名金融挂职副镇长，有效解决金融助农"最后一公里"问题，重点建设了新闻报经营风险信贷邹城市中心店镇草莓小镇等按揭项目，有效破解了"融资难融资贵"问题。

（二）创新乡村人才引育机制，乡村人才队伍激发新活力

1. 以"乡村合伙人"模式多渠道引进人才

济宁作为全省"乡村振兴合伙人"工作试点市，吸引各类人才通过创办企业、集体组团、知识技术入股三种方式进行合伙，解决了乡村产业升级、农业成果转化等技术难题。目前，济宁市县两级已经招募 510 名乡村振兴合伙人，落地实施 460 个项目，解决 3.2 万余人就业。

2. 开展多层次培训提升乡村人才素质

与清华大学共建乡村振兴工作站 2 个，成为全国第 2 家"一市双站"城市。启动实施济宁市基层医疗卫生服务能力提升三年攻坚计划。积极开展劳动力职业技能提升和高素质农民培训，其中培训复合型农业人才 7950 人、新型职业女农民 1.5 万人、高素质农民 2.6 万人次。

（三）注重思想强农文化育农，乡村文化振兴彰显新特色

1. 注重思想强农，创新文明实践"五堂模式"

以推进中华优秀传统文化"两创"为契机，打响"习语润儒乡"宣讲品牌。将新时代文明实践中心打造成为习近平新时代中国特色社会主义思想宣传的重要载体。2022 年全市建成新时代文明实践中心 14 个、所 156 个、站 4117 个，创新文明实践"蒲公英夜（讲）堂""儒学讲堂""幸福食堂""雏鹰课

堂""结婚礼堂"五堂品牌模式。

2.注重文明育农，加强移风易俗专项治理

以县（市、区）为基本治理单元，制定推进移风易俗重点领域突出问题专项治理工作实施方案，深入发挥村民自治作用，开展村规民约制度修订，充实婚事新办、丧事简办、孝亲敬老等内容，以家风建设为重点，广泛运用积分制等乡村治理有效方式，引导发动农民群众制定相应激励约束性措施。

（四）加强农村环境综合治理，乡村生态振兴取得新成效

1.强化农村人居环境整治

为有序推动农村人居环境整治工作，济宁市颁布了全省第一部《农村人居环境治理条例》。2022年，全市共改造农村厕所109万户，占全省改厕量的1/10。生活垃圾无害化处理的行政村达到100%。开展村庄清洁行动，累计创建省市级美丽乡村示范村800个，连续五年省对市考核居全省第1位。

2.稳步推进农村基础设施建设

联合企业开展行政村生活污水治理，探索"特许经营＋城乡一体"农村污水治理模式，农村公路累计通车里程超过1.94万公里，行政村通硬化路达100%。累计完成农村清洁取暖改造99.6万户。全市农村自来水普及率达到99%，规模化供水率达到95%。

3.强化农业绿色发展与生态修复

实施化肥农药减量增效行动，2021年化肥、农药使用量分别较2020年减少3.3%和5.2%。在全省率先开展养殖专业户粪污处理设施配建，畜禽粪污资源化综合利用率达到93%，高于全省2.9个百分点。金乡县、汶上县造林项目入选黄河流域重点生态修复项目。

（五）提升基层党组织治理能力，乡村组织振兴增添新活力

1.提升基层党组织治理能力

推进乡村组织振兴示范区创建，通过强村帮带、城乡联建、村企共建，打造全域党建联盟，推动优势互补、资源共享和治理模式创新。把自治、德治、法治"三治"结合作为有效途径，严格落实"四议两公开"、民主协商议事等制度。探索优秀传统文化融入基层党建、赋能乡村治理，开展"和为贵"矛盾调处。

2.增强基层党组织政治功能

实施村党组织带头人"四雁"行动，健全"选育管用退"全周期管理机制，市级分类型、全覆盖开展村党组织书记轮训。选聘优秀村党组织书记担任乡镇党委"特聘组织员"。近年来，涌现出"全国先进基层党组织"——泗水县圣水峪镇南仲都村党支部、"微山湖上好支书"孙茂东等先进典型。

二、济宁市推动"五大振兴"面临的主要挑战

当前，济宁市推进"五大振兴"仍然面临基础差、底子薄、发展滞后等一系列问题和挑战，与实现农业农村现代化的目标要求还存在较大差距，主要表现如下。

（一）乡村产业发展面临多种风险

1.稳产保供任务依然艰巨

尽管全市粮食和重要农产品已经实现自给有余，但粮食生产功能区、重要农产品生产保护区稳产保供效应还没有完全发挥，高效特色作物种植结构还需要进一步优化提升，恢复生猪和渔业生产能力的任务还很艰巨。农田基础设施依然薄弱，高标准农田还没有完全实现旱能浇涝能排，农田灌溉水有效利用系数仅有 0.56，农业抗风险能力还有待提升。

2.乡村产业竞争力还需提升

当前，济宁市乡村产业发展面临产业持续发展困难、带动能力弱等问题，究其原因是某些地区发展乡村产业"一厢情愿"较多。一方面，未充分结合地方区位、自然资源禀赋等优势，盲目上马产业项目，导致产业发展"先天不足"，浪费大量产业扶持资金。另一方面，发展乡村产业的基础设施落后、技术短缺、营销手段滞后单一，导致产业发展"后天缺陷"，比如，济宁市"十三五"末，农产品加工业产值与农业总产值之比仅为 1.02∶11。农产品附加值较低，农业生产经营方式相对粗放，农产品质量安全风险增多。

（二）乡村建设人才储备力量不足

当前，乡村建设所需人才面临的问题主要围绕三个方面。第一，全市农业从业人口年龄偏大，受教育程度相对较低。第二，人口外流问题。面临现存劳动力人力资本积累不高、青壮年劳动力外流严重等问题。第三，各领域专业人才缺失。乡村建设对人才的需要是多层次、多样化的，比如农村养老服务，医疗护理等，对乡村人才激励保障机制尚不完善等问题依然突出，乡村医生则面临收入低、行医风险大、养老无保障等问题。

（三）乡村精神文明建设依旧薄弱

当前，济宁市在乡村文化建设面临以下几方面问题。第一，存在一定程度

的道德失范现象。在调研过程中，发现某些地区存在宣扬低俗婚恋观低俗婚闹，索要、炫耀高价彩礼，不履行孝道义务，厚葬薄养；人情往来过多，酒席和仪式互相攀比、铺张浪费等问题。第二，村民文化需求未被满足。文化教育设施的分布还存在与农村实际文化需求脱节的情况，文化设施使用效率普遍偏低，存在明显的供不应求。

（四）现代乡村环境治理仍然滞后

当前济宁市乡村地区地理差异大且分布广泛，综合治理难度大，主要表现在以下方面：第一，人居环境仍有改善的空间。生活垃圾收集处置设施设备缺乏，农村生活污水处理设施不健全，还需建立健全村庄建设管护长效机制。第二，过度使用农药和化肥等问题，导致土壤肥力流失、水土流失、生态链被破坏等生态问题。

（五）基层党组织组织力有待提升

当前，农村基层党组织出现一定程度的虚化、弱化现象，由此引发了政治宣传力不强、党群关系淡化等问题。造成这种现象很大程度是由于乡村"空心化"，农村基层党组织对组织建设有心无力。农村基层党组织建设中往往出现乡村发展所面临的人才短缺问题。农村基层党组织还存在党建的力度不强、基层组织监督体系不完善等问题。

三、全面推进乡村振兴背景下实现"五大振兴"的路径选择

站在新征程新起点，全面推进乡村振兴必须凝聚共识、明确目标，扎实推动乡村产业、人才、文化、组织、生态振兴。

（一）顺应产业发展规律，规划布局乡村特色产业

1.积极拓展农业多种功能

依据自然风貌、孔孟文化、产业特色等资源禀赋，加快建设"农趣民俗体验型""农业科普型"等旅游特色小镇，重点打造邹城"蘑菇小镇"、曲阜"文化国际慢城"农文旅示范区、泗水养生特色小镇、金乡"蒜都小镇"等，开发建设一批研学游、康养、文创等新业态项目，策划包装一批乡村旅游精品线路。在夯实农业基本盘的基础上围绕消费结构升级和需求分化的发展实际，推动农业农村经济向多元融合趋势发展。

2.以智慧农业推动乡村产业创新

当前，要发挥信息技术创新的扩散效应、信息和知识的溢出效应、数字技

术释放的普惠效应，加快推进农业农村现代化。一方面，将大数据、物联网等现代信息技术应用于农业生产全过程，提高农业管理效率和服务能力。另一方面，建立多渠道信息反馈机制。借助数字技术下乡，畅通城乡要素双向流动的渠道，吸引优质电商创新销售模式。

3.挖掘乡村特色产业引导产业优势互补

要探索推广兖州粮食精深加工、泗水生态农业、邹城食用菌工厂化、金乡科工贸一体等特色产业高质量发展的典型模式和体制机制。既要充分发挥乡村头部企业在技术、质量、品牌等方面对行业发展转型的引领作用，还要做强做精乡村小微企业等，引导不同产业组织公平竞争。

（二）重视因"才"施策，创新乡村人才聚集机制

1.加强对本地人才实用技能培训

依据乡村当地特色、各类人才发展需要，构建农村职业教育体系。利用线上网络资源和线下培训基地相结合以优化培育方式，打造多层次复合型乡村人才。建立线下实操培训基地，依托产业园区、家庭农场等平台设立实操点位，增强农民的实践技能。

2.吸引各界人才投身乡村建设

采取"请老乡、回故乡、建家乡"等多种方式，积极做好在外人才的回归动员工作，鼓励社会各类人才投身乡村建设。建立城乡人才合作交流机制，探索通过岗编适度分离等多种方式，推进市直教科文卫体等工作人员定期服务农村。实施村级后备人才"90后"储备工程，落实"N+1"帮带机制。把符合条件的优秀人才发展为党员，把优秀党员培养为村干部。

（三）加强精神文明建设，创新乡村社会治理方式

1.党建引领，助推乡村文化创造性转化和创新性发展

通过运用群众喜闻乐见的语言和形式，开展新时代强农惠农富农等乡村理论的学习，以现代化与本土化双轨道开展乡村思想建设工作。针对乡村出现的道德失范现象应展开宣传引导，采取多种手段鼓励文明祭祀、红白事新办简办等健康文明行为，结合本地实际建立完善村规民约，进一步培育乡村优良家风民风。

2.村民共建，致力于乡村文化创生体系的优化与赋能

乡村建设强调上下联动，从上面来说，从解决农民生产生活中最关心的问题出发，推进建设现代文化服务基础设施，拓展乡村文化活动空间。从下面来

讲，要在深入挖掘乡土情结、地区资源禀赋、耕读文化等优势内核基础上培养农民主体意识，再借助外力的推广宣传，不能生硬地靠外部区塑造，而是因地制宜地发展。

（四）聚焦生态绿色发展，提升乡村可持续发展能力

1. 全域提升农村人居环境

继续开展农村人居环境整治，分类推进农村改厕，对有改厕需求的村庄和农户，因地制宜合理选择改造模式，积极推动农村厕所粪污资源化利用。加强农村垃圾污水治理，实施村庄清洁行动，重点在任城区、兖州区等推进垃圾减量化、资源化处理。同时，进一步健全管护有效机制。

2. 推动农业发展全面绿色转型

第一，以设施蔬菜、大蒜、辣椒、林果等为重点，深入实施化肥农药零增长行动。建立肥料信息发布和咨询平台，实现技术指导服务全方位覆盖。第二，加强污染整治。对于一些可能产生高污染的工业生产企业，可以将其划入产业园区。对于现存的高污染企业，应当责令其整改并承担环境修复的责任。

（五）强化基层党组织建设，夯实党在农村执政根基

1. 健全村党组织领导的村级组织体系

第一，优化提升村党组织带头人队伍。县委书记要当好"一线总指挥"。重点加强村党组织书记培训，打造一支政治过硬、适应新时代要求、具有领导农业强国建设能力的"三农"干部队伍。第二，加大对基层组织的保障力度。落实以财政投入为主的村级组织运转经费保障制度。因地制宜发展壮大村级集体经济，推动成立村党组织领办合作社联盟，持续加大财政扶持发展力度。

2. 健全乡村社会治理体系

构建自治、法治、德治相结合的现代乡村治理体系，提高乡村善治水平。提升农村各类教育服务高质量供给，开展农村法治教育，通过乡村普法宣传等机制提升农民的法治意识、法治理念和法治习惯。夯实德治支撑，讲好乡村故事，将社会主义核心价值观与中华优秀传统文化结合融入乡规民约，通过评选乡村典型引导农民崇德向善，维护乡村德治秩序。

（作者单位：中共济宁市委党校）

论共同信仰视域下的马克思主义
与中华优秀传统文化相结合

丁　旭

在哲学的视野下，信仰，是一个人的完整、一个民族的自觉、一个政党的自主、一个国家自为的尺度与标志。就马克思主义信仰而言，于个人，就是将马克思信仰内化于心，成为真正的马克思主义者；于族群，就是在马克思主义信仰的指引下，成为一个向着现实的幸福奋进的民族；于政党，就是将马克思主义信仰作为自己的旗帜，凝聚民族的心力完成民族的复兴；于国家，则是成为富强、民主、文明的国家。马克思主义作为一种信仰能被中国人民所接受，除了其理论、主义和思想能够真正引导中华民族从一百年的苦难中获得重生之特质外，还和中国的历史文化和中国传统信仰有着密切联系。比如，中华传统文化中蕴含的"天下为公""民为邦本""为政以德"等传统信仰已融入中国人民的生活、生命之中，融入中国人民日常价值观念中，这些传统信仰与新时代中国马克思主义者在执政逻辑和价值追求上存在着共通性。

一、马克思主义作为信仰的确证性

（一）马克思主义是科学和信仰的统一

马克思主义的信仰，是以事实为依据的信仰，是建立在超越现代社会规律基础上的信仰，在唯物史观的理论架构中，去探寻人类解放、幸福何以可能。由此，马克思主义作为一种"信仰"而存在，它标示着对马克思主义所揭示的人类未来幸福生活的向往，这种信仰的现实表达即为"共产主义理想"。正是在这种"信仰"的引领下，中国共产党带领中国人民在波澜壮阔、跌宕起伏的百年奋斗中完成了从站起来、富起来到强起来的历史蝶变。如习近平总书记指出："没有马克思主义信仰、共产主义理想，就没有中国共产党，就没有中国特色社会主义。"①对马克思主义的坚定信仰，是我们革命、建设和改革成功的前提和保障。

马克思主义作为一种信仰，在中国化的过程中无形地隐含着中国本土文化的印记。历代中国人民在追求幸福、自由的过程中，表现出坚强的意志和不朽的精神，这种传统信仰是刻在中国人精神血脉之中的。20世纪初，在中外思想交流激荡的背景下，中国人民最初选择马克思主义，就是因为马克思主义的共产主义、社会主义所蕴含的自由、解放思想，与中国传统的"大同思想"，在自由、平等和对幸福生活的向往，在思想内涵、价值精神在信仰上有着共融性。

（二）马克思主义是理论与实践的统一

马克思主义信仰不同于宗教信仰，本质上是一种科学信仰，彰显的是人本价值立场，凸显的是信仰的人民性，它始终围绕着人类的解放、幸福何以可能等问题展开的，而宗教信仰只是对人类幸福做出虚幻的允诺，恰似虚幻的花朵。由此，马克思说："真理的彼岸世界消逝以后，历史的任务就是确立此岸世界的真理。"②马克思主义信仰追求的恰好是此岸世界，以实际进行的实践活动进行批判与改造，实现人民的现实幸福是它的出发点和价值归宿，从而激活人的主体性，张扬人的主体性，在"此岸"中完成自我超越和自我解放。

在中国的传统信仰中，人们十分注重现实和现世，特别强调"知行合一"，强调在现实的生活实践中去感悟真理。如孔子所说，"君子欲讷于言而敏于行"。这里的"行"体现了儒家对实践的重视。中华优秀传统文化之所以几千年没有中断过，其最大的优点就是有"传"有"统"，在"传"和"统"时空中，把优秀传统文化中蕴含的实践精神形塑，进而内化为中国人的信仰。以此为逻辑，马克思主义的伟大之处就在于它能够和中国的社会实际、文化历史相联系，在中国特色社会主义建设中，既继承了传统优秀基因，又结合时代问题和时代需要，凸显中国特点、中国精神的标识，从而彰显出马克思主义信仰的理论性与实践性于一体的基本特征。

二、马克思主义信仰与中华传统文化相融合的内在机理

（一）天下为公与共产主义：以创新美好社会为终极理想

每个民族都有自己的信仰和价值追求，大同社会是中国古代人的美好愿景。

---

① 习近平谈治国理政（第2卷）[M]. 北京：外文出版社，2017：326.
② 马克思恩格斯文集（第1卷）[M]. 北京：人民出版社，2009：4.

在《礼记·礼运》中道："大道之行也，天下为公。"《礼记·礼运》中描述的大同世界代表了中国古代劳动人民对自由幸福理想社会的渴望，代表着中国历史上进步思想家对这种理想社会的向往。但他们的这种愿景在封建私有制条件下，只存有对彼岸设想和努力，而不存有此岸的基础和条件。但就信仰层面讲，"大同理想"引领着中华传统文化几千年发展的主流和精神方向，是推动中国社会发展和历史进步的深层力量。

实现共产主义和"大同思想"是人类构建理想社会的美好追求，也是马克思主义作为信仰的现实依据。马克思恩格斯在《共产党宣言》中讲道，"代替那存在着阶级和阶级对立资产阶级旧社会的，将是这样一个联合体，在那里，每个人的自由发展是一切人的自由发展的条件。"[①]由此，"自由人联合体"成为追求自由、解放和幸福的中国人民自觉的选择，从而成为人民的信仰。这与"大同思想"设计的没有剥削、没有压迫，人人自由平等的理想社会具有深度契合性。中国共产党赓续了中华文明"天下为公"的精神基因，是矢志不渝地为实现共产主义而奋斗的信仰者和实践者。在马克思主义信仰的指引下，新民主主义革命的胜利，为新中国的成立奠定基础；在社会主义革命和建设时期，中国共产党探索通过发展和完善工业来巩固社会主义制度，为中国人民"站得牢"提供制度保障；改革开放时期，充分发挥市场在资源配置中的作用，使市场与政府的关系相得益彰，为中国人民"富得久"提供了物质基础；新时代，中国共产党人在当代马克思主义的指导下，深入推进改革开放，推动"一带一路"合作共赢，积极构建"人类命运共同体"，继承和发展了"大同理想""天下为公"的人文情怀，为中国人民"强得硬"提供了智慧支持。在中国智慧、中国方案的助力下，真正的"大同社会"一定会在不远的未来实现。

（二）民为邦本与人民中心：以人民现实幸福为价值旨归

从中华文明的发展史来看，"民本"思想在几千年文化发展中一直占有着主导的地位，这种思想主要体现为"民惟邦本"，体现了执政者对民众价值的认识和洞察。"民惟邦本"最早出现在《尚书·五子之歌》，但"民惟邦本"作为一种执政理念，是在殷周时期。夏商时期，纣王曾说："我生不有命在天"（《史记·殷本纪》）。商朝统治者认为权力来自神，神是政治权利来源的合法依据，无视民生和人民的力量，进而走向政权消亡。以商为鉴，周朝统

---

① 马克思恩格斯文集（第2卷）[M]. 北京：人民出版社，2009：53.

治者的执政逻辑开始由"天意"转变为"民意"。他们意识到，只有做到关注民生、体察民情、富民安民，执政者的地位才能稳固，国家才能安稳。但是，在阶级关系对立的私有制社会里，封建"民本"思想的实质就是"畏民"思想。由此可知，中华优秀传统文化的基本精神不是在任何时代、任何条件下都能实现的，但是它能成为一种信仰，一种价值追求，它能鼓舞和激励中华民族不畏困难、不惧挫折奋勇向前。

马克思主义信仰是立足于为全世界无产阶级解放和现实幸福基础之上的。《共产党宣言》明确指出，"过去的一切运动都是少数人的或者为少数人谋利益的运动。无产阶级的运动是绝大多数人的，为绝大多数人谋利益的独立运动"。①彰显了共产党人人民至上、以人民为中心的执政逻辑。毛泽东同志指出："人民，只有人民，才是创造世界历史的动力。"②邓小平同志把解放生产力和发展生产力作为社会主义的历史任务，这种发展主体是"人民"，最终的目标是实现"共富"。党的二十大报告中指出，"为民造福是立党为公、执政为民的本质要求。必须坚持在发展中保障和改善民生，鼓励共同奋斗创造美好生活，不断实现人民对美好生活的向往。"③新时代，以人民为中心不是一个美好的概念，而是体现在中国特色社会主义伟大实践中。由此，生产力的不断提升，人民对美好生活的向往不断实现，是新时代"民本"思想的最美表达，构建人类未来生活的自由存在状态，即美的生活，这便是"马克思主义信仰"的真正指向。

（三）为政以德与以德为先：以政治道德统一为价值目标

在中华文明中历来就有"以吏为师"的传统。孔子说："为政以德，譬如北辰，居其所而众星共之。"（《论语·为政》），体现了以儒家为代表的中华优秀传统文化重德在施政中的作用，也体现出在传统信仰中，对实现政治与道德完美融合的一种探索和追求。孔子认为，高尚的品德是"治国""平天下"的前提，同时，执政者良好的品德对于匡正民风、政风有着很强的感召力。他说："君子之德风。"（《论语·颜渊》）君子的德行像天降雨露、春风化雨一般影响着大众，也就说，君子无论是做人还是为政，都是出乎其类、

---

① 马克思恩格斯文集（第 2 卷）[M]. 北京：人民出版社，2009：42.
② 毛泽东选集（第 3 卷）[M]. 北京：人民出版社，1991：1031.
③ 高举中国特色社会主义伟大旗帜　全面建设社会主义国家而奋斗——在中国共产党第二十次全国代表大会上的报告 [N]. 人民日报，2022-10-26.

拔乎其萃、得乎其位的优秀人才。

新时代，党员干部的修养和形象对匡正民风、引领风尚的重要性得到进一步强化。在培养干部方面，习近平总书记指出："我们的用人，标准为什么是德才兼备、以德为先，因为德是首要、是方向"。[①]"党的作风是党的形象，是观察党群干群关系、人心向背的晴雨表。"[②]由此，新时代的"君子"，不是传统的腐儒文人，而是德才兼备的好干部，只有具备这样的新时代君子品格，才会自觉而主动地承担其历史责任与使命，力所能及地达到自己的最高境界，使自己"止于至善"。

三、马克思主义信仰与中华优秀传统文化相融合的实践路径

（一）坚持以人民至上，提供创造传承动力源

历史唯物主义认为，人民不仅是物质财富的创造者，还是精神财富的创造者。中华文化强调"以文化人"，文化既体现在人民的精神方面，又内化于人民的现实生活。所以，在文化的传承中，人民既是文化的发掘者、创造者，又是文化传承的主要载体，在"传"与"承"之间实现了人的本质向未来敞开的超越性，展现了人民在文化创造和传承实践中的主体性。正如习近平总书记所指出的："人民是历史的创造者，人民是真正的英雄。波澜壮阔的中华民族发展史是中国人民书写的！博大精深的中华文明是中国人民创造的！历久弥新的中华民族精神是中国人民培育的！"[③]由此，在文化的发展中，必须有高度的历史自觉，把群众路线贯穿其中，发挥人民主人公的作用，凝民智，聚民力，始终坚持人民的主体地位，不断张扬人民的主体性，激发、激活人民的创造性，如此，中华文化才能五彩斑斓、百花竞开，高峰迭起，凸显人民成为推动文化创造和传承的动力源地位。

（二）坚持守正创新，实现固本培元新发展

马克思主义是我们立党立国、兴党兴国的根本指导思想。回望中国共产党百年奋斗历程，中国共产党在马克思主义的指导下，通过血与火、生与死的武装斗争实现了中国社会形态的变革。所以，不论是中国民主革命的开展、社会

---

① 习近平谈治国理政 [M]. 北京：外文出版社，2014：173.
② 习近平谈治国理政（第 2 卷）[M]. 北京：外文出版社，2017：44.
③ 习近平谈治国理政（第 3 卷）[M]. 北京：外文出版社，2020：139.

主义革命和建设，还是中国的改革开放，无不是在马克思主义的指导下，从一个胜利走向另一个胜利，从一个成功走向下一个成功。新时代，要实现马克思主义理论的创新，就要把马克思主义的基本原理与发展着的中国实际相结合，与中国的优秀传统文化相融合，牢牢把握新时代新征程的现实需要，把时代问题、时代元素同优秀传统文化融合起来，不断激活优秀传统文化的思想精髓，以现代来诠释、丰富、展现传统，使马克思主义成为"民惟邦本""大同思想""为政以德"等传统信仰与新时代相适应的助推器，进而使传统文化洋溢出现代性气息。由此，在继承和超越中走向现代，中华优秀传统文化才能真正获得具有时代性、科学性的阐释，从而形成新思想、新体系，成为当代中国治国理政的重要思想资源。

（三）坚持问题导向，奠定实践创新着力点

在马克思主义信仰中，"解释世界"不是马克思主义的努力方向，"改变世界"才是马克思主义的价值指向。中国共产党在马克思主义的指导下，不仅把马克思主义的理论、思想内化于心，而且时刻关注社会现实问题、人民的利益问题。当前，要创新中国当代的马克思主义，就必须用创新的观点来重新审视传统文化，用中华传统文化中蕴含的文化精髓来加深理解和阐释马克思主义，发掘优秀传统文化中马克思主义尚未进行现代性阐释和转化的思想精华，使之融入当代中国特色社会主义伟大事业的建设之中，形成具有中国精神、中国灵魂和中国特色，符合当代中国发展的创新理论。唯有此，才能"不断回答中国之问、世界之问、人民之问、时代之问，作出符合中国实际和时代要求的正确回答，得出符合客观规律的科学认识，形成与时俱进的理论成果，更好指导中国实践"。①简言之，当代中国马克思主义是时代性和民族性的理论凝结，是立足当代中国现实，以解决中国现实问题为指针，是以中国特色社会主义建设为旨归的。

（四）坚持胸怀天下，铸就中华文化新辉煌

中华优秀传统文化几千年来能够生生不息、繁荣发展，这与中华优秀传统文化的胸怀天下、兼容并包的特性密切相关。对内讲，历史上中国社会虽然经历了五代十国、五胡乱华等扰乱，但是无论政权如何更替，中华文明的发展主流没有变，中华文明的基因没有变，文化信仰的连续性没有变。对外讲，

---

① 高举中国特色社会主义伟大旗帜　全面建设社会主义国家而奋斗——在中国共产党第二十次全国代表大会上的报告 [N]. 人民日报，2022-10-26.

1840年鸦片战争，西方列强以"长技"不仅击垮中国的政治、经济，而且对中国的传统文化造成威胁，为了实现中国的自强，魏源以"师夷长技以制夷"为中介，开启了向西方学习的历史先河，不仅为中华传统文化注入了新元素，也为中国重新认识世界提供了新坐标。当今时代，在面对世界问题叠加、文化价值多元、矛盾和冲突不断变化的背景下，坚守文化自信，弘扬和发展中华优秀传统文化是我们处变不变的主心骨。中国提出"一带一路"倡议，在"一带一路"建设中不仅仅是为了实现经济价值，还以此为契机实现文化交流的重要价值。正如党的二十大报告中指出的："我们要拓展世界眼光，深刻洞察人类发展进步潮流，积极回应各国人民普遍关切，为解决人类面临的共同问题作出贡献，以海纳百川的宽阔胸襟借鉴吸收人类一切优秀文明成果，推动建设更加美好的世界。"[①] 因此，把具有跨时空、超国的界中国文化创新成果传播出去，在世界上彰显中国智慧和中国方案是我们对外开放的应有之义。

"人民有信仰，民族有希望，国家有力量。"这标示着马克思主义信仰与中国人民追求美好幸福生活的内在张力与现实价值。新时代，我们要始终坚持马克思主义信仰，立足当代，根植传统，面向世界，把国际和国内、东方和西方、古代和现代辩证地联系起来，不负时代，不负使命，不断推进党的理论创新，为解决时代问题提供智慧之源，使人民在追求美好幸福生活之征途上，心怀希望之光。如此，笃定马克思主义信仰，才能自觉而主动地承担其历史责任与使命，开拓21世纪马克思主义新内涵，构建人类文明新形态。

（作者单位：中共济宁市委党校）

---

① 高举中国特色社会主义伟大旗帜　全面建设社会主义国家而奋斗——在中国共产党第二十次全国代表大会上的报告 [N]. 人民日报，2022-10-26.

简析供销合作社为农服务体系新发展
——以济宁市供销合作社为例

张文君

一、概况

　　济宁市供销合作社作为山东省供销系统的优秀代表，其工作一直始终走在全省乃至全国前列，连续多年荣获"山东省供销合作社系统综合业绩考核优胜单位一等奖"。特别是在"十三五"期间，济宁市供销合作社取得了令人瞩目的成绩：以汶上县为代表的土地托管、以嘉祥县为代表的社村共建、以金乡县为代表的农村合作金融等一系列经验及做法在全省乃至全国复制推广。

图 1　济宁市供销系统销售总额（2010 年 –2020 年）

（数据来源：《中国供销合作社统计年鉴》以及济宁市人民政府官方网站）

　　根据上图可知，2010 年至 2017 年济宁市供销系统销售总额每年呈现整体上升的趋势，但是在 2018 年销售总额出现了大幅度的下滑，从 2018 年起销售总额又开始呈现逐年上升的整体趋势。"十三五"期间，虽然期间销售总额出现了波动，但整体来看，截止 2020 年，济宁市供销系统销售总额高达 177.9 亿元，相比 2015 年实现同口径增长 9.05%，在此期间全市供销系统紧紧围绕乡村振兴战略，合理规划，逐步实现供销系统的高质量发展。

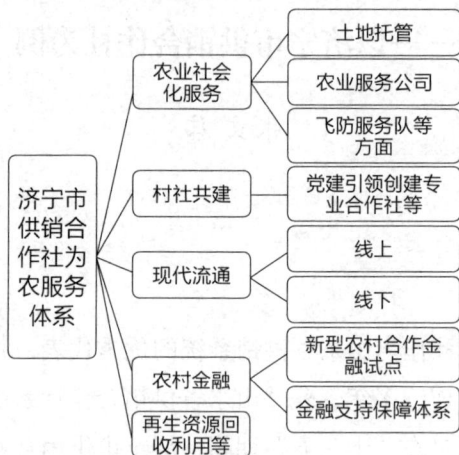

图 2　济宁市供销合作社为农服务体系

济宁市供销合作社截止目前已经形成了一套相对完善的为农服务体系，主要集中在农业社会化服务、村社共建、现代流通、农村金融、再生资源回收利用等方面，并在这几大模块都取得了令人瞩目的成绩。

（一）农业社会化服务

供销社是"三位一体（生产、供销、信用）"改革的主力军。近年来，供销系统中一直持续推进改革，济宁市供销合作社在此工作中表现尤为突出。汶上县供销合作社联合社早在 2010 年就开始充分利用规模效应开展土地规模化服务，创造性采用土地联户经营模式，解决了很多村庄存在的年轻人外出打工而使土地无人耕种等现实问题，又提高了资源利用率，为农户增收，同时吸引年轻人返乡创业，带动整个村庄乃至整个区域的发展。2014 年 8 月，山东省质监局印发了《山东省质监局关于批准发布 < 农业社会化服务　土地托管服务规范 > 等 65 项山东省地方标准的公告》（2014 年第 4 号），这是我国首部土地托管地方标准，标志着汶上县供销合作社联合社土地托管进入规范化运作阶段，同时为全国推广提供了经验。

截止至 2022 年上半年，济宁市供销合作社在全市范围内全托管服务面积已达 37 万亩，农业社会化服务面积达 307.6 万亩次。不仅如此，济宁市供销合作社陆续在"市－县－乡镇"三级成立多家农业服务公司,组建供销银鸢飞防联盟及服务队等,不断拓展土地托管服务范围,不断提升供销为农服务水平。

(二)为农服务新平台

村社共建济宁市供销合作社一直坚持党建引领村社共建,通过村党组织与村民建立直接的沟通渠道,依托村集体资源优势搭建为农服务新平台,创建新型农民专业合作社,构建基层供销合作社网络,逐步打通供销为农、助农的"最后一公里"。在"十三五"期间,共注册土地股份合作社52个、村级供销合作社93个,"党支部+合作社""土地股份合作+全程托管服务"模式的运行日益成熟。

(三)现代流通

济宁市供销合作社目前形成了一条日益完善的农产品全流通产业链,从生产基地、加工储藏、物流配送到终端销售环环相扣,农作物实现了从"初级农产品"到"市场产品"的华丽转变,为农产品的销售保驾护航。济宁市农产品流通网络主要分为线上、线下两大模块。线下模块主要以传统的销售方式为主,供应商超、市场等;线下模块主要以新兴电商为主,打造农村电子商务,紧跟"互联网+"的热潮。与此同时,建立了多处农产品分拣配送中心、县域仓储配送中心、完善冷链物流配送。截至2022年上半年,已建成2个县域供销综合集配中心、21处乡镇综合服务站、218处综合服务社,同时指导汶上县、嘉祥县、泗水县、鱼台县、金乡县作为县域流通服务网络示范县,通过开放办社、招商引资等方式,发展县域商贸龙头企业;与市邮政局签订助力乡村合作协议,助力农产品上行,打通农村配送"最后一公里"。

(四)农村金融

济宁市供销合作社一直致力于构建内部信用互助、信贷、基金、保险于一体的金融支持保障体系,帮助农民专业合作社解决资金周转难题,并且通过开展特色农业保险、农业补充商业保险帮助农户规避风险,尽最大努力保障农户的基本收益。在"十三五"期间,济宁有10家农民合作社获批为新型农村合作金融试点,由点及面,将试点经验在未来一段时间逐步推广,保障农户利益,提高农户加入专业合作社积极性和主动性。

(五)再生资源回收利用

济宁市供销合作社一直坚持积极参与农村人居环境提升行动,在全市范围内开展再生资源回收利用体系建设工程,仅仅在2022年1-5月份就实现了废旧农膜回收402.05吨,建立回收网点20个。

二、发展中存在的不足之处

（一）区域联动不足，资源利用不充分

全市供销系统发展整体呈现上升趋势，各个县域供销系统相互比拼，形成了"争一流、争第一、争唯一"的良好竞争局面，但是从全市供销系统发展前景来看，整体缺乏各个县域之间的联动发展，许多资源未得到充分利用，甚至部分资源被闲置。从另一种角度来看，全市供销系统发展潜力还很大，有待发掘。

（二）新模式发展缺乏巩固，"回头看"不及时

当下供销系统各种新模式发展如火如荼，但是个别地区仍存在缺乏巩固、"回头看"不及时的问题。比如，土地托管新模式贴合农村当下村庄劳动力流失、耕种人手不足、"空壳村"频频出现等实际情况，给农村发展带来新希望，同时吸引了大量年轻人返乡，让农村发展的"新鲜血液"逐步回流，但是，从全市土地托管的整体情况来看，由于发展速度较快，规模较大，"回头看"不够及时，导致个别地区土地托管出现监管不及时、对接不清楚等问题，这更加彰显出及时巩固和"回头看"的重要性。

（三）现代流通网络有待完善，基础设施有待健全

现代流通网络的初步建成对于供销系统为农服务能力提升而言，是强劲的助推器。目前虽然农产品全流通产业链已初具雏形，县域仓储配送中心也在陆续建设中，"线上＋线下"的发展模式相比传统的线下销售效率提升很多，但是许多农村地区的物流配送时常出现停滞、缺少配送网点等问题，现代流通网络有待进一步完善。

不仅如此，从农产品生产到加工，再到储存运输，最后到市场销售，这几个环节衔接时也经常出现信息不对称等问题，容易错过最佳销售时机；再加上部分地区农产品配送相关基础设施不健全，导致农产品路途损耗相对较大，不利于农户增收。

（四）产品附加值普遍较低，市场竞争优势不明显

目前济宁市农产品主要以初级农产品为主，产品附加值较低，同时缺乏品牌加持，产品特色不突出，知名度低，市场竞争优势不明显，农户收入增长幅度有限。

（五）整体人员结构老龄化，专业人员欠缺

供销系统人员结构老龄化，而且相关专业人员较少，特别是基层供销社人

员流失严重，整体年龄偏大，人手严重不足，这直接导致在开展土地托管、电商运营等新模式时，人员不足、不专业，进而影响工作开展的效率以及新模式推进的进度，久而久之，供销系统为农服务能力不仅不能得到提升，而且还不利于整体目标的实现。

（六）部分再生资源回收利用企业经营模式单一，缺少龙头企业引领

再生资源回收利用是供销合作社的传统主营业务，近年来受到大环境等因素的影响，再加上供销系统历史遗留问题等因素的制约，部分相关企业存在着运行机制不健全、经营模式单一、抗风险能力较弱的问题，部分企业甚至已名存实亡，行业整体缺少龙头企业引领。

三、未来发展方向

（一）打破地域思维，充分利用比较优势，构建供销共同体

党的二十大报告指出："加快建设现代化经济体系，着力提高全要素生产率，着力提升产业链供应链韧性和安全水平，着力推进城乡融合和区域协调发展，推动经济实现质的有效提升和量的合理增长"。要实现供销系统高质量发展，济宁市各个县区必须打破过去只利用本区域资源发展的固定思维，形成供销系统整体发展思维，充分结合各县区供销合作社的比较优势，积极联动，合力打造"供销共同体"。

供销系统的高质量发展只有充分利用现有资源，时刻保持"争一流、争第一、争唯一"的拼搏精神，与同级供销合作社良性竞争，形成"你追我赶、积极向上"的发展劲头，通过跨区域联动，取长补短，加强合作和资源调度，充分展现"供销共同体"的协同效应，才能实现共赢。

（二）不断健全和完善为农服务体系，及时回头巩固

供销合作社定位就是党领导下的为农服务的综合性合作经济组织，具有深厚的群众基础和丰厚的资源覆盖，一直扎根于为农服务的第一线，冲锋在乡村振兴的最前线。党的二十大报告指出："全面推进乡村振兴""坚持农业农村优先发展"，这为供销合作社未来的发展指明了方向：要巩固现有发展模式及板块，始终牢记为农服务的初心，多调研，多反馈，及时发现问题及薄弱环节，做好监管。更要有创新意识，不断对现有模式进行优化和完善，在现有发展基础上不断推出新模式，进而不断健全和完善为农服务体系。

（三）完善"供销链"，做好农田到市场的"传送带"

在农产品从田间地头走向消费者的过程中，供销合作社发挥的作用简单来说可分为"供"和"销"两大方面，"供"侧重于为农服务，为农产品的生产提供技术及发展模式的支持，规模化、集约化生产，帮助农户对接加工、存储企业；"销"侧重于帮助打造农产品流通网络，将加工后的产品推向市场，推向消费者。

这其中的环节只有环环相扣才能真正形成农产品全流通产业链，才能为农户增收。所以，要充分利用农民专业合作社，与农户直接对接；充分利用现有土地托管发展模式，与农业农村局、乡村振兴局等相关单位联动，帮助农户做好生产这一环。要与相关企业做好对接，签署战略合作协议，打破农户与企业之间的信息壁垒，作为农户与企业间沟通的桥梁。要充分利用互联网红利，继续巩固发展现有供销电商模块，拓展销售渠道。要积极向上争取专项资金，做好农村物流配套基础设施建设，打通农产品上行的"第一步"，不断完善现代流通网络，真正打造出"高效、及时、专业"配送网络。

（四）形成供销系列品牌，充分发挥品牌效应

党的二十大报告强调："构建高水平社会主义市场经济体制……充分发挥市场在资源配置中的决定性作用"。在高水平社会市场经济体制中，济宁市供销合作社只有突出产品特色，不断增强产品竞争力优势，才能让产品在市场上拥有一席之地，获得消费者的青睐。当下仅靠"中华中国供销合作总社"这一整体品牌是不够的，要结合现有产品特色和济宁地方特色，做好产品品控和营销，着重打造具有不同特色的产品品牌，形成供销系列品牌，充分利用各种农产品产销会及互联网平台打响产品知名度，突出产品差异化，提高市场竞争力。通过品牌加持，不仅能够提高农产品附加值，突出产品差异化优势，还能够拉动产品销量，真正帮助农户和企业增收，实现供销为农的初心。

品牌的形成还能够反向促进产品生产朝向更加集约化、专业化和规模化的方向发展。通过形成供销系列品牌，带动整个供销系统相关产业链发展，进而促进整个地区的知名度和经济水平提升。

（五）优化供销系统人员结构，提升专业化为农服务水平

要完善农村地区优质人才吸引机制，注重在基层供销合作社和农民专业合作社引才纳贤，优化供销系统人员结构；加强与农业农村局等相关单位的联合办公，聘请专业人员为农户及供销系统工作人员进行定期指导与培训，提高专业化服务水平；积极与高校开展交流合作及定向人才培养，实现"产学研"一体化，这既有利于解决农户在实际生产加工等方面遇到的问题，为供销系统发展提供新思路，也有利于高校开展实践研究，不断为供销系统输送人才，为供销事业的高质量发展注入活力。

（六）构建再生资源回收与利用网络，培育龙头企业

加快发展方式绿色转型是党的二十大做出的战略部署。加快推进再生资源资源行业转型升级，提高再生资源回收利用效率是贯彻党的二十大精神的关键举措，是供销事业高质量发展的决定性因素之一。

济宁市供销合作社要在现有资源基础上积极搭建政策信息沟通平台，为再生资源企业提供实时信息，了解最新的政策动态及市场资讯，帮助企业对接市场，完善企业内部控制。深入全面贯彻落实乡村振兴战略，重点围绕城乡搭建基层回收利用网络，大力发展分拣中心和集散市场，加大农村人居环境整治的力度。

通过整合系统广泛的基层合作社资源，合理构建并完善再生资源回收与利用网络；与高校及科研院所开展宽领域、多层次的深入合作，提高再生资源回收利用效率，探索创新经营服务模式，提高企业核心竞争力和抵御风险能力。在全系统范围内定期对相关企业考核评估，优中选优，扶持龙头企业，形成行业标准，规范化、集约化高效运作，真正实现供销事业绿色发展。

（作者单位：汶上县供销合作社联合社）

参考文献：

[1] 中华全国供销合作总社关于加快推进再生资源行业转型升级的指导意见 [J].再生资源与循环经济，2018，11（04）.

[2] 习近平.高举中国特色社会主义伟大旗帜 为全面建设社会主义现代化国家而团结奋斗——在中国共产党第二十次全国代表大会上的报告 [N].人民日报，2022-10-26.

[3] 徐孙权，侯怡，李鑫，叶欣，周佳雯.乡村振兴背景下新型农业社会化服务体系发展策略研究 [J].智慧农业导刊，2022，2（20）.

"和为贵"理念助推济宁市域社会治理现代化

李雪梅

党的二十大提出，"加快推进市域社会治理现代化，提高市域社会治理能力"。把市域社会治理现代化作为切入点和突破口，深入推进社会治理创新，构建富有活力和效率的新型基层社会治理体系。改革开放 40 多年来，各类要素越来越向市域聚集，推进市域社会治理现代化的重要性和急迫性凸显。

济宁市深入学习贯彻习近平新时代中国特色社会主义思想和习总书记关于社会治理的重要论述，创造性地把儒家的"和为贵"理念融入市域社会治理，构建济宁市"和为贵"市域社会治理体系，打造济宁市"和为贵"市域社会治理品牌，极大地提升了济宁市的市域社会治理效能，助推济宁市域社会治理现代化。

一、市域社会治理现代化是实现社会治理现代化的关键环节

（一）市域社会治理现代化的含义

"市域"指的是"市行政管辖的全部地域"。"市域"概念是习近平同志担任福建省省长期间提出来的。习近平同志在 2002 年对厦门工作的讲话中提出了"市域城镇体系"的概念，要求全市"一盘棋"促进城乡发展。"市域"概念的提出，把城市和乡村治理纳入一个整体中，有助于社会治理的城乡统筹。2018 年 7 月 17 日，中央政法委秘书长陈一新在《人民日报》发表文章《推进新时代市域社会治理现代化》，正式提出市域社会治理现代化概念。市域社会治理现代化是社会治理现代化在市域的具体体现，是包括理念、制度、体制、布局、方式、能力在内的，全方位、多层次、高标准的社会治理现代化。社会治理成效很大程度取决于市域社会治理能力和水平。

（二）市域社会治理对社会治理的重要意义

1.市域社会治理具有承上启下的枢纽性。社会治理分为不同层次，国家和省级负责顶层设计和整体推动；县乡是基层和基础，负责事项的具体落实；设

区市既是国家社会治理大政方针的执行者和落实者，又是基层社会治理的指导者和推动者，具有鲜明的承上启下的枢纽性。

市域具有县域所不具备的很多优势，如较为完备的社会治理体系和立法、行政权限，统筹县域和基层的行动能力，解决社会治理中重大矛盾问题的资源能力，能够克服县域与基层社会治理中协调能力不足、反应不及时等问题。因此，市域是将风险隐患化解在萌芽，解决在基层的最直接、最有效力的治理层级，处于推进基层治理现代化的前线。

2.市域社会治理能够实现城市和农村社会治理统筹。社会治理现代化既包括城市治理的现代化，也包括农村治理的现代化，在推进社会治理现代化的过程中必须统筹兼顾、互融互促。市域社会治理克服了县域和基层社会治理在治理空间和治理对象上的单向度问题，更好地发挥了承上启下的作用，适应了城乡融合发展要求。推进市域社会治理现代化，需要通过制度设计，实现社会治理城乡要素的顺畅流动和公共资源的合理配置。

二、"和为贵"市域社会治理的实践路径

党的十八大以来，围绕传承和弘扬中华优秀传统文化，习近平总书记强调"努力实现传统文化的创造性转化、创新性发展"。中华优秀传统文化蕴藏着丰富的治国理政的智慧、经验以及推进国家治理体系和治理能力现代化弥足珍贵的思想资源。党的二十大提出要实现中国式现代化。中国式现代化体现在社会治理领域，就是通过深入挖掘中华优秀传统文化蕴含的治国理政智慧经验，并对其创新性发展和创造性转化，来推进国家治理体系和治理能力现代化。

（一）"和为贵"的含义

中华传统文化源远流长，处处充满着贵和、重和的思想。"和"的最初含义是指音乐或饮食上的调和，随后逐渐演化为人们对美好状态的一种向往与认可。"和为贵"出自《论语·学而》："礼之用，和为贵。先王之道，斯为美；小大由之。"即"礼之运用，贵在能和。先王之道，其美处正在此，小事大事都得由此行。"孔子非常重视"和"，但他提出，"君子和而不同，小人同而不和"。这指出了"和"的一个非常重要的特点，"和"不是单一事物的简单叠加，而是在尊重事物多样性的前提下，不同事物、不同元素协调一致、

融洽共存的一种状态。孟子提出"天时不如地利，地利不如人和"。儒家的思想家们把"和为贵"作为待人处世、理家治国的基本原则和要求。

（二）"和为贵"理念对社会治理的重要意义

社会治理的关键目标在于协调各方主体利益关系，化解社会矛盾冲突，维护社会良性秩序。在实现这一目标的过程中，道德治理作为一种非强制的柔性约束，始终渗透于社会治理实践，并逐渐内化为社会治理体系中不可或缺的构成因素，对社会治理产生着长久的影响。"和"为中国传统文化基因，"和为贵"思想深刻影响着中华民族。"和"的立足点是人际关系的和谐，目标是社会的稳定和谐。因此，传统的"和为贵"思想不仅构成了新时代社会主义和谐社会建设的历史文化条件，而且为新时代的和谐社会建设与社会治理提供了宝贵的思想资源。将"和为贵"思想融入和渗透进社会治理实践中，将进一步化解社会矛盾冲突，有利于形成良性社会秩序，实现基层社会治理的理想状态。

当然，由于传统思想资源本是历史的存在，要将其转化、发展为现实的存在，就必须使其面向时代，回应时代与人民的诉求，在这种回应中提供方案、接受检验。儒家"和为贵"思想存在很多的弊端。如，儒家提出"和为贵"的根本目的在于在不触动不改变封建社会根本制度的前提下，以"和"来补偏救弊，维护封建皇权统治；在封建社会，过渡重视"和"的根本目的还在于"人治"；过度强调"和"造成为了"和"而"和"，形成中庸思想，存在"和稀泥"的做法等。

因此，"和为贵"理念要成为新时代社会治理的思想资源，必须选择合适的路径和场域，进行"创造性转化和创新性发展"，使其面向时代，回应时代与人民的诉求。

（三）"和为贵"理念在"和为贵"市域社会治理过程中的"创造性转化"和"创新性发展"

在"和为贵"市域社会治理中，处处体现了"和为贵"的理念。

1．"尚和"

成立治理中心，协调调度。为破解社会治理"条块分割"、群众诉求"多头多线"等问题，最大程度实现社会的和谐稳定，济宁市通过资源整合、流程再造、功能重构、模式创新，集成打造了便民高效的一站式综合性工作服务平台"'和为贵'社会治理服务中心"，实现了济宁市社会治理服务中心、济宁市社会矛盾纠纷调化解中心、济宁市网警支队、济宁市网信办、济宁市政务热线等机构的挂牌、划归或入驻。各机构在济宁市社会治理服务中心的综合指挥、协调调度下，根据"统分结合、条抓块统、分级负责"的原则各司其职，提高了济宁市市域社会治理的效能。

2."促和"

构建四级体系、上下联动。成立市、县（市区）、乡镇（街道）、村（社区）四级"和为贵"市域社会治理服务平台，并依托四级平台构建市、县、乡镇（街道）、村（社区）四级"和为贵"市域社会治理服务体系。按照市级中心抓统筹、搭平台、汇总分析、指导督导、破解难题；县级中心立足矛盾纠纷"终点站"，整合矛盾纠纷调处化解力量，提供集中服务，促进问题处置；乡镇（街道）发挥矛盾纠纷"主战场"作用，专人办、快解决；村（社区）调解室强化"前哨所"作用，实现群众纠纷随有随调、及时化解的定位，四级体系上下联动、协调配合，促进了基层稳定和社会和谐。

3."调和"

坚持无讼为主，调解为先。坚持把调解挺在前面，以"调"促和。对各类矛盾纠纷能调则调、应调尽调，健全诉调、访调等多调联动机制，最终实现"和"的目标。采用领导干部接访调、动员社会力量参与调、与法院联合诉前调等方式多元化解矛盾纠纷，实现"无讼"，促进和谐。

4."维和"

整合诉求渠道，闭环解决。将 12345 政务服务便民热线、企业诉求"接诉即办"、闪电新闻 App 等 72 条群众诉求受理渠道整合为"一口受理"，并实现"一网通办"，实现群众诉求"多渠道收集、一平台办理、全方位研判、精准化督办、闭环式解决"，维护了群众的利益和社会的和谐稳定。

5."助和"

强化智能系统、数字赋能。坚持以数据化、智能化为导向，通过打造智能系统助力矛盾调解和社会治理。通过"云智济宁"网络平台，打造闭环的矛盾纠纷调处化解流程；通过社会治理智能信息系统构建社会治理调度智慧信息中心，真正实现了"一个中心管指挥、一个大脑管数据，一个场地抓化解、一个窗口抓服务"。

6."立和"

强化源头防范、德治教化。习近平总书记在纪念孔子诞辰 2565 周年国际学术研讨会上指出，"注重发挥文以化人的教化功能，把对个人、社会的教化同对国家的治理结合起来，达到相辅相成、相互促进的目的"。"和为贵"市域社会治理注重诉源治理和末端治理，通过"以文化人""德治教化"来增强人们的道德意识，提高人们的道德修养，实现"德"立、"和"立，从而促进社会的和谐，实现市域社会治理的现代化。

三、"和为贵"市域社会治理取得的成效

（一）"和为贵"市域社会治理体系日趋完善

依托市、县（市区）、乡（镇街）、村（社区）四级"和为贵"市域社会治理服务平台构建的四级市域社会治理体系，在济宁市社会治理服务中心的协调指挥下，四级体系上下联动、密切配合、运行顺畅，充满活力，有效解决了社会治理条块分割、矛盾诉求多头多线的问题，初步形成了市域社会治理"一盘棋"格局，在推进济宁市域社会治理现代化方面发挥了巨大的作用。

（二）市域社会治理成效显著

一是大量矛盾纠纷和不和谐因素被化解在基层和萌芽状态。"和为贵"市域社会治理包括矛盾纠纷调解化处，群众诉求受理、办理等多个社会治理职能，有力回应了各类诉求，有效化解了各类矛盾纠纷。现在，"和为贵"品牌深入人心，有矛盾去"和为贵"调解室、有诉求打 12345 成为济宁人民的共识。近 2 年来，全市"和为贵"调解成功率达 98% 以上，很大程度上减少了群众走访上行和网络投诉、留言。2022 年全市共发生进京访 57 批 70 人次，同比批次、人数分别下降了 74.4% 和 74%，均列全省第 15 位次；发生到省访 234 批次 319 人次，同比分别下降 54.56% 和 64.36%，均列全省第 12 位。这是对党的二十大提出的"健全城乡社区治理体系，及时把矛盾纠纷化解在基层、化解在萌芽状态"的济宁探索。二是群众满意率持续攀升。2022 年 1—10 月，共受理各类诉求 240.27 万件（次），转办 67.29 万件（次），按时办结率为 99.97%，服务满意率 98.71%，问题解决率 99.82%。随着诉求受理量和群众回访满意率的提高，济宁刑事立案数、诉讼案件增幅、信访上行率实现"三下降"，群众获得感、幸福感、安全感，以及社会文明程度实现"四上升"，社会持续和谐稳定。

（三）社会治理机制得到创新提升

在创新社会治理良好氛围的带动下，全市形成了社会治理领域改革创新的

浓厚氛围。各市县区进一步做优做强特色品牌，如邹城市峄山镇打造"沂山为民"服务品牌，汶上县中都街道开通"智慧中都"大数据平台，夯实了基层社会治理基础等，使得全市上下建立起一套契合济宁本地实际的市域社会治理工作体系，从形式和内容上进一步完善和丰富了"和为贵"市域社会治理。

（四）初步形成"德治、自治、法治"的三治融合

党的十九大提出健全"自治、法治、德治"相融合的治理体系。各地根据实际进行了三治融合的探索，形成了本地特色。济宁市域社会治理把"和为贵"融入社会治理，形成以德治为基础、"自治"为根本、法治为保障的三治融合的治理机制。

首先，以德治为基础。德治是国家治理的重要方式，是社会治理方式现代化中体现传统文化精髓的重要标志。作为儒家文化的发源地，济宁市"和为贵"市域社会治理把"德治"放在治理的首位，继承和发扬儒家优秀传统文化和传统道德，大力推进道德建设，提升人的道德素养和人格修养，从源头上预防社会矛盾纠纷的产生，增加社会的和谐因素。其次，"自治"是根本。"和为贵"市域社会治理的四级社会治理平台，特别是村（社区）"和为贵"调解室，充分发挥基层群众的自治能力，对矛盾纠纷进行自我调解的同时对自身进行管理、监督，实现了政府治理和居民自治的良性互动，增强了群众的自治能力。最后，以"法治"为保障。"徒善不足以为政，徒法不足以自行。"法治是德治、自治的保障，无论德治还是自治，都必须在法治的轨道运行。"和为贵"市域社会治理坚持以法治思维推进社会治理、积极引导干部群众自觉遵守法律，运用法治思维和法治方式解决问题、化解矛盾，维护社会和谐稳定。

四、关于推进"和为贵"市域社会治理现代化的几点建议

（一）完善相关体制机制

由于改革还在推进的过程中，还存在体制机制不完善、未捋顺的地方，影响了"和为贵"市域社会治理整体效能的发挥。在市级层面，由于矛调中心和社会治理中心体制的未捋顺，导致"和为贵"市域社会治理未能充分发挥最大合力，尚未形成市域社会治理"一盘棋"的大格局。这就需要从制度设计方面来进一步完善、整合相关制度，推进市域社会治理真正形成"一盘棋"格局。

（二）加大"和为贵"思想在整个社会治理领域的融入力度

当前，"和为贵"思想的渗透和体现很大程度上仅限于四级"和为贵"社会治理服务平台，在社会治理其他领域的渗透和融入还存在较大的缺失，"和为贵"以文化人的功能仍需加强。要从硬件、软件、制度、理念等各方面齐发力，使得"和为贵"理念全面融入市域社会治理当中，形成打得响、立得住的社会治理品牌。

（三）加大部门协同力度

在"和为贵"市域社会治理体系运行的过程中，依然存在部门协同能力不足、个别单位重视不够的问题，存在对群众诉求重视不足、推诿扯皮、行动迟缓等问题，导致群众满意度不高。要完善考核监督机制加大对部门协同办理的监督考核；加强思想政治教育，从为人民服务的高度让领导干部认识到这份工作的重要性；通过制定相关的奖励和激励机制，来提升领导干部的主动性和积极性。

（四）打破信息孤岛，建立"多网融合"

"十四五"规划和2035年远景目标纲要提出"以数字化助推城乡发展和治理模式创新"。济宁市也提出要进行智慧城市建设，推动社会治理精细化，这些都离不开数据信息平台的建设以及数据信息的共享。济宁市"和为贵"市域社会治理的信息平台建设在一定程度上还存在相关智能平台条块分割不联网、数据不共享的"信息孤岛"和"数据孤岛"现象，限制了市域社会治理的效能。

要树立社会治理一盘棋思想，强化部门协同，消除部门推诿和条块分割，促进城市治理的信息整合与数据共享。加强各职能部门的对接，加强市域社会治理相关公共信息数据库建设，打破各自为政、重复交叉、互不统属的治理困境。

当然，这些问题的存在是改革过程中不可避免出现的，2022年11月开始推行的济宁市"和为贵""一站式"矛盾纠纷多元化解工作机制正在推进过程中，该机制建成后将有力化解以上问题和弊端，巩固提升济宁市"和为贵"市域社会治理体系效能，进一步助推济宁市市域社会治理现代化。

（作者单位：济宁市委党校）

助推"幼有所育"迈向"幼有优育"

李 明

党的二十大是在全党全国各族人民迈上全面建设社会主义现代化国家新征程、向第二个百年奋斗目标进军的关键时刻召开的一次十分重要的大会。习近平总书记所作的报告对全面建设社会主义现代化国家、全面推进中华民族伟大复兴进行了战略擘画，为新时代新征程党和国家事业发展、实现第二个百年奋斗目标指明了前进方向、确立了行动指南。习近平总书记在报告中充分肯定"幼有所育"的工作成绩，强调十年来，"我们深入贯彻以人民为中心的发展思想，在幼有所育、学有所教、劳有所得、病有所医、老有所养、住有所居、弱有所扶上持续用力……建成世界上规模最大的教育体系、社会保障体系、医疗卫生体系……人民群众获得感、幸福感、安全感更加充实、更有保障、更可持续，共同富裕取得新成效"，并指出"中国式现代化是人口规模巨大的现代化"，在未来五年要"优化人口发展战略，建立生育支持政策体系，降低生育、养育、教育成本"。这是促进人口长期均衡发展的一项重要举措，是对中国人口新形势的积极回应。

一、学习贯彻党的二十大精神，要落实到真正学深悟透会议精神上

知者行之始，行者知之成。学习贯彻党的二十大精神前提是学深悟透、真懂真信。学习党的二十大精神，要坚持原原本本学、逐字逐句学、联系实际学、深入思考学、融会贯通学，准确把握核心要义，深刻领会党的二十大的主题，牢牢把握过去 5 年工作和新时代 10 年伟大变革的重大意义，牢牢把握习近平新时代中国特色社会主义思想的世界观和方法论，牢牢把握以中国式现代化推进中华民族伟大复兴的使命任务，牢牢把握以伟大自我革命引领伟大社会革命的重要要

求，牢牢把握团结奋斗的时代要求，深刻感悟蕴含的强大真理力量，用心体会蕴藏的独特思想魅力，推动党的二十大精神往心里走、往深里走、往实里走。

学习要带着问题学、带着使命学、带着责任学，在做实上下功夫，把党的二十大精神贯穿托育人才培养的方方面面，全面抓好落实，把党中央关于托育工作的要求转化为生动实践，转化为工作成效。积极推动党的二十大精神进校园、进教材、进课堂，把学习党的二十大精神作为思想政治教育的重要内容，开展多层次的学习培训，融入教学教研之中，推动其入脑入心。

二、学习贯彻党的二十大精神，要落实到学懂弄通做实习近平新时代中国特色社会主义思想上

伟大时代呼唤伟大理论，伟大理论引领伟大时代。党的十八大以来，以习近平同志为主要代表的中国共产党人坚持把马克思主义基本原理同中国具体实际相结合、同中华优秀传统文化相结合，以原创性贡献标注了马克思主义发展的新高度，创立了习近平新时代中国特色社会主义思想，实现了马克思主义中国化时代化新的飞跃。人口发展是关系中华民族发展的大事情，是"国之大者"。2021年6月，印发《中共中央、国务院关于优化生育政策促进人口长期均衡发展的决定》（以下简称《决定》），对做好新时代人口工作作出全面部署。《决定》指出，实施三孩生育政策及配套支持措施，有利于改善人口结构，落实积极应对人口老龄化国家战略。党的十八大以来，以习近平同志为核心的党中央高瞻远瞩、运筹帷幄，对新时代人口工作提出一系列科学判断，作出一系列重大部署，推动我国人口工作迈上新台阶。习近平总书记关于人口工作的重要论述，充分体现了对人口问题的深刻认识、对人口发展规律的准确把握，蕴含着深远的战略思维、强烈的使命担当、真挚的为民情怀，为做好新时代人口工作指明了方向，提供了遵循。

要把深刻领悟习近平新时代中国特色社会主义思想同深刻领悟二十大报告中关于托育工作的重要论述贯通起来，同坚决贯彻党中央、国务院关于人口工作的重大决策部署贯通起来，做到整体把握、融会贯通，切实把这一思想贯彻落实到托育人才培养工作的各方面全过程。

三、学习贯彻党的二十大精神，要落实到推动人才培育科学路径探索、强化现代化建设人才支撑上

人才问题关系到国家和民族的长远发展大计，习近平总书记在党的二十大报告中强调，"人才是第一资源""坚持为党育人、为国育才"，点出了强党兴国的人才密码。党的二十大报告将"实施科教兴国战略，强化现代化建设人才支撑"作为专章加以深刻阐述，在党的历次全国代表大会报告中尚属首次。报告提出，教育、科技、人才是全面建设社会主义现代化国家的基础性、战略性支撑，将人才与科技、教育摆在了新时代新征程的核心位置，这是对党百年来形成的人才理论的进一步创新与发展。我们已迈上全面建设社会主义现代化国家新征程，人才作为核心战略要素，是实现这一伟大目标的基础性支撑。因此，必须加快实施人才强国战略。

我们要把思想和行动统一到党的二十大精神上来，就要坚持教育优先发展、科技自立自强、人才引领驱动，坚持为党育人、为国育才，聚天下英才而用之。我们要坚定不移以习近平新时代中国特色社会主义思想为指导，按照党的二十大报告指明的方向，全面贯彻党的教育方针，落实立德树人根本任务，全面提高人才自主培养质量，让人民群众的教育幸福感获得感成色更足，为现代化建设提供强大人才支撑。

四、学习贯彻党的二十大精神，要落实到济宁市托育服务人才队伍培养上

托育服务是保障和改善民生的重要内容，是我们落实党的二十大精神的着力点、出发点、落脚点之一。当前济宁市普惠托育处于起步阶段，面临供需矛盾突出、服务成本偏高、机构运营困难、师资人才紧缺等诸多矛盾和问题。围绕这一民生实事，为进一步推动我市普惠托育机构建设，我们要充分发挥育人主体作用，积极探索托育人才培养的有效形式，助推我市普惠托育机构建设工作积极开展，助推"幼有所育"迈向"幼有优育"，助力满足人民群众对婴幼儿普惠托育服务的需求，为打造全国级托育示范市奠定良好基础。

（一）济宁市托育服务产业调查情况

从调查结果来看，保育师、育婴员职业培训为市场急需项目，我市 0–3 岁

的婴幼儿目前共有 60 万左右，其中 1/3 有比较强烈的托育服务需求，但调查显示我市 3 岁以下婴幼儿入托率仅为 5.5% 左右，供给和需求缺口比较大。2022 年 5 月，济宁市人民政府办公室下发《关于印发〈济宁市 3 岁以下婴幼儿照护服务能力提升三年工作方案（试行）〉的通知》。2022 年，全市建成 1 个市级综合托育服务中心，至少建成 14 个县级公办婴幼儿照护服务机构、14 个街道（乡镇）婴幼儿照护服务机构，园区、用人单位至少建成 18 个婴幼儿照护服务设施；新增托位 10000 个，总量达到 2.7 万个，千人口托位数达到 3.2 个。

表 1　济宁市 2022—2023 年 3 岁以下婴幼儿照护服务机构建设任务表

单位	公办示范机构		街道（乡镇）机构		其他婴幼儿照护服务设施（在园区、用人单位建设）	
	2022 年	2023 年	2022 年	2023 年	2022 年	2023 年
市级	1	—	—	—	—	—
任城区	1	1	1	1	2	1
兖州区	1	1	1	1	2	1
曲阜市	1	1	1	1	1	1
泗水县	1	1	1	1	1	1
邹城市	1	1	1	1	2	1
微山县	1	1	1	1	1	1
鱼台县	1	1	1	1	1	1
金乡县	1	1	1	1	1	1
嘉祥县	1	1	1	1	1	1
汶上县	1	1	1	1	1	1
梁山县	1	1	1	1	1	1
济宁高新区	1	—	1	—	2	1
太白湖新区	1	—	1	—	1	1
济宁经开区	1	—	1	—	1	1
合　计	15	11	14	11	18	14

表2 济宁市"十四五"时期3岁以下婴幼儿托位年度指标分解表

单位：个

单位	2020年常住人口数量（万人）	2022年		2023年		2024年	
		新增托位数	累计托位数	新增托位数	累计托位数	新增托位数	累计托位数
任城区	107.56	1452	3220	1157	4377	1146	5523
兖州区	54.07	729	2113	581	2694	576	3270
曲阜市	62.2	709	2295	568	2863	570	3433
泗水县	54.29	619	1799	496	2295	498	2793
邹城市	116.66	1331	4211	1066	5277	1072	6349
微山县	61.34	700	1790	561	2351	564	2915
鱼台县	42	479	1154	385	1539	384	1923
金乡县	63.41	723	1803	579	2382	582	2964
嘉祥县	70.01	798	2200	640	2840	642	3482
汶上县	68.75	784	2099	628	2727	630	3357
梁山县	73.07	833	2233	668	2901	670	3571
济宁高新区	33.46	452	1202	360	1562	356	1918
太白湖新区	16.98	229	639	182	821	182	1003
济宁经开区	11.99	162	375	129	504	128	632
全市	835.79	10000	27133	8000	35133	8000	43133

（二）济宁市托育服务人员队伍现状分析

1.托育服务人员供需矛盾突出

托育服务是当今社会高质量发展的保障性产业，面对新时代新业态需求，托育服务人员的培训提升迫在眉睫，从业人员质量是推动产业发展的基础性工程。从调查结果来看，保育师、育婴员职业培训为市场急需项目，我市0-3岁的婴幼儿目前共有60万左右，其中1/3有比较强烈的托育服务需求，但调查显示，我市3岁以下婴幼儿入托率仅为5.5%左右，供给和需求缺口比较大，托育服务需求日益增大。

2.托育服务人员职业素养较低

托育服务机构期望能够培养具备婴幼儿护理、婴幼儿早期教育、婴幼儿活动组织策划、托育机构管理等多方面技能的综合技能人才。调查结果显示，我市托育服务从业人员整体受教育程度偏低、年龄结构偏大、专业水平较低，服务水准参差不齐。目前在岗托育服务人员多数没有接受过相关的专业教育或培训，对托育服务岗位认知片面化肤浅化。从业人员普遍素质不高、专业能力不强、文化程度偏低，这些因素直接影响着托育服务的质量。

3.托育服务队伍结构亟待优化

表3　济宁市托育服务队伍结构表

性别	人数	比率
男	3	2.61%
女	112	97.39%
年龄	人数	比率
18-25	50	43.47%
26-30	14	12.17%
30 以上	51	44.34%

我市托育服务产业人才结构搭配不合理不规范的现象普遍存在，主要表现在以下几个方面。

一是业人员年龄、性别结构不合理。从表中可以明显看出，男性从业人员非常少，几乎都是女性从业人员。从年龄结构来看，从业人员大都集中在18-25岁和30岁以上这两个阶段，26-30岁这个阶段的人员很少，这说明两点：一是之前托幼教育行业处于起步发展阶段，从业人员数量较少；二是到一定年龄后，托育服务行业人员就出现了转行现象，从业人员工作流动性大。

二是没有形成有效的人才队伍梯次建设。在走访调研座谈过程中发现，学前教育专业毕业的从业人员大约只占1/3，托育从业人员资质达到要求的只占17.64%，远远达不到标准。具有幼儿教师资格证的人员只有39.21%，而育婴师仅占47.05%，都达不到一半。在其他发展规范的行业里常见的人才梯次队伍难以形成，导致行业发展受限，难以提升服务质量。

三是服务人员与人才结构不合理。在托育服务机构，能够配备一定的管理人员和托育服务护理人员，但如医师、护士、营养师等专业技术人员多为兼职或共用，很难吸引优秀的人才加盟到队伍中来，后备人才储备更不稳定，使得行业发展举步维艰。

（三）以"1+4+1"人才培养模式主推济宁市托育服务人才队伍建设

在托育人才建设中，育婴员培训是当前急需解决的人才培养难题。依据托育人才培养目标指引，结合济宁市经济社会发展的现实需求，对婴幼儿托育专业尤其是育婴员职业培训课程体系进行改革，打造"1+4+1"托育人才培养模式：构建突出地方特色，职业能力拓展、职业素质培养和实务能力提升的"4"模块人才体系，即"1"个明确定位为"培养托育人才核心技能"的人才培养目标；基于"工学一体化课程体系＋实践教学体系＋评价考核体系＋保障体系"的托育人才培养的"4"维度人才培养体系；最后建设"1"个托育人才国家级技能竞赛基地平台。

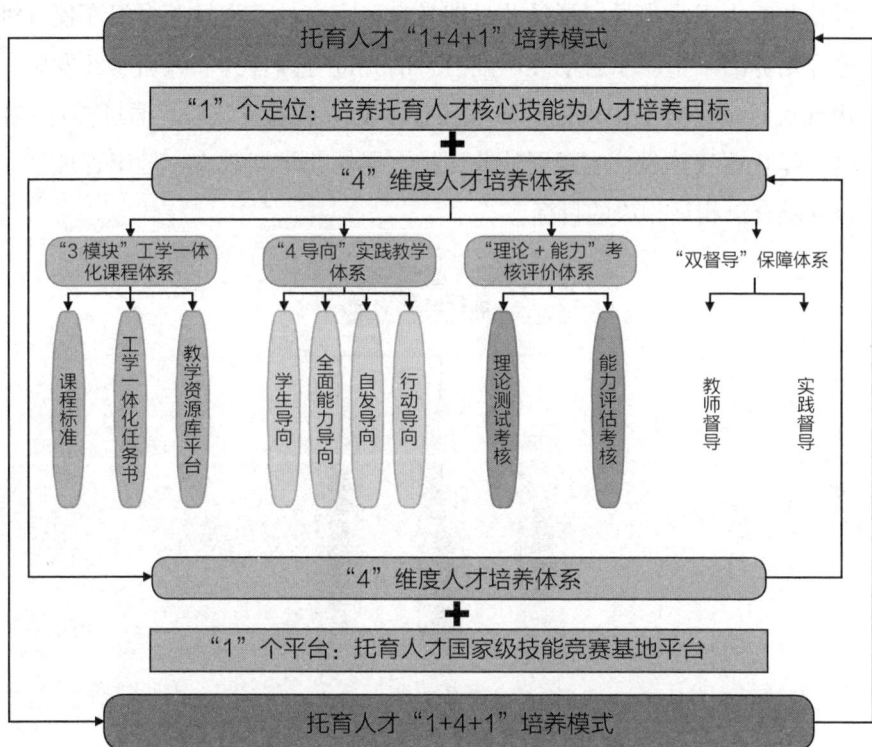

图 1　托育人才"1+4+1"培养模式导图

1. 明确培养托育人才核心技能的人才培养目标

托育专业的培养目标是关爱和促进儿童的全面发展。具体而言，0-3 岁阶段，应从婴幼儿大动作、精细动作、感认知、语言、情感和社会性等方面入手，注重早期保育和教育服务。在确定人才培养目标时，应该注重广度和深度相结合，遵循"学习专业基础——强化专业技能"的顺序，让学生先掌握岗位基本技能，再强化岗位综合技能，确保专业人才所具备的专业知识和能力符合企业的标准。可以结合新形势下地方特色现代生态发展趋势，植入传统技能及传统文化元素，如少数民族习俗、手工艺、非遗物质文化遗产等。考虑到托育服务需要较高的职业素养，人才培养需要注重隐性能力的植入，即在培养过程中植入职业素养，让学生热爱幼儿发展研究领域，具有强烈的社会责任感和社会参与意识，同时具备良好的科学和人文素养。

2. 构建"4"维度人才培养体系

（1）"3模块"课程体系建设

构建合理的育婴员职业培训一体化课程体系，将婴幼儿健康照护、儿科护理、婴幼儿行为观察指导、婴幼儿早期教育、家庭教育指导等多门课程有机结合，这样培养的学生既了解幼儿早期教育的先进管理理念和最新实践发展，又能运用现代儿童保健卫生理论和技术从整体上给予儿童照护。通过推行"3模块"的一体化课程体系，实现婴幼儿照护、婴幼儿早期教育、健康管理三大领域的相互融合、相辅相成的目标。

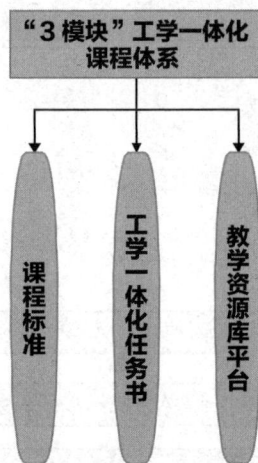

图2 "3模块"课程体系导图

（2）"4导向"实践教学体系建设

实践教学体系以四大导向为引导：学生导向、全面能力导向、自发导向、行动导向。实践教学体系是培养婴幼儿托育专业尤其是育婴员职业应用型人才职业能力的一个重要途径。依托学校自身优势，在教学的过程中开发以"提升职业能力为目标"的"4导向"实践教学体系。

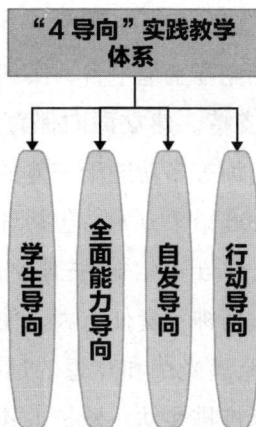

图3 "4导向"实践教学体系导图

（3）"理论+能力"考核评价体系

在评价考核中依据国赛标准设置测量分及评价分，测量分考察学习者的专业能力，评价分考察其通用能力。符合国家级竞赛标准的教学评价标准的构建，是对原有的教学评价方式进行改造完善，对学习者的综合职业能力进行全面评价，最终促进学习者的操作能力的提升和职业素养的发展。

表4 "理论+能力"考核评价表

一级指标	分值（分）	评分类型	二级指标及评分项（赋分）	一等级	二等级	三等级	四等级
		评价					
		测量					
		评价					
		测量					
		评价					
		测量					
		测量					

（4）"双督导"保障体系

基于托育工作属性确立"双督导"保障体系，即教师提升自身素质，参与托育服务机构项目，进行挂职锻炼，以逐步提升其理论和实践指导水平。聘请社会托育专家督导指导教师开展实验课、机构项目，指导学生实习活动，以确保人才培养质量的提升。

3. 建设托育人才国家级技能竞赛基地平台

建设国家级托育人才技能竞赛基地平台，实训场所能够为托育人才培养的构建与实践提供强大的硬件支持。建立面向保育员、育婴员等职业工种，集教学实训、竞赛训练、对外培训等多功能于一体的婴幼儿照护仿真实训平台及竞赛实训基地，占地面积约290余平方米，包括理论授课区、婴幼儿照护实训区、竞赛区等模块，打造区域内乃至国内领先水平的婴幼儿照护实训基地。

学习宣传贯彻党的二十大精神，责任重大、使命在肩。踏上新征程，向着新的奋斗目标再出发，这是充满光荣和梦想的远征。努力办好人民满意的教育，深化幼儿教育改革，不断推进婴幼儿照护人才的高质量培养，进一步满足广大人民群众对托育工作的需要，这是沉甸甸的时代使命。我们要在习近平新时代中国特色社会主义思想的指导下，凝聚智慧和力量，克服各种困难和阻力，以更加强烈的历史主动精神，努力为我市托育人才建设作出贡献。

（作者单位：济宁市技师学院）

参考文献：

[1] 习近平. 高举中国特色社会主义伟大旗帜 为全面建设社会主义现代化国家而团结奋斗——在中国共产党第二十次全国代表大会上的报告 [N]. 人民日报，2022-10-26.

[2] 秦娟. 中国式现代化是人口规模巨大的现代化 [J]. 当代广西，2022（22）.

[3] 发展改革委，民政部，卫生健康委. 关于印发《"十四五"积极应对人口老龄化工程和托育建设实施方案》的通知 [OB/OL]. 中国政府网，2021-06-25.

[4] 曾其娴. "三孩"生育政策下生育支持体系多维构建研究 [J]. 西部财会，2021（09）.

[5] 洪秀敏，张明珠，杨廷树，杜海军. 高职高专院校早期教育专业人才培养的关键问题与优化策略 [J]. 中国教师，2021（04）.

[6] 王世峰. 多点发力 高效推进婴幼儿托育服务 [J]. 人口与健康，2021（10）.

中国式现代化视角下
济宁市农业农村现代化路径探索

李　辉

中国特色社会主义进入新时代，我们如期完成了脱贫攻坚、全面建成小康社会的历史任务，实现了小康这个中华民族的千年梦想。在党的二十大报告中，习近平总书记进一步提出要"以中国式现代化推进中华民族伟大复兴"。而在中国式现代化中，农业农村的现代化是其中的一项重要任务，中国人民在农业农村现代化上的创新为人类实现现代化提供了新的选择。

一、实施乡村振兴战略是实现农业农村现代化的中国式创造

（一）中国式现代化是全体人民共享的现代化

中国式现代化是全体人民共享的现代化集中体现在两个层面。一是目标层面，与西方式现代化追求效率的目的不同，中国式现代化的根本目的在于维护社会的公平正义，实现人自由而全面的发展，着力解决发展不平衡不充分的问题，实现人民群众对美好生活的向往；二是驱动力层面，与西方式现代化依赖资本驱动不同，中国式现代化依靠人民驱动，要深深扎根人民、紧紧依靠人民，人民是中国式现代化道路的主体和内生驱动力量。

（二）农业农村现代化是破解二元制结构难题的有效途径

农业农村的现代化是一个历史性过程，发展中国家会沿着"城市化、工业化发展—城乡发展不平衡—乡村、农业优先发展—城乡一体化"的脉络依次展开。而实现中国农业农村现代化的根本性方法和手段是"建立健全城乡融合发展体制机制和政策体系、推进城乡融合发展"，这既有助于破解我国城乡二元制结构难题，又有助于推动共同富裕的实现。

（三）乡村振兴是实现农业农村现代化的中国式创造

西方式农业农村现代化以"物的现代化"为根本，而乡村振兴战略则创造

性地提出了"产业兴旺、生态宜居、乡风文明、治理有效、生活富裕"的总要求，这是在吸取人类现代化进程中的有益成果和经验教训的基础上，形成的对资本主义农业农村现代化道路的超越。

以乡村振兴实现农业农村的现代化道路创新之处就在于，强调在坚持以经济建设为中心的同时，全面推进经济建设、政治建设、文化建设、社会建设、生态文明建设，促进现代化建设各个环节、各个方面协调发展。这样能够有效避免以资本逻辑为主导的西方式现代化道路引发的经济危机周期爆发、政治斗争日益激化、社会动荡不安等严重社会问题，为解决人类问题贡献了中国智慧和中国方案。

二、农业农村现代化的基本内涵

（一）农业农村现代化的基本内涵

党的十九大报告中首次明确指出要"加快推进农业农村现代化"。而二十大报告中提出的中国式现代化是人口规模巨大的现代化，是全体人民共同富裕的现代化，是物质文明和精神文明相协调的现代化，是人与自然和谐共生的现代化。因此，对于农业农村现代化的理解，我们要认识到这并不是农业现代化和农村现代化内容的简单叠加，而是两者有机耦合而成，是农业、农村、农民"三位一体"的现代化。

1. 农业农村现代化之"根"：农业现代化

农业现代化必须以提升农业质量、效益和核心竞争力为基础。又必须考虑农业现代化与工业或服务业现代化在保障粮食安全和棉、油、糖、肉、奶等重要农产品有效供给属性上的特殊性。不仅要考虑农业的经济效益和比较优势，还要更多地考虑其社会效益、生态效益和文化传承价值。

2. 农业农村现代化之"本"：农村现代化

农村现代化既包括"物"的现代化，也包括"人"的现代化，还包括乡村治理体系和治理能力的现代化。农村现代化应该是农村经济、政治、文化、社会、生态文明"五位一体"的现代化。

3. 农业农村现代化之"魂"：农民现代化

农民现代化是推进农业农村现代化的核心目标，其具体内涵包括两个层面。一是乡村居民生活品质的现代化；二是顺应现代化要求提高农村人口和劳动力素质，形成城乡之间开放有序的流动格局，达到与现代社会发展相协调的和谐状态。

（二）农业农村现代化与乡村振兴的逻辑关系

1. 农业农村现代化是对乡村振兴战略的元气呈现

在农业农村现代化与乡村振兴中，农业农村的现代化是乡村振兴的内在元气呈现。乡村振兴的"二十字"方针"产业兴旺、生态宜居、乡风文明、治理有效、生活富裕"是量的发酵与积累。这种积累本质上的内在动力则是推进农业农村现代化的质的飞越与升华。

2. 乡村振兴战略是对农业农村现代化建设的路径呈现

在农业农村现代化与乡村振兴中，农业农村现代化是乡村发展的最终目标，处于支配地位。而乡村振兴则是实现农业农村现代化最关键的战略举措和路径呈现，是为实现农业农村现代化服务的。乡村振兴的各项举措都应围绕农业农村现代化建设展开。

三、以乡村振兴的济宁成绩为例，准确把握农业农村现代建设的现实状况

（一）乡村振兴的济宁成绩

1. 乡村产业发展实现突破

粮食、蔬菜等重要农产品稳产保供工作作出成效。济宁荣获山东省两全两高农业机械化示范市；创新实施"按揭农业按揭畜牧业"项目，引导龙头企业与合作社、农户结成利益共同体；创新金融支持乡村振兴模式，在全省率先制定出台《农业产业化龙头企业融资担保工作暂行办法》；农机装备制造业竞争力提升，农机装备制造产业集群影响力不断提升。

2. 乡村人才队伍激发新活力

在全省率先开展"乡村振兴合伙人"试点，成功招募合伙人91人。面向农村转移劳动力等群体每年开展职业技能提升培训5万余人次，持续拓宽农民增收渠道。发放创业担保贷款、鲁青基准贷等优惠贷款1.2亿元，支持农村人才返乡创新创业。

3. 乡村文明建设取得新成效

充分发挥济宁文化资源独特优势，深入挖掘优秀传统文化时代价值，创新打造蒲公英夜讲和儒学讲堂品牌，用通俗易懂、深接地气的百姓语言开展党的

理论政策和优秀传统文化宣讲。率先创建新时代文明实践幸福食堂，方便老人在家门口吃上经济实惠饭菜。

4. 乡村建设行动取得新进展

持续推进农厕改造、清洁取暖、污水处理，探索"特许经营＋城乡一体"农村污水治理模式；制定出台《济宁市农村人居环境整治分类管理办法》，在全省率先实现农村人居环境地方立法，为人居环境提升提供坚实的法律保障。

5. 乡村社会治理迈出新步伐

借助村"两委"换届，选优配强村党组织书记，细分为"优秀示范、初次当选、连选连任、80后90后村书记及兵支书、女支书"等类型开展培训，提升乡村振兴领导能力和水平；抓实村党组织领办合作社联盟，出台《村党组织领办合作社实施意见》，村集体收入大幅度提升。

（二）济宁市乡村振兴中农业农村现代化存在的问题

济宁市乡村振兴工作虽然取得了重要进展和显著成效，但是在推进乡村振兴战略实施过程中，从宏观微观结合、农村内外影响综合分析，还存在一些短板和突出问题。

1. 以小农户发展为主体的农业农村现代化道路并未改变

中国整体农业农村现代化是在小农家庭、小农农业广泛存在且以小农户为主体的农村社会依然普遍延续的条件下推进的，和高科技、大规模、集约化的现代化模式截然不同，质量效益和竞争力还需提升。这直接导致了四大问题。

（1）稳产保供任务依然艰巨。粮食生产功能区、重要农产品生产保护区稳产保供效应还没有完全发挥，农业抗风险能力还有待提升。

（2）农村产业体系构建、产业结构调整都比较滞后。产品附加值较低，竞争力较为薄弱，农业生产经营方式相对粗放，农产品质量安全风险增多，农业绿色发展还需升级，科技服务能力不强，科技与生产结合还不紧密。

（3）农民增收渠道还需拓宽。农民转移性收入和财产性收入占比还比较低，稳定就业渠道还比较单一。农民职业技能培训、实用人才培养、高素质农民培训等还需要进一步加强，支持返乡就业创业政策还不完善，农民人均可支配收入保持高速增长的压力比较大。

2. 现代乡村发展滞后、乡村建设短板突出的难题依旧存在

（1）农村基本生活设施建设配套存在短板。农村人居环境治理刚刚起步，生活垃圾收集处置设施设备缺乏，农村生活污水处理设施不健全，农村户用卫

生厕所还未完全普及，村庄建设管护长效机制还未完善。

（2）农村基本生产设施建设配套存在短板。高标准农田建设存在建设标准偏低、管护缺乏、绿色发展理念不足的问题。农村信息化建设有待提升。农村地区存在网络利用方式相对单一、互联网使用率不够高、用网质量待提高等问题。

（3）农村文化医疗卫生设施建设短板突出，硬件设施、人员配给和服务水平都比较落后，公共服务向乡村延伸覆盖相对滞后，城乡资金、人才、技术等要素资源双向流动不畅通，县城综合服务能力还未完全显现。

3.农村基层治理较薄弱

（1）治理主体"空心化"。治理中坚力量流失，大批青壮年外出务工经商，农村空心化、老龄化问题严重。"386199部队"成为农村的主体，治理能力不足。

（2）治理方式"单一化"。多元化治理方式没有充分发挥作用。自治、德治建设存在空洞化问题。基层干部群众法治知识缺乏、法治意识薄弱，乡村法治建设依旧有待加强。

（3）治理内容"低端化"。乡村治理提供的需求大多数依旧集中于传统的、基本的公共服务，如养老、教育、医疗等，对新型、高端服务，如金融、法律、文化等的供给存在短缺。

四、深度融合乡村振兴战略布局，再造乡村振兴齐鲁样板

（一）以政策支撑带动产业兴旺，实现农业农村产业现代化

济宁市以农业全产业链发展为方向，加快生产要素集聚集中，着力推进产业区域化、生产标准化、绿色化以及经营规模化，对农业的现代化进行了五类空间布局，以产业振兴引领乡村全面振兴，加快实现由传统农业大市向现代农业强市转变。

1.中部高效农业发展区

规划区域为兖州区、任城区北部，曲阜市西部、邹城市西部、嘉祥县南部和济宁经济开发区的9个街道28个镇。此区域以粮食生产和都市农业为主攻方向，突出服务和示范功能，建成济宁粮食和菜篮子产品重要供给区、农业先进生产要素聚集区。

2.北部种养循环农牧区

规划区域为汶上县、梁山县和嘉祥县北部，涉及1个街道28个乡镇。此区域

以加强黄河流域生态保护、农业高质量发展为主攻方向，依托沿黄肉牛产业集群项目建设，逐步建成生态循环农业示范区、绿色发展先行区和农业现代化示范区。

3. 南部特色农业发展区

规划区域为金乡县和鱼台县西部，涉及 4 个街道 15 个乡镇。此区域以特色优势农业为主攻方向，以现代农业产业园为依托，突出集聚集群发展，加快创建农业绿色发展先行县和农业现代化示范区。

4. 东部农林复合发展区

规划区域为泗水县全部及邹城市东部、曲阜市北部和东部等低山丘陵区域，涉及 2 个街道 20 个乡镇。此区域以山区生态农业为主攻方向，着力改善农业生态环境，大力发展绿色有机和特色名优农产品，深挖文化旅游资源，突出功能拓展、产业融合和生态屏障功能，建成农、文、旅、康融合发展样板区。

5. 环湖农渔复合发展区

规划区域为微山县全部和鱼台县东部，共涉及 5 个街道 16 个镇。此区域以特色产业高质量发展为实施路径，突出农民增收、生态保护功能，深挖文化资源，打造渔湖产业集群。

（二）以文化先行带动观念转变，实现农业农村"人的现代化"

1. 加强农村思想道德建设。充分用好曲阜市"孔子学堂"、邹城市"孟子学堂"等各类文化宣传阵地，推动社会主义核心价值观在全市农村落地生根，不断提升农民道德素养。

2. 倡导树立乡村文明新风。弘扬好文明乡风、良好家风、淳朴民风，充分发挥村规民约的道德自律作用；丰富农民群众精神文化生活，重点治理农村封建迷信、非法宗教等突出问题；深入开展殡葬改革试点，加快公益性公墓建设，形成一批可复制、可推广的政策措施和工作模式。

3. 强化文明示范典型引领。深入推进"四德"工程建设，建好用活善行义举四德榜。深入开展"美在我家""五好家庭"以及"好婆婆"等文明创建和主题活动，深化文明村镇创建，加强动态管理，总结推广经验。

（三）以规划提升带动人居改善，实现农业农村"人与乡村关系的现代化"

1. 完善乡村公共服务体系。持续抓好农村户厕改革，加大农村公共厕所建设及普及范围，提升粪污资源化利用水平；健全普惠共享、城乡一体的基本公共服务体系，促进公共教育、医疗卫生等资源向农村倾斜，把乡镇打造成服务农民的区域中心。

2. 全面推进"四好农村路"建设。加快农村公路改造升级，推动农村公路枢纽的互通联结，强化县城与重点中心镇的交通联系，打通行政区域交接地段、边远村落的镇村公路连接。全面推进城乡客运公交化和城乡公交一体化建设，促进城乡公交与城市公交的紧密对接。

3. 加快智慧乡村建设。不断完善农村信息基础设施，加大对农村移动通信基站铁塔建设的支持力度；建设信息进村入户平台，完善农村消费信息服务、市场信息服务、农村生活服务等系统，推进服务手段向移动终端延伸。

（四）以党建引领培育文明乡风，实现农业农村治理能力的现代化

1. 优化提升村党组织带头人队伍。选优配强村"两委"成员特别是村党组织书记，全面推行村党组织书记专业化管理；继续选聘优秀村党组织书记担任乡镇党委"特聘组织员"，带动整片建强；依托在外流动党员党组织建立"归雁回引"工作站，常态化开展在外优秀人才回引活动。

2. 强化农村基层党员队伍建设。坚持把政治标准放在首位，注重从青年农民和优秀外出务工农民中发展党员；创新完善党员岗位创先争优长效机制，树立先进典型，强化党员意识；健全落实农村党员定期培训制度，强化知识和技能培训；加强党内激励关怀帮扶，定期走访慰问农村老党员、生活困难党员，帮助解决实际困难。

3. 加大对基层组织的保障力度。落实以财政投入为主的村级组织运转经费保障制度，建立正常增长机制；因地制宜发展壮大村级集体经济，持续加大财政扶持发展力度，不断增强村级自我保障和服务群众的能力；创新"整乡覆盖、全域提升"第一书记选派模式，通过持续选派，实现对全市所有镇街、所有村派驻第一书记全覆盖，推动重点突破、全域提升。

（作者单位：中共济宁市兖州区委党校）

以科技创新推动济宁市经济高质量发展

王燕青

　　高质量发展是全面建设社会主义现代化国家的首要任务。党的二十大报告强调加快实施创新驱动发展战略，吹响了新时代新征程以创新驱动引领高质量发展的前进号角。为了深入贯彻落实党的二十大精神，我们需要进一步发挥科技创新的重要作用，持续实施创新驱动发展战略，坚定不移走好高质量发展之路。党的十八大以来，以习近平同志为核心的党中央把科技自立自强作为国家发展的战略支撑，推动实施科教兴国战略和创新驱动发展战略。十余年来，济宁市不断深化科技体制改革，加快提升自主创新能力，经济发展方式由要素驱动向创新驱动转变，科技创新对经济和社会发展的引领支撑作用不断增强。

一、济宁市以科技创新推动高质量发展的实践

　　济宁地处山东省西南部，素以"孔孟之乡、运河之都、文化济宁"著称，面积 1.1 万平方公里，人口 890 万。2021 年，全市实现地区生产总值 5070 亿元，一般公共预算收入 440.5 亿元。总体而言，济宁经济发展基础相对薄弱，经济总量不大，全市经济总量位居全省第六，经济增速达到 8.5%，但与青岛、济南、烟台仍具有一定差距。济宁市具备良好的产业基础，高新技术产业规模持续增长，"231"先进制造业和优势主导产业龙头、骨干企业科技创新能力较强，科技创新载体逐步健全，区域创新能力持续增强，具备了依靠科技创新支撑产业转型升级、依靠科技创新驱动高质量发展的基础条件。

　　党的十八大以来，以习近平同志为核心的党中央把创新摆在国家发展全局的核心位置，实施创新驱动发展战略。围绕实施创新驱动发展战略，加快推进以科技创新为核心的全面创新。济宁市委市政府在深入分析本地的创新能力、产业基础、资源禀赋的基础上，于 2017 年出台《关于实施六大工程培育科技沃土加快创新型城市建设的实施意见》。坚持以创新发展为动力，以新型工业化

为核心，积极培育战略性新兴产业，加快提升传统产业，大力推进创新创业，推动产业集聚、集群、集约发展，实现工业经济总量与质量"双量"齐升，促进产业结构迈向中高端，形成现代工业产业体系，努力实现"强力攻坚创新驱动发展，更高水平建设创新型城市"战略目标。为实现这一目标，济宁市委市政府高度重视科技创新，加强对科技创新工作的领导，在优化科技创新环境、加大科技投入、搭建创新平台载体、加速科技成果转化、深化科技服务等方面采取了一系列措施，着力解决制约科技创新能力的瓶颈问题，取得了一些成效，为促进全市经济转型发展增添了新动力、积蓄了新动能。

（一）优化科技创新政策环境

第一，济宁市不断强化载体服务，建设高能级创新平台。为创业企业提供"苗圃——孵化——加速——产业园区"链条式服务，鼓励社会资本注入建设民营孵化器，构建多元化的众创空间，为企业培育和发展提供良好的创新环境。第二，推动协同发展，聚力打造双创共同体。围绕"231"先进制造业和优势产业链条，建设创新创业共同体 30 家，其中认定为省级创新创业共同体 1 家。第三，畅通导航路径，促进产学研精准对接。充分发挥科技信息综合服务平台、专利导航平台、产学研合作平台三个平台的作用，针对重点产业领域，每月举办一次专题产学研对接活动，为企业招引项目和人才团队架起沟通的桥梁。

（二）加强人才队伍建设，健全人才服务体系

在全市实施"优才计划"，加大引才、育才、聚才、用才力度，出台了人才培养、引进、使用、奖励等有关优惠政策，让各类优秀人才在济宁享受更高的礼遇、更优的政策、更好的服务，吸引他们来济宁创新创业。如突出平台聚才，探索建立高能级平台"人才引培指数""科技创新指数"，根据作用发挥情况给予重点支持；突出产才融合，优化对人才项目和平台的支持方式，统一调整为研发补助；突出金融赋能，专门设立 10 亿元"市人才创新创业投资基金"，重点支持"231+1"产业领域种子期、初创期科技人才企业，为产业转型升级储备高质量项目。坚持人才以用为本，突出实绩贡献导向，破除"唯帽子"倾向，对入选国家、省、市重点人才工程人选，根据作用发挥情况，给予用人单位最高 500 万元的研发补助。

（三）积极采取措施加大科技创新投入

一是制定科技投入指标。2022 年济宁市本级预算安排科技项目支出较上年增长 15%，重点着眼于企业在技术攻关、成果转化、人才和平台建设等方面的急迫需

求。二是组织实施重大科技项目。2013 年以来，全市共承担国家重点研发计划、省重大创新工程等省级以上科技计划项目 1622 项，争取财政资金 17.34 亿元。牵头承担"智慧化工园区"科技示范工程，荣获国家科学技术奖 15 项，山东省科学技术奖 105 项。三是建立企业研发投入补助制度。引导企业加大研发投入，设立市级科技专项资金，鼓励各县（市、区）及园区出台政策和设立专项资金，加大对企业研发投入的补助和项目扶持。四是引导社会及金融机构加大科技投融资。设立科技金融专项资金，用于鼓励创业风险投资、科技信贷、科技保险、企业上市融资等的资助奖励。设立创业投资引导资金（母基金），建立天使基金和创业基金，引导各类社会资本流向创投企业，引导种子期、初创期和成长期的科技型中小企业。

（四）打造创新高地，发挥辐射带动和示范作用

以高新技术开发区作为济宁市科技创新核心。济宁创新谷破题起步，获评国家高新区企业创新积分制试点单位、国家中小企业创新创业特色载体，全市唯一获批山东省第一批数据管理能力成熟度评估模型贯标试点。成立全省第一家实体运作的市级产业技术研究院，拥有各类创新平台 300 余家，高新技术企业达到 185 家，总量居全市第 1。高新技术产业产值占比达 66.5%，高于全市 24.4 个百分点。全社会研发投入 13.58 亿元，占比达到 2.98%。获批国家级工业设计中心 1 家，国家级专精特新"小巨人" 2 家、省级专精特新中小企业 39 家，国家级绿色工厂 1 家、省级绿色工厂 3 家，省级技术创新企业 3 家。布局建设 150 家以上新型研发机构，全市省级以上各类科技创新平台突破 500 家。与 100 余所高校、60 余个科研院所建立合作关系，全市目前通过产教融合、校企共建模式，建设重点实验室 30 余家。

（五）培育创新主体，促进科技成果的转移转化

首先，济宁市不断加大科技研发投入，推动产业转型升级，科技研发持续发力。2020 年，济宁全社会研发人员增至 2.9 万人，比 2013 年增加 1.2 万人，全市研发经费累计支出 566.3 亿元；企业培育提质增效，2021 年新增市级、省级、国家专精特新"小巨人"企业 119 家、70 家、10 家，分别同比增长 22.7%、125.8%、66.7%；评选济宁首批瞪羚企业 61 家，新增国家和省单项冠军企业 18 家，达到 45 家，国家级制造业单项冠军企业 9 家，省级制造业单项冠军 36 家；国家高新技术企业达 682 家，四年实现翻番，增加 365 家；境内外上市企业累计 14 家，新三板挂牌企业累计 34 家，区域股权交易中心挂牌企业累计 537 家。其次，科技成果转化能力提升。近年来，济宁市积极搭建各类创新平台，持续优化创新环境，集聚优质创新要素，促进各类成果转化，2021 年专利授权量达 17059 件，比 2012 年累计增长 212.6%。全力落实校地合作、校企合作战略，形成一批看得见、摸得着、效益好的合作成果。

二、济宁市科技创新面临的困难和挑战

虽然济宁市科技创新的局面已经打开，也取得了一定的成绩，积累了实践经验，但科技创新能力的提升还面临一些困难和挑战，需要引起重视，并积极采取措施加以解决。主要有以下几个方面。

（一）科技人才比较缺乏，科技创新的源动力不足

高层次科技人才、科技创新创业领军人才和技术带头人匮乏，人才瓶颈制约比较明显。人才评价标准不完善，导致像科研院所、医院、学校等事业单位具有高级职称的专业技术人才并不能产生实际有效的科研成果。受儒家思想影响，高层人才更愿意选择机关事业单位就业，导致本应作为技术创新主体的企业，高端创新人才更缺。

（二）科技投入不足，导致科技成果的供给不足

相比发达地区，济宁市多元化的科研投入体系尚未完善，科研经费投入少，科研成果少，原创性发明少，技术市场交易量低。一方面，政府财政科技支出比重低于全国平均水平，与发达地区有很大差距。由于长期缺乏必要、稳定的科技投入，科研条件得不到有效保障，也难以吸引和留住高层次人才，导致科研单位和高校科研成果的供给不足，科技对经济的引领和支撑作用难以发挥。另一方面，本应作为创新主体的企业科技研发投入严重不足。济宁市的企业普遍还没有树立创新是第一发展动力的意识，对科研重视程度不够，限制了企业的科研资金投入，企业创新主体的作用未能有效发挥。济宁市金融市场发展落后，尚未形成多层次多渠道的投融资方式，对科技型中小企业创新和发展支持力度不大。

（三）科技成果转化率不高，科技创新的作用不能充分发挥

与发达地区相比，济宁市尚未形成完整的产学研有效结合的机制，导致高校和科研院所的科研成果与企业需求不能有效对接，缺乏快速有效的科技成果转化机制。济宁市市县两级产生的科技成果技术含量有限，许多科技成果不具备实际效用，限制了科技成果的转化。

三、关于以科技创新推动济宁经济高质量发展的几点思考

实践表明，要实现济宁经济的高质量发展，迫切需要通过科技创新推动供给侧结构性改革，加快产业结构的调整，大力发展战略性新兴产业，用高新技术改造传统产业，推动生产力水平整体跃升

（一）贯彻落实新发展理念，牢固树立创新意识

党的十八大以来，以习近平同志为核心的党中央提出并贯彻创新、协调、绿色、开放、共享的新发展理念，并把创新摆在五大发展理念之首，强调必须抓住科技创新这个核心。我国加快推进科技自立自强，一些关键核心技术实现突破，战略性新兴产业发展壮大，我国进入创新型国家行列。同时也应看到，我国发展不平衡不充分问题仍然突出，推进高质量发展还有不少卡点瓶颈。全面建设社会主义现代化国家，必须坚持以人民为中心的发展思想，加快转变发展方式，更多依靠创新驱动，推动质量变革、效率变革、动力变革，着力提高发展的质量和水平。

相对于山东省发达的沿海市区，济宁市要实现弯道超车，不能走以前的高能耗、低效率的老路子，根本出路在于科技创新、产品创新、产业创新，而科技创新处于核心地位，肩负自身发展和带动其他方面创新的使命。如果没有创新能力特别是科技创新能力的大幅提升，就难以真正完成经济结构的调整和发展方式的转变。必须紧紧抓住科技创新这个"牛鼻子"，推动以科技创新为核心的全面创新，坚持需求导向和产业化方向，坚持企业在创新中的主体地位，发挥市场在资源配置中的决定性作用和社会主义制度优势，增强科技进步对经济增长的贡献度，形成新的增长动力，推动经济持续健康发展。

（二）实施开放灵活的人才战略，为创新发展提供不竭源泉

创新驱动实质上是人才驱动，人的主观能动性是创新的根本，所以人才是创新发展、转型发展最宝贵、最稀缺的资源，是创新发展的动力源泉。一是坚持市场机制。充分发挥市场在人才资源配置中的决定性作用和更好发挥政府作用，最大限度激发和释放人才创新创造创业活力。要吸引和留住人才，尤其是那些有突出贡献、掌握核心技术的拔尖人才，最重要的还是福利待遇。二是实施"柔性"引进机制。不断创新引才模式，坚持"不求所有，但求所用"理念，通过加强与省内外重点高校、院所合作，实行更加积极、更加开放的人才"柔性"引进机制，以更加积极、更加开放、更加有效的人才政策，聚天下英

才而用之。三是坚持开放合作机制。突破地域空间限制，可以在知识密集城市建立研究平台，聚集研究人才，与本地需求对接，服务本地科技经济发展。四是努力培养本土人才。与省内外高校合作，在本地兴办分校、职业学院等，培养科技人员和技术工人。五是鼓励本地户籍在外创业人士回乡创业。采取优惠措施，鼓励本地户籍在外企业家带回技术、资本、创新理念、管理经验等继续创业，为本地经济发展贡献力量。

（三）采取多元化投入方式，引导和支持研发创新活动

建立以政府投入为引导、企业投入为主体、金融机构和社会资本广泛参与的多元化科技创新投入体系。一是建立财政科技投入稳定增长机制，发挥政府科技投入的引导作用。运用直接拨款、财政补助、贴息等各种财政政策工具，带动和鼓励各种民间资金进行科技投入。二是积极运用财税政策，落实企业研发费用税前加计扣除政策，落实高新技术企业相关优惠政策等，有效促进企业的研发创新活动。三是建立融资担保、贷款风险补偿、知识产权质押等机制，解决中小企业融资难的问题。四是设立创业投资引导基金，政府资金要承担更多风险，并让利于社会资本，引导风险投资资本进入高新技术产业。

（四）政产学研用相结合，加速科技成果的转化

坚持科技创新引领发展，促进科技与经济深度融合，推动创新成果与实体经济的紧密结合。培育战略性新兴产业，用高新技术改造现有产业。政府部门要发挥好引领作用，做好顶层设计，通过制定政策、营造环境、搭建平台，给予产学研引导性支持。特别是注重围绕区域特色和支柱产业发展，集聚和整合技术创新要素，把活跃的企业技术创新需求和高校、科研院所的科技资源、人才资源有机结合起来。充分调动科技人才与企业合作的积极性，充分发挥科技专家的作用，促进产业科技创新发展。推动科研院所、高校和企业通过成果转让、委托开发、联合开发、共建研发机构和科技型企业等形式，建立合理的利益共享机制，实现技术、资本、市场的有机结合，加速科技成果的转化。

（五）打造多层次创新平台，为大众创业万众创新创造条件

一是投入建设必要的科研条件平台。推动科技基础条件建设，支撑区域发展战略和创新创业。科学论证，建设必要的科技基础设施，建立开放共享机制，为科研机构、高校和企业的科研活动提供公共服务平台。二是继续积极推动国家和省级高新区、高新技术产业化基地的创建工作，发挥科技园区的创新高地作用，快速集聚企业资源和科技资源，成为本地区制造业、高新技术产业

和生产性服务业集聚发展的平台，成为实施创新驱动发展战略的重要载体，对所在区域的经济发展发挥辐射带动作用。三是积极构建开放创新创业平台，为创客提供低廉创业空间。建立健全中小微企业社会化服务体系，通过发展小微企业创业园、创业基地和各类孵化园，着力构建一批低成本、便利化、全要素、开放式的众创空间，培育一批小微企业和创业群体。

（六）培育新兴产业、升级传统产业，构筑产业发展新优势

一是着力引进和培育一批战略性新兴产业。战略性新兴产业是培育发展新动能的关键领域，对济宁市形成新的竞争优势和实现跨越式发展至关重要。以抢跑的态度对待战略性新兴产业发展，不断加快技术攻关，促进科技成果转化，不断提升自主创新能力，推动新材料、新能源、新一代信息技术、人工智能、生物技术等战略性新兴产业快速高质量发展。二是通过数字化新技术与实体经济加速融合，推进传统产业转型升级。淘汰一批落后产能企业，增强企业生产和市场竞争力。鼓励企业使用和研发行业先进技术，利用好信息化和智能化技术，提高生产效率。引导企业增强市场和品牌竞争意识，采用新技术、新工艺、新材料，开发具有核心竞争力、高附加值和自主知识产权的新产品，提高产品档次和质量水平。三是推动产业集群发展。以大型企业集团为核心，鼓励扶持相关产业链中小企业快速发展，实现产业集聚，形成产业集群。支持中小企业通过产品技术、体制机制和商业模式创新，提升核心竞争力。

（七）坚持开放合作理念，实现区域协同创新发展

一是积极融入国家、区域一体化发展战略，大力推动区域合作，推动区域协同创新发展。比如，济宁全力推进"都市区一体化融合发展"，集中优势资源，引导交通、生态、文化、公共服务等重大项目和要素协同良性配置，建设高能级现代化城市，着力打造"淮海经济区中心城市、鲁南经济圈排头城市"。二是积极与一些知识密集城市开展合作，利用其人才和科研条件优势，获取当地高水平的科研机构、高校的科研能力支持，服务于济宁市的科技经济发展；三是继续加大招商引资力度，出台优惠政策，引进一批优质企业进行投资；四是采取"互联网+"模式实现全国甚至全球范围的协作，进行商业模式的创新。

（作者单位：中共梁山县委党校）

以现代智造赋能济宁文化"两创" 铸就文化自信自强新辉煌

闫景沛

作为中华优秀传统文化重要传承发展中心，孔孟之乡、运河之都，济宁推进文化"两创"高质量发展，是学习贯彻党的二十大精神、推进文化自信自强、铸就社会主义文化新辉煌的重要历史使命和时代担当。近年来，国家密集出台《关于推进文化创意和设计服务与相关产业融合发展的若干意见》等政策意见，支持文化创意与现代制造业深度融合提升国家文化软实力；促进文化遗产资源在产业中实现可持续发展；创造具有中国特色的现代新产品，实现文化价值与实用价值的有机统一，实现文化价值与实用价值的有机统一，不断拓展文化与相关产业协同发展的深度、广度。作为中华优秀传统文化资源富集地，我市面对文化"两创"优劣势，立足先进制造业比较优势，开辟了"文化工厂""制造传播""场景要素"等独具本土特色的制造业赋能传统文化"两创"的济宁做法，积累了木雕智造、文化纸品、电商定制等典型案例，为"两创"工作高质量发展提供经验，是市委市政府引领文化"两创"高质量发展、铸就文化自信自强新辉煌的重要创新路径。

一、现代制造业赋能文化"两创"的济宁做法的产生背景

济宁是中华优秀传统文化的资源富集地，是全国文化"两创"重要实践创新空间，但由于文化创意、文化传播、文化消费能力相对薄弱，文旅产业不确定增强、文化传承和传播功能减弱等不利因素，济宁优秀传统文化资源优势较难发挥，传承广度较难拓展，传播韧性较难维系，限制文化"两创"高质量发展。面对不利因素，顺应时代发展趋势，济宁发挥本土制造业相对发达、产业品类相对丰富的比较优势，突破"文化事业、文化产业"的文化本位隧道视野，推进"制造业＋传统文化"的赋能新路，逐步探索现代制造业赋能济宁优

秀传统文化"两创"之机理、模式，以"文化工厂"推动文化产业化，以"制造传播"推动产业文化化，以"新消费需求"推动场景要素化，增强传统文化传承创新的刚性、柔性和韧性，最大限度抵消和突破不利因素，促进我市优秀传统文化"两创"高质量发展。

二、现代制造业赋能文化"两创"的济宁做法的核心机理与主要内容

现代制造业赋能济宁优秀传统文化"两创"，是立足破解济宁"两创"客观局限，立足提升文化"两创"活态传承和大众传播效能的新型对策理论。其核心机制是引导现代制造业向文化"两创"渗透融合，推动文化产业化、产业文化化、场景要素化，以传统文化的产品化、产业化着力增强传统文化传承创新的刚性，以大众消费品产业的传统文化渗透和消费传播着力增强传统文化传承创新的柔性，以传统文化产品在互联网新文化消费场景中的要素化生产供给着力增强传统文化传承创新的韧性，协力构筑现代制造赋能文化"两创"路径机制。介于"三化"路径，现代制造业在品类创新、文化附加值提升等方面深度获益，最终促成传统文化与现代制造业双向赋能的良性循环状态。现代制造业赋能文化"两创"的济宁做法包括以下三个方面。

（一）基于文化产业化的"文化工厂"模式

将优秀传统文化积极引入现代制造技术、标准和管理流程，推动传统文化在制造业中实现产业化生存。以基于现代制造的工业设计环节，推动传统文化内容内涵、符号、纹饰和技艺产品化、产业化，将蕴含地方优秀传统文化的非物质文化遗产向大众消费产品领域转化，以非遗文创的装配式生产平衡非遗艺术的订单式创作，以应对市场的科学的产品设计、包装设计，降低传统文化制品的生产成本，提升非物质文化遗产传承人和各类传统文化内容载体的市场竞争力和生存能力。以基于现代制造业的文创产品研发生产、国潮手办研发生产推动城市文脉、历史记忆、非遗技艺和传统文化 IP 的固化落地；数字智能类文化产品开发、制造，利用新产品在用户体验、信息展示上的独特优势，更好展现传统文化的审美魅力，更好释放传统文化的消费潜能。综上，以文化工厂－传统文化产业化、产品化路径增强传承创新的"刚性"。以嘉祥木雕非物质文化遗产传承人周广胜为例，在创业之初他便坚持"只有让非遗产品在民众心中

占有市场,才能更好地促使这项技艺传承下去"的文化产业化理念,积极更新现代制造技术和生产流程,引入无人机床、自动化流水线,开创四轴精雕技术,木梳生产实现规模化。"机器无法完全代替人工,但要实现产业化必须购置设备实现量产,这样才能让木雕产品有更多的可能走进千家万户。"拥有 4 项计算机软件著作权,不断提升智能制造技术含量。不断优化工业设计,企业聘任专业设计师对非遗产品进行设计优化,申请 70 余款专利和 20 余项实用新型技术专利,突破嘉祥传统木雕多以家具、木匾、屏风为主,以吉祥图案、历史故事和名人字画为题材的品类和内容限制,将现代生活元素融入木梳产品,进一步将木梳、手把件延伸至充电宝、智能音响乃至自行车,与孔子博物馆、尼山圣境、青岛啤酒博物馆等客户联手开发文创旅游产品,开辟高端个性化木梳定制产品等,使嘉祥木雕文化融入大众消费品市场,融入现代时尚生活。

(二)基于产业文化化的"制造传播"模式

消费类工业产品将传统文化融入品牌与产品设计,以此承载传统文化,传播传承文化,创新传统文化。消费级工业产品为提高品牌和产品附加值,在产品研发、包装设计、人机和 UI 设计、零售营销、用户体验中灌注传统文化美学、知识、信息和价值观,使得携有传统文化价值观的商业品牌,携有传统文化审美追求的产品设计、携有传统文化内涵信息和符号内容的相关产品走向市场、融入生活,传递文化之美,同时,以市场经济为牵引,大众消费类工业产品会以现代生活、现代审美、现代价值观为参考,更好地转化和创新工业产品中地方优秀传统文化的文化内涵和审美样式,使其适应现代生活的需要,从而推动传统文化在制造传播中的创造性转化和创新性发展。综上,传统文化在传承载体的极大扩充中实现大众化,增强传承创新的"柔性"。以兖州系列工业文创产品为例,相关企业运用原创 IP 产品授权的形式,推出"诗礼夫子"生活用纸新产品,产品展现文质彬彬、行"交手礼"的孔夫子卡通形象,并将儒家文化"温柔敦厚 强调自省"的价值理念,转化为"你受过最好的礼遇,是源自内心的涵养"的现代产品文案,产品文化情怀与企业先进的纯净无添加制纸技术自然呼应,推动传统文化与潮流创意相结合,刷新山东制造业产品的传统形象。

(三)基于新消费需求的"场景要素"模式

基于互联网、元宇宙、电商直播、虚拟现实、研学文旅等文化生活新消费场景,推动新型文化产品的生产供给。如在网络个性定制场景中供给传统文化非遗制品,知识分享场景中供给传统文化内容制品,乡村抖音直播场景中供给乡土文化农产品，研学文旅场景中供给互动体验类文创产品。文化产品制造业参与文化消费新场景的闭环搭建，提高济宁传统文化产品、非物质文化产品，以及传统文化类产业的市场抗风险能力，助力传统文化沉浸式渗透，增强传承创新的"韧性"。孔府印阁打造印章主题文化消费、文化体验闭环场景，拥抱电商、创新销售方式给传统印章文化带来新机遇，建立集产品设计、原石切割、雕刻工场、网上销售、文化体验为一体的大众创业基地，孵化40余位老篆刻手艺人开设网店，每年在线销售印章1000多万枚，销售额近2亿元。依托互联网满足现代人文化需求，突出一寸方印是信任的载体、情意的寄托，在每一件成品的包装盒内放置文化卡片，阐释印章所承载的文化内涵，传播中华印章文化，推进"传统文化＋互联网＋现代制造"闭环发展。

三、现代制造业赋能济宁文化"两创"的优化路径

现代制造业赋能文化"两创"的济宁做法在推动区域优秀传统文化创造性转化和创新性发展上做出了原创性贡献，在实践中扎实推动了地方文化"两创"的高质量发展，但结合时代发展机遇与本地实际，依然有进一步优化完善、提质升级的空间。

一是推进济宁非遗产业化工程。助力济宁传统文化产品创作生产的流程再造，建设"投融资－非遗工坊－智慧工厂"共享服务平台，引导非遗传承人改善创意设计，优化产品品类，扶持有基础的非遗项目进行现代制造、柔性生产转化，培育一批济宁非遗品牌产品。二是发展文创衍生支撑产业。以"山东手造·济宁有礼"等传统文化公用品牌为牵引，做好济宁文创产品设计、开模、制造、包装等文创衍生品制造链条的建链、补链、强链工作，盘活现有动漫、模具、印装、广告企业资源，以现代文创讲好红色故事、孔孟故事、济宁运河故事、创业故事，以优秀商业项目和高标准政府购买服务推动济宁文创产品制造升级。三是开展济宁"两创济品"系列活动。整理"济宁消费类产品与传统文化双向赋能地图"，编发传统文化资源产业展示应用指导手册，支持济宁食品医药、文化造纸、纺织服装、乡土特产重点企业在产品设计、包装设计、零售营销上融合济宁优秀传统文化标识、符号、典故、纹样和信息。四是推动济宁文化制品"上线""出圈"。立足木雕、印章、汉服等传统文化优势产品，策划济宁有礼系列文化直播、线上文旅项目，推出基于互联网文化场景的高品

质文化制品，激活儒家文化、运河文化 IP 产品市场潜能，打造济宁特色文化消费新场景、新品牌。五是建立基于宣传文旅和工信部门联动协调工作机制。突出双向赋能理念，既突出制造业在赋能文化"两创"中的重要作用，又突出赋能过程中制造业在产业链、价值链、创新链的多维受益，不断达成具有行动力的现代制造业赋能济宁文化"两创"、铸就文化自信自强工作方案。

（作者单位：中共济宁市兖州区委党校）

参考文献：

[1] 韩顺法，杨建龙 . 文化的经济力量 [M]. 中国发展出版社，2014.

[2] 李程骅 . 文化自信 [M]. 江苏人民出版社，2018.

[3] 孔繁轲，涂可国 . "两创"的"曲阜模式" [M]. 中国社会科学出版社，2021.

[4] 王宏建 . 艺术概论 [M]. 文化艺术出版社，2003.

[5] 大卫·赫斯蒙德夫 . 文化产业 [M]. 中国人民大学出版社，2016.

中国式现代化道路的形成与发展

胡　剑

习近平总书记在党的二十大报告中指出："坚持中国共产党领导，坚持中国特色社会主义，实现高质量发展，发展全过程人民民主，丰富人民精神世界，实现全体人民共同富裕，促进人与自然和谐共生，推动构建人类命运共同体，创造人类文明新形态。"这一重要论述集中阐释了中国式现代化的本质要求，擘画出中国式现代化的未来发展图景。

一、中国式现代化道路的形成

回顾近代以来现代化发展历史，中国经历了从被动卷入现代化进程到主动探索现代化出路，再到主动选择社会主义现代化道路，乃至开创中国式现代化道路的历史转变过程。

（一）社会主义道路的可能与必然

现代化在人类历史中是普遍的、世界的现象，也是深刻的社会革命。有关现代化的一般规律存在着多种阐释。马克思关注到了社会主义革命的一般规律，即在已经实现现代化的国家进行社会主义革命的规律。马克思旗帜鲜明地反对把关于西欧资本主义特殊的历史问题当作"一般发展道路的历史哲学理论"，强调了历史的具体性与特殊性。马克思提出，经济文化落后的东方国家有可能不经过资本主义的发展阶段而走上社会主义道路的重要设想，为东方国家摆脱落后局面提供了重要理论支撑，从理论上证明了在落后国家走社会主义道路是可能的。

鸦片战争以后，为了拯救民族和国家，仁人志士进行了一系列现代化探索。这些现代化探索客观上开启了中国的现代化发展历程。这一阶段的现代化是由于外部入侵所开启的历史进程，突出表现为"被动的、依赖的、片面的"特征。然而各种理论与探索都没能寻得中国走向现代化的发展道路。俄国十月革命为中国送来现代化的曙光，以历史行动证明了走社会主义现代化道路的必然性。它不仅实现了马克思主义关于无产阶级革命和无产阶级专政的理论到现实的飞跃，而且证明了在落后国家走社会主义道路、进行社会主义现代化建设的可行性与现实性，为羸弱的旧中国摆脱枷锁、走向现代化提供了重要示范，以此彻底改变了世界历史的走向。在此背景下，选择走社会主义道路实现现代化与民族复兴，实现了从"可能性"到历史"必然性"的跨越。这一时期的历史结论正是："只有社会主义才能救中国，只有社会主义才能发展中国！"中国现代化道路的历史探索，实现了社会主义现代化道路的"可能性"与"必然性"的统一。

（二）社会主义现代化道路的一般与特殊

社会主义革命和建设的探索历程所实现的社会主义现代化道路从一般性到特殊性的转化，反映了中国共产党探索社会主义现代化道路时从"以苏为师"到"以苏为鉴"的历史转变过程。在此历史时期，以毛泽东同志为主要代表的中国共产党人在处理社会主义一般与特殊时，提出了符合中国国情的"中国式工业化道路"，制定了"四个现代化"发展目标、"两步走"现代化发展战略。探索社会主义现代化道路的具体形式，解决社会主义现代化一般性与特殊性如何统一的问题。

在一般性问题上，早期社会主义建设选择"以苏为师"，进行制度改造与工业化建设，实质上坚持了工业化对现代化先导作用的一般规律。以斯大林为首的苏联共产党人在进行社会主义建设时，特别强调了建设工业国的重要性和紧迫性，选择以优先发展重工业的方式推动现代化建设，实现了苏联经济的独立自主，同时结合农业集体化、政治集中化等方式，形成了苏联的社会主义现代化模式。作为社会主义现代化的成功典范，苏联模式在社会主义由一国向多国发展的过程中，成为各个国家进行社会主义建设的主要参照对象，几乎成为社会主义建设的一般性"样板"。毛泽东同志指出，"他们已经建设起来了一个伟大的光辉灿烂的社会主义国家。苏联共产党就是我们的最好的先生，我们必须向他们学习。"由此可见，在最初的社会主义现代化道路探索过程中，苏联模式的"一般性"对于我国社会主义建设产生了深刻影响。

另一方面，随着我国社会主义现代化建设的推进，苏联模式计划经济体制的高度集中、重工业和轻工业的比例失衡、工业与农业结构失衡等弊端日益暴露，逐渐引发了对苏联模式的质疑乃至变革苏联模式的要求。特别是苏共二十大引发了对社会主义现代化建设"特殊性"问题的思考。毛泽东同志在发现苏联部分经验不适合我国国情时就提出了"以苏为鉴"的问题，强调破除对苏联模式的迷信，反对教条主义与生搬硬套，指出应该把马列主义的基本原理同中国社会主义革命和建设的具体实际结合起来，探索在我们国家里建设社会主义的道路。开始明确探索中国社会主义现代化道路的"特殊性"问题，为开辟中国式现代化道路提供了思想先导与实践基础。

（三）中国式现代化道路"世界性"和"民族性"的统一

党的十一届三中全会以来，以邓小平同志为主要代表的中国共产党人直面社会主义现代化与世界历史、民族历史的重要关系，推动了从"四个现代化"到"中国式的现代化"历史转变。

一方面，强调现代化在世界发展演变中的历史必然，明确必须在对外开放、融入世界中推动社会主义现代化建设。伴随着生产方式的重大变革，特别是资本主义机器大工业在世界范围内的扩张，落后国家必然面临着在世界历史与世界市场内推进现代化的重任，即"现代化一旦在某一国家或地区出现，其他国家或地区为了生存和自保，必然采用现代化之道"。在此背景下，邓小平同志明确指出"必须大胆吸收和借鉴人类社会创造的一切文明成果，吸收和借鉴当今世界各国包括资本主义发达国家的一切反映现代社会化生产规律的先进经营方式、管理方法"。以此为契机，中国通过对外开放，深度参与了国际分工和合作，抓住了经济全球化重要机遇，利用世界市场等经济纽带实现了现代化建设的赶超，使得中国式的现代化乃至于社会主义现代化，具有了真正意义上的"世界性"。

另一方面，强调社会主义现代化建设必须立足中国特点，必须从民族国家的现实国情出发。基于中国式的现代化"必须从中国的特点出发"这个重要看法，邓小平同志创造性地使用小康社会描绘中国现代化发展图景，指出"我们要实现的四个现代化，是中国式的四个现代化。我们的四个现代化的概念，不是像你们那样的现代化的概念，而是'小康之家'。"走自己的道路，坚持把马克思主义基本原理同中国具体实际相结合，依据本民族历史传统探索发展模式，逐渐成为进行现代化建设的共识。

二、中国式现代化道路的发展

新时代、新征程、新阶段，中国式现代化道路以高度的历史自觉推动了社会主义现代化的当代转化，实现了社会主义基本原则同中国的现代化建设实际的深度结合，展现了社会主义现代化在当代中国的具体形态。

（一）中国式现代化的理论基础

习近平总书记指出："马克思主义指引中国成功走上了全面建设社会主义现代化强国的康庄大道。"马克思主义深刻觉察资本逻辑运动规律，充分认识资本文明所带来的进步与破坏，特别是就资本主义现代化道路所带来的资本逻辑、两极分化、对外扩张进行了最为深刻的批判。

中国式现代化道路正是对马克思主义所揭示的，以资本为中心的现代化道路的根本逻辑及其内在弊病的深刻洞察。中国式现代化道路始终以马克思主义理论为重要基础，不仅充分把握马克思主义所揭示的"三大规律"，而且自觉发挥马克思主义所设想的未来社会经济建设、政治建设等方面的一般原则，将科学社会主义理论充分运用于社会主义现代化建设进程中。，中国式现代化在坚持马克思主义理论基础上，推动了理论的中国化时代化。

（二）中国式现代化的领导力量

社会主义运动的基本原则的核心在于坚持无产阶级政党的领导。同时，社会主义运动高度的历史自觉，依托于共产党人在执政过程中对于历史规律的自觉运用。马克思、恩格斯指出："在实践方面，共产党人是各国工人政党中最坚决的、始终起推动作用的部分；在理论方面，他们胜过其余无产阶级群众的地方在于他们了解无产阶级运动的条件、进程和一般结果。"中国共产党的全面领导体现于中国式现代化的理论建设与实践推动等多重维度。

一方面，中国共产党充分发挥马克思主义对于中国式现代化指导作用，构造了引领中国式现代化的科学理论。党的十八大以来，以习近平同志为核心的党中央不断深化对中国式现代化建设与发展规律的认识，在新的历史条件下，推动了马克思主义理论的新飞跃，为中国式现代化道路的新时代发展提供了坚实的理论基础。

另一方面，中国共产党是领导开创和推进中国式现代化的核心领导力量。习近平总书记指出："现代化不是单选题。历史条件的多样性，决定了各国选择发展道路的多样性。"在推进现代化的历史进程中，中国共产党积极把握历史主动，利用各类历史条件探寻现实可行的现代化发展道路，始终发挥对现代化国家治理、重大布局及各项事业的全面领导，是推进社会主义现代化事业的根本政治保障。

（三）中国式现代化的根本任务

生产力发展水平是推动社会发展的最终决定性因素，人类社会发展集中体现为先进生产力对于落后生产力的替代过程。在社会主义与资本主义的竞争中，生产力发展水平既是竞争内容，也是衡量竞争的尺度。坚持以经济建设为中心正是体现了解放、发展生产力的根本要求。

改革开放之后，以邓小平同志为主要代表的中国共产党人提出"社会主义的任务很多，但根本一条就是发展生产力"等重要观点，并在党和国家工作中正式确立以经济建设为中心的根本任务，把以经济建设为中心写入了党在社会主义初级阶段的基本路线，由此规定了中国式现代化道路的发展任务。正是由于党牢牢扭住以经济建设为中心的根本任务，改革开放以来才能创造出经济跃升的现代化发展奇迹。

中国特色社会主义进入新时代，习近平总书记指出："只要国内外大势没有发生根本变化，坚持以经济建设为中心就不能也不应该改变。这是坚持党的基本路线100年不动摇的根本要求，也是解决当代中国一切问题的根本要求。"应当说，中国式现代化道路充分把握社会主义尽快发展生产力、代表生产力发展方向的根本要求，始终坚持以经济建设为中心的根本任务不动摇，同时又强调了以经济建设为中心的新要求，不仅是把社会主义的生产力原则与主张贯彻在现代化发展历程中，客观上实现了生产力的快速增长和高度发展，更重要的是牢牢抓住了社会主义现代化的逻辑主线，成功将社会主义现代化推至新的历史高度。

（四）中国式现代化的制度保障

中国式现代化道路坚持将无产阶级领导、生产资料社会所有制等原则与实践要求、时代特征相结合，构建了厚植于中国历史文化传统、依据于马克思主义理论的中国特色社会主义制度，使得社会主义制度具有了鲜活的民族形态、中国形态、当代形态，创造了世界现代化历史上前所未有的现代化基本发展格局。

中国特色社会主义制度归根结底还是社会主义制度，在社会主义本质属性方面坚持了社会主义的基本要求，又以实践为依据创造了世界现代化历史上未曾有过的现代化发展类型，并推动了"中国之制"向"中国之治"的充分转化。要言之，中国式现代化道路坚持以社会主义制度的革新推动社会主义现代化的发展。

社会主义现代化重要属性及其基本逻辑全面地体现于中国式现代化道路的

全方位、多领域，集中地表现在中国式现代化道路在理论基础、领导力量、根本任务、制度保障对社会主义现代化的坚持与发展。在此过程中，中国式现代化道路通过充分运用现代化发展规律、发挥历史主体的能动性、抓住历史发展的重要机遇，在经济基础与上层建筑的矛盾运动中创造性地构建了社会主义性质与新型现代性结合的社会结构，以此充分彰显了社会主义的显著优越性。

三、向着中国式现代化的美好前景勇毅前行

中国式现代化，既是发展路径，也是奋斗目标。党的二十大明确了到2035年我国发展的总体目标，重点部署了未来5年的战略任务和重大举措。未来5年是全面建设社会主义现代化国家开局起步的关键时期，也是我国发展进入战略机遇和风险挑战并存、不确定难预料因素增多的时期，搞好这5年的发展对于实现第二个百年奋斗目标至关重要。

一是必须坚持和加强党的全面领导。中国式现代化是中国共产党领导的社会主义现代化。要深刻领悟"两个确立"的决定性意义，增强"四个意识"、坚定"四个自信"、做到"两个维护"，坚决维护党中央权威和集中统一领导，确保全党在政治立场、政治方向、政治原则、政治道路上同党中央保持高度一致，把党的领导落实到党和国家事业各领域各方面各环节。

二是必须坚持中国特色社会主义道路。高举中国特色社会主义伟大旗帜，既不走封闭僵化的老路，也不走改旗易帜的邪路，坚持把国家和民族发展放在自己力量的基点上，把中国发展进步的命运牢牢掌握在自己手中。

三是必须坚持以人民为中心的发展思想。坚持人民至上，站稳人民立场、把握人民愿望、尊重人民创造、集中人民智慧，紧紧抓住人民最关心最直接最现实的利益问题，着力解决好人民群众急难愁盼问题，让现代化建设成果更多更公平惠及全体人民，在推进共同富裕中不断实现人民对美好生活的向往。

四是必须坚持深化改革开放。改革开放是决定当代中国命运的关键一招，也是实现"两个一百年"奋斗目标、实现中华民族伟大复兴的关键一招。面对风高浪急甚至惊涛骇浪的重大考验，我们要有进一步全面深化改革、在更高层次上扩大对外开放的胆识、魄力和勇气，不断彰显中国特色社会主义制度优势，不断增强社会主义现代化建设的动力和活力，把我国制度优势更好转化为国家治理效能。

五是必须坚持发扬斗争精神。开启全面建设社会主义现代化国家新征程，我们面临的重大斗争和风险考验一点也不会比过去少，各种"黑天鹅""灰犀牛"事件随时可能发生，这是我国由大向强发展进程中无法回避的挑战，是实现中华民族伟大复兴绕不过的门槛。要增强忧患意识，坚持底线思维，做到居安思危、未雨绸缪；增强全党全国各族人民的志气、骨气、底气，不信邪、不怕鬼、不怕压，知难而进、迎难而上，统筹发展和安全，全力战胜前进道路上各种困难和挑战，依靠顽强斗争打开事业发展新天地。

（作者单位：中共济宁市委党校）

参考文献：

[1] 习近平.高举中国特色社会主义伟大旗帜 为全面建设社会主义现代化国家而团结奋斗——在中国共产党第二十次全国代表大会上的报告 [N].人民日报，2022-10-26.

[2] 习近平谈治国理政（第 2 卷）[M].北外文出版社，2017.

[3] 习近平.在庆祝中国共产党成立100周年大会上的讲话 [N].人民日报，2021-07-02.

[4] 习近平.关于社会主义生态文明建设论述摘编 [M].中央文献出版社，2017.

[5] 中共中央宣传部.习近平新时代中国特色社会主义思想三十讲 [M].学习出版社，2018.

[6] 十八大以来重要文献选编 [M].中央文献出版社，2014.

[7] 中国共产党第十九次全国代表大会文件选编 [M].人民出版社，2017.

推动马克思主义在主流意识形态领域话语权构建

黄帅晴

一、研究背景和意义

党的二十大报告指出，我们要坚持马克思主义在意识形态领域指导地位的根本制度，建设具有强大凝聚力和引领力的社会主义意识形态。新时代我国社会主要矛盾发生变化，国际形势复杂多变，对党的执政能力提出了更高要求。当前，我们正处在实现中华民族伟大复兴的关键时期，需要更加重视马克思主义在主流意识形态中的传播力度。在进一步挖掘和弘扬马克思主义的内在逻辑及其丰富内涵的同时，还要充分认识到马克思主义所体现出的历史唯物主义观点、辩证法思维方式以及唯物史观的基本立场等方面的内容，从而更好地向人们传递正确的价值导向，增强中华文化自信心和自豪感，促进国家软实力的提升。

二、学界关于马克思主义在主流意识形态领域话语权的相关研究

当前学界对于马克思主义的研究主要是围绕其基本理论和思想体系展开的。国外学者从不同视角探讨马克思主义与中国特色社会主义相适应的问题，并提出了一些具有建设性意义的观点；而国内学者则更加关注马克思主义在我国意识形态领域的话语权建构，认为应当加强马克思主义在主流意识形态中的话语地位以及发挥其应有作用等方面。

目前学术界对于马克思主义的研究大多集中于马克思主义经典作家的著作上，但是关于马克思主义产生的背景、形成原因、内容构成以及未来走向等却鲜少涉及。这种状况导致人们无法全面地理解马克思主义的精髓所在，也就很容易造成对马克思主义的误解甚至曲解，因此亟须建立一个系统完整的、符合

中国实际情况的马克思主义理论体系。

三、马克思主义在主流意识形态传播领域话语权构建的理论依据

（一）马克思恩格斯关于意识形态理论的阐述

马克思和恩格斯创立了科学社会主义学说并将其作为无产阶级政党的行动指南。马克思主义是对资本主义社会进行深刻批判与揭露的产物，它揭示出人类社会发展规律以及人们认识世界的基本规律，具有强大生命力、说服力和影响力，为我国主流价值观建设提供有力支撑。要坚持把马克思主义基本原理同中国具体实际相结合，用马克思主义立场、观点、方法观察时代、把握时代、引领时代。马克思主义始终代表着先进文化的方向、人民群众的根本利益、国家民族前途命运，是中国共产党的精神支柱。马克思主义认为，人民群众创造历史，必须依靠人民来实现自身解放。马克思主义强调以人为中心，一切为了人民，全心全意为人民服务，主张建立起以工人运动为核心的革命阶级联盟体系，不仅注重理论上的逻辑严密性和系统完整性，更加重视在实践中所展现的真理的客观性和人民性，这充分体现了马克思主义的人民性特征。

（二）中国共产党领导人对意识形态的重要论述

毛泽东同志强调，掌握思想教育，是团结全党进行伟大政治斗争的中心环节；邓小平同志则把坚持马克思主义与改革创新相统一作为推进改革开放新时期国家发展战略的基本遵循，提出和建构了反映中国特色社会主义建设客观规律的意识形态话语；江泽民同志较早地意识到互联网时代宣传思想工作所面临的挑战，要求高度重视信息网络化带来的严峻挑战；胡锦涛同志提出，牢牢掌握意识形态工作领导权和主动权；进入新时代，习近平总书记指出，坚持用马克思主义及其中国化创新理论武装全党。这为马克思主义在主流意识形态传播中的话语权奠定了坚实基础和根本遵循，为当前我国意识形态建设提供了重要启示。

四、马克思主义在主流意识形态传播领域话语权构建的现状分析

（一）马克思主义在主流意识形态传播领域话语权构建取得的成绩

党的十九大以来，我国主流传播领域积极宣传阐释习近平新时代中国特色社会主义思想，为提升马克思主义在主流意识形态传播领域话语权奠定了坚实基础。

各级媒体坚持把用好用活马克思主义新闻舆论工作这个主渠道，深入推进马克思主义理论研究成果落地，不断增强人民群众向往美好生活的信心；广大青少年学生更好地接受马克思主义理论知识，各级各类学校把马克思主义基本原理与课程教学内容有机地融合在一起，形成了具有中国特色的马克思主义教育体系；《习近平谈治国理政》等著作被翻译成多国文字出版发行并产生广泛影响，这些都充分彰显出党的十八大以来马克思主义在主流意识形态传播领域话语权构建取得的丰硕成果。

（二）马克思主义在主流意识形态传播领域话语权构建存在的问题

一是马克思主义理论研究成果缺乏。比如，对于马克思主义理论和实践研究不够深入、不透彻存在重宣传轻建设现象；一些高校马克思主义学院教师缺乏系统学习、钻研马克思主义基本原理。

二是马克思主义大众化程度不高。比如，部分学者对主流意识形态传播过程中马克思主义的作用认识不到位，致使大众传播受到影响。

三是马克思主义话语体系建设滞后。这导致群众喜闻乐见的程度不高，影响了马克思主义的推广普及。

（三）马克思主义在主流意识形态传播领域话语权建设的机遇

当前，我国社会主要矛盾发生变化、国际环境复杂多变等因素都对马克思主义理论话语权提出了新挑战，这也为马克思主义在大众传播领域的话语权构建带来了难得的发展契机与良好环境。

国内形势变化给马克思主义在主流意识形态传播领域话语权提供了更多有利条件。随着经济社会的快速转型升级，人民群众对于美好生活的向往日益强烈，人们迫切需要用科学理论来武装头脑、指导实践；伴随着中华民族伟大复兴进程的加快，各国民众对中国的认同度不断提升。这些都为马克思主义在主流意识形态传播中发挥积极作用，奠定坚实基础条件。

从国际上看，随着全球化进程加快，世界各国都把加强自身政治安全放在了首要位置。而马克思主义是维护和平、反对霸权主义最为重要的理论武器之一，其蕴含丰富的哲学思想、科学精神及道德规范，为马克思主义在主流意识形态传播领域赋予了更多话语权。面对各种思潮的冲击，中国共产党始终坚定不移走中国特色社会主义道路，这一过程也使马克思主义成为全党全国各族人民团结奋斗的共同信仰，并在实践中不断丰富和完善。

五、推动马克思主义在主流意识形态传播领域话语权构建的对策

（一）加强主流意识形态传播队伍建设

要想提升主流价值观在社会中的影响力和号召力，就必须从源头抓起，把马克思主义理论作为思想武器来武装全党、教育人民。因此，要不断加强马克思主义宣传教育队伍建设，提高其政治素质和业务能力。一是要建立健全马克思主义理论学习制度。各级学术研究机构应该定期组织开展关于马克思列宁主义基本原理及其中国化最新发展成果等方面的专题讲座；高校开设更多相关课程，让学生运用这些知识去解决实际问题。二是要强化广大党员干部的马克思主义理论素养。各单位领导干部尤其是基层干部要重视马克思主义理论知识的普及与宣传工作，通过各种形式将党的方针政策以及马克思主义经典著作引入日常生活当中，使之成为每个党员干部的必修课程之一。三是要积极开展马克思主义研究工作。各级党校（行政学院）要根据自身办学条件及师资力量，有计划地安排一些优秀教师深入基层一线，为广大师生提供学有所思的机会。四是鼓励广大群众参与社会主义核心价值体系的建构过程。这既有助于增强人们对中国共产党执政规律的认识，又能够激发人们自觉维护国家利益、民族利益和社会公共秩序的热情。五是大力推进理论创新实践活动。马克思主义理论具有极强的实践性，只有坚持在实践中检验真理，才能进一步丰富完善马克思主义学说体系，实现理论与现实的有机结合，进而更好地服务于新时代。六是加快推进网络强国战略实施步伐，积极利用网络技术优势，建立健全互联网公共信息服务体系，丰富马克思主义传播形式，以新媒体为载体，拓宽受众范围，进一步完善马克思主义传播体系建设，打造具有强大凝聚力与吸引力的马克思主义学习型、互动式交流平台及传播渠道，拓展马克思主义对外传播途径，促

进国际学术交流，提升马克思主义话语权。

（二）完善主流意识形态传播机制体制

要进一步加强和创新主流意识形态建设，必须建立健全科学合理的社会主义核心价值观宣传教育体系。首先，要充分运用新媒体平台、社交软件等载体开展思想引领工作，使广大人民群众能够更加便捷地了解马克思主义基本原理与中国特色社会主义理论体系最新成果。其次，积极运用网络媒体手段，加大马克思主义研究成果向社会公众进行广泛传播的力度，不断增强人们学习马克思主义理论的兴趣，提高他们的认知水平。再次，要坚持以习近平同志为核心的党中央关于马克思主义大众化的重要论述作为指导思想，将马克思主义理论同中华优秀传统文化有机结合，通过多种形式大力发展马克思主义大众文化，让马克思主义深入人心，从而有效提升我国主流意识形态的影响力。最后，重视发挥高校及科研机构在推进马克思主义大众化中的作用，引导学生树立正确的世界观、人生观、价值观，培养一批具有坚定理想信念、高尚道德品质以及较强实践能力的青年人才队伍。

（三）优化主流意识形态传播内容

提高马克思主义在主流意识形态传播中的话语权，必须从优化主流意识形态传播内容入手。要坚持以人民为中心的发展思想，把满足人民日益增长的美好生活需要作为出发点和落脚点。不断丰富马克思主义理论成果，使之与时俱进、与时代同步伐，让马克思主义成为广大党员干部群众的信仰和精神支柱。利用新媒体技术，如微信公众号等，推出一些具有较强针对性的精品课程、影视作品以及优秀文学作品等，用通俗易懂、贴近百姓生活的语言向民众介绍马克思主义的相关知识，引导他们正确认识马克思主义及其科学内涵，进而自觉抵制错误思想的侵蚀。

大力开展爱国主义教育活动，弘扬民族精神和时代精神。还要注重弘扬中华优秀传统文化，大力发展红色文化教育，让中华文化走出去，让世界认同中华民族伟大复兴的道路是正确的。通过这种方式来强化主流意识形态传播主体地位，进而形成具有鲜明民族特色的马克思主义传播体系及话语体系，促进马克思主义深入人心，引领人们树立科学的价值理念，培育积极向上的社会风尚。

（中共济宁市委讲师团）

将党的二十大精神融入高职双创课程的 价值意蕴与实践路径

朱　琳

一、将党的二十大精神融入高职双创课程的价值意蕴

（一）高职学生成长成才的时代要求

1.培养具有创新能力的人才

科学技术是第一生产力，人才是第一资源，创新是第一动力。党的二十大报告中有 22 处提到创新一词。创新作为发展的不竭动力，已成为个人或企业发展的固定赛道。创新创业在一定程度上决定个人的发展。高职双创教育正是深入推进人才发展与创新的重要切入点。

2.培养具有社会责任感的人才

学校要落实立德树人的根本任务，把办好人民群众满意的教育作为一项重要的工作持续推进。高职院校要深刻思考党和国家需要什么样的人才，务必把国家各项教育方针落实到教育工作中去，培养德智体美劳全面发展的社会主义建设者和接班人。

（二）高职双创课程思政提质增效的实践要求

1.加强理想信念教育

高职双创课程要加强理想信念教育。引导学生自觉地成为中国特色社会主义和共产主义伟大理想的坚定拥护者和实践者，用中国特色社会主义理论指导创新创业实践。

2.强化科技创新意识

高职双创课程要强化学生的科技创新意识。党的二十大报告强调实施科教兴国战略。高职双创课程正是强化教育、科技、人才三方发展的重要载体。高职双创教育中要引导学生发挥自身特色，不断塑造个人发展新优势。在相关课程开展中要坚持引导学生进行科技创新，树立科技自立自强意识，着力造就高

技能及创新人才。

3. 培养实践意识与实践能力

高职双创课程的重要目标是培养技术技能与创新创业能力相结合的人才，学生的实践意识与实践能力不可或缺。习近平总书记在党的二十大报告中强调："新时代的伟大成就是党和人民一道拼出来、干出来、奋斗出来的！"其中，"拼""干""奋斗"都强调了行动与实践的重要意义。在高职双创课程中，用有限的时间把实践意识作为种子根植在学生的头脑中尤为重要。

二、将党的二十大精神融入高职双创课程的主要内容

（一）将党和国家事业发展的大政方针融入高职双创教育

高职双创课程要结合党和国家事业发展的大方针。比如，高职院校在双创课程中，要把"五位一体"战略布局的具体举措融入其中。

在教学实践中，第一，教师应该注重引入多方面的案例，尽量把经济、政治、文化、社会和生态文明的案例都讲到。其目的是让学生广泛了解国家发展的大方针，为以后相关领域的创新创业提供参考。第二，教学案例的选取尽量结合生源素质水平，不过分拔高，否则会让学生觉得创新创业太遥远。

（二）将十余年来取得的成就案例融入高职双创课程

要把新时代十余年来取得的伟大成就转化为鲜活的案例融入高职双创课程。新时代十余年来，我国在政治、经济、文化、民生、环境等方面取得了许多伟大成就。这些成就值得每个中国人骄傲。

高职双创课程注重专业与创新创业的结合，这些成就类案例选用得当将激发学生投身创新创业热潮的积极性。在高职双创课程案例选取时要注意以下几点。第一，案例要新。时效性在瞬息万变的创新创业热潮中十分重要。在课程案例选取中要体现课程的独特性，引导学生关注时效性。第二，要适合授课专业。不同专业的学生一般会有一些共通的需求。在高职双创课程设计的前两节，由于对学生情况还不是特别了解，可以适当选取一些能够适合所教授专业的通用案例。但在授课过程中，要关注不同专业学生的不同需求，对后续课程的案例进行相应调整。第三，要符合学生发展需求。一些学生对创新创业特别有热情。此时授课教师需要根据学生的需求，在课中或课后提出一些有针对性的建议。但鉴于一些高职双创课程授课教师师资能力差别较大，可以提前准备

不同成就的多个案例，以此作为启发学生关注相关内容的切入点。第四，分阶段讲解案例。新时代十余年来取得的成就中很多案例可以分阶段讲解，跨度十余年、举全国之力的伟大成就案例，容易讲得大而空，只有结果的数字，讲不到背后那千千万万人夜以继日的努力。所以，在高职双创课程案例选取时，可以只截取其中一小段时间为案例时间跨度。这更符合高职学生的基本学情。

（三）将习近平新时代中国特色社会主义思想的世界观和方法论融入高职双创课程

习近平新时代中国特色社会主义思想作为 2022 年起高职院校新增的思政课程，其理论深度与广度、其世界观和方法论都能够一定程度引领高职学生。这部分内容在引入高职双创课程时要注意选取精神内核，内容选取切忌过于宏大。课程思政指导意见指出，选取"人民至上""自信自立""守正创新""问题导向""胸怀天下"等精神内核融入高职双创课程，指导学生创新创业实践。中国特色社会主义思想融入高校课程思政建设相关研究指出，要把握好融入的原则、融入的方式以及融入的内容。在选取案例时着重选取符合习近平新时代中国特色社会主义思想精神内核的案例。并针对不同的案例选取不同的精神内核进行升华，提升学生对于事物认知的规律，帮助学生把习近平新时代中国特色社会主义思想的世界观和方法论用到创新创业实践中。

这里选用"人民至上""自信自立"两个精神内核为例。第一，将人民至上的根本价值导向融入高职双创课程。在高职双创教学案例中，教师应选取切实解决了人民群众急难愁盼问题的案例。注重授课方式，以引导学生关注为主，以教师口述为辅。第二，把自信自立的内在精神特质融入高职双创课程。可以选取全国大学生"互联网＋创新"创业大赛的文化创新案例，这些案例中有传统非遗项目，有乡村旅游特色打造项目，有乡村农业电商一条龙服务项目，还有解决了渔业运输问题的速冻鱼技术项目。在这些案例的讲授过程中，教师要注意结合学生专业、兴趣及特长。

三、将党的二十大精神融入高职双创课程的实践路径

（一）深化课程改革，强化思想政治教育

高职双创课程作为理论与实践相结合的课程，更要深化课程改革，从讲授方式、案例内容、学生情况等方面仔细斟酌。下面从"以人民为中心""现代

化人才培养"两方面阐述高职双创课程改革的实践路径。

将以人民为中心具体落实到高职双创课程中,可将学习者分为三个类别,并把不同学生的学习需求作为教学设计的重点。首先,高职双创课程学习者分为:在校大学生,在职返岗职工,农民工、下岗工人、退伍士兵三个类别。其次,针对不同学习者的不同需求作出如下设计。第一,为在校大学生开阔思路,教学重点在于引导其成为具有更高的创新能力与专业技能的复合型人才,更好地满足人民群众对美好生活的需要。第二,为在职返岗学习的职工提高技术技能与创新意识。根本目的是满足新时代人民对美好生活的追求,培养能够以人民为中心的复合型创新创业技能型人才。第三,将农民工、下岗工人、退伍士兵提高能力与提升学历相结合。高职双创课程的教学重点在于加强其专业能力和创新创业能力的结合,使学生能够适应信息化时代创新创业的要求。

将现代化人才培养落实在高职院校双创课程实践中。第一,要从思想上高度重视高职双创教育,结合学校实际情况制定具有学校特色的专业培养方案、课程标准等。第二,要将思想政治理论融入双创教学中,深化德育与学生能力培养的结合。通过思想政治学习教育使学生坚定理想信念,树立正确的世界观、人生观、价值观。第三,明确高职双创教育的根本目的。高职教育的根本目标就是培养高技能人才。更好地发挥其教育课程优势,提升人才对于现代化建设的适应能力,需要高职院校深化课程改革,打造适应现代化建设的高职双创教育课程体系。

(二)丰富教学载体,提升党的二十大精神融入效果

高职双创课程不仅要讲授创新创业理论,更要指导创新创业的实践。丰富的教学载体能更快拉近创新创业课程与学生之间的距离。有学者建议促进知、情、意、行相统一,并不断提升学生学习的主动性和积极性。如何运用丰富的教学载体,提升二十大精神融入高职双创课程的效果,让课程不枯燥,让学生能看懂愿意听,值得深入思考。

丰富教学载体需要从授课教师提升能力与学校统筹安排两方面入手。首先,教师的授课载体可以分为以下几种。第一,音频。高职双创课程授课教师要选取清晰度高、噪声小的音频。同时保证音频时长适中。第二,视频。高职双创课程视频案例是一线教师最常用的教学手段之一。选择授课视频要图像清晰度高、视频声音清晰、画面播放流畅,视频案例符合课程要求、学生创新创业需求等。第三,文字。文字材料常见于高职双创课程课外拓展的创新创业案例。

授课教师一般选出一些代表性的案例整理成文字材料，配上合适的图片，发布在教学平台的拓展案例中。这些拓展案例主要供有创新创业意向的学生观摩学习。第四，题库。高职双创课程作为高职重要的课程，要划定好考查标准与考查内容。题库作为一种基础知识涉及面广泛、考查形式相对灵活的知识汇总方式，是学生预习复习的重要渠道。针对一些高职学生对理论知识学习的热情相对较低的情况，通过固定的题库引导学生背诵记忆相关知识点，再采取试卷考试、问答考核、捉对比赛等形式，考查学生的掌握情况。自由的记忆方法、丰富的考查形式能帮助学生更好掌握高职双创课程的重要知识。第五，混合形式。以上的教学手段可以综合使用，教学效果可能更好。

其次，学校应统筹规划、精心安排。第一，及时采购学生喜闻乐见的载体帮助教师开展教学。第二，务必引导教师高度重视教学手段创新以及教学模式的优化。第三，倡导实施多渠道混合教学模式。监督教师积极构建线上线下的教学模式，搭建全方位、多领域的教育空间。运用课上课下、线上线下多种渠道，拓展学生学习的边界，帮助学生更好地了解创新创业经验、案例，培养创新创业意识，提升创新创业能力。

（三）使命任务，引导学生自觉成为时代需要的人

新时代高职双创课程的重要使命任务是把学生培养成坚定的中国特色的社会主义理想的信奉者和践行者，深入推进社会主义核心价值观教育，深化爱国主义、集体主义和社会主义教育，努力培育承担民族复兴重任的新一代接班人。

培养有使命感与社会责任感的人才，具体分为四个方面。第一，要锤炼过硬本领。高职院校要培养学生加强学习党的理论知识和政策法规，学习业务知识、专业技能；努力将其打造成学习型、技术技能型人才。第二，要勇于担当重任。在新时代新征程上，教育高职学生树立敢于担当的意识，把敢于担当责任放在首位，时刻牢记肩上的重任，以强烈的事业心和责任感实现自身价值。第三，要加强实践锻炼，在实践中积累经验，增长才干。引导学生到人民群众中去到实践中去，在新时代的伟大浪潮中接受锻炼和考验，切实把所学知识运用于解决创新创业实际问题。第四，要保持奋斗姿态。青年学生有理想、有作为，国家就有前途，民族就有希望。引导学生自觉践行社会主义核心价值观，将个人的前途命运与国家、民族紧密联系在一起。

（作者单位：曲阜远东职业技术学院）

自我革命视阈中的全面从严治党

刘长利

跳出历史周期率事关党的千秋伟业，事关党的长期执政，事关社会主义的发展。早在 1945 年 7 月，毛泽东同志的"窑洞对"给出了第一个答案："只有让人民来监督政府，政府才不敢松懈。"历经百余年奋斗探索特别是党的十八大以来新时代伟大实践，党又给出了第二个答案：党的自我革命。习近平总书记在党的二十大报告中郑重指出："经过不懈努力，党找到了自我革命这一跳出治乱兴衰历史周期率的第二个答案，自我净化、自我完善、自我革新、自我提高能力显著增强，管党治党宽松软状况得到根本扭转，风清气正的党内政治生态不断形成和发展，确保党永远不变质、不变色、不变味。"办好中国的事情，关键在党，关键在党要管党、全面从严治党。党的十八大以来，以习近平同志为核心的党中央把全面从严治党纳入"四个全面"战略布局，探索建设什么样的长期执政的马克思主义政党、怎样建设长期执政的马克思主义政党。党坚持以自我革命精神推进全面从严治党，取得了党的建设伟大工程的历史性、开创性成就。习近平总书记指出："全党必须牢记，全面从严治党永远在路上，党的自我革命永远在路上，决不能有松劲歇脚、疲劳厌战的情绪，必须持之以恒推进全面从严治党，深入推进新时代党的建设新的伟大工程，以党的自我革命引领社会革命。"

一、深刻剖析自我革命维度下全面从严治党的多重逻辑

全面从严治党既是坚持自我革命的基本原则，又是推进社会革命的应然条件；既是马克思主义党建理论的根本要求，又是贯穿马克思主义政党发展历程的题中之义；既是继承发展马克思主义中国化时代化的现实需要，又是中国特色社会主义伟大实践的重要保障。

（一）全面从严治党体现了坚持人民主体地位的历史逻辑

党的初心和使命，就是为人民谋幸福，为民族谋复兴。人民主体性既表现

在人民是历史的创造者，又表现在人民是决定党和国家前途命运的根本力量。"不忘初心，牢记使命"蕴含着"我是谁、为了谁、依靠谁"这个根本问题。一方面，党"为了谁"与人民作为权力的所有者和国家一切价值的享有者相一致，实现好、维护好、发展好最广大人民根本利益正是党的政治信仰；另一方面，党"依靠谁"与人民作为历史的创造者和社会变革的决定性力量相一致，发挥人民群众的无穷力量是党的政治基石。这决定了党"我是谁"的政治定位，决定了党必须坚持以人民为中心的发展思想，必须坚持人民主体地位。

为了中国人民和中华民族的根本利益，党领导人民取得一次又一次伟大胜利，持续把人民主体地位落在实处。正因为时刻不忘一切为了群众、一切依靠群众的生命线，党才能始终坚持人民主体地位。在前进道路上必须全面从严治党，坚持三个方面的历史自觉和历史主动：一是激发人民群众的热情，促成政治发展和社会治理相呼应的格局；二是开辟人民群众有序参与和合理表达渠道，把人民群众的力量整合起来；三是将党的领导与人民群众结合起来，坚持中国特色社会主义总体布局，持续推进社会主义现代化强国建设。

（二）全面从严治党回应了提高党领导能力水平的时代逻辑

党要始终代表最广大人民群众的根本利益，就必须担负起实现中华民族复兴的历史使命，促进经济社会全面健康发展。提高党领导能力水平是推进中国特色社会主义伟大事业的必然要求。

党要在坚持和发展中国特色社会主义历史进程中始终成为坚强领导核心，就必须通过全面从严治党，提高党的领导能力和水平。全面从严治党就是要"把权力关进制度的笼子里"，坚持法治国家、法治政府和法治社会一体化建设，使党发挥引领全局的功能，提升党长期执政的能力；全面从严治党就是要统一党的思想、集中党的力量、协调党的行为，提升党深化改革开放的能力；全面从严治党就是要为权力运行设置规则，防止市场趋利性向党内的延伸和权力支配性在市场的垄断，使广大党员干部发挥先锋模范作用，提升党引导市场经济发展的能力；全面从严治党就是要通过制度规范净化党的组织，使党发挥战斗堡垒的功能，提升党应对外部环境的能力水平。

（三）全面从严治党彰显了深入推进自身治理的实践逻辑

中国特色社会主义最本质的特征是中国共产党的领导，党是最高的政治领导力量，党政军民学、东西南北中，党是领导一切的。党的领导最直接的表现是中国共产党执政，必须坚持和加强党的全面领导。

党面临着"四种危险":一是精神懈怠的危险。某些领导干部革命理想动摇,丧失马克思主义信仰和共产主义信念,立党为公、执政为民的精神懈怠;二是能力不足的危险。部分领导干部本领恐慌,学习意识薄弱,缺少理论素养和实践经验,科学执政、民主执政、依法执政的能力不足;三是脱离群众的危险。个别党员干部群众观念淡漠,未能抵御权力的腐蚀和利益的诱惑,脱离群众问题突出;四是消极腐败的危险。少数领导干部价值观念扭曲,法治意识淡薄。打铁必须自身硬,要勇于自我革命、全面从严治党,永葆先进性和纯洁性,着力增强自身抵御风险和拒腐防变能力。

(四)全面从严治党昭示了强党强国的价值逻辑

历史和实践一再证明,党的强大是伟大事业不断走向胜利的决定性因素。百余年奋斗历程,是一个以实现中华民族伟大复兴为主题、党的自我革命和党领导的社会革命交融互动的伟大历史进程,是由小变大、由弱变强和中华民族从站起来、富起来向强起来飞跃交织互促的伟大历史进程。党把强党作为胜利之本,坚持和完善党的领导,加强和改进党的建设,把自身建设成坚强有力的马克思主义政党。

新时代10余年全面从严治党的历史性成就,充分彰显了大党必严治、大党须图强的价值意蕴。党是一个具有高度历史自觉、深邃历史思维、长远历史眼光的政党。以加强长期执政能力建设、先进性和纯洁性建设为主线,全面推进党的建设伟大工程,全党掀起了一场全面从严治党的革命性锻造行动,开辟了百年大党自我革命新境界。党的领导核心地位和作用决定了强党是强国的基本前提和根本保证。经过长期赓续奋斗,党开创了百余年辉煌历史,圆满实现了全面建成小康社会第一个百年目标,书写出经济快速发展和社会长期稳定两大奇迹新篇章。要开创新时代新的奋斗历史,续写历史新篇章、创造发展新奇迹,党必须保持更好的状态。党的二十大确立了以中国式现代化全面推进中华民族伟大复兴的中心任务,向全党全国人民发出了奋进新征程的强国总动员。中国式现代化是中国共产党开创、领导的现代化,其特点既是由中国国情决定的,更是由党的特质决定的。没有中国共产党就没有中国式现代化,没有强大的中国共产党就搞不好中国式现代化。强国必须强党,党强才会国强,这是历史的结论,更是时代的抉择。

二、系统探寻坚持自我革命、推进全面从严治党的实践路径

坚持自我革命、推进全面从严治党，是全党理想信念、政治操守、素质能力、意志精神、作风形象所形成的政治力量、组织力量、队伍力量和人格力量等凝聚而成的强大力量，核心要义是党的先进性纯洁性和党的执政能力，具体表现为党的政治领导力、思想引领力、组织凝聚力、队伍战斗力、精神感召力。紧扣加强党的长期执政能力建设、先进性和纯洁性建设这条主线，强化系统思维，坚持突出重点和全面推进相结合、问题导向和目标导向相结合、分类施治和同向发力相结合，找准突破口和着力点，推进全面从严治党。

（一）接续增强党的政治领导力

政治属性是政党的本质属性。一个政党强不强，首要的是看其政治领导力强不强。必须从政治上看党建，从政治上抓党建，用党的政治建设统领党建，用全党的政治能力衡量党建。增强政治领导力的关键是坚持"两个确立"、做到"两个维护"。党中央有权威、实行集中统一领导，全党意志才能统一，党才有力量。关键在于有核心。邓小平同志指出："任何一个领导集体都要有一个核心，没有核心的领导是靠不住的。"核心就是力量，核心就是方向，核心就是未来，这是历史经验的总结、强党规律的揭示。新时代 10 余年的伟大变革充分展现了习近平总书记的政治魄力和政治智慧，彰显了"两个确立"的决定性意义。全党必须把"两个维护"作为最高政治原则，自觉在思想上政治上行动上同以习近平同志为核心的党中央保持高度一致，胸怀"国之大者"，不断提高政治判断力、政治领悟力、政治执行力，确保党中央总揽全局、协调各方的领导核心作用，确保党的团结统一。

增强政治领导力的根基是人民。历史的伟力在人民之中，政党的伟力在得民心。党始终代表中国最广大人民的根本利益，人民成为党生生不息的深厚力量源泉。马克思说："历史活动是群众的事业"；列宁把人民称作"自觉的历史活动家"，认为决定历史结局的正是广大人民群众；毛泽东同志指出："人民，只有人民，才是创造世界历史的动力。"习近平总书记强调："江山就是人民，人民就是江山，打江山、守江山，守的是人民的心。"党取得执政地位，是民心所向。党要长期执政，就要永远守民心、顺民心、得民心，做到这一点的前提是贴民心、知民心、暖民心。领导干部必须牢记民心是最大的政治，站稳人民立场，厚植人民情怀，坚守初心使命，坚持人民至上，忠实践行

以人民为中心的发展思想，走好群众路线这条党的生命线和根本工作路线，坚持始终同人民站在一起、想在一起、干在一起，与人民一起奋斗，引领人民奋斗，激励人民奋斗，多做察民情、惠民生、解民忧、护民利的事情，及时解决急难愁盼问题，以人民为中心、以真心换民心，同人民群众同呼吸共命运，做到发展为了人民、发展依靠人民、发展成果由人民共享，推动全体人民共同富裕取得更为明显的实质性进展，不断增强人民群众的获得感、幸福感、安全感。

（二）显著提升党的思想引领力

拥有科学理论、能够与时俱进创新理论、具有强大思想引领力的政党，才会有光明前途。中国共产党为什么能，中国特色社会主义为什么好，归根到底是马克思主义行，是中国化时代化的马克思主义行。增强党的思想引领力，基础是提高党的理论创新能力。习近平总书记提出："坚持把马克思主义基本原理同中国具体实际相结合、同中华优秀传统文化相结合"，以及必须坚持人民至上、必须坚持自信自立、必须坚持守正创新、必须坚持问题导向、必须坚持系统观念、必须坚持胸怀天下"等原创性思想成果，拓展了马克思主义中国化时代化的路径，进一步开辟了马克思主义中国化时代化新境界。必须始终坚持习近平新时代中国特色社会主义思想的科学世界观和方法论，紧跟时代步伐，顺应实践发展，着眼于解决新时代改革开放和社会主义现代化建设的实际问题，不断拓展认识的高度、广度和深度，不断回答中国之问、世界之问、人民之问、时代之问，作出符合中国实际和时代要求的正确回答，得出符合客观规律的科学认识，以更好指导中国实践。

提升党的思想引领力，要提高理论传播力。"理论一经掌握群众，就会变成强大的物质力量。"马克思主义是为人民代言立言的理论，推进马克思主义中国化时代化，把科学理论写在中华大地上、写在人民心中，才能转化为生动丰富的社会实践。必须坚持用习近平新时代中国特色社会主义思想武装全党、教育人民，尤其要注意改进理论传播方式，结合经济社会发展和群众生产生活实际，用说服力强、老百姓喜闻乐见的鲜活语言和生动形式宣讲理论，让基层党员和群众好懂、好记、好用。党的思想引领力要落到理论运用能力上，用理论运用的实效来检验。马克思主义是认识世界、改造世界的理论，是生于实践、活于实践的学说，要坚持学思用贯通、知信行统一，把习近平新时代中国特色社会主义思想学深悟透做实，转化为坚定的理想信念、深厚的人民情怀、崇高的思想境界、自觉的责任担当、优良的工作作风、清廉的政治操守、高强的工作本领、创新的战略举措、全新的发展局面。要把坚定理想信念作为党思想建设的首要任务，用习近平新时代中国特色社会主义思想武装全党，把好世界观、人生观、价值观这个"总开关"，筑牢"压舱石"，系好"人生中的第一粒扣子"，用理想信念和党性教育固本培元、补钙壮骨，筑牢信仰之基，补足精神之钙，把稳思想之舵。

（三）时刻彰显党的组织凝聚力

党的力量来自组织。党之所以能够干大事难事、善于打大仗硬仗，是因为党的组织凝聚力强大。在实施一系列重大战略部署、应对一系列重大风险挑战过程中，党在组织动员、凝聚力量上具有其他政党无可比拟的显著优势。我们国家集中力量办大事的制度优势，也是党的强大组织优势所在。团结起来、组织起来的 14 多亿中国人民是最为强大的力量。党的组织优势历经百余年风雨都没有丢过，今后任何时候任何情况下都要时刻保持。

彰显党的组织凝聚力，必须把严密党的组织体系作为贯彻新时代党的组织路线的重点来抓，凡是符合建立党组织条件的地方都要把党组织建起来，凡是有党组织的地方都要让党组织的政治功能和组织功能强起来，使其能够担负教育党员、管理党员、监督党员、关爱党员和组织群众、宣传群众、凝聚群众、服务群众的职责。坚持党的各级组织建设同抓共管，以上率下、以上带下，形成上下贯通、全面覆盖的组织建设大格局和党的工作高效运转、党的管理井然有序、党的决策执行有力的好局面。党是按照民主集中制原则建立起来的，民主集中制是党的根本组织原则。实践已证明民主集中制的科学性和对实施党的领导、强健党的组织的极端重要性。领导干部要强化民主集中制意识，增强民主集中制素养，遵守民主集中制原则，提高民主集中制效能，做坚定执行和坚决维护民主集中制的模范，在全过程人民民主中增进团结、推动科学决策和高效落实上发挥表率作用。

（四）坚决提高党的队伍战斗力

队伍战斗力强从来就是党的一个突出特点，也是强党的一个主要标志。队伍战斗力的基础是成员的素质能力，长期执政条件下，必须把增强党员干部素质能力摆在更加突出的位置。要严把发展党员质量关，严肃稳妥处置不合格党员，强化党员知识能力培训，引导和推动广大党员成为政治上的明白人、各领域的能干人、群众中的带头人，在政治、经济、文化、社会等方面发挥先锋模范作用，在攻坚克难和应对风险挑战的关键时刻发挥标兵作用。

提高党的队伍战斗力，干部是决定因素。干部是党的执政骨干，素质能力要求更高，必须适应党的使命任务要求，全方位增强执政本领，尤其要增强推动高质量发展本领、服务群众本领、防范化解风险本领和斗争本领等。推进中国式现代化是前无古人的全新事业，必须把创造力作为干部队伍战斗力的重要组成部分，以创新型干部队伍建设推动创新型政党、创新型国家建设，提高广大干部守正创新能力、以改革破难题促发展能力。要围绕增强战斗力完善干部教育培训、考核评价、选拔任用、激励担当等机制，增强干部培训的科学性、及时性、针对性、有效性，突破干部能上不能下、能进不能出的难点，探索能者上、优者奖、庸者下、劣者汰的途径，形成重实际能力和工作实绩的用人导向；完善优秀年轻干部培养机制，探索符合干部成长规律的培养办法，注重发挥实践磨炼、检验、淘汰功能；完善人才工作机制，把培养造就德才兼备的高素质人才作为强党强国大计，实施更加积极、更加开放、更加有效，具有强大吸引力和国际竞争力的人才政策，切实把优秀人才集聚到强党强国的伟大事业中来。

（五）时刻凸显党的精神感召力

党不仅要掌握真理力量，还要彰显人格力量。真理伟力和人格魅力相聚合，就会产生强大精神感召力。在百余年奋斗历程中，党创造并长期坚持伟大建党精神。以此为源头和内核，形成了中国共产党人精神谱系，谱写出一部部感天动地的英雄史诗，激励了一代又一代中国共产党人，感染着亿万人民群众，成为党开创历史伟业的强大软实力。

凸显党的精神感召力，赋予伟大建党精神以新的时代内涵，用新的奋斗、新的创造、新的奉献铸就了"三牛"精神、脱贫攻坚精神、伟大抗疫精神等，成为新时代党的精神标识。党的二十大报告把弘扬伟大建党精神写入大会主题，意义深远。拥有伟大精神才能铸就伟大政党、成就伟大事业。把伟大建党精神永远弘扬下去，将"坚持真理、坚守理想，践行初心、担当使命，不怕牺牲、英勇斗争，对党忠诚、不负人民"的精神内涵内化为全体党员的坚强党性，外化为昂扬向上的斗争精神，带出人民群众澎湃的精气神。凸显党的精神感召力，必须牢记"理想信念动摇是最危险的动摇、理想信念滑坡是最危险的滑坡"的告诫，坚持把学理论、悟真谛、强信仰、增信念有机结合起来，引导广大党员坚定对马克思主义、共产主义的信仰，坚定对中国特色社会主义的信念，坚定对以中国式现代化全面推进中华民族伟大复兴的信心，真正把理想信念建立在对科学理论的真正认同、对历史发展规律的正确认识、对基本国情的准确把握上，转化为深沉而笃定的精神力量。凸显党的精神感召力，必须把"不忘初心、牢记使命"作为加强党的建设永恒课题和党员干部终身课题，推动党员干部化初心为真心、将使命当生命，敢于斗争、善于斗争，树牢为人民而奋斗的价值观和人生观、造福人民的事业观和政绩观。

江山壮丽、前程远大，使命催征、辉映未来。党坚持自我革命、推进全面从严治党，彰显了人民立场的目标指向，突出了人民主体地位的历史指向，表达了增进人民福祉的价值指向，从而紧紧依靠人民群众实现中华民族伟大复兴。

（作者单位：中共济宁市委党校）

参考文献：

[1] 马克思恩格斯全集（第 2 卷）[M]. 人民出版社，1995.

[2] 列宁选集（第 1 卷）[M]. 人民出版社，2012.

[3] 毛泽东选集（第 3 卷）[M]. 人民出版社，1991.

[4] 邓小平文选（第 2 卷）[M]. 人民出版社，1993.

[5] 习近平 . 在庆祝中国共产党成立 100 周年大会上的讲话 [N]. 人民日报，2021-7-1.

[6] 习近平谈治国理政（第四卷）[M]. 外文出版社，2022.

[7] 习近平 . 高举中国特色社会主义伟大旗帜为全面建设社会主义现代化国家而团结奋斗——在中国共产党第二十次全国代表大会上的报告 [N]. 人民日报，2022-10-26.

构建全环境育人新局面
推动党的二十大精神落地生根

贾翠花

党的二十大报告强调，"全面贯彻党的教育方针，落实立德树人根本任务，培养德智体美劳全面发展的社会主义建设者和接班人"。这要求我们始终坚持正确政治方向，深刻回答好"培养什么人、怎样培养人、为谁培养人"这一根本问题，不遗余力地培养一代又一代拥护中国共产党领导和中国特色社会主义制度、立志为中国特色社会主义奋斗终身的有用人才。

为深入学习贯彻习近平总书记关于教育的重要论述，山东省委省政府提出关于实施全环境立德树人教育的部署要求。嘉祥县系统谋划、积极探索新时代全员、全过程、全方位育人的新思路、新方法、新体系，健全"五育融合"的体制机制，优化配置育人资源和育人力量，将党的二十大精神融入全环境育人的全过程，努力培养德智体美劳全面发展的社会主义建设者和接班人。为全面推进全环境立德树人，推动党的二十大精神在全社会落地生根，组织开展了系列活动。

一、丰富宣讲形式，让党的二十大精神深入人心

嘉祥县充分发挥家庭、学校、社会、网络等方面合力，更好激励协同育人工作，成立了嘉祥县全环境立德树人宣讲团，在全县中小学、社区、村居、敬老院、企业、机关单位开展"百人千场"宣讲活动，全县40万余人次参与，着眼构建家校社一体、线上线下联动、各级各部门共建的立德树人新模式，以宣传宣讲为切入点，动员和引导全社会力量共同参与全环境立德树人，推动形成与新时代育人工作目标要求相适应的良好学校环境、家庭氛围、社会风气和网络生态，为培养担当民族复兴大任的时代新人提供强大的精神力量和道德支撑。

全环境立德树人宣讲团成员由政治素质高、理论水平高、宣讲能力强，对

习近平新时代中国特色社会主义思想和党的二十大精神理解领会透彻，具有丰富经验、专业素养的党员干部、教育名师、专家学者、优秀家长、青少年学生榜样、先进典型等人员组成，具体人员由县委宣传部、县教育和体育局、市生态环境局嘉祥分局、县文化和旅游局、县卫生健康局、县检察院、团县委、县妇联、县文联、县关工委等部门分别推荐，共15个宣讲团100人组成，宣讲团涵盖了发挥教育功能的众多领域，能更好地推进党的二十大精神在全社会深入人心。

宣讲团紧紧围绕立德树人根本任务，统筹家庭、学校、社会、媒体四个领域，聚焦党员领导干部、教师、家长和未成年人四类群体，让专家讲专业事，让身边人讲身边事，让先进典型讲经验做法，有针对性地开展从家庭、学校、社会到网络的全环境宣传宣讲。结合党的二十大精神，面向党员领导干部，重点宣讲贯彻落实立德树人根本任务的重要意义，明确当前面临的形势任务，推动各级各部门单位结合职责实际，统筹协调、密切配合，形成高度重视和支持教育发展的合力，确保全环境立德树人落地落实。面向教师群体，重点讲好习近平总书记对教育的重要论述，将社会主义核心价值观贯穿师德师风建设全过程，推进教育理念更新，加强道德、法治、心理健康等通识教育，提升教师德育能力。面向家长群体，围绕贯彻落实《中华人民共和国家庭教育促进法》和党的二十大报告的内容，遴选优质家庭教育课程，普及现代家庭教育理念，传承优良家教家风，发挥家庭"第一课堂"作用。面向未成年人群体，着重讲好中华优秀传统文化，讲好党在奋斗历程中形成的优秀红色文化，讲好社会主义核心价值观，加强青少年网络文明、美育教育，倡树新时代美德健康生活方式，把教育引导与实践养成结合起来，注重在实践中培养时代新人。

二、强化思政课建设，让党的二十大精神融入课堂

嘉祥县教育系统认真贯彻落实习近平总书记在学校思想政治理论课教师座谈会上的重要讲话精神，思政课建设得到前所未有的重视和加强。为抓好《济宁市深化新时代学校思想政治理论课改革创新行动方案》落实落地，嘉祥县将以"三好"思政课创优行动为抓手，大力加强中小学思政课建设，不断提高思政课教师的政治素质、业务能力和育人水平，将党的二十大精神融入课堂，落实立德树人根本任务。

落实领导主体责任，齐抓共管办好思政课。加强党对思政教育工作的全面

领导，是办好思政课的根本保证。教育系统各级党委把思政课建设作为党的建设和意识形态工作的标志性工程摆上重要议程，保证学校正确的办学方向，保证学校始终成为培养社会主义建设者和接班人的坚强阵地。学校党组织书记、校长作为思政课建设的第一责任人，建立党组织书记、校长带头抓思政课的长效机制。把思政课建设情况纳入学校学习党的二十大精神工作考核、办学质量和学科建设评估标准体系。

深化教学体系改革，守正创新开好思政课。充分结合学生身心发展规律和思政教育规律，统筹规划各个阶段思政课建设，构建中小学一体化教学体系。构建课堂教学为主体、实践教学和网络教学为支撑的思政课教学体系。坚持用习近平新时代中国特色社会主义思想铸魂育人，以政治认同、家国情怀、道德修养、发展意识、文化素养为重点，以爱党、爱国、爱社会主义、爱人民、爱集体为主线。遵循学生认知规律，系统开展马克思主义理论教育，系统进行中国特色社会主义理论教育、社会主义核心价值观教育、法治教育、劳动教育、心理健康教育，以及中华优秀传统文化教育。

加强教师队伍建设，理直气壮讲好思政课。教师作为立德树人的主体，坚持以德立身、以德施教。思政课教师不断提升自身道德修养，用高尚的人格感染学生，用真理的力量感召学生，以深厚的理论功底赢得认同，做到教书和育人相结合，言传和身教相结合。当前，思政教师队伍建设重点解决"量"和"质"两大关键问题，在解决数量上"配齐"的同时，更加重视思政课教师队伍"质"的提升。通过实施思政课教师素质提升工程，开展好思政课教师的日常培训和专题培训，培养一批优秀的马克思主义理论教育专家，尤其是结合当前党的二十大的新要求，全面提升每一位思政课教师的理论功底和知识素养。

三、拓展校园文化建设，让党的二十大精神感染学生

校园文化承载着学校精神，校园文化与学校的党建工作有着密切的联系，其既是党建工作的重要载体，也彰显了党建工作的水平。丰富多彩的、高质量的系列校园文化活动，有助于发挥学校文化的凝聚、激励与引导作用。新的历史时期，全面学习党的二十大精神，应加强与校园文化的互动和交融。

通过校园文化建设，向每一位师生传递积极向善的思想，帮助学生树立乐观、自信的人生态度，把学生培养成为有知识、有理想、有合作意识、有文化

修养的文明学生，真正实现办人民满意的教育。增强党的二十大精神在校园文化建设中的凝聚功能，一个同心同德、善于合作、执行力强、具有奉献精神的团队是提升学校文化的关键。从引领学校文化建设的视角，重视党支部建设，发挥党组织强大的凝聚力和向心力。学校学习党的二十大精神抓得好，不仅能确保学校全面贯彻落实党的教育方针，也能为校园文化建设提供坚实的组织基础和思想保障。

校园文化是一种复杂的包涵了多种层面与形态的特殊文化，它涵盖学校工作的诸多方面，通过非强制性的方式，让师生在潜移默化中感受到文化的魅力。各学校在校园文化建设过程中，努力发挥党组织在推进校园文化建设中的思想文化作用，将增强基层党组织的服务意识内化为校园文化建设的基点，逐步树立以服务为主的理念，把服务社会、服务师生、服务家长作为校园文化建设的出发点和立足点，充分发挥党的二十大精神引领校园思想文化建设的作用。

加强学习党的二十大精神为主题的党建活动，促进学校创建先进的育人环境，促进校园文化服务社会、服务师生、服务家长，以多样的形式、丰富的内涵体现党对校园文化建设的引领。基层党组织的作用对校园文化建设从思想到形式、从形式到内容实现了真正意义上的融合，实现了两者相互促进、共同发展的目标。党建引领学校文化建设，使二十大精神更好地感染学生。

四、开展主题实践活动，让党的二十大精神走进生活

嘉祥县以习近平新时代中国特色社会主义思想为指导，秉承习近平总书记"对新时代中国青年来说，热爱祖国是立身之本、成才之基"的教诲，以丰富的主题实践活动为载体，让党的二十大精神更好地走进生活。每学期开学之初，全县同上爱国主义教育第一课，培养爱国情感和爱国意志。利用每周的升旗仪式，开展以爱国为主题的国旗下讲话活动，同学们用实际行动证明自己对祖国的热爱，表达了勤奋努力、励志成才的决心。

在全县范围内开展"我们的节日"主题教育活动。清明节开展"祭扫英烈"活动，七一开展"红歌传唱，入队、入团宣誓"活动，中秋节开展以"家风家训"为主题的征文活动，国庆节开展"传承红色基因，向国旗敬礼"活动，重阳节开展"尊老、敬老、爱老"活动等。通过传统节日、重大纪念日活动，引导中小学生弘扬优秀传统文化，不断增进爱祖国、爱社会、爱家乡的情感。

通过国旗下的演讲、主题班会、黑板报、宣传栏等，多渠道、深层次地宣传教育，营造校园良好的氛围，引导全体学生树立正确的世界观、人生观、价值观。

根据教育部关于印发《中小学综合实践活动课程指导纲要》的通知，嘉祥县教育体育局等10部门发布《关于印发〈嘉祥县推进中小学生研学旅行工作实施方案〉的通知》，由县旅游文物服务中心联合县教体局，依托大学书院、曾庙、武氏祠等市级研学示范基地，在全县范围内开展义务教育阶段中小学中华优秀传统文化研学活动，使中小学生更加增强文化自信，增强实现中华民族伟大复兴的精神力量。

通过开展丰富多彩、生动活泼的主题教育实践活动，党的二十大精神得以走进生活，使广大学生从小树立民族自豪感，自觉把爱国热情转化勤奋学习、全面发展的实际行动，学生整体素质和综合能力显著提升，全县中小学生积极向上的面貌已经开花结果，爱国主义情怀和信念更加坚定。

五、深入实施家庭教育，让党的二十大精神进万家

建成社会主义现代化强国，这个任务要落实到家庭。嘉祥县高度重视家庭教育工作，县教体局坚持不断探索新时期家庭教育的新理念、新方法、新途径、新特点，凝聚学校、家庭、社会的"三结合"强大合力，形成了三位一体的家庭教育工作新格局。县教体局民意监测科组织筹划，成立了嘉祥县中小学（幼儿园）家庭教育工作领导小组，建立了嘉祥县家庭教育指导中心，以此中心为依托，各镇街成立家庭教育指导分中心，明确一名具体负责人负责中心全面工作，统筹管理本区域范围内的家庭教育指导工作。在全县范围内形成政府统筹、学校主导、部门协作、社区参与、家庭主体的家庭教育工作机制，在中小学幼儿园内部建立了"儿童为本、家长主体、学校主抓、重点突破、创新引领、因地制宜、形成特色"的家庭教育工作机制。

为确保家庭教育质量，全县专门成立了一支家长学校暨校外教育讲师团骨干辅导员队伍，成员有县关工委、团县委、县妇联、县总工会等领导，有公安局、社区街道等专家领导，有专业的心理咨询师，有经验丰富的老教师，有积极阳光的年轻教师，有优秀的家长代表等。他们主要负责巡回宣讲和对各家长学校教师进行上岗培训。围绕如何有利于家长树立现代家庭教育理念、提升家教水平，促进家庭教育与学校教育、社会教育相结合，搭建家长与孩子沟通交

流的平台，提供让孩子和家长共同成长的机会等，开展调研和理论研究，然后针对家教中普遍存在的问题，根据各人所长分担课题，为不同的家长群体解疑释惑。

嘉祥县坚持学校、家庭、社会三位一体协调发展，充分发挥"共同建设、共同教育、共同发展"的重要作用，开展了一系列家庭教育活动，把家庭教育既作为学校和社会教育的基础和起点，又作为学校和社会教育的继续和延伸，不仅提高了广大家长的家教能力和水平，还提高了学校的整体办学水平，取得了预期的积极效果。通过努力，全县已实现家长学校全覆盖，拥有了一支专业素质高的家庭教育专业队伍，积累了丰富的家庭教育经验。

通过全员全程全方位育人体系，进一步发挥多维度育人作用，推进德育与智育、体育、美育、劳动教育有机融合，实现理论与实践、育德与育心、课内与课外、线上与线下、解决思想问题与实际问题的多维结合，更好地把党的二十大精神融入思想道德教育、文化知识教育、社会实践教育的各环节。在落实全环境育人的过程中，进一步挖掘各种育人资源，实现知识传授与价值引领的有效结合，在知识传授中融入"润物细无声"的精神指引，推动了党的二十大精神落地生根。

（作者单位：中共嘉祥县委党校）

发挥文化优势，争做"两个结合"先锋

张承文

济宁市历史悠久，文化积淀十分丰富，是中国传统文化主干——儒学的发祥地，是先秦时期儒家"五圣"——孔子、孟子、颜子、曾子、子思子，以及众多孔子著名弟子、再传弟子的故里，至今留有三孔、两孟、曾庙等众多人文古迹。济宁一向重视发挥这一文化优势，特别是 2013 年习近平总书记视察济宁发出大力弘扬优秀传统文化的号召以来，做了大量卓有成效的工作，为优秀传统文化研究传播奠定了坚实基础。党的二十大确立的"两个结合"——马克思主义基本原理同中国具体实际相结合、同中华优秀传统文化相结合的马克思主义中国化时代化道路，作为党的理论重要创新被写入党章。济宁要抓住机遇，发挥优势，争做"两个结合"先锋，促进发展。大体要做好以下工作。

一、济宁市要争做"两个结合"先锋

党的二十大报告提出："只有把马克思主义基本原理同中国具体实际相结合、同中华优秀传统文化相结合，坚持运用辩证唯物主义和历史唯物主义，才能正确回答时代和实践提出的重大问题，才能始终保持马克思主义的蓬勃生机和旺盛活力。"

"两个结合"这一马克思主义中国化时代化的规律性理论认识被写入党章，其重要意义正如中国社会科学院马克思主义研究院陈志刚研究员所指出："'两个结合'是百年大党坚持推进马克思主义中国化时代化规律性认识的凝练升华，体现了中国共产党人坚定的文化自信与文化自觉。'两个结合'是理解和把握习近平新时代中国特色社会主义思想的关键，开创了我们党理论创新的新格局，为继续推进党的理论创新提供了重要遵循和根本原则。……新党章还把习近平新时代中国特色社会主义思想的科学内涵和历史定位，由'是马克思主义中国化最新成果'，改为'是当代中国马克思主义、二十一世纪马克思主义，是中华文化和中国精神的时代精华'，这一重大修改有利于全党同志准确把握习近平新时代中国特色社会主义思想的科学内涵和历史定位，深刻把握这一思想的世界意义、时代意义、历史意义。"

曾任国家新闻出版总署署长、国家版权局局长的柳斌杰认为："在新时代十年的伟大变革中，习近平总书记在推进马克思主义中国化方面的一个重大贡献是解决了'中华传统文化与马克思主义的关系'这个从五四运动开始一直争论到今天的文化思想问题，提出要增强历史自觉、坚定文化自信，推动中华优秀传统文化创造性转化、创新性发展。"

济宁市定位全力打造中华优秀传统文化"两创"先行示范区，就要争做"两个结合"先锋，自觉在服务国家文化战略中作出应有贡献。济宁市成立了孔子研究院、孟子研究院、政德教育学院、曾子研究院等机构，后来山东省组建尼山世界儒学中心，整合孔子研究院、孟子研究院，以及高校等力量。这些机构聘用大量高端研究人才，举办了很多有海内外影响的研讨会，研究成果丰硕。面向全国的干部政德教育、曲阜优秀传统文化传承发展示范区建设、乡村儒学、"和为贵"社会治理模式等开展得红红火火，享誉海内外。我们要充分利用发挥好现有优势，积极贯彻落实党的二十大关于"两个结合"的重要论述，大力推进马克思主义中国化时代化。

二、准确把握 "两个结合" 的目的要求

"两个结合"的目的是实现马克思主义中国化时代化，让马克思主义在中国牢牢扎根。党的二十大报告指出："坚持和发展马克思主义，必须同中华优秀传统文化相结合。只有植根本国、本民族历史文化沃土，马克思主义真理之树才能根深叶茂。"如何做好马克思主义与优秀传统文化的结合？二十大报告指出："我们必须坚定历史自信、文化自信，坚持古为今用、推陈出新，把马克思主义思想精髓同中华优秀传统文化精华贯通起来、同人民群众日用而不觉的共同价值观念融通起来，不断赋予科学理论鲜明的中国特色，不断夯实马克思主义中国化时代化的历史基础和群众基础，让马克思主义在中国牢牢扎根。"

中国特色社会主义为什么好，中国共产党为什么能，归根结底是马克思主义行，是中国化时代化的马克思主义行。这要求我们一定要以马克思主义的立场观点方法，结合时代特点、现实需要，对传统文化批判继承，坚决剔除其封建糟粕，汲取具有当代价值的思想精华，实现中华优秀传统文化的"两创"。中华优

秀传统文化是我们的突出优势，但中华优秀传统文化只有实现"两创"，才能真正转化为现实优势，永葆其生命力。社科工作者必须同时具备马克思主义、优秀传统文化理论素养，切实以马克思主义为指导，做好"两个结合"文章。马克思主义是真理，中华优秀传统文化有很多经过历史检验的真理性认识，两者要取长补短，相互融通，相得益彰，综合创新，不断实现马克思主义的中国化时代化。

三、大力研究弘扬伟大奋斗精神等民族精神

奋斗是党的二十大报告最鲜明的精神底色之一，实现伟大目标必须依靠全国人民发扬艰苦奋斗精神。党的百年历史就是一部艰苦卓绝的奋斗史，奋斗精神是党成功的秘诀，过去靠这个，将来也要靠这个。中国共产党很好地继承发扬了中华民族伟大奋斗精神。儒学最重要经典之一、有"群经之首、大道之源"之称的《周易》云："天行健，君子以自强不息。"是说，人要效法天无时无刻不在运动的特征，自强不息地奋斗。这句话出自《周易·乾》，"乾"即"天"，所以自强不息的奋斗精神就是《周易》主张的人首先要具备的品格。与"天"相并列的是"地"，而《周易》中象征"地"的"坤"卦云："地势坤，君子以厚德载物。"是说，人要效法地的无所不载，以谦虚宽厚的德行对一切事物兼容并蓄。"自强不息""厚德载物"可以说是中华民族最重要的精神基因之一，传承发展至今人们仍日用而不觉。中华民族以勤俭著称，相信奋斗能成就自身，积极发挥主观能动性，"尽人事"，自求多福。面对自然、社会的灾难挑战，中华民族总是选择不懈奋斗。比如大禹治水，早期神话中的"夸父逐日""精卫填海""愚公移山"，无不彰显了奋斗精神。抗日战争时期，全民族同仇敌忾，爱国将士无不艰苦奋战不怕牺牲。海外华人最鲜明的特征就是吃苦耐劳、勤俭自强。"自强不息，厚德载物"作为清华大学的校训，准确把握了中华文化的根本和精髓。济宁市应该积极响应党的二十大的号召，研究弘扬好中华民族奋斗精神，激励人们在厚德基础上奋斗不息。

中华民族长期以来形成的伟大创造精神、伟大奋斗精神、伟大团结精神、伟大梦想精神，都值得研究发掘，发扬光大，为济宁乃至全国的发展建设提供强大的精神力量。

四、以问题为导向做好"两个结合"文章

党的二十大报告指出："只有把马克思主义基本原理同中国具体实际相结合、同中华优秀传统文化相结合，坚持运用辩证唯物主义和历史唯物主义，才能正确回答时代和实践提出的重大问题，才能始终保持马克思主义的蓬勃生机和旺盛活力。"习近平总书记指出，不能科学回答中国之问、世界之问、人民之问、时代之问，不仅党和国家事业无法继续前进，马克思主义也会失去生命力、说服力。以上"四问"实际上就是实践之问。2022年第八届尼山世界文明论坛的主题是"人类文明多样性与人类共同价值"，正是针对世界之问。

中国共产党自成立以来，就是中华优秀传统文化的忠实继承者和发展者。毛泽东同志用兵如神，很大程度上得益于对《孙子兵法》等古代兵学的运用。毛泽东同志指出："我们是马克思主义的历史主义者，我们不应当割断历史。从孔夫子到孙中山，我们应当给以总结，承继这一份珍贵的遗产。"中国共产党人以伟大建党精神为源头的精神谱系，社会主义荣辱观、社会主义核心价值观、以法治国与以德治国相结合的法治理念等，无不蕴含着对中华优秀传统文化的继承发展。中华优秀传统文化博大精深，解决中国乃至世界面临的经济、政治、文化、社会、生态、外交、军事、科技、医药等各种问题，无不可以从中寻找智慧、借鉴和启迪。"两个结合"重大理论创新，使对中华优秀传统文化的运用由自发变为自觉，遇问题不忘结合中华优秀传统文化寻找答案，以更好实现马克思主义中国化时代化。党的二十大着重指出："中国共产党和中国人民为解决人类面临的共同问题提供更多更好的中国智慧、中国方案、中国力量，为人类和平与发展崇高事业作出新的更大的贡献！"这是对"两个结合"理论的自觉运用，坚守中华文化立场，文化自信、理论自信更加凸显。

五、立足济宁实际，做好"两个结合"重点工作

发挥济宁文化优势，以问题为导向，自觉运用"两个结合"理论，整合党校、高校、传统文化研究机构等各种力量，开展交叉学科研讨，解决好济宁的问题，力争起到示范带动作用。济宁市创建的"和为贵"社会治理模式，就是成功案例。目前，我市还要做好以下重点工作，为全社会学习利用好中华优秀传统文化打好基础。

（一）提升中华优秀传统文化的理论研究与宣传普及能力

传统文化历经数千年，其典籍难免失传、失真，很多问题至今模糊不清。济宁市要充分发挥现有优势，广泛联络吸纳海内外研究人才，调查搜集海内外各种典籍资料、文物古迹，研究探索，正本清源。这方面我们取得了重大成果。比如，孔子研究院原院长杨朝明研究员等对《孔子家语》价值的再认识，彻底打破了其为伪书的长期流行的历史偏见，认为其为"孔子研究第一书"，开拓了孔子研究新境界。孔子研究院特聘泰山学者刘光胜教授结合战国竹简对于"曾子十篇"及《尚书》等的研究，有很重要的理论意义。我们要总结经验，完善体制机制，促进研究成果不断涌现。

以儒学为主干的优秀传统文化，尤重道德，其仁、义、礼、智、信及知耻尚廉等道德理念，要实现其当代转化以促进文明进步。大力弘扬社会主义核心价值观，发扬以为人民服务为核心的社会主义道德观，都离不开中华优秀传统文化的滋养。应对老龄化社会的严峻挑战，亟须在全社会大力倡导中华孝道精华。中华孝道五千年一以贯之，涵盖了养、敬、谏等各方面，孔子、曾子还提出了以报效国家社会为核心的大孝理念。《孝经》云："夫孝，德之本也，教之所由生也。"这启示我们，弘扬孝道可以提高全社会道德水平。古代积累了数不尽的关于孝悌忠信礼义廉耻的道德名言、故事，至今很多都是妇孺皆知，令人耳熟能详，这些正是我们日用而不觉的文化基因。改革开放以来，文化逐渐多元化，市场经济对人们的固有价值理念带来了不小的冲击，容易滋生极端利己主义、拜金主义，社会上出现道德滑坡、人情冷漠、诚信缺失等问题。对此，我们要唱响主旋律，大力弘扬中华优秀传统文化，这既是解决现实问题的迫切需要，也关乎国家的文化安全，这些已载入了相关党纪国法。

一定要在全社会宣传普及中华优秀传统文化，使其落地生根。对不同受众采取不同宣传普及方式，借鉴尼山世界儒学中心经验做法，切实做好中华优秀传统文化进社区、农村、学校、机关、企业、网络等"六进工程"。干部培训适当增加中华优秀传统文化内容，推动中华优秀传统文化进教材。要采用文学、戏剧、动漫、歌舞等群众喜闻乐见的艺术形式，语言通俗生动，寓教于乐。历史上无不注重教化的通俗、艺术性，从唐宋以来，就采用说唱、戏剧等形式。当下人们普遍对微信、抖音、快手等网络媒介饶有兴趣，我们要适应这一形势，搞好相关领域创作宣传，扩大思想舆论阵地。通过大力弘扬中华优秀传统文化，打好实现"两个结合"的群众基础，促进经济社会发展。

（二）大力提升济宁干部政德教育基地建设和文旅融合工作力度

为贯彻习近平总书记弘扬中华优秀传统文化的重要指示，在中组部、山东省委组织部的支持、指导下，2015 年济宁市依托传统文化优势创建干部政德教育基地，2019 年该基地列入中央组织部备案的省（部）级党委批准的干部党性教育基地。创建以来，一般每年数万名各级干部来此学习，其中包括中央党校、国家行政学院等高层次培训班。新华社、光明日报、中央电视台等媒体予以深度报道。基地要与时俱进，贯彻党的二十大精神，教育广大党员干部自我净化、自我革命、廉洁自律。儒学尤其注重修身，比如、四书之首《大学》提倡每个阶层的人都要"以修身为本"，曾子倡导"吾日三省吾身"的修身方法等。关于修身的名言警句、故事系统丰富，值得发掘研究。基地要做好"两个结合"文章，探索研发有关课程。要特别注重剔除官本位意识、等级特权观念等封建糟粕，在保持中华优秀传统文化培训特色的同时，注重发挥王杰纪念馆、鲁西南战役纪念馆等的作用，传承弘扬好"一不怕苦、二不怕死"、军民鱼水情等革命传统，使干部树立甘当人民公仆的正确理念。根据党的二十大"传承中华优秀传统法律文化"的要求，从《尚书》等儒学典籍、以《韩非子》为代表的法家经典等著作中汲取精华，促进法治建设。根据济宁市委市政府建设新时代服务型政府"绝对忠诚""实干担当""依法行政""清正廉洁"的要求，做好教育本地干部的政德课程研发。

要贯彻落实好党的二十大"坚持以文塑旅、以旅彰文，推进文化和旅游深度融合发展"的要求，依托济宁得天独厚、文化内涵丰富的三孔、两孟、曾庙、武氏祠等名胜古迹，全力打造文旅融合发展引领区。济宁历史文化积淀悠久深厚，发掘研究、开发利用的潜力空间还很大。比如，2020 年完成的济宁市社科规划课题《嘉祥县儒学资源调查研究》，共 12 万字，有不少新发现，可为文旅融合发展提供新的宝贵资源。

（作者单位：曾子研究院）

推进法治政府建设　提高依法行政效能

——以济宁市任城区法治政府建设为例

张冬青

习近平总书记在党的二十大报告中强调"扎实推进依法行政"，对转变政府职能、深化行政执法体制改革、强化行政执法监督机制和能力建设等作出重点部署、提出明确要求，为新时代法治政府建设提供了根本遵循。党的十八大以来，以习近平同志为核心的党中央围绕全面推进法治政府建设作出一系列重大决策、采取一系列重要举措，推动依法行政水平不断提升，法治政府建设取得历史性成就、发生历史性变革，有力推动党、国家、社会各项事务治理制度化、规范化、程序化，有力保障在法治轨道上全面建设社会主义现代化国家。

一、任城区法治政府建设的主要举措和成效

近年来，任城区不断聚力深化依法治区实践，夯实法治任城建设的基层基础，凝聚全区上下推进法治任城、法治政府、法治社会一体建设的强大合力，为推动全区高质量发展提供有力法治保障。

（一）在完善机制中汇聚法治政府建设力量

1. 坚持理念先行，提高依法治区的政治意识

坚持用习近平法治思想指导法治任城建设，用好区委理论学习中心组、政府常务会议、运河讲坛等学习制度，集中学习党内法规和国家法律；充分运用运河讲坛举行"学法用法守法良法保障善治"等法治专题讲座；各法治工作部门通过专题培训班等多种形式，落实好国家工作人员学法用法考试制度，实现法治专门队伍和法律服务队伍学习培训全覆盖。

2. 注重系统谋划，构建依法治区的组织体系

为统筹推进法治政府建设，区委常委会、区政府常务会议每年专门听取年

度法治政府建设情况工作报告，并先后制定《实施方案》《任城区创建全省法治政府建设示范区工作目标任务责任清单》，研究部署法治政府建设的重要举措、重点任务，解决推进过程中的重大问题。将法治政府建设纳入全区发展总体规划和区委、区政府年度工作计划及综合考核，与经济社会发展同部署、同推进、同督促、同考核、同奖惩，构建知责明责、守责尽责的法治政府建设推进机制。

3.强化绩效考评，提升依法治区的工作质效

以贯彻中办、国办《法治政府建设与责任落实督察工作规定》为突破口，把法治政府建设纳入党委巡察、目标管理绩效考核、文明单位创建、干部任用考察范围，形成导向鲜明、重点突出、上下连贯的综合性法治考核机制；督促党政主要负责人履行推进法治建设第一责任人职责，将领导干部遵法守法、依法办事能力纳入年度考核指标体系；将法治建设纳入对镇（街道）的经济社会发展综合考核的重要内容，并明确设置法治政府建设占法治建设的权重比例，确保《法治政府建设实施纲要（2021-2025年）》任务见底清零。

（二）在精心实施中提升法治政府建设效能

1.强化依法行政，推动法治政府创建工作落到实处

在当前依法治国大背景下，推进基层政府职能转变首要的是培养基层干部的法治思维和法治方式。要进一步理清政府与市场之间、政府各部门之间的职责边界，强化权力清单、责任清单、负面清单、涉企收费清单动态管理，动态调整区委、区政府及各部门权责事项、公共服务事项、行政权力中介服务事项。认真履行党和国家决策部署推动经济社会发展、管理社会事务、服务人民群众的重大职责，统筹在法治轨道上推进防汛救灾和经济社会发展。

2.强化改革创新，推进良好法治营商环境

在持续深化"放管服"改革的过程中，依托全国一体化政务服务平台等渠道，持续优化政务服务事项办事流程，适时更新"双随机、一公开"工作细则、抽查事项清单、抽查工作实施计划和执法检查人员名录库，并按要求及时进行公布。在全市率先推行模拟审批、容缺审批和"告知承诺制"，推行全生命周期服务模式，确保行政执法活动在阳光下运行，进一步提升企业、群众的获得感和满意度。

3.规范合法性审核程序，提高行政决策的质量和效率

任城区被确定为全市合法性审核信息管理系统建设试点后，积极对接试运

行有关工作，严格执行政府规范性文件合法性审核程序，并按照完成时限及时推进重大行政决策目录编制工作、区政府法律顾问人才库调整及党政一体法律顾问选聘等工作，确保了行政决策科学化、民主化、法治化，全面提升依法行政能力和水平。

（三）在服务大局中实现法治政府建设突破

1.法治示范创建工作开局良好

以创建"全省法治政府建设示范区"为抓手，严格执行《重大行政决策程序暂行条例》及省市区有关规定，严格履行决策制度规范，实行政府常务会议议题合法性审核制度，适当地引入社会监督，把法律监督、行政监督和群众监督、社会舆论监督有机结合起来，形成以权力监督权力和以社会监督权力的监督格局。

2.法治政府建设红利不断释放

创建含有"仁心"法律援助、"爱心"法律宣传、"公心"人民调解、"诚心"法律顾问"四心"子品牌的"仁诚"公共法律服务品牌，增设《爱心说法》专栏，推行"法律服务代理机制"等，进一步优化基层法律服务机构布局，推动建设集实体、热线、网络三大平台融合发展，做好三级平台接待群众咨询法律服务，为群众提供全方位、多元化、专业性的公共法律服务。

3.法治政府建设不断推向纵深

坚持党总揽全局、协调各方，发挥各级党委的领导核心作用，将法治政府建设列入常委会年度工作要点，并以推动落实党政主要负责人切实履行法治建设第一责任人职责为主抓手，全面加强法治政府建设任务清单、责任清单和督察清单管理，督促区政府领导班子成员和部门主要负责同志自觉按法规政策办事，按程序流程办事，按法律的主旨精神创新担当办事，在新时代奋力实现任城法治政府建设新突破。

二、基层法治政府建设存在的问题和不足

（一）法治政府建设主体意识还不强

在推进法治政府建设中，存在压力层层递减、标准层层下降的问题。一是对习近平法治思想学习、运用实践能力尚显欠缺，在纵深拓展学、透彻把握学、全面系统学上下功夫还不够；二是法治政府建设的重要性认识整体还不够

高，"重经济发展、轻法治思想"在一定范围还存在；三是部分行政机关工作人员"法无授权不可为、法定职责必须为"的意识不够强，拖延履职、执法不力等问题尚未得到有效解决。

（二）法治政府建设刚性约束不足

法治政府建设刚性约束有待加强。一是法治政府建设只是部门或一级政府的考核内容，未成为领导干部个人的升迁提拔考核依据，法治政府建设在考核中尚未达到一票否决的作用；二是法治政府建设存有形式主义现象，缺乏对落实环节的反馈和监督，并没有做到应公开尽公开；三是法治政府建设的一些基本制度刚性不足、不成熟不定型，要么轰轰烈烈地开始、悄无声息地消失，要么修改、变动频繁，制度贯彻执行情况不够理想。

（三）法治政府建设深度不够

法治政府建设是一个长久性、系统性的工程，在时间上、空间上延展性极强，涉及的具体工作很多，应当有主次之分、重点和非重点之别。然而，基层法治政府建设往往在聚焦重点工作任务上均有涉猎，而在法治政府建设中具有决定性作用的内容如权力清单制度、权力监督制度着墨不多，重点内容不突出。也正是因为缺乏重点，导致法治政府建设的工作虽面面俱到，但深度挖掘、深度推进较为欠缺。

（四）法治政府建设评价效度不足

法治政府建设归根结底是软环境的建设，不像经济建设那样可以通过具体的经济指标加以衡量比较。但法治政府建设的优劣好坏之别，确实有进行区分评价的必要。虽然《中共中央关于全面推进依法治国若干重大问题的决定》和《法治政府建设实施纲要（2012-2025年）》就法治政府建设提出了一些具体明确的要求，但都属于定性层面，定量层面或者用以区分定性的评价工具仍然缺乏。评价标准不明确、不清晰，导致评价考核效度与实际感知存在一定的差距。

三、推进基层法治政府建设的几点建议

推行法治政府建设的进程，既是我国社会主义事业稳步发展的坚实前提，也是政府机构改革所面临的重大挑战。结合基层法治政府建设现状和问题，提出如下对策建议。

（一）树牢法治意识，提升行政执行力

1. 始终抓住领导干部关键少数

强化行政机关主要负责人法治建设第一责任人的要求，充分发挥领导干部厉行法治的示范带头作用，把法治素养及依法履职情况纳入考核评价干部的重要内容，促使提高运用法治思维和法治方式深化改革、推动发展、化解矛盾、维护稳定、应对风险的能力。

2. 多措并举提升队伍整体素质

强化职业道德建设，优化分类培训、学法用法差异化考核，提升各领域各部门法治队伍的思想政治素质和业务工作能力；建立健全重大行政决策跟踪反馈制度，充分保障社会公众对我区各级政府重大行政决策的知情权、参与权、表达权和监督权，切实防止违法决策和不当决策。

3. 高度重视政务诚信建设

依法归集和有效运用涉及政府和公务人员的司法裁判、政务失信信息，促使政府部门和公务人员守法诚信。自觉接受司法监督，建立健全行政机关负责人出庭应诉提示、备案、通报、考核等机制，有效解决行政机关负责人"出庭不出声、应诉不应答"等问题，推动行政争议在诉讼中得到实质化解。切实发挥政府法律顾问在行政决策、重大执法、制度建设等方面的咨询论证、协助法制审核作用。

（二）强化主体责任，增强制度约束力

1. 切实加强党的领导

党的领导是中国特色社会主义制度的最大优势，是全面推进依法治国、加快建设法治政府的最根本保证，必须坚持党总揽全局、协调各方，发挥各级党委的领导核心作用，把党的领导贯彻到法治政府建设各方面。要认真贯彻落实区委全面依法治区委员会工作会议精神，广泛认证法治政府建设中的重大问题，进一步谋划和落实好法治政府建设的各项任务，及时消除制约法治政府建设的体制机制障碍，切实增强建设法治政府的使命感、紧迫感和责任感。

2. 强化法治政府建设主体责任

法治政府建设关键在人，如果将法治政府建设仅仅作为一级政府或者某个政府部门的考核指标，拘泥于部门责任，不能落实到人，法治政府建设就会流于形式，无法得到应有的重视。强化法治政府建设的主体责任尤为重要，法治政府建设不能只是部门或者单位的考核指标，更应该是单位负责人个人

的考核指标，法治政府建设不能只是一个普通的考核指标，更应该是一个占有一定权重的考核指标。尤为关键的是，法治政府建设应当成为领导干部提拔升迁一个重要考核要素，甚至实行"一票否决"都不为过。唯有增强主体责任、增加考核权重，法治政府建设的重视才能落到实处，法治政府建设才能有力有为。

3. 增强制度刚性约束

法治政府建设的刚性约束不足，问题表面上在人，但根源在于一系列有关法治政府建设的制度执行不够严格、不够全面，制度过于"柔软"，缺乏刚性约束。党的十九届四中全会强调，"各级党委和政府以及各级领导干部要切实强化制度意识，带头维护制度权威，做制度执行的表率，带动全党全社会自觉尊崇制度、严格执行制度、坚决维护制度"。尊崇制度、执行制度、维护制度特别是严格执行制度，无疑是增强制度刚性约束的着眼处和关键点。置于法治政府建设层面，真正提高重视和增强刚性约束，仅仅落实到人是不够的，更要依靠制度特别是制度在执行环节中的刚性约束。

（三）明确重点任务，强化创新的策源力

1. 规范建设精度

所谓法治政府，简单而言，就是政府在法治的轨道内运行，法律规定政府应做的政府必须做好，法律未授权政府做的政府不能做，核心在于规范政府的权力边界。《中共中央关于全面推进依法治国若干重大问题的决定》提出了依法全面履行政府职能（权力清单制度）、健全依法决策机制、深化行政执法体制改革、坚持严格规范公正文明执法、强化对行政权力的制约和监督、全面推进政务公开六个方面的要求。其中，与规范政府权力最直接相关的就是权力清单和权力监督两项机制。法治政府建设的重点应该围绕权力清单和权力监督两项内容展开。

2. 强化建设力度

规范政府权力边界，是最触及灵魂深处的事情，法治政府建设最为重点的内容往往最需要政府具有壮士断腕的革新精神，是最难啃的骨头。法治政府建设唯有在重点内容上有所突破，其他方面的建设内容才会逐渐打开局面。可以说，重点内容的建设是直接关系到法治政府建设深入推进、取得实质成效的决定性因素，回避重点内容的法治政府建设只能是"绣花拳"，无法取得实质进展。因此，法治政府不应避轻就重、回避难题，应突出权力清单和权力监督内

容的建设。

3. 挖掘建设深度

法治政府建设是一项逐渐完善、逐渐成熟的长期性工程，其建设过程存在着连续性和递进性。任城区积极贯彻党的十九届五中全会对法治政府建设的重大部署，适应深化依法治国实践的新形势新任务新要求，紧紧围绕党中央"建设职责明确、依法行政的政府治理体系"部署要求，以争创全国法治政府建设示范区为主抓手，着力在全面推进法治任城、法治政府、法治社会一体建设中，推进法治政府率先突破。

（四）创新评价机制，发挥资源整合力

1. 统筹客观实际，提高评价标准的科学性

对法治政府建设的评价应当遵循其本身的客观发展规律，法治政府建设是软环境的建设、与人的主观感知紧密相连，属于人文评价的范畴，因此，法治政府建设不可能制订出一套完全数据量化的评价标准。要避免为了建立评价标准而建立评价标准，使评价标准脱离实际、缺乏效用，产生一刀切、表面文章和形式主义的弊病。

2. 重视负面清单，确保评价结果准确性

法治政府建设的好坏取决于人民满意不满意，法治政府建设评价标准的建立应当重视人民的主观感知，可以将一些人民群众最不能容忍的问题列为负面清单，以存在的负面清单问题个数作为区分评价等级的依据，将负面评价与传统的正面评价相结合，倒逼问题整改，大幅提高评价标准的精准性、有效性，提升法治政府建设的整体水平。

3. 引入社会机制，发挥评价体系的多元化

法治政府建设是一项复杂的系统工程，法治政府建设评价应当注重提升专业化水平，而法治政府建设由政府自建自评，容易存在评价独立性不足的倾向，基层政府建设急需公众的积极参与和多元力量的共同推进。第三方评价具有的专业、独立优势，可以有效提升评价效度。法治政府建设引入第三方评价机制，可以有效保证评价结果避免能力和人为主观因素的干扰，提升评价结果的信度和效度。

（作者单位：中共济宁市任城区委党校）

学习贯彻党的二十大精神
推动形成人与自然和谐共生的现代化

谢　瑞

党的二十大报告指出：中国式现代化，是中国共产党领导的社会主义现代化，既有各国现代化的共同特征，更有基于自己国情的中国特色。中国式现代化是人口规模巨大的现代化，是全体人民共同富裕的现代化，是物质文明和精神文明相协调的现代化，是人与自然和谐共生的现代化，是走和平发展道路的现代化。这充分说明以习近平同志为核心的党中央对建设人与自然和谐共生的现代化的高度重视，将人与自然和谐共生的现代化明确为中国式现代化重要特征之一，充分反映了中国共产党对现代化的认识达到新高度，对于推动形成人与自然和谐共生的现代化建设新格局、如期建成社会主义现代化强国具有重要意义。

一、推动形成人与自然和谐共生的现代化的重大意义

在中国式现代化的推进过程中，人与自然和谐共生是我们独立选择的绿色发展道路，更是全面建设社会主义现代化国家的历史使命。新时代生态环境保护发生历史性、转折性、全局性变化，赋予了人与自然和谐共生的现代化新的时代意义。

（一）中国式现代化的鲜明标志

在中国式现代化的推进过程中，人与自然和谐共生是我们独立选择的绿色发展道路，更是全面建设社会主义现代化国家的历史使命。新时代生态环境保护发生历史性、转折性、全局性变化，赋予了人与自然和谐共生的现代化新的时代意义。

第一，人与自然和谐共生拓展了中国式现代化的理论内涵和实践内涵。人与自然的关系是人类社会最基本的关系。习近平总书记指出，"自然是生命之

母""生态是统一的自然系统""人类对大自然的伤害最终会伤及人类自身，这是无法抗拒的规律"。这从认识论的层面深刻揭示了人与自然和谐共生的内在逻辑，丰富和发展了马克思主义关于人与自然的关系理论，为我们把人与自然和谐共生作为中国式现代化道路的前提选择提供了重要方法论指导。

第二，人与自然和谐共生彰显了中国式现代化的民族特质和文化底蕴。绵延五千多年的中华文明蕴藏了丰厚的生态底蕴。《易经》强调天、地、人三才之道，天之道"始万物"，地之道"生万物"，人之道"成万物"。儒家致力于以仁为核心、仁礼相辅互动的理论构建，有"天人合德"的天人合一思维方式。道家强调道法自然，崇尚清静无为，主张返璞归真、与自然和谐相处。这些观念都强调把天地人统一起来、把自然生态同人类文明联系起来，按照大自然规律活动，取之有时，用之有度，为我们推进人与自然和谐共生的现代化带来了重要思想启示。

（二）推动经济社会高质量发展的必然要求

习近平总书记指出："建设生态文明、推动绿色低碳循环发展，不仅可以满足人民日益增长的优美生态环境需要，而且可以推动实现更高质量、更有效率、更加公平、更可持续、更为安全的发展"。"十四五"时期，我国经济社会发展的主题就是推动高质量发展。这要求我们将发展质量问题放在越来越关键的地位，力求提升经济增长质量和效益。要切实转变经济发展方式，让经济发展的成果进一步惠及广大群众，不断满足人民对美好生活的向往。推动经济高质量发展，其中最关键的一个方面，是要深入开展污染防治，集中精力解决群众身边的突出生态环境问题，使他们真正享受到生态环境质量提升带来的利好。

（三）推进以人为核心的新型城镇化的经验升华

习近平总书记指出："建设人与自然和谐共生的现代化，必须把保护城市生态环境摆在更加突出的位置，科学合理规划城市的生产空间、生活空间、生态空间，处理好城市生产生活和生态环境保护的关系，既提高经济发展质量，又提高人民生活品质。"城镇是现代化的重要载体，城镇发展需要大量的资源、能源，必须守住资源节约的底线。人与自然和谐共生是城市发展的必然选择。建设人与自然和谐共生的现代化，吸取了其他国家城镇化发展的经验教训，总结提炼了我国推进以人为核心的新型城镇化的成功经验，要求我们把生态文明理念和原则融入城镇化全过程，走集约、智能、绿色、低碳的新型城镇化道路，促进经济社会发展格局、城镇空间布局、产业结构调整与资源环境承载能力相适应；强化国土空间规划和用途管控，落实生态保护、基本农田、城镇开发等空间管控边界，实施主体功能区战略，划定并严守生态保护红线。

（四）推动生态文明建设实现新进步的战略举措

生态文明建设实现新进步，是"十四五"时期经济社会发展的主要目标之一。习近平总书记指出："'十四五'时期，我国生态文明建设进入了以降碳为重点战略方向、推动减污降碳协同增效、促进经济社会发展全面绿色转型、实现生态环境质量改善由量变到质变的关键时期。"在新发展阶段，我们要完整、准确、全面贯彻新发展理念，保持战略定力，站在人与自然和谐共生的高度来谋划经济社会发展，坚持节约资源和保护环境的基本国策，坚持节约优先、保护优先、自然恢复为主的方针，形成节约资源和保护环境的空间格局、产业结构、生产方式、生活方式，统筹污染治理、生态保护、应对气候变化，促进生态环境持续改善，努力建设人与自然和谐共生的现代化。

二、人与自然和谐共生的现代化的本质特征

人与自然和谐共生是中国式现代化的鲜明特色和本质要求之一。中国式现代化为人与自然和谐共生的实现提供了强大动力。中国推动的人与自然和谐共生的现代化呈现出三个本质特征，也是中国式现代化的根本要求。

人与自然和谐共生的现代化是以人民为中心。以人民为中心，就是要坚持人民的主体地位，维护人民的切身利益，改善人民福祉，进一步满足人民对美好生活的追求。人与自然和谐共生的现代化，其落脚点是现代化，人与自然和谐共生是现代化的限定性要求。这就是说，在现代化这种进程中，现代化是目的和结果，人与自然和谐共生是必要条件和基础，人与自然和谐共生的高度直接影响着现代化程度的高低，唯有基于人与自然和谐共生的现代化才是真正的现代化，才是人们所向往的现代化。

人与自然和谐共生的现代化是全面建设社会主义现代化国家的重要内容。"十四五"时期是我国在全面建成小康社会、实现第一个百年奋斗目标之后，乘势而上开启全面建设社会主义现代化国家新征程、向第二个百年奋斗目标进军的第一个五年。我国提出到本世纪中叶建成富强民主文明和谐美丽的社会主义现代化强国，顺应了站起来、富起来到强起来的历史发展趋势。换言之，只有建设人与自然和谐共生的现代化，努力建成美丽中国，才能实现整体性的现代化。

人与自然和谐共生的现代化要求贯彻新发展理念，坚持高质量发展。发展是我们推动经济现代化，以及处理社会其他矛盾问题的重要物质基础。人与自然和谐共生对发展提出了更高的生态要求，必须摒弃以牺牲生态环境为代价的发展。党的十九届五中全会指出，"十四五"时期经济社会发展要以高质量发展为主题。这就要求我们，新时期新阶段的发展必须贯彻新发展理念，必须是高质量发展。一方面，我们已完成全面建成小康社会的历史任务，实现了第一个百年奋斗目标，这些历史性成就的取得为我们推进人与自然和谐共生的现代化的实现奠定了坚实基础，创造了良好条件，提供了重要保障；另一方面，随着人民群众物质生活水平的极大提高，中国当前社会主要矛盾发生变化，体现出人民群众多元化的精神诉求，良好的生态环境已成为最普惠的民生福祉，天更蓝、山更绿、水更清的美丽中国已成为人民群众的迫切期待。

三、推动形成人与自然和谐共生的现代化的实践路径

党的二十大系统擘画了人与自然和谐共生的现代化的发展目标与战略路径，奋进新征程，我们要持续推进生态文明建设，推动绿色发展，努力建设人与自然和谐共生的现代化，必须站在人与自然和谐共生的高度谋划未来发展，以中国式现代化推动人与自然和谐共生的现代化，促进经济社会发展的全面绿色转型。

（一）坚持以习近平生态文明思想为指导

习近平生态文明思想深刻回答了为什么建设生态文明、建设什么样的生态文明、怎样建设生态文明等重大理论和实践问题，为推动绿色发展、促进人与自然和谐共生提供了根本遵循。党的十九届五中全会《建议》提出"加快推动绿色低碳发展，持续改善环境质量，提升生态系统质量和稳定性，全面提高资源利用效率"，为贯彻落实习近平生态文明思想、建设人与自然和谐共生的现代化指明了实践路径。必须坚持以习近平生态文明思想为指导，坚持系统观念，从生态系统整体性出发，推进山水林田湖草沙一体化保护和修复，更加注重综合治理、系统治理、源头治理。

（二）坚持不懈推动绿色低碳发展

绿色低碳发展是构建高质量现代化经济体系的必然要求、解决污染问题的根本之策，是贯彻新发展理念、实现人与自然和谐共生的题中应有之义。必须深入贯彻习近平生态文明思想，在提供更多优质生态产品、不断满足人民群众日益增

长的优美生态环境需要的同时，坚持不懈推动绿色低碳发展，建立健全绿色低碳循环发展经济体系，促进经济社会发展全面绿色转型；把实现减污降碳协同增效作为促进经济社会发展全面绿色转型的总抓手，加快推动产业结构、能源结构、交通运输结构、用地结构调整；抓住资源利用这个源头，推进资源总量管理、科学配置、全面节约、循环利用，全面提高资源利用效率；抓住产业结构调整这个关键，推动战略性新兴产业、高技术产业、现代服务业加快发展，推动能源清洁低碳安全高效利用，持续降低碳排放强度。支持绿色低碳技术创新成果转化，支持绿色技术创新，为实现碳达峰、碳中和提供坚实技术支撑。

坚持科技创新和体制机制创新相结合的原则，形成人与自然和谐发展的现代化建设新格局。一是采取错位发展战略，不断优化产业结构。为了确保绿色经济持续健康发展，除了出台绿色发展基金引领、税收优惠倾斜、重大创新专项补贴政策外，还应出台更多正向激励清单，努力发展一批绿色经济的龙头企业。二是建构低碳能源体系，大力发展绿色建筑。通过"人造太阳"工程的超强拉动，提前布局一批关联性企业；加强绿色建筑材料的科研攻关，加大普及推广力度，不断提高市场占有率。三是实现低碳交通"弯道超车"。低碳交通近年来发展很快，但是车用蓄电池的重大技术尚处于初级层面，城乡各类充电装置配套不足，各级财政购买补贴缺乏可持续性，必须下大力气进行重点攻关，尽快解决技术难题，早日形成中国标准、中国技术、中国品牌。

（三）积极推动全球可持续发展

立足中华民族伟大复兴战略全局和世界百年未有之大变局，统筹国内国际发展，认真落实生态环境相关多边公约或议定书，积极参与和引领全球气候变化谈判进程，努力推动生物多样性保护，引领和推进全球生态文明建设。在第七十五届联合国大会一般性辩论上，习近平主席宣布："中国将提高国家自主贡献力度，采取更加有力的政策和措施，二氧化碳排放力争于2030年前达到峰值，努力争取2060年前实现碳中和。"这充分展现了我国负责任大国的形象，彰显了中国愿为应对全球气候变化作出新贡献的明确态度。我们要积极推动全球可持续发展，秉持人类命运共同体理念，积极参与全球环境治理，为全球提供更多公共产品；加强南南合作以及同周边国家的合作，为发展中国家提供力所能及的资金、技术支持，帮助其提高环境治理能力，共同打造绿色"一带一路"；坚持共同但有区别的责任原则、公平原则和各自能力原则，坚定维护多边主义，坚决维护我国发展利益。

人与自然和谐共生的现代化的提出表明了国家和政府对于保护生态环境的重视，说明了我国实现经济发展与生态文明建设有机统一的决心。只有坚持走保护和发展共存的道路，我国才能真正实现可持续发展战略目标，才能实现更好发展。以中国式现代化全面推进中华民族伟大复兴，道路已经确定，目标已经明确，我们要坚定树立生态优先、绿色发展信念，协同推进降碳、减污、扩绿、增长，推进生态优先、节约集约、绿色低碳发展，同时加强国际交流合作，实现碳达峰碳中和目标，共谋人类文明的和谐永续发展。

（作者单位：中共济宁市委党校）

参考文献：

[1] 习近平.高举中国特色社会主义伟大旗帜　为全面建设社会主义现代化国家而团结奋斗——在中国共产党第二十次全国代表大会上的报告 [N]. 人是日报，2022-10-26.

[2] 赵建军.人与自然和谐共生是中国式现代化本质要求 [N]. 浙江日报，2022-10-22.

[3] 尹力，蒋升阳.建设人与自然和谐共生的现代化 [N]. 人民日报，2021-03-07.

[4] 沈广明.人与自然和谐共生现代化的生态意蕴及绿色发展 [J]. 广西民族大学学报（哲学社会科学版），2020（02）.

用"两个结合"指导乡村文化振兴

廉桂霞

文化是一个国家、一个民族的灵魂。文化兴国运兴，文化强民族强。乡村是中华民族传统文化的发源地，民族要复兴，乡村必振兴。乡村振兴建立在一定文化的基础之上，文化是乡村振兴的底蕴。千百年来，中华民族孕育了多姿多彩的乡村文化，历经代代传承而生生不息。丰富的乡村文化，是乡村百姓在现实生活中逐渐形成的相对稳定的生活方式、社会风俗、行为习惯和理想信念，反映着中华民族独特的精神传统和人文品格。

党的二十大报告中指出："中国共产党人深刻认识到，只有把马克思主义基本原理同中国具体实际相结合、同中华优秀传统文化相结合，坚持运用辩证唯物主义和历史唯物主义，才能正确回答时代和实践提出的重大问题，才能始终保持马克思主义的蓬勃生机和旺盛活力。""两个结合"的重要论断，深刻揭示了中国共产党理论创新的规律，鲜明地反映了中国共产党在理论上的自觉和文化上的自信。全面深刻领会、把握"两个结合"这一重大论断的理论价值和实践意义，坚持不懈用党的创新理论最新成果武装头脑、指导实践、推动工作，是新时代乡村文化振兴的重要遵循。

一、"两个结合"有利于明晰乡村文化的历史渊源

历史照进现实，以史为镜，可以知兴替。一个人、一个国家乃至一个民族的成长和发展都不能脱离自身的历史前提。因此，坚持"两个结合"首要的问题是要正确判断和认识我们所处的历史前提，即"我是谁""我在什么位置"的问题。对于乡村文化振兴来讲，就是要正确认识乡村文化的历史渊源及发展现状。只有认识清楚这些问题，才能精准掌握当代中国乡村的具体实际，才能做到"把马克思主义基本原理同中国具体实际相结合"，才能找到前进和出发的原点。

（一）乡村文化的历史渊源

费孝通对中国传统社会进行了详细深刻的研究，他认为乡村文化和乡土本质是缺一不可的，想要对乡村文化进行定义，就必须将其与乡土性和时代特性相结合，因此他把乡村文化定义为乡土文化。张孝德认为乡村不单单是农村社会经济的载体，也是中华文化起源、流传与传承的载体，更是中国上下五千年文明能够流传至今的秘密所在。乡村文化与城市文化的关系应是一种生克制衡的平等关系，乡村文化和城市文化应该齐头并进共同发展，而不是顾此失彼消亡丧失。张中文认为，村民在社会生活中随之形成并流传下来的集心理、思想、观念和行为为一体的文化形式即乡村文化。乡村文化的核心是以善良、淳朴、正直、讲伦理道德等正向价值观为代表的伦理价值理念，这些富含正面价值理念的乡村传统文化为乡村社会的和谐稳定发展奠定坚实的基础。丁成际则指出，社会文化的主要构成成分中，乡村文化占有重要的一份，乡村文化以乡村独有的生存条件为基础，将村民作为发源主体，以乡村社会为基础，为乡村特定范围内的村民所持有的的精神思想、道德伦理、宗教信仰、学识文化等多方面的集合，它是村民的文化素质、世界观、行为模式和现实生活的真实体现。

可以说，乡村是文化的宝库。乡村传统文化是人类文明千百年流传下来随时间积累凝结而成的，有着独特的文化表现，是历史上各种物质文化、精神文化的总和。乡村文化总体而言可分为四大类。一是农耕文化。这是与农业生产直接相关的知识、技术、理念的综合，包括农学思想、栽培方式、耕作制度、农业技术等，农耕文化还包括了农业哲学思想和农业美学文化。二是乡村手艺。像木匠、石匠、篾匠、刺绣、酿造等技艺，凝结了先人的生存智慧，反映着村民们的精神信仰与心理诉求。三是乡村景观文化。乡村景观以农业活动为基础，以大地景观为背景，由聚落景观、田园景观、社会生活景观和自然环境景观等共同构成，集中体现人与自然的和谐关系。四是乡村节日与习俗。生活习俗作为生活中的文化现象，包括衣食住行的方式，生老病死、婚丧嫁娶的习俗，以及民间信仰与禁忌等广泛的内容，也包括乡村艺术和娱乐活动等。

（二）乡村文化建设的现状

文化承载着优秀的传统文化和共同的思维方式。随着现代社会的发展，那些历经祖辈传承发展的古村老宅，如今成为落后和贫穷的标志；部分优秀的传统文化在现代化进程的推进下，存活空间日渐缩小；存在于乡村社会的生活理念和思想价值观念渐渐消退。而另一方面，公共文化生活慢慢消失，源远流长于乡村中的文化在人们的忽视中逐渐改变，乃至最终消失，伴随产生的是乡村社会的凝聚力丧失。

最近几年，在党中央、省、市、区各级政府的关注和支持下，我国乡村文化振兴建设强度不断加强，乡村公共基础文化设施逐步得到进一步建设，乡村公共文化服务体系不断建立健全，逐渐达到因地制宜、结构完整、服务优良的要求，乡村文化得到良好的建设发展。但一些村民思想价值认知受到社会发展的影响仍更有功利性，一些村民生活的首要目标变成追逐最现实的经济利益。传统乡村文化的存在及价值几乎消失殆尽，村民传统的重义轻利的观念发生改变。消除这些负面的影响，积极引导乡村文化正向发展，有利于对乡村治理向乡村善治迈进提供新的方法和可能性，"两个结合"给我们把握乡村文化振兴提供了理论基础、发展方向和实践路径。

二、"两个结合"有利于把握乡村文化振兴的理论基础

"两个结合"的精辟论断，开辟了马克思主义中国化的新境界，极大地深化和拓展了马克思主义中国化的内涵要求，为继承和弘扬中华优秀传统文化提供了理论支撑，对实现文化自信和建设社会主义文化强国具有重要意义。具体到乡村文化振兴，有助于深刻把握乡村文化振兴所处的时代及其主题，明确乡村文化理论基础，并不断拓展前进的道路。

中华文明根植于农耕文明，我们的乡村文化创造并保存了世界上最有价值的农耕技术、农业遗产，还形成了一整套价值、情感、知识和趣味文化系统，除了领先世界的精细化、生态化的农耕方式，以及生产出高品质的农产品外，更在从事农业生产的过程中，总结出一套"天人合一"的哲学思想、"道法自然"修身养性的生活方式，以及对生命本体的参悟智慧。正是由于这种追求和谐稳定安详从容的农耕文明土壤，才孕育出"天人合一""民胞物与""海纳百川"等特质的中华文化。在与天、地、人的交流中，中华先民创造了敬天法祖、崇德向善、仁义忠孝、节俭循环的生活智慧，形成了丰富多彩的生产生活方式。对世界文明进程做出了不可估量的贡献。这些乡村文化传统资源，因自然地理条件、生产劳动方式、民族习俗文化、历史发展机缘等形成了两大特点：一是个性化，二是多样化。样态丰富的乡村文化使我们拥有了活力无限、源远流长的强大基因库。

回顾近代历史我们知道，虽然中国屡遭强权侵略，但国家没有灭亡，民族

没有灭亡。那是因为在根本上，强大的民族文化基因库在关键时刻发挥了作用，使中国在外来文化的刺激下，依然有先进分子以自身文化信念为支撑，在挫折和屈辱面前没有丧失自信，反而愈挫愈勇，奋发图强。我们学会用马克思主义普遍真理来解决问题，也在用自古以来形成的中华民族文化底气和元气，获得自强不息的精神源泉。

三、"两个结合"有利于探索乡村文化振兴的实践路径

如何在当代继承和发扬中华优秀传统文化，实现乡村文化振兴，"两个结合"为我们指明了方向，即把马克思主义基本原理同中国具体实际相结合、同中华优秀传统文化相结合。"乡愁"一词可以表述乡村文化振兴的意义和价值。这个"乡愁"所指称的意义就是，无论怎样的发展，都不能抹杀乡村精神，不能抹杀传统文化和自然生态，既要留住青山绿水，又要传承传统文化。乡村文化振兴的任务，就是让"乡愁"切实落地，让传统文化延续下去、把绿水青山保护下来。

（一）突出乡村文化原生"底色"

乡村较之城市，有着自身特点特色，乡村文化有着自身内涵意蕴。要传承文脉，旧中开新，新中含旧，保持乡土原貌，留住乡情乡愁，在传承乡村历史形态上下功夫，保持乡村风格的原汁原味。比如乡村传统建筑作为乡村文化的有形遗产和宝贵资源，承载着乡村文化的历史和记忆。邹城市石墙镇上九山村位于儒家文化的发源地，距离孔子故里曲阜50多公里，距离孟子故里30多公里，村落始建于北宋初年，是一个受到伏羲文化和儒家文化浸润的千年古村，至今仍完好地保存着明清时期近三百多套的石屋民居。我们注重体现地方传统建筑元素和建筑特点，保持乡村建筑风格的原汁原味，使得乡村特色建筑成为展示乡村文化的载体和平台。

邹城市香城镇泉山村突出"礼"文化中的"同"，以与民同乐为切入点，通过积极盘活泉山学堂、香城孟子书院、泉山民宿等闲置资源，设计课堂讲座和体验教学为一体的课程模式，打造同吃、同住、同学、同劳动"四同"政德教育体验基地，让传统政德思想焕发出新的生命力。石鼓墩村突出"礼"文化的"乐"，以邹鲁礼乐为切入点，邀请邹鲁礼乐团为该村量身编排节目，展示礼乐文化。结合村庄资源优势，建设了鼓文化广场、皂角园广场、鼓文化演艺区等区域，聘请文化馆为小鼓艺人张广奇编写政德教育题材的剧本，全面提升石鼓小鼓

演艺队伍水准。小莫亭村突出"礼"文化中的"善"，以乐善好施、行善积德为切入点，依托村内孟子学堂打造"子莫讲学馆"，复原子莫讲学、生活、社交场景，通过编写歌谣、实物展示、场景复原等形式，挖掘乡贤文化，展示当代乡贤表彰情况。

（二）突出乡村文化厚重"基色"

我国乡土文化历史悠久、源远流长、内涵丰富，为中华民族提供了丰富的精神滋养。乡约民规、乡情民意、乡风民俗蕴含着齐家治国的传统智慧，内化着行为规范的价值取向，在新时代乡村文化建设中发挥着不可或缺的重要作用。

邹城市香城镇北齐村在乡村振兴过程中，积极开掘儒家文化、乡村历史、民俗文化、村规民约、家规家训等传统文化资源，为新时代乡村文化建设、社会治理、产业发展提供文化支撑，显现出传统文化助力乡村文明建设的丰沛潜能。该村以"礼敬"作为村庄治理的主题。即取自孟子之说"君子以仁存心，以礼存心。仁者爱人，有礼者敬人。爱人者，人恒爱之，敬人者，人恒敬之"，仁礼存心、敬畏规矩。从族规家训、村规民约等入手，对各类有形和无形传统进行挑选，以新的价值观念进行潜移默化的融入，除专门性的移风易俗类宣传活动之外，有针对性地采取有实际介入能力的规范化手段，使其适应新时代。比如制定了"村规民约"，其中具体规定了"移风易俗敬老爱亲"的标准和做法，这样就有效刹住了婚丧嫁娶铺张浪费等突出问题，减轻了村民在经济和人情上的不必要消耗。在村史馆等有形的乡村经济社会变迁物证展示、无形民间习俗践行的各种场合，努力将中华优秀传统文化精华和社会主义核心价值观的相关内容融入，为传统文化承载新时代乡村文化振兴的历史任务积累了地方性经验。

（三）突出乡村文化时代"特色"

因循守旧、故步自封，只能使乡村文化失去生机，失去活力，停止发展。乡村蕴涵着丰富的文化资源，要注重乡村文化在传播发展中的兼收并蓄、吐故纳新，在守住"乡魂"、护住"乡根"、留住"乡愁"的接续实践中，根据不同乡村的历史文化特点和自然风貌特征，及时有效地为乡村文化注入新的内容和时代精神，促其焕发新的生机，积极汲取各种文明养分，不断进行创造性转换，既保留独特的乡村传统文化元素，呵护弥足珍贵的"乡愁"，又创造富有品牌性的乡村文化产品，形成独具个性特色的乡村文化，助力新时代"三农"工作整体跃升。

邹城市钢山街道后八村因距老县城八里地得名，属于典型的城郊村，是邹城市第一个"全国文明村""全国民主法治示范村""中国美丽乡村"，是济宁市第一个让全体村民免费搬家住楼的村庄,是全省第一个完成集体资产制度改革的村庄。该村在 2010 年提出打造"中华孝善第一村"的目标,意在响应习近平总书记"使孔子故里成为首善之区"的号召,以社会主义核心价值观为引领,充分发挥中华优秀传统文化的优势特色和时代价值。该村注重把传统民间文化与社会主义核心价值观相融合,立足孔孟之乡,用后八"八善"——"善仁、善义、善德、孝善、善教、善思、善闯、善和"武装村民头脑。倡树文明新风,每年十个"主题教育活动"丰富多彩。将社会主义核心价值观以传统民间文化的表达方式向基层群众进行宣传教育,对于增强新时代乡村文化建设的吸引力、感染力和号召力,具有重要的启示借鉴作用。全村家家悬挂《宋氏祖训》,人人传唱《孝德歌》,每个职工多发一份"孝亲工资",每个月专门多放一天"孝亲假"。充分发挥乡规民约的教化、形塑和熏陶作用,引导基层群众不断增强树立新理念、新风尚、新规范的自觉性、自愿性和自为性,大力营造睦邻友善、尊老爱幼、诚信守本、勤俭节约的生活旨趣和精神追求,使家风更盛、乡风更正、民风更淳。

(作者单位:邹城市干部政德教育中心)

【参考文献】

[1] 吴庆华.深刻领会"两个结合"[N].人民日报,2022-11-28.

[2] 孙来斌.科学把握"两个结合"的三个维度[N].光明日报,2022-11-11.

[3] 费孝通.乡土中国[M].北京出版社,2005.

[4] 张孝德.新文明观:乡村、城市平等观[J].中国农业大学学报(社会科学版),2015(5).

[5] 张文斌,侯馨茹.乡村文化自信的缺失与培养路径探析[J].现代中小学教育,2016(32).

[6] 丁成际.试论传统文化在乡村治理中的作用[J].湖湘论坛,2017(3).

[7] 李康化.探寻乡村振兴的文化方略,[J].中国社会科学报,2022-9-27.

[8] 曹立石,以涛.乡村文化振兴内涵及其价值探析[J].南京农业大学学报(社会科学版),2021(6).

传统文化视野下市域社会治理现代化路径探究

——以济宁市为例

许　浩

仁立在全面建设社会主义现代化国家的时代潮头上，党的二十大提出："加快推进市域社会治理现代化，提高市域社会治理能力。"建构起具有中国特色、符合中国国情的社会治理理论体系和实现路径，是社会治理现代化行稳致远的理想道路。首先要厘清市域社会治理的概念界定，并结合现有国情作出更适合时代要求的解读。

一、溯流追源：市域社会治理现代化的概念界定

社会治理的理念由来已久。横向上看，它与"经济治理""文化治理""生态治理""政治治理"等相区分，因此是一种治理对象区分上的部门化；纵向上看，从"社会管理""社会建设"，再到"社会治理"，既反映了现实的变迁，也体现了理念的变化。在新中国成立之初，社会治理主要靠党政机关的"管理"，多是由上及下的行政性指令来推动；但随着改革开放，1992年经济体制由计划经济向社会主义市场经济转变，单纯靠党政机关的管控逐渐难以完全适应新的社会新形态带来的诸多变化，2002年党的十六大将"社会管理、公共服务"列入政府的职能，2004年党中央正式提出建立健全"党委领导、政府负责、社会协同、公众参与"的社会管理格局，2019年党的十九届四中全会提出完善"党委领导、政府负责、民主协商、社会协同、公众参与、法治保障、科技支撑"的社会治理体系，党的二十大提出"建设人人有责、人人尽责、人人享有的社会治理共同体"，社会治理逐渐从由上及下的静态管理转化为上下联动的动态治理。习近平总书记提出："治理和管理一字之差，体现的是系统治理、依法治理、源头治理、综合施策。"社情民意的变化丰富了治理理念的内涵，相应的社会治理实践更契合实际。因此，社会治理是根据各级党委政府

的统一领导、相关部门与社会公众参与、运用各种科学的手段保持社会和谐稳定、激发社会发展动力的整体性、组织性、系统性工程。

而对于"市域"的理解一直存在两种不同的思考。第一种观点认为"市域"是指地级市或副省级城市、省会城市、计划单列市的行政区域；第二种观点认为"市域"是包含城市、乡镇、村落三个治理层次，具有改善社会治理政策能力、完整社会运转分工体系的自然区域，从这点来讲，"市域"至少但不限于地级市一级，因为地级市是拥有地方立法权的最低一级，具有改变本域内社会治理制度的能力，同时拥有完整的社会分工体系。综合以上观点，笔者认为"市域"是以地级市为主要治理范围、涵盖城乡村三级治理层次、拥有自主治理政策决定权和资源调配权的主要治理领域。

对于市域社会治理现代化，中央政法委委员陈一新在首提此理念的文章中指出市域社会治理现代化主要是指治理理念、治理能力、治理体系的现代化，姚莉教授认为还包括人的发展现代化，余钊飞教授认为要形成多主体参与并合作的社会治理体系，还有诸如提高社会治理法治化、智能化水平等的观点。综上所述，笔者认为市域社会治理现代化是在城乡村三级治理单位、具有自主决定权和资源调配权的治理区域（至少但不限于地级市一级）内，在各级党政机关的统一领导下构建有关部门与社会公众共同参与的上下联动的治理格局，通过对以社会治理理念、治理能力、治理体系提升为重点，进行法治化、智能化、系统化、专业化的推动，以期达到经济良好运转、社会安定和谐、人的全面发展的过程。

二、探本知底：济宁市域社会治理现代化基本现状

（一）济宁做法：党建引领，文化赋能

市域社会治理现代化是以市域为治理单元，每个市域的社会情况不同，社会治理模式和侧重点截然不同。本文以济宁市为例，旨在梳理济宁市域社会治理现代化的基本情况，以传统治理理念为视角，探究下一步社会治理工作的可为之处。对市域社会治理的研究，如果不落到具体地方实际情况的样本分析，便很难具有指导意义上的借鉴价值。

济宁市地处鲁西南，是中华文明和儒家文化发祥地，儒家思想至今对该地区影响深远，济宁市在社会治理创新方面自然结合其得天独厚的文化优势，以

文化感召人心，以道德化解矛盾。

在社会矛盾化解方面，济宁搭建了矛盾纠纷多元化解一站式服务，创建了具有本地特色的"和为贵"人民调解室，这是将中华优秀传统文化运用于矛盾纠纷化解的一个典型做法，"和为贵"出自《论语·学而》的"礼之用，和为贵"，体现了中华民族以和为贵而不睚眦必报的民族心态。当前我国的全面改革进入了深水区，社会矛盾纠纷呈现多样化和复杂化的特点，大量的矛盾纠纷急需非诉渠道为司法工作"瘦身"，司法改革促进司法机关"瘦身"，为司法审判高质量发展奠定了基础。因此司法要作为公平正义的最后一段防线，但不能成为第一道防线，也不能是唯一的防线，打造共建共治共享的社会治理新格局是大势所趋。习近平总书记 2020 年 11 月 16 日在中央全面依法治国工作会议上提到："法治建设既要抓末端、治已病，更要抓前端、治未病。"可见逐步完善非诉矛盾纠纷多元预防调处化解机制大有可为。2022 年以来，济宁市累计调解矛盾纠纷 20070 件，调解成功 19928 件，成功率 99.29%。

在普法宣传方面，济宁市注重在法治宣传中结合家风、民风开展"法治大讲堂""普法报告会"等活动，以群众乐于接受的形式普及法律，弘扬诚信意识。

在党建方面，济宁市的"四红模式"有力地拓展了服务边界，加强了社区治理的联动。一是"红色小区，先锋堡垒"行动，以"小区筛选、社区指派、集中培训"等方式，配置政治素养好、业务水平高的党支部书记，与包保干部共同完善小区党支部和红帆驿站的社区工作制度，真正为民办事；二是"红色物业·绿色家园"行动，针对各小区的实际情况，相应地建立健全沟通渠道，对居民反映的待解决事项进行归纳整理，一一落实；三是"红色团队·暖心服务"行动，落实"民意 5 来听"措施，组建机关单位民情书记队伍定期到社区小区倾听民声、了解民意，为民办事、排忧解困；四是"红色联盟·诚信商圈"行动，加强社区党委、企业、社会组织党组织的联动合作，构建党群服务平台。

（二）济宁市域社会治理现代化过程中面临的挑战

济宁市域社会治理在实践中还有不少问题，在政策推行过程中还面临着诸多挑战。有的党政机关、社会组织对于市域社会治理的内涵理解不深、主动性欠缺等，都是亟须解决的问题。

一是缺乏整合多元治理主体的激励机制。目前虽然已经搭建起多方参与的多元社会治理体系，初步界定了各个治理主体在社会治理中的角色和职责，但是没有行之有效的激励制度，社会治理现代化依然是靠文件、通知等自上而下的指令性文件来推进。各治理主体没有内生的参与动力，等"上级"安排下一步工作事宜，群众的体验感并不明显，各治理主体参与感也不强。从当前社会治理实践来看，各级党委、政府因承担着维持本地域和谐稳定的职责，对于社会治理的介入也颇深，但存在"介入多但难深入"的情形。中国的社会治理现代化是一个漫长而持续的过程，社区服务和基础设施建设尚在充实发展阶段，因此需要更加有效的激励体制来让社会参与更加高效，使得社会治理现代化真正朝着人民化的方向发展。

二是基层社会治理格局有待深化。现在市域社会治理现代化中最常提的就是"法治、德治、自治"的结合，但是对于三治如何发挥应有的作用却研究尚浅。在城市治理层面，居民的法治意识增强，良法善治规范了城市的社会生活秩序。但是自治基础薄弱，社区居民委员会的选举、职责划分等法律规定未被贯彻到实际中，居民长久对此不熟知；居委会的管理权也未真正落到居民手中，一直都是街道办对其进行考核、监督，与其说是群众性自治组织，更像是带有行政性的基层组织。

三是避免数字化变成技术化。市域社会治理现代化需要现代科技做平台支撑，如果运用得当能更好地促进社会治理高效化、系统化。截至 2022 年，济宁市"雪亮工程"市、县、乡级覆盖率均达到 100%，公共安全视频监控总数 10 万路，将企业生产活动、居民社会生活、各类安全要素纳入大数据平台，这些都是促进社会治理向基层渗透延伸的有力措施。但是数目繁多的数字治理平台需要做效能评估，有些数字平台对于掌握社情民意、治安防控、案件侦办等方面都发挥了巨大的作用，但是个别软件的产生到底因为服务群众需求还是跟风，使用过程中有没有重考核轻功能的现象，还需要有关部门作进一步的效用评估，避免数字赋能流于形式。

三、解疑探因：采用传统文化视角进行研究的原因

不足即可为，事物都是螺旋式发展的，传统文化赋能济宁市的社会治理现代化，取得了良好的社会效果。虽然各地社情民意有所差别，但中国境内各地在治理架构和道德观上普遍一致，四十多年的法治化进程使社会领域各项事业发展逐渐步入法治化轨道，个别地区的地方经验虽无法照搬到全国各个地方的

实践中，但是依然具有在中国域内的借鉴价值。

当今对于社会学的教学依然偏重于解读西方社会学史，诸如斯宾塞（Herbert Spencer）的普遍进化原理和社会有机体论、孔德（Auguste Comte）的"社会物理学"等经典理论，这些经典理论为初学者搭建了稳固的学术基础，其推理和逻辑都是极为严谨的，对于进一步的学术研究和世界观、人生观、价值观的塑造都大有裨益；但是，产生这些经典理论的时代背景与现在是千差万别的，我们需要在当今中国的大背景下去探求适用于新时代中国社会的理论指导，就像费孝通、黄宗智、温铁军等一批扎根于中国基层、对中国社会进行深刻解读凝结成中国式发展的方法论的前辈学者一样。因此，继续在传统文化角度去探索市域社会治理的发展路径是为了让理论更好服务实践，具体原因，笔者认为有以下几点。

（一）二元合一：国家与社会的共生

我国自古以来的治理传统在现代依然适用。传统中国很早就在思索治理国家的有效途径，尤其是在春秋战国时期诸家论战碰撞出思想的火花，成就了一段思想发展的繁荣时期，真正成型是在汉代，后世基本都是在此基础上进行丰富和完善。中华文明一直倡导的是国家与社会的二元合一，非对立而共存，并广泛应用于社会治理之中。"中国"一词虽然正式提出于近现代，但"中国"的国家概念早就西周就形成了，1963 年出土于陕西省宝鸡市贾村镇的"何尊"青铜器上刻有"余其宅兹中国，自兹乂民。"的铭文，意为以此地作为天下的中心，统治万民。清代的王夫之曾言："夫王者合天下以为一家……—王之法，天理之公，人心之良也，而恃区区之禁制也乎？"中国古代的"王者无外""普天之下莫非王土"理念，我们很难从物理边界的角度去理解，其中暗含着文化疆域的意味。在儒家思维中，中央之国是中和之道的载体和"传道者"，不管是城中之民还是"化外人"，只要接受主流思想的教化，那么便是统治延伸之处，根据教化程度的不同还会划分"化""渐化""未化"三级阶梯，体现了传统中国在政治上的"化成天下"的文化心态。

这就和以英美为主流的西方治理思维截然不同。在经济方面，国家与社会、个人是对立的，尤其是亚当·斯密（Adam Smith）的古典经济学和穆勒（John Stuart Mill）的经济伦理思想，认为国家这只"看得见的手"要尽可能干预市场最小化，要充分发挥市场运作这只"看不见的手"的作用；在政治方面，重视对个人权利的保护，法律的主要作用就是防止国家对个人权利的侵犯，由此衍生出言论、组织自由等基本权利的法理基础。由此基础推导出经济自由主义和法律自由主义，自然就会形成西方的"自由与民主（liberal democracy）"的传统治理思维，并在接受西化的国家里广泛沿用至今。

传统中国的国家与社会的二元合一思想也运用到了现代中国的社会治理之中。西方现代社会动辄将正义体系嵌入对错分明的框架中，产生了对抗性强的政治法律制度，并不契合我国现有的社会情况，如果按对错分明的规则来理清纠纷双方的责任，与我国自古以来的"厌讼"观念相悖，并且与现有的司法体制改革不相契合。对于人口大国来说，过于依赖司法渠道解决纠纷，现今趋于精简机构和编制的司法机关难以"消化"庞大的诉讼量，难以保障每一个案件审判都能让人民体会到公平正义，这与习近平法治思想中具有建设性的法治理念和架构设计背道而驰。因此我国近年来频繁提到坚决抵制西方"宪政民主""三权分立""司法独立"等错误思潮影响，坚定不移走中国特色社会主义法治道路，这也是我国逐渐发展起多元矛盾纠纷预防调处化解机制的诱因。

（二）明德实用：道德主义和实用主义

传统中国的治理价值观，在思想方面是道德主义，虽然是德法兼备，但除却国祚短暂的秦朝，基本都是德主刑辅的传统法律体系；在具体实践方面则是实用主义，即博采众长，虽然儒家思想是主体，但是在时间的洗礼中儒家思想逐渐吸收百家的思想精髓，诸如法家、佛家、道家、阴阳五行、杂家等思想流派，这与儒家思想的外向性、包容性特征密不可分。

传统中国的治理路径实质是教化和惩罚，具体适用方法就是德治和法治。德治包括表率和管理两方面，表率是指德治功能实现的程度取决于君臣的自身道德修养，这也是传统治理中"人治"的一面；管理是指以道德教化的方式管理民生，并且道德中的礼义廉耻等内容与国家强制力的律法相结合，儒家思想注入法律的内容，法家思想的适用成为治理路径的形式。因此法律与道德互通互融，体现了传统中国社会治理的德法兼备的辩证统一。

传统中国的统治者依靠官方的德主刑辅的法律规制治理体系来匡正社会整体秩序，在基层采取更加实用性的管理措施。在县域依靠县衙及半正式的治理人员，在村域则尽可能依靠村中自然产生的话事人。在清代，民间还出现了负责教化的乡约、负责治安的保长和甲长及负责征税的里长和甲首，在具体实践中简化为三者合一的"乡保"制度，乡保是地方乡绅推荐、县衙批准、介于县衙和村庄之间的不在国家俸禄制度之内的半正式治理人员，这种"乡保"制度的存在被黄宗智教授总结为"第三领域"，"它既非简单的国家正式领域，也非简单的社会

/民间非正式领域，而是在两者互动合一的过程中所形成的中间领域"。正是这种特殊的存在弥合了中央集权对地方治理的力不从心，并且还能让民众更接受。因此在广大的乡村地区，许多乡村都有一些德高望重的人士，负责解决本村的利益纠纷、大事小情，他们用朴素的道德观规劝双方，促使双方在交流中缓和矛盾，息事宁人。这样既在村域低成本消化大量纠纷，也减轻了国家司法机构的负担，使得司法机关能够将更多的精力放在那些难以调解的司法案件中。

四、寻其阡陌：探索下一步的实现路径

构建中国式的社会治理理论体系及实践，是为了让五千年物质生活条件变迁积累的文化结晶在新时代的中国焕发新生，赋予其新的时代内涵，只有这样才能更好促进中国经济社会高质量发展。具体而言如下。

（一）"第三领域"的延续

现代中国的"第三领域"无疑是社会组织。如果社会组织能够逐渐发展壮大，国家和社会之间的互动就可以更加顺畅和良性，建立在基层单元的党支部等党组织可以更好地上传下达，真正实现党和人民的水乳交融。

一方面，我们可以期待由下而上的国家认证和扶持的社会组织获得更大发展，与中央强调的"全面推进乡村振兴"战略相结合，发展基于乡村的、由国家指导和资助、村民积极参与的服务于乡村建设的行业性组织、社区组织等社会组织。乡村是社会治理最远的"一公里"，也是蕴藏着丰富文化和物质资源的地方。诸如电商直播带货等形式只是利用技术手段扩大乡村农产品、手工品的传播范围，我们要做的是将乡村中天然蕴含的乡土文化更好地介绍出去，让乡村成为资源转化为资本、富含人文情怀的宝地。

另一方面，我们应该注重群团的社会协同作用。在中国传统治理理念中，"君臣共治"是一个悠久的传统，"人相耦"之"仁"对商朝的法律活动施加潜移默化的影响。历史上许多盛世都是明君和贤臣共同治理天下的结果，这与中央集权的理念并不矛盾，反而是可以相融相通的。对于社会主义中国来说，要利用好群团组织的天然优势，保持党建引领，加强与人民群众的联系，通过群众的共同参与助推群团组织的发展，更加契合人民的需要，将群团组织作为党与人民之间的坚实桥梁，密切群团组织干部与百姓之间的交流和互动，真正实现党建在基层、服务在身边。

（二）习惯法与调解

在传统封建社会的法律层面，除了国家正式颁布、认可的具有国家强制力的正式法律规范外，在社会生活的具体领域，我们将目光从朝堂、官府转向田野、乡村，还存在着"准法律规范"和"半法律规范"。前一种法律规范是被国家机关专门、公开的认可，比如例、判例；后一种法律规范是被国家机关默许的法律规范，在正式法律规范无法触及的角落，为了维护统治阶级利益和家族兴旺稳定发挥巨大的作用，它包括家法族规、官箴（做官的戒规），除了这两种中国古代特有的"民法"和"官法"外，我们不应遗忘另外一种在中国古代社会无处不在，但在律法典籍上难以看到的重要规范，便是习惯法。

在这一时期，宗教规则、宗教权威及其纠纷预防解决机制不仅对寺院、道观、庵堂里的专职神职人员组成的小型宗教社会的纠纷解决作用极大，对于拥有宗教基础的民间社会的纠纷解决也有一定的作用。

孟德斯鸠讲过："要是没有宗教的话，专制国中最尊重的便是习惯而不是法律"。而在中国古代社会，百姓对于宗教的信仰颇具有实用主义色彩，多是从自身需求出发，民众对于宗教的专注力会随着王朝更迭、宗教政策变化、思想理论更新而转移，因此中国人的宗教观与其说淡薄，不如说是实用。但本土宗教的思想内核在无形中渗入每个华夏子孙的行为习惯中，而自汉以来，古代中国以国家利益和家族利益为原则，武树臣教授将汉到清末时期称为"国家家族本位·混合法时代"。法律贯穿于国家治理之中，而风俗习惯却渗透于以家族为单位的地方基层生活结构中。乡老、耆老、里甲、里长以至家族的族长、家长在相当程度上扮演着一种宗教首领的角色，他们通过日常的宗教训导和惩戒，规范本地区和本家族成员顺应宗教教义的生活方式，培养并强化他们对于这个地区、家族的归属感与荣誉感。当纠纷发生时，族长、家长便劝导纠纷双方大事化小、小事化了。家族首领会向本族成员布道本地区宗教教义、家法族规，用宗教的形式传播，使其更具有神圣性，以此来预防民间纠纷的发生。例如赵鼎在其家法族规里第二项规定："廉勤所以处己，和顺所以接物，与人和则可以安身，可以远害矣。"

在传统文化视角推进市域社会治理现代化，要充分发挥道德教化的作用，以村规民约、家法族规为蓝本规划家风文化节、经典读书角等文明风尚活动，编著传统家法、村规、族规的合集，充实学校教学中有关地方文化的学习内容，挖掘民间乡贤文化，优选城乡间的有威望、道德水平高的退休干部、老党员、退休老师等贤能之人参与民间调解，宣传和谐止争的家风族风。

（三）"人民"导向与社会治理实质化

中国传统治理思想中讲究"民本"思想，虽然统治者拥有对国家的实权，但并不是高枕无忧，早在春秋战国时期孟子就提出"保民而王"的经典"民本"理论，反向思考我们也可以得出"暴民而亡"的警戒。古代的"民"是文化意义上的身份关系，是根据接受中央之域的主流思想的程度划分的，因此具有适用于不同身份关系（民、化外人）的律法规定，而我们可以看出"保民"是为了更持续地维持自身的封建统治。当代中国则由"民"转化到"人民"，中国是人民当家作主的国家，"执政为民"是中国共产党执政理念的核心，人民的需要和幸福是国家治理的终极目标，这无疑是市域社会治理现代化最需要考量的价值理念。从古代到现代，从封建社会到社会主义社会，我们无疑看到"民本"思想从手段价值向目的价值的转变。

在平战结合方面，要减轻"平"时基层工作人员的工作负担，工作重点放在了解民众需求、社区服务、业务培训、隐患排除上来；"战"时要闻令而动、兢兢业业，坚持为民情怀，避免不合理的管控造成舆论上的被动，加强预警信息发布公开机制，对于上报的隐患苗头要及时处理、快速反应。"战"时状态转为"平"时状态后，要保存好资料，认真总结经验和教训，弥补制度漏洞，根据表现好坏对基层工作人员、包保党员干部作出奖惩。

五、结语

传统文化是从历史沉淀下来、依然蕴含在这片土地上生活的人头脑里、行动中的价值观和知识储备，我们苦苦寻思市域社会治理现代化的理想途径，"望断天涯路"时，也许答案就在"灯火阑珊处"，那就是植根于华夏大地的传统治理理念及实践，它依然能使我们获得真知。

（作者单位：中共嘉祥县委政法委员会）

济宁市社会治理创新研究

高浩磬

一、济宁市社会治理创新的实践

山东是孔孟之乡,济宁是圣贤故里,博大精深的儒家文化绘就了济宁人崇文尚德的文化底色。近年来,为了弘扬中华优秀传统文化,深化社会治理改革创新,济宁市深入贯彻习近平总书记推动中华优秀传统文化创新性发展、创造性转化的要求,认真践行以人民为中心的发展思想,发挥孔孟之乡中华优秀传统文化资源厚重优势,创新发展"枫桥经验",全力打造"和为贵"社会治理服务品牌,持续提升人民群众的获得感、幸福感、安全感。济宁市高度重视社会治理工作,深入推进在社会治理领域的理念创新、制度创新和实践创新。2020 年 6 月,出台《关于建立"和为贵"社会治理服务中心工作体系的意见》,在全市推广"和为贵"社会治理服务模式。2020 年 12 月,市、县、乡三级"和为贵"中心全部实体化运行。顺应人民对美好生活的新期盼,立足济宁发展的实际,2021 年 5 月,济宁市全面启动社会治理工作创新,加强顶层设计、注重资源整合,在全省率先成立市县两级社会治理服务中心,实现了群众诉求"多渠道收集、一平台办理、全方位研判、精准化督办、闭环式解决",全力打造社会治理服务"济宁品牌"。2022 年济宁市十四次党代会、十八届人代会提出进一步打造"和为贵"社会治理服务品牌,强力攻坚社会治理效能,不断提高基层治理水平。

通过打造"和为贵"社会治理服务品牌,近三年济宁市信访问题、矛盾纠纷、刑事立案、诉讼案件实现四下降,群众获得感、安全感、幸福感,以及社会文明程度四上升。济宁市积极探索实施社会治理新模式,在全市形成了社会治理领域改革创新的浓厚氛围。市委、市政府坚持高位调度、提级推动,每月听取社会治理工作情况。市县镇在成立社会治理机构基础上,进一步做优做强特色品牌,邹城市千泉街道打造"泉小哥"网格化治理治理服务品牌,汶上县中都街道开通"智慧中都"大数据平台，夯实了基层社会治理基础。各县市区都结合实际，不断创新工作模式，切实提升治理效能，邹城市建立了"指挥部＋专班"工作模式，成立社会治理指挥部，设立风险防范排查、信访积案化解、网格化建设、司法惠民工作专班，统筹调度社会治理整体工作。全市上下建立起一套契合济宁实际的权责明晰、科学规范的社会治理工作体系。各级社会治理工作机构获得多项荣誉，嘉祥县群众服务工作标准化试点入选国家第七批社会管理和公共服务综合标准化试点项目，以标准化试点建设助推群众服务质量提升，致力形成可复制、可推广的群众服务工作标准；曲阜市建立多部门联合、多平台联动，线上线下整合的网格化立体式管理服务体系，对网格管理一键呼叫、视频巡查、同屏互动、实时调度，网格化平台项目被评为政法智能化建设智慧治理创新案例；兖州区搭建了"网格吹哨、平台派单、部门报到、整体联动"的社会治理新机制，"一网一图一朵云"平台被评为政法智能化建设智慧治理优秀创新案例。

二、济宁市社会治理存在的主要问题

济宁市在推进社会治理过程中，还存在着一些问题和短板。

（一）基层党组织弱化，重管理轻治理

一些基层党组织在社会生活领域悄无声息，党对基层群众的服务意识、服务能力有限，缺乏活力，软弱涣散现象比较严重；干部队伍缺乏德才兼备的年轻力量，后劲不足；一些领导干部思想融入不到社会主义市场经济体制中去，跟不上改革开放的步伐，思想解放程度慢半拍，无法适应并驾驭社会发展，治理能力严重不足；基层"微腐败"等问题加剧了群众对党和政府的不信任。有的村组白条太多，借由重点项目建设的名义吃吃喝喝，村总支没有履行主责主业，对作风问题不重视，直接影响了干群感情。一级一级纵向的"科层化"管理模式造成了"重管理轻治理"问题。

（二）基层治理存在权责不清、流于应付的问题

基层职能定位不清的现象较为突出，很多部门因为没有相应的行政职权，在监管、督办、落实种种职责时就没有底气。因不具执法权而师出无名，部门监管执法，工作就很难开展起来。基层部门事务工作过于繁杂，不同的工作任务常常挤在一起，分身乏术，疲于应付。甚至部分工作只作表面文章，而不是实质性地把工作做好、做到位。

（三）基层治理体系不健全

基层党组织基层工作能力统领不强，一些领导干部工作作风、思维方式和服务能力适应不了当今经济社会的发展水平，适应不了群众的利益诉求，跟不上社会的转型目标。因传统观念和知识文化水平等因素的制约，相当一部分群众主体意识非常淡薄，参与基层治理的程度仍然不高、能力不足、意识不强。再加上农民到外地打工的多，在农村基层社会治理中村民不愿参与村务决策等公共事务，更缺乏主动意识。基层社会治理工作存在着体制机制方面的一些问题，主要有：一是网格化横向联动不畅，网格员发现上报的事项未能及时分流交办处置，影响了事项办结效率。二是综治中心的组织协调、指挥调度、监督运行等功能未能充分发挥，影响了实战化效能。三是社会治理网格化平台汇聚的海量数据信息之间关联应用不够，信息平台存在"重建设、轻应用"问题。四是市域社会治理资源力量统筹不够，社会治理多元参与格局有待进一步推进。开展党建引领基层治理，是破解社会治理困境、提升社会治理能力的现实需要。建立健全自治、法治、德治相结合的基层治理体系，必须高度重视制度的支撑作用。

三、推进济宁市社会治理现代化的对策建议

党的二十大报告指出："完善社会治理体系。健全共建共治共享的社会治理制度，提升社会治理效能。在社会基层坚持和发展新时代"枫桥经验"，完善正确处理新形势下人民内部矛盾机制，加强和改进人民信访工作，畅通和规范群众诉求表达、利益协调、权益保障通道，完善网格化管理、精细化服务、信息化支撑的基层治理平台，健全城乡社区治理体系，及时把矛盾纠纷化解在基层、化解在萌芽状态。"

（一）创新社会治理体系，打造"网格＋网络"的综治信息化平台，增强服务效能

将传统文化思想融入基层社会治理之中，进一步加快建立健全网格化社会治理体系。聚焦短板弱项，着力在夯实基础、完善机制、整合力量、健全组织等方面加大工作力度，建设一网统筹联动、工作运行闭环、矛盾纠纷多元化解、网格员培育管理"四大机制"，构建网格化治理"1+12"标准体系，实现

网格划分更加精细，多网融合更加高效，工作定位更加清晰，职责任务更加规范，组织保障更加有力，提升基层社会治理现代化水平。

一是强化"一网统筹"。推进网格化服务管理中心规范化建设，与同级综治中心一体化运行。统筹各部门党的建设、公共管理、公共安全和基层公共服务的事项，集中归入网格服务管理内容，归属"全科网格"，做到按照一个标准设置网格、依托一个平台交办任务、按照一套制度进行管理。二是实现"一口受理"。建立"网格吹哨、部门报到"机制，网格员巡查发现的自身难以处置的群众诉求、问题隐患、矛盾纠纷等网格事项，及时通过手机App报告至上一级网格化服务管理中心，网格化中心健全即接即办、会商研判、协调处置、反馈回访等机制，形成事项上报、转办、处置、核实、归档"五步一体"闭环流程。三是推进"一网通办"。推进12345政务服务便民热线、民意"5"来听、网络舆情等渠道融合进入网格化服务管理体制中，通过及时收集民声民意、解决群众诉求、化解矛盾纠纷，把"群众上访"变成"干部下访"，构建"未诉先办、靠前处置"的工作模式，减少问题上行，努力构建"小事不出网格、大事不出社区"的工作格局，持续提升群众的满意度。

充分发挥社会治理综合信息系统综合集成的作用，实现建档基础信息、流转办理事项、指挥调度工作、分析研判业务、管理队伍考核等工作全程信息化。推进数据资源共享共用，实现城市建设管理、12345政务服务热线、网格化服务管理等数据信息互联互通。

（二）利用互联网等信息化技术，推进政府数据共享、社会治理信息化、服务智能化，构建"智慧治理"新模式

智慧社会的加速形成和发展，使单向度、层级化的线性治理模式已难以满足社会治理的现实要求。社会治理需要智治支撑，通过不断优化完善社会治理综合信息平台，全面打造社会治理工作智慧中心，对接集成各类群众诉求等信息平台系统，统筹统办群众诉求事项，对所有治理数据进行智能统计分析，更加精准了解掌握总体情况，助力科学决策部署。深入推进综治网格、警务网格、城管网格、创城网格四网融合，整合人事物基础数据，形成统一管理的数据中枢，"一图呈现"控全局，进一步打造精细化城市，实施精准治理。依托市社会治理综合信息系统，拓展基于大数据分析的智能监管、智能服务、智能预警、公众参与等应用模块，建设社会治理市县乡村线上协同指挥通道，并通过移动数据端向一线网格员延伸，实现实时监测、分流处置、跟踪问效各类事件。通过提供智能分析预警，协助快速决策处置，做到及时预测预警、全面掌控风险隐患。

1. 围绕数据共享，打造数据汇聚"信息高地"

发挥大数据、信息化优势，依托统一的政务云平台，推进社会治理信息化平台与大数据、公安、司法等数据平台对接，构建社会治理指挥调度信息中心，纵向联通市县乡村四级、横向互联各部门（单位），实现整合共享、关联比对、综合集成，形成立体化、信息化社会治理工作体系。对各类业务应用系统的共享范围、方式和标准进一步规范，最大限度实现一次采集、各系统共享共用新采集数据，实现"数据多跑腿、群众少跑腿"。

2. 围绕实战应用，打造指挥调度"中心枢纽"

推进"雪亮工程"与网格化服务管理信息系统互联互通，加大人脸识别系统应用力度，实现视频巡查、电子巡更、远程指挥等功能，向网格员提供公共领域可视化支撑服务。对网格员上报重要事件在第一时间、第一现场进行指挥调度，通过网格员巡查轨迹和热力图，实现对重大、紧急状况指挥调度，提升网格员隐患发现、问题反馈、事件解决的流转效率，打造"雪亮网格""雪亮社区"，做到"人在格中布、监控格中看、事在格中现"。

3. 围绕基层稳定，打造矛盾纠纷化解"网上平台"

运用信息化手段，借鉴经济指数、风险测评等相关成熟做法，建立网格化社会风险防控信息平台，组织相关部门实行矛盾联调、工作联动、治安联防、值班联勤、问题联治、平安联创，把需要多部门联合处置的社会治理事项统一协调处理。通过量化分析数据，科学监测评估、准确预测预警预防社会稳定风险，将各类风险事件快速及时地扼制在萌芽状态，及时化解各类社会矛盾纠纷，提高社会治理的信息化水平。

（三）加强社会组织与地方政府合作，实现社会组织承接政府职能的转移

依托社会治理平台，倡树"以和为贵"，在矛盾萌芽状态发力，预防矛盾激化，充分发挥社会治理德治作用。不断推进德治与自治、法治"三治"融合，做实群众工作，夯实网格化服务管理，不断完善群众诉求事项的闭环处置流程，使资源力量最大限度整合，进一步发挥德治作用，提升自治水平，加强法治建设，对群众诉求办理、网格化治理工作进行精心勾画、精雕细琢，绣出更高的城市品质和品位，实现有效治理的目标。

1. 社会力量广泛参与，形成矛盾化解合力

通过整合专业人员、法律顾问等力量，综合运用人民、行政、司法调解"三调对接"，发挥专业性和行业性"和为贵"调委会的作用，对各类矛盾纠纷能调则调、应调尽调，简单事项简易调、一般事项专业调、复杂问题多元调，调解成功的可当场申请司法确认。充实"和为贵"调解员队伍，不仅要有政府部门人员，还要有心理咨询师、律师等专业人士，社区村居里的"五老"人员、新乡贤、网格员、警务助理等也成为调解的重要力量。在村（居）选配人民调解员，建立"家庭关系、邻里关系、经济纠纷专业调解团队 +N 类专门调解团队 + 儒学顾问"的"3+N+1"调解队伍，定期对调解队伍进行传统文化和法律知识轮训，提升调解素养，使矛盾最大限度和解在诉前、访前。

2. 规范志愿服务，打造志愿服务品牌

不断壮大网格志愿者服务队伍，积极吸纳网格内的党员、退休职工、社会能人、热心人士等加入网格志愿队伍；从县级层面建立网格志愿服务协会，加强与新时代文明实践活动的结合，进一步强化网格志愿服务工作规范，定期策划内容丰富、形式多样的志愿服务活动，使群众得到更贴心、更精准的服务，构建"共建、共治、共享"的社会治理新格局。同时加强与社会志愿服务团队的对接，拓展志愿服务内容，发挥好网格员搜集社情民意的优势，摸清群众需求，坚持问题导向，联动社会志愿服务团队开展特色志愿服务活动，推行"网格 + 志愿服务"模式，打造"网格呼叫、志愿者报到"的志愿服务品牌。

（四）挖掘传统文化资源，发挥文化在社会治理中的"灵魂作用"

基层社会治理导入和融入中华优秀传统文化，是坚定文化自信、创新基层社会治理的必然要求。深入践行新时代"枫桥经验"，将儒家文化中的"和为贵"理念融入基层社会治理中，把群众矛盾解决在群众家门口，鼓励引导群众通过先行调解等方式以调促和、定分止争，探索出一条"以礼让人、以德教人、德法融合"基层社会治理新路。创新工作模式，加强对社会治理品牌的培育，打造具有本地特色、本地特点、时代特征的样板项目。

1. 以德为先，打造特色"风景"

①涵养清正政风。发挥本地文化资源优势，突出德治教化作用，把中华优秀传统文化植入领导干部思想之中，教育引导领导干部明大德、守公德。②打造文明社风。结合创建全国文明典范城市和全县域全国文明城市，倡导"爱、

诚、孝、仁"的社会新风尚。③倡树淳朴民风。引导村（社区）把以和为贵、讲信敦睦等儒家传统文化纳入村规民约，建设"善行义举四德榜"，设立儒学书屋，绘制儒学文化墙，推进"百姓儒学"工程。④传承优良家风。鼓励乡村建立"家风家训展示室"，印制《家风家训图册》，教育引导居民讲礼仪、知礼节、懂礼数，树立家国情怀。

2. 以和为贵，夯实调解"阵地"

①加强人民调解。依托现有的调解组织，积极参与矛盾纠纷化解。②建强专业队伍。按照"分类建团队、协作解纠纷"工作思路，打造"3 个专业调解团队 +N 类专门调解团队 +1 个儒学顾问"的"3+N+1"调解队伍。③开展"三级联调"。对一般性矛盾，提倡用"和为贵"思想理念自我协商解决；协商解决不了的，到"和为贵"调解室进行调解；复杂矛盾纠纷由镇街协调各部门解决，实现小事不出村（社区）、大事不出镇街；特别复杂的矛盾纠纷，运用人民调解、行政调解、司法调解"三调对接"，综合施策予以解决。

3. 无讼为上，筑牢基层"防线"

①打造"一站式"平台。依托市、县、乡三级社会治理服务中心，突出矛盾纠纷一站式化解调处，实现"最多跑一地、最多跑一次"。②畅通民意收集渠道。深化党建引领基层治理，开展民意"5"来听行动，"转作风、察民情、听民意、解民忧、汇民智"，把"群众上访"变为"干部下访"。③强化法治保障。通过教育、评价、指引、示范等发挥司法裁判的功能，坚持先教育转化、帮扶救助，再进行法治教育，引导依法行使权利，解决治理难题。

（五）创新社会治理体制机制，激发基层活力，提高基层治理能力

在推进国家治理体系和治理能力现代化的过程中，迫切需要通过体制机制创新进而建构新的治理秩序，以实现对基层社会的结构再整合和认同再凝聚。在社会治理实践中，要牢固树立抓基层党建的鲜明导向作用，把政治引领的"主导地位"充分发挥出来，推动党的政治优势转化为社会治理优势。进一步贯彻党建统领地位，充分发挥基层党组织在社会治理工作中的战斗力、凝聚力，把党建融入社会治理各个角落，不断优化整合资源，发掘基层群众智慧的能量，促进服务群众的质量和水平不断提升，不断提升基层社会治理能力。同时，以精细化治理、精准化服务、信息化赋能、共建共治共享为目标，打造全科网格，使资源力量在网格内最大限度整合，着力提高服务群众的能力，使网格化逐步成为社会治理的重要抓手，调解员队伍、网格员队伍成为畅通基层治理的"神经末梢"。

　　按照"整合资源、协调联动、运转高效、便民利民"的原则，加快市、县、镇三级治理中心提档升级。市级治理中心健全完善协作联动机制，互联互通、共享共用部门信息资源，全面掌握辖区内社会治理工作进展情况，并在此基础上开展科学决策。县级治理中心集聚政法、公安、司法、民政等部门力量入驻办公，打造集社会治理、平安建设、信访维稳、矛盾调处、公共服务等功能为一体的高标准、实战化、实体化群众接待服务窗口。各镇街均建设高标准的治理中心，同党群服务中心、为民服务中心"多中心合一、一中心多用"，实现一个阵地、同步办公。聚焦"最多跑一次、最多跑一地"，继续深入推动市域社会治理机制创新，以市域社会治理现代化试点作为抓手，探索市域社会治理新模式。

（作者单位：中共济宁市委党校）

试论中华优秀传统文化在平安济宁
建设中的实施路径

宫书娟　刘雪敬

党的二十大报告指出，完善社会治理体系。健全共建共治共享的社会治理制度，提升社会治理效能。畅通和规范群众诉求表达、利益协调、权益保障通道。建设人人有责、人人尽责、人人享有的社会治理共同体。加强和创新社会治理，建设更高水平的平安中国，需要借鉴多方面的思想资源和治理智慧。习近平总书记指出："要治理好今天的中国，需要对我国历史和传统文化有深入了解，也需要对我国古代治国理政的探索和智慧进行积极总结""坚持把马克思主义基本原理同中国具体实际相结合、同中华优秀传统文化相结合"。中华优秀传统文化中"民为邦本"的为政观、"和为贵"的处事观、"仁爱有序"的道德观、"入世有为"的进取观、"重知尚贤"的教育观、"重俭抑奢"的消费观等价值规范，凝聚了中华民族在社会治理中的经验智慧，在推动我们今天社会治理理念的创新、社会矛盾化解机制的完善、社会治理体系的优化等方面，有诸多积极的借鉴作用。

一、中华优秀传统文化在社会治理中的理念启示

（一）民本思想的基本理念

中国传统治理实践中蕴含着丰富的民本思想。《尚书》的"民惟邦本，本固邦宁"，儒家的"民为贵，社稷次之，君为轻"，道家的"圣人无常心，以百姓心为心"，等等，这些都强调了人在社会治理中的作用和地位，肯定了人民在国家中的根本地位，强调执政者应当为民服务，体现了从上层建筑方面来化解社会矛盾的基点和站位。

（二）个人价值的思想规范

传统文化重视对社会个体的培育。儒家以"仁"为核心，通过一系列具体要求构建了一整套道德规范。"天下兴亡，匹夫有责""仁者爱人""君子爱财，

取之有道""仁爱、忠义、礼和、睿智、诚信"等等，这些价值符合现代社会文化群体价值模式和社会秩序的要求，仍是我们应当遵循的做人之本、兴业之道和治世之道，具有价值导向和情感激励的作用，为社会治理凝魂聚气提供价值动力。

（三）贵和尚中的治理目标

"贵和尚中"是中国文化的基本精神之一。"贵和"即"万物并育而不相害，道并行而不相悖"。"尚中"是实现"和"的理想的根本途径，即不偏不倚，不走极端。孔子主张"礼之用，和为贵"，道家的"宽容海涵"，墨家的"兼爱""非攻"等等，都是在人与人、人与自然、人与社会、人与国家等不同层面提出了"和谐"的要求。社会治理是一个不同主体互动、协调合作的过程，要求在人际关系中秉持"贵和尚中"的精神，为社会发展提供良好的秩序。

（四）孝、恕之道的行为规范

儒家把"孝"作为基本的行为规范和重要的道德范畴，孔子提出"孝"为"仁"本的思想，孟子把孝作为核心来强调实施道德教化，老子甚至主张在任何条件下都要以善相报，"善者，吾善之；不善者，吾亦善之；德善。信者，吾信之；不信者，吾亦信之；德信"。这种由敬爱自己的双亲，推广到敬爱所有人的孝道以及德善思想，体现了中华民族敬老爱幼、扶困济贫的民族性格和普遍的人道主义精神。传统恕道的原始含义由儒家创始人孔子所揭示，分为消极和积极两方面。"己所不欲，勿施于人"是其消极表述，为我们确立了处理自我和他者关系的底线伦理；"己欲立而立人，己欲达而达人"是其积极表述，是处理人际关系的努力目标。这种换位思考的主动意识，对于完善社会矛盾机制、优化社会治理体系、避免个人矛盾冲突有极大的促进作用。只有把他者视为一个与自己一样有着不可忽视的人格自主性的个体，正视其合理的利益诉求，保护其表达个人意愿的自由权力，才能最大限度地获得不同利益主体之间的最大公约数。

（五）德法并用的治理手段

在治国理政方面，儒家提倡"为政以德""道之以德，齐之以礼"，法家主张"寄治乱于法术，托是非于赏罚"，虽然"以德治国"和"以法治国"在历代社会略有偏重，但从来不是非此即彼的关系，总体来说是"德主刑辅"的治理方略。"在道德贫瘠的盐碱地上很难绽放法治的鲜花"，各种规范和要求只有内化于人民的意识和习惯，才会长久形成社会治理所需要的秩序。道德教育一方面能将社会主流价值观和正确的道德观念形成全社会内在的、稳定的基本认同，构建起现代社会治理所缺失的秩序规范和核心价值；另一方面，能引导个人将法治理念潜移默化地成为内心遵循。因此，坚持德法并用，以法律守住底线，以道德形成高线，双管齐下，是实现社会有序治理的有效手段。

二、济宁在推进社会治理、平安建设中的传统文化优势

（一）政治优势

2013 年 11 月，习近平总书记视察济宁并在曲阜发表重要讲话，对济宁弘扬中华优秀传统文化、加强儒学研究传播提出了殷切期望。习近平总书记说："我这次来曲阜就是要发出一个信息：要大力弘扬中国传统文化。"在曲阜孔子研究院座谈会上，习近平总书记指出：结合对孔子儒学的传播，要搞好四个讲清楚：讲清楚每个国家和民族的历史传统、文化积淀和基本国情不同，其发展道路必然有着自己的特色；讲清楚中华文化积淀着中华民族最深沉的精神追求，是中华民族生生不息、发展壮大的丰厚滋养；讲清楚中华优秀传统文化是中华民族的突出优势，是我们最深厚的文化软实力；讲清楚中国特色社会主义植根于中华文化沃土、反映中国人民意愿、适应中国和时代发展进步要求，有着深厚历史渊源和广泛现实基础。习近平总书记还指出："国无德不兴，人无德不立"，要"激发人们形成善良的道德意愿、道德情感，培育正确的道德判断和道德责任，提高道德实践能力尤其是自觉践行能力，引导人们向往和追求讲道德、尊道德、守道德的生活，形成向上的力量、向善的力量"。习近平总书记的指示为济宁市以中华优秀传统文化推进社会治理、平安建设指明了努力方向。

（二）政策优势

近年来，中央、省、市相继出台了《关于实施中华优秀传统文化传承发展工程的意见》《曲阜优秀传统文化传承发展示范区建设规划》等文件政策，指出要"坚持创造性转化和创新性发展"等基本原则，提出要抓好"贯穿国民教育始终、融入生产生活、加大宣传教育力度"等重点任务，明确了"发挥领导干部的带头作用"等保障措施。这些政策要求是助推济宁创新优秀传统文化传承弘扬、创新社会综合治理方式方法的"指南针"和"加速器"。

（三）文化优势

济宁历史悠久、文化灿烂，是孔子、孟子、颜子、曾子、子思子五大圣人的故乡，是儒家文化的发源地和中华文明重要发祥地，水浒文化、佛教文化、运河文化等文化资源十分丰富，素以"孔孟之乡、运河之都、文化济宁"著

称。济宁境内曲阜、邹城为国家历史文化名城，孔庙、孔府、孔林和纵贯济宁的京杭大运河为世界文化遗产，拥有全国重点文物保护单位 41 处、省级 247 处，不可移动文物 6382 处，在运用中华优秀传统文化赋能社会治理方面有着得天独厚的文化优势。

（四）资源优势

近年来，在中组部、文化和旅游部、山东省委组织部、山东省委宣传部、山东省文化和旅游厅等上级部门的精心指导和帮助下，济宁获得了一系列金字招牌，全球孔子学院总部体验基地落户济宁，中组部支持在济宁设立干部政德教育基地，山东省委支持济宁打造独具特色的国家级干部教育培训基地，并确定以济宁为龙头打造全国儒学人才汇聚发展高地。济宁拥有孔子研究院、孟子研究院等专业儒学研究机构，这些平台和资源为济宁以中华优秀传统文化推进社会治理奠定了坚实的基础。

三、济宁以中华优秀传统文化推进社会治理、平安建设的有益探索

（一）创新打造"儒学原乡·文化圣地"特色文化服务品牌，推进传统文化融入人民核心价值观培育

儒家"家国天下"的哲学思想培育了人民鲜明的基本精深、历史使命和社会责任。通过普及弘扬中华优秀传统文化，人民可以从中汲取中华文化中"自强不息""厚德载物"等极具刚性又有韧性的精神力量，从而形成向上向善的社会风气，从而使中华优秀传统文化成为基层社会治理的"润滑剂"。济宁在这方面主要有四项举措。一是依托"六进"普及等工程实施，凝聚社会价值共识。推动中华优秀传统文化进机关、学校、企业、社区、农村、家庭，编写系列儒家文化读本，开展中华优秀传统文化宣讲培训，组织开展"百姓学儒学"、"诵中华经典、学道德模范、做有德之人"、传承弘扬优秀家风家训、中华优秀传统文化主题月等活动，在全市形成健康向上的浓厚氛围。二是依托市、县公共图书馆、文化馆，开展国学普及活动。在市级层面做好"四个一"工作。一个书院即"尼山书院"开展国学主题教育，一处讲堂即文化馆非遗传承基地开展文化培训，一个舞台即"市民大舞台"文化惠民演出，一批精品即编排体现社会主义核心价值观的文艺作品。三是依托乡镇（街道）综合文化站、村（社区）文化大院，建

设"乡村儒学讲堂"。编辑出版《乡村儒学读本》等传统文化普及读物,出台了《济宁市"乡村儒学讲堂"建设与服务标准》,将"乡村儒学讲堂"建设与"百姓大舞台"文化惠民工程相结合、与四德工程建设相结合。四是依托儒学人才队伍建设,强化传承智力支持。出台了《儒学民间普及推广人才支持计划实施细则》,评选了乡村儒学讲堂示范点、乡村儒学讲师和优秀"儒学社团"。依托曲阜师范大学和孔子研究院、孟子研究院、尼山圣源书院等,邀请全国知名儒学大家、教育名家,开展专题培训。通过这些举措,博大精深的中华优秀传统文化作为最深厚的软实力,在精神和理念上发挥着"润物细无声"的滋养功能,涵育良好家风,引领文明村风,锻造淳朴民风。

(二)创新建设"和为贵"社会治理中心,推进中华优秀传统文化融入全市社会治理

纵观基层社会冲突的种种表现,实质上绝大多数都与利益矛盾激化相关。部分群众认为自身在基本公共服务方面未得到公平待遇,如果处理不好,容易诱发矛盾冲突。中华民族自古以来就讲究"和气生财""以和为贵""家和万事兴","和"是中国人待人处事的基本原则,体现了中华民族对于和平、和睦的追求。济宁市强化资源整合、突出系统治理,聚力打造了市县乡三级"和为贵"社会治理服务中心。坚持把非诉讼纠纷解决机制挺在前面,将诉源治理工作纳入平安建设工作大局,大力推进矛盾纠纷"一站式"调处化解。实体化的"和为贵"社会治理服务中心,挂综治中心、网格化服务管理中心、社会矛盾纠纷调处化解中心牌子,推进政务热线服务中心、公安网警支队、互联网信息中心等部门深度融合,集信访、调解、法律援助、困难帮扶等功能于一体,聚力加强矛盾纠纷源头预防、前端化解、关口把控,通过"一个窗口"受理群众诉求,实现"一站式受理、一揽子调处、全链条服务",从源头上减少诉讼增量,努力实现矛盾纠纷化解"只进一扇门,最多跑一地"。2022年,全市共受理群众诉求278.98万件(次),按时办结率达到99.97%。实践证明,"和"的思想对于实现基层社会治理现代化、有效防范化解各类矛盾冲突和风险隐患、维护基层社会稳定,不断提升社会治理效能,发挥着不可忽视的作用。

(三)创新实施"儒苑新生"工程,推进中华优秀传统文化融入监狱教育改造

"破山中贼易,破心中贼难","道之以德、齐之以礼、有耻且格",新时代监狱教育改造罪犯，与儒家文化弘扬的仁爱、民本、诚信、正义等特质相融相通，以中华优秀传统文化树立浩然正气，摒弃歪心邪念，是罪犯改过自新、改恶从善的关键环节。近年来，济宁监狱坚持以文化人、以文育人，依托儒家文化资源优势，深入挖掘儒家文化蕴含的传统美德、人文精神并从中汲取精神滋养，倾力探寻"儒苑+"文化建设新路径，编印了罪犯喜闻乐见、通俗易懂、具有教育意义的教材，开展"读儒学经典、学传统美德、讲好人好事、辨是非美恶、做日行一善、创'美德之星'"等活动，组织开展春节、中秋节等专题教育，举办父亲节、母亲节主题教育，等等。将传承儒学基因、赓续红色血脉、践行道德规范贯穿始终，通过传承弘扬中华优秀传统文化涵养罪犯家国情怀、提升道德素养、树立社会主义核心价值观，打造法德融合浸润式教育模式。

四、以中华优秀传统文化推进平安济宁建设的实施路径

（一）深挖传统文化内涵，重塑社会主体的正确三观

文化的核心是价值观。从文化的层面思考基层社会治理的途径，关键的一环就是要充分挖掘和运用优秀传统文化，实现"以文化人"。为有效应对当前社会治理中的各种风险和冲击，塑造能够获得群众认可、支持和践行的主流文化体系尤为重要。应当坚持以马克思主义为指导，大力推动中华优秀传统文化的传承与发展，积极践行社会主义核心价值观，切实发挥中华优秀传统文化的价值导向功能。注重对中华优秀传统文化丰富内涵的挖掘和运用，让基层治理者和群众从中不断提升思想修养和实践智慧，让中华优秀传统文化真正内化于心、外化于形。例如，可以通过学习习近平总书记在相关论述中引用并阐释的古典诗文，从中汲取智慧；可以邀请社会普遍认可的文化大咖、文化名人举办济宁文化专题报告，借助其生动的讲解和社会知名度，对孔孟之乡的资源禀赋进行讲解阐发，吸引群众聆听品悟；可以召集本地的专家学者继续编印儒学普及读物，将孔孟之乡优秀传统文化中体现正确世界观、人生观、价值观，富有社会治理启示的名言警句、名人轶事，以短小精悍、通俗易懂的方式讲述出来，编印成册，投之于社区村镇、单位学校、公共场所，使人们便于接受、乐于接受、接受得好。

（二）创新社会治理方式，实现文化与治理深度融合

在社会治理实践中，一方面中华优秀传统文化本身在时代的发展中不断被

赋予新的内涵和形式；另一方面，社会各行各业的治理实践在适应新的社会变化，需要与中华优秀传统文化互融互促，共同发展。可以学习借鉴济宁监狱"儒苑＋"文化建设实施路径，深入推进监狱将中华优秀传统文化应用于接受改造人员的教育过程，以及济宁市强制隔离戒毒所设立孔子学堂，印发国学读本、编写《戒毒三字经》，将"孔子学堂特别家书"作为传统文化教育的重要形式，与诵经典、习礼仪、书明言等内容进行整合，重构戒毒人员的人格和价值体系的工作经验，深入推进中华优秀传统文化与社会各行各业的有机融合。例如，继续建设好用好"和为贵"社会治理中心，将民本思想、贵和尚中思想、推己及人思想等应用于矛盾纠纷化解中；推进中华优秀传统文化与运输行业的深度融合，让市民群众和来济游客充分感受工作人员的热情服务；将中华优秀传统文化与学校教育相结合，开展传统文化教学，将价值观植入学生心中，从而不断内化学生思维品行，使其道德素养得到提升，能够自主、自发的弘扬中华文化，践行社会主义核心价值观念。

（三）建设区域特色文化，形成良好遵守的公约秩序

济宁文化资源丰厚，每个县区都保有独具特色的文化，曲阜的孔子文化、邹城的孟子文化、兖州的颜子文化、嘉祥的曾子文化、微山微子文化，等等，这些特色文化能支撑县区打造独一无二的文化品牌。乡规民约是适合农村组织的治理形式，北宋理学家吕大均兄弟制定的《吕氏乡约》、南宋理论家朱熹扩充的《增损吕氏乡约》、明代哲学家王阳明的《南赣乡约》在历史上都发挥了积极作用。要挖掘和保护乡土文化资源，建设符合济宁县区实际形式的相约、社区公约，培育新乡贤文化，提升乡土文化内涵，形成良性乡村文化生态。当代"新乡贤文化"既要发挥地方能人、精英的力量，也要了解一般居民群众的所需所想，用乡村民约的方式凝结共识，共同合作，努力增强基层治理能力。

（四）丰富文化活动形式，构建文明和谐的社会环境

优秀传统文化不仅需要挖掘和拓展，也需要宣传传播，进一步扩大文化影响力，让广大群众树立文化自信。一方面，开展丰富的文化活动是传播中华优秀传统文化的有效途径。要充分利用新时代文明实践中心、尼山书院、儒学讲堂等载体，常态化举办传统文化讲座，以丰富的活动载体提升群众的思想素质，引导群众积极参与社会治理。例如，广泛组织具有一定理论水平和文艺素养的宣讲队伍，通过网络、电视、传统艺术等形式广泛传播中华优秀传统文化。继续开展"好媳妇""文明家庭""孝贤之星""诚信企业"等评选活动，引领党员群众树立社会主义核心价值观，为推进社会治理的健康有序发展构建文明和谐的社会环境。

（五）完善政德教育体系，提升党员干部为政之德

深度挖掘儒家文化时代内涵，探索开展干部政德教育培训，着力打造国家级干部政德教育培训基地，走出一条以中华优秀传统文化涵养干部政德的新路子。依托济宁干部政德教育学院，精心设计课程体系、创新教学模式、编发辅助教材、加强师资建设等，重点突出"弘扬中华优秀传统文化 涵养干部为政之德"主题。加强廉政主题艺术创作，"笔墨传清韵 金石扬廉风"，艺术作品具有主客观统一的特点，书画家通过笔下的艺术作品，既体现自己的主观态度，又创作希望世人学习、遵循的艺术形象。在加强政德教育的过程中，可以创新编排廉政主题的戏剧剧目，开展廉政主题书画创作。将廉政的种子埋入心中，时刻加强行为规范的教育引导和道德情操的陶冶培养，从道德上建立防线，引导广大党员干部正心修身、拒腐防变，始终保持清正廉洁政治本色，为社会治理提供坚强稳固的执政力量。

（作者单位：济宁市孔孟书画院）

运用中华优秀传统文化提升回迁安置小区社区治理水平
——以兖州区龙桥街道府前社区刘官庄小区为例

李锡楠

一、研究背景

习近平总书记强调，基层治理和民生保障事关人民群众切身利益，是促进共同富裕、打造高品质生活的基础性工程，各级党委和政府必须牢牢记在心上、时时抓在手上，确保取得扎扎实实的成效。当前，随着城市化进程的不断推进，危房改造、资源整合、空间外延等土地调整或征用行为成为城市重新规划布局的常态手段，一个或多个村庄整体拆迁安置的做法屡见不鲜，回迁安置小区也随之增多。相比普通商业住宅小区，回迁安置小区具有"政府安置、政策补偿、单独管理"和居住人员"血缘密切、利益趋同"等特点，同时回迁安置小区多因房屋质量、物业服务、配套设施和邻里关系等存在问题，导致小区内外部关系紧张，甚至个别小区因群众诉求长期得不到妥善解决而被迫反复上访。

本文以笔者所在的党建工作队帮扶社区——兖州区龙桥街道府前社区刘官庄小区为例，从"以文化人、以文强政、以文促兴"的角度，探索运用中华优秀传统文化创新提升回迁安置小区社区治理水平的可行路径。

二、存在问题

刘官庄回迁安置小区位于兖州区西南部，原为刘官庄村，包含刘家村、官家庄两个自然村，约195户村民，曾有近300年的村史。2015年10月，按照兖州新城区发展规划，村庄实施整体拆迁；2017年，在村庄原址规划建设安置房；2020年4月，撤销刘官庄村行政编制，并入新成立的龙桥街道办事处府前社区；2022年3月，刘官庄小区回迁安置房建成，截至2022年11月，村民陆续回迁新居。

经过这次拆迁重建，刘官庄村相较之前发生了巨大变化。新的回迁安置小区，由六栋高层住宅自成一院，院内绿植、广场、消防设施、净化水等一应俱全；小区周边配套建设有重点中小学、幼儿园及诊所、商超、绿地；多个高档商业住宅毗邻而建，房价在当地属于较高层次；新成立的府前社区居委，以刘官庄村委为班底，新增多位青年干部，所辖范围扩大到了周边10个小区，近万套住房。可以说，刘官庄村已经完全已经融入城市社区中，村民也都离开了祖宅和田地成为城市居民。但与居民身份、环境、生活方式的巨大改变并存的是，刘官庄小区依然面临着诸多回迁安置小区普遍存在的问题。

（一）小区建设遗留问题突出

因楼房管路设计不合理、质量存在问题，小区内配套设施损坏率高、绿化面积相对于周边商业住宅较小，物业公司服务不到位、房屋售后维修与建设方产生分歧无法落实，小区外公共交通不完善、停车难等问题一直得不到合理解决，导致居民频繁投诉反映，不仅激化了干群矛盾，也为后续社区管理增加了难度。

（二）旧有生活习惯依然存在

一方面居民随意在绿化区域种植蔬菜、乱堆乱放杂物等占用公共空间的行为突出，随地吐痰、乱扔垃圾、破坏公共设施等不良行为时有发生，导致邻里之间、居民与物业之间纠纷不断；另一方面众多回迁居民，认为应该享受政府拆迁安置"政策照顾"，对"物业费""车辆管理费""太阳能维护费""取暖费"等新增的生活成本不认同；再就是由于小区位置优越，逐渐有房屋流入社会由非原村民居住，致使不少原村民在责任划分、费用分摊上滋生排外思想，主张厚此薄彼，严重影响了小区团结和发展。

（三）物业服务水平亟须提高

目前的小区物业公司是社区经过市场化招标引进的大型物业公司，具有当地多家商业住宅区的服务管理经验和一定的社会信誉、良好口碑。双方商定的物业费也较之前有所降低，达到周边正常水平。但因之前的物业公司与建设方、供应商就许多设备设施的运维问题产生纠纷没有交接，虽然作为开发商的龙桥街道也在积极协调，但新旧物业公司依然无法正常交接，加上居民对之前物业服务比较失望，缴纳物业费比较消极，导致现物业公司只能垫资低成本开展运营，服务水平仍旧得不到居民认可，由此形成了恶性循环。

（四）生活压力增大，居民幸福感不强

拆迁前，大部分村民依靠耕种和外出劳务作为收入来源。回迁安置后，耕地上交，部分青壮年和有专业技术和劳动素质的中老年找工相对容易，但部分

文化素质低又不具备专业技术的村民再就业难度大。大部分家庭收入锐减，面对突然增加的生活成本，普遍心有怨气。特别是之前老弱病残的低保户，因拥有两套安置房不符合救助政策而被取消了低保，失去了收入来源又不愿卖房养老，强烈要求社区帮扶。而府前社区居委刚成立1年多，缺乏面对新环境新问题的经验，整体社会保障能力较弱，居民幸福感、获得感得不到满足。

（五）乡村记忆淡化，优良传统面临失传

除了生存环境和生活方式的巨大改变，人的价值观念、理想信念和精神状态在村庄和住房的"涅槃"中也饱受洗礼。离开土地瓦房，进入高楼绿地，脱去农民外衣，放下犁耙镐锨，见到"灯红酒绿"，让以前的村民、如今的居民产生迷茫感和疏离感，更注重眼前的利益、自我的满足和小家庭的得失，归属感和认同感严重缺失，慢慢忘记了属于刘官庄村的乡村记忆、优良传统。

三、问题解决思路

习近平总书记在中共中央政治局第十八次集体学习时指出，要治理好今天的中国，需要对我国历史和传统文化有深入了解，也需要对我国古代治国理政的探索和智慧进行积极总结。为此，有必要从中华优秀传统文化中找寻提升基层治理能力现代化水平的"密码"。

（一）将中华优秀传统文化运用到社会治理当中，有着深厚的历史积淀和理论基础

中华优秀传统文化是中华文明源远厚重的精华沉淀，是中华民族代代传承的坚定理念，是中国人民砥砺奋进的精神支柱。其强调"仁礼教化"，突出"德治、礼治、法治"，所承载的"仁义礼智信"的核心价值思想，深沉而持久，对社会和群体具有凝心聚力、促进崇德向善的功能，是解决当前中国社会诸多问题的思想源头。在提升回迁安置小区的社区治理水平上，中华优秀传统文化能够引导人们建立积极的价值观、向善的道德观、高于法律底线的行为标准，在社区里起到改善邻里关系、协调各方资源、强化主人翁意识、减少利益冲突的作用，对居委管理、物业服务创新工作方式方法有着重要的历史借鉴和现实指导意义。

（二）中华文明五千年的历史变革和文化传承，承载着丰富的社会治理智慧

无论是三皇五帝的治世之学，王侯将相的经世之道，还是诸子百家的惊世之论，孔孟圣贤的处世之方，都融入中华优秀传统文化的核心价值之中，成为中华民族和中华儿女的精神血脉。仁爱、民本、诚信、正义、和合、大同，一系列"德治"的精神要义，成为新时代加强社会治理的创新源泉。由此演化而来的"人民至上"的现代社会治理理念，坚持"以文化人、以文强政、以文促兴"的工作新思路，主张"柔性管理、共情引导、人性关怀"的工作新方式，都彰显着中华优秀传统文化在新时代的传承和发展。

（三）在运用优秀传统文化提升基层社会治理方面，已经有了许多成熟的品牌和成功的案例

以"和为贵"为理论基础的多层级社会矛盾化解治理服务体系在多个地市得到推广；基层民主自治制度，让村级集体更具生机活力，为"乡村振兴"奠定群众基础；"儒学讲堂""尼山书屋"等项目，致力于打造弘扬中华优秀传统文化的创新载体，遍布村庄社区，成为打通公共文化服务"最后一公里"的重要环节；突出儒家文化与孝善文化的"幸福食堂"，让农村孤寡、贫困老人吃上免费的"舒心饭"，走出了一条以中华优秀传统文化助推基层社会治理的新路径；将中华优秀传统文化与社会主义精神文明有机地结合起来的"枫桥经验"，创造出了社会治理新模式，成为新时代社会治理的生动模板；更高层面上，充满中华优秀传统文化智慧的社会主义核心价值观，已经成为每个中国人自律准则。

因此，从中华优秀传统文化中汲取经验智慧，解决回迁安置小区存在的问题，符合以人为本、因地制宜的现代社会科学治理要求，对推进回迁安置小区快速融入城市、促进小区和谐稳定、保障居民安居乐业，具有积极的作用。

四、刘官庄回迁安置小区的相关做法

省派驻刘官庄村加强农村基层党组织建设工作队自 2020 年入驻刘官庄村开始，配合龙桥街道办事处和刘官庄村委，全面参与了刘官庄村回迁安置的全过程，对刘官庄回迁安置小区当前存在问题的根源和解决问题的关键有着比较深入的了解。府前社区深入贯彻落实《中共中央 国务院关于加强基层治理体系和治理能力现代化建设的意见》安排部署，结合《关于实施中华优秀传统文化传承发展工程的意见》的指示精神，创新运用中华优秀传统文化，切实提升刘官庄回迁安置小区的社区治理水平，获得 2022 年度"市级文明社区""先进基层党组织""保障重点工程先进单位"称号。担任府前社区党委书记兼刘官庄小区党支部书记的同志荣获"优秀党组织书记""最美兖州人"荣誉称号。

（一）三治融合，突出德治

"道之以德，齐之以礼，有耻且格。"在以法治为基础的日常社区治理工作中，坚持将儒家文化"道德教化"的社会治理思想融入其中，在社区的章程条例中体现德治理念，突出"德治"的引领作用，推动回迁安置小区实现群众自治。强化"德治"的组织落实，成立由社区书记、驻村工作队长、物业经理共同牵头的"以德治区"社区治理工作领导小组，对内开展专题学习培训，对外纳入年度工作计划，将"德治"融入党建工作，贯穿社区治理和服务的各方位、全过程。建立道德量化机制，将社区治理与道德规范相结合，通过细化、赋分、互评、奖励、张榜等形式，将道德规范条目化、道德行为标准化、道德激励公开化。设立单元辅导员，安排居委班子成员和工作队员分别担任小区六栋住宅楼的代理楼长和辅导员，其中对辅导员的要求，就是熟悉所包保单元楼每户的家庭情况，积极运用"德治"理念谈心交流、教育引导，将隐患矛盾化解在家门口。

（二）以人为本，为民服务

"多闻，择其善者而从之，多见而识之，知之次也。"围绕"人民至上"的基层社会治理原则，制定《幸福社区工作计划》。将掌握历史沿革、分析人口结构、了解人际关系、调查周边环境等作为社区治理的基本功扎实落实，通过民情专题调研会、微信调查问卷、电话询访等方式，广泛收集居民的意见建议。充分发挥党群服务中心和综合文化服务中心的作用，将党务、政务、村务明细化管理，推行"一站式"服务，让居民"找得到、问得清、办得快"。严格执行"三重一大"各项规定，针对物业公司更换、商业用房招租等重大事项，多次组织召开党员大会、村民代表大会集体研究，邀请居民监督员参与公开招标全过程。邀请法律、政策等方面的专业人士担任顾问，积极向社会公益团体申请设立志愿服务站，鼓励有能力的居民参与社区治理，培养有志向的青年人向组织靠拢，逐步提升小区居民自治水平。

（三）打造载体、拓展功能

"工欲善其事，必先利其器。"回迁安置后，刘官庄小区硬件设施得到极大提升，拓展公共文化空间的需求日渐强烈，驻村工作队积极申请协调，争取在小区内打造小区居民共有的精神文化家园。于2021年成功申请专项帮扶资金200万，建成兖州区首个村级综合文化服务中心。中心建筑面积1390平方米，规划考虑功能的前瞻性和居民的实际需求相统一，设置了党群共建室、卫生体检室、多媒体图书室、文化讲堂、儿童活动室、书画室、多功能会议室等，是集党建活动、便民服务、教育培训、文化艺术等为一体的功能性党群服务综合体，成为刘官庄小区党员群众的重要活动场所，也肩负起践行社会主义核心价值观的重要阵地、弘扬中华优秀传统文化的综合平台，以及基层党组织凝聚、服务群众的重要载体等重要功能。

（四）唤醒记忆，坚持传承

"君自故乡来，应知故乡事"。深入挖掘和阐发刘官庄村历史的文化内核，打造"仁美刘官庄"文明社区品牌，为新建的回迁安置小区增添历史底蕴和文化氛围，强化回迁居民的主人翁意识，将刘官庄村的优秀传统传承下去，发扬光大。凝练演艺社区文化核心，将"燕王扫北，聚兵成村"和"洪洞遗民，武举传代"的口传历史进行阐发和演绎，结合社会主义核心价值观要义，提炼出"仁美大爱·孝善传家"的社区文化核心。唤醒居民的乡村记忆，在小区的电梯间、楼梯道、绿植、广场等处布置宣传栏，展示反映原来刘官庄村村容村貌和生产生活情景的老照片，让广大回迁居民忆苦思甜的同时，珍惜现在营造的欣欣向荣的新家园。整理乡俗村约，利用传统节日组织开展文化主题活动，对刘官庄村的优良传统进行传承和发扬，增强小区居民的归属感、责任感、文化认同感，让居民在意识上、在行动上都像曾经拥护刘官庄村一样，为新家园增光添彩，为新小区贡献力量。

（五）崇孝扬善，和睦邻里

"父慈而教，子孝而箴"。针对刘官庄回迁安置小区多为大家族、大家庭的邻里关系特点，特别将推广孝善文化作为融通小区人际关系的工作方向，制定了"孝善好邻"工作方案，围绕老年人开展工作，通过一系列实事好事身边事，让老年人切实感受到组织的温暖，让青年人放心外出打拼，让青少年体会孝老敬老的传统。从村集体收入中设立"敬老费"，每年向60岁以上的刘官庄原村民发放。开展孝贤家庭、好媳妇好婆婆评选，培树先进典型，发挥榜样力量，弘扬刘官庄村孝贤传统，带动居民尊老爱幼、家庭和睦。打造孝善广场和孝贤长廊，设计《新二十四孝》，设置孝贤榜，让身边的孝贤人物和感人事迹带动小区形成"家家尽孝、人人感恩、代代相传"的良好风尚。经常性开展孝老敬老活动，定期组织义务查体、免费理发、不出大门看大戏等活动。对小区内的高龄居民进行"一对一"联系，由所在单位辅导员定期走访慰问，组织志愿者定期到家中送温暖、做保洁。

（六）学习先进，文化惠民

"他山之石，可以攻玉。"刘官庄回迁安置小区学习借鉴其他社区的经验成果，结合自身实际加以改进，形成了多个以中华优秀传统文化为内核的社区服务平台，全面提升社区服务水平。设立"和为贵"调解室，为家门口解决不了的问题，争取"坐下再谈谈"的机会；小区老年居民尤其喜爱打牌，为此专门设立幸福棋牌室，提供空调、热水和电视，营造一个健康、温馨的娱乐环境；开办尼山讲座，采用订单化服务，定期开展政策法规解读、历史文化解说、风土人情介绍；在党群服务大厅开设"书记茶室"，将每周二和周六设为书记接待日，欢迎居民与书记面对面交流，并且经常邀请小区德高望重的老人、能人喝茶座谈，掌握民情民意的同时，增进干群感情。

五、案例启示

习近平总书记在党的二十大报告中强调，"完善社会治理体系"，"加快推进市域社会治理现代化，提高市域社会治理能力"。刘官庄回迁安置小区的案例告诉我们，充分挖掘当地的风土人情，积极阐发当地文化中积极向善的中华优秀传统文化元素，扬弃地传承、创造地转化、创新地发展，注重实践与养成、需求与供给、形式与内容相结合，使中华优秀传统文化更好地融入基层社会治理工作，是加强回迁安置小区社区治理能力现代化的有效方式。

为此，回迁安置小区的管理者应该做到以下几点。

一是创新方式方法，提高挖掘阐发能力。有人的地方就有文化，有家的地方就有传承，对传统文化的挖掘和阐发能力，决定了传统文化传承的生命力和发展的持久力。积极整理村史村志、建立民俗档案，加强地域文化的传承保护、用心用情讲好"历史故事"，支持鼓励当地群众献计献策、参与民间研究，邀请专家学者进行专业指导，让传统更"符合时代"，让文化更"接近生活"。

二是争取齐抓共管，推进文化融入治理。基层社会治理本身就不是一项单打独斗的工作，需要多层级、系统化的推进。要积极争取协调上级主管部门和公安、消防、城管、住建、环卫、通信等单位部门的支持，共同把弘扬优秀传统文化推进基层治理工作放到重要位置，多渠道、多形式、多角度地持续向基层发力，让中华优秀传统文化在"润物无声"的同时做到连绵不断，以达到滴水穿石的效果。

三是倾听群众意见，多办实事多做好事。无论回迁安置政策，还是基层社会治理工作，初衷就是增强群众的获得感、幸福感、安全感。运用中华优秀传统文化推进基层社会治理，关键还是要贴近民意、问需于民、解决好百姓"急难愁盼"的民生问题。坚持问题导向，及时发现小区问题，用心解决群众难题。要牢固树立群众观念，访民情、听民意，虚心向群众学习。要自觉接受群众监督，坚持做到公平、公正、公开，把好事办好，让实事叫好。

四是着眼长远发展，整合资源凝聚合力。广泛吸纳各方面建议，科学制定切实有效的中长期发展规划。以规划为中心，积极探索做好"三篇文章"。一要做好"引资引智"文章，充分挖掘自身资源优势、位置优势、人才优势和文化优势，吸引社会资源参与小区运作，从商业收入、税费减免、智力支持、培训就业等方面为小区居民争取更大实际利益。二要做好"志愿服务"文章，一方面积极协调政府机关和社会机构的志愿服务团体，另一方面利用公益岗位人员和小区志愿者打造自己的志愿服务队伍，突出"精准化、便利化、特色化"，实现"老、小、困"重点群体帮扶的全覆盖。三要做好"能干会说"文章，通过宣传栏、公众号、短视频等多种渠道广泛宣传社区治理成果、推广社区服务品牌，发挥宣传的凝心聚力和引导舆论的作用，让广大居民"得实惠、看成绩、知辛苦、懂感恩"，提高基层治理效能。

六、结论

回迁安置小区不会长期存在，只是农村通过城镇化转型成为现代城市社区的过渡阶段的时代产物，必将随着社会进程的推进和治理能力的提升，写入城市发展的历史当中。回迁安置小区社区治理工作，只是基层社会治理工作的一个方面。但是，基层是社会的基石，稳定关乎国家的长治久安和平稳发展。在过渡阶段，基层问题如果得不到及时解决，就会成为顽固隐疾，必将影响社会的健康有序发展。运用中华优秀传统文化，可以有效提升回迁安置小区的社区治理水平，对于完善社区运行机制、提高社区管理服务能力、引导社区意识向上向善具有积极的作用，为回迁安置小区快速融入城市一体化发展提供有力保障。

（作者单位：济宁市文化传承发展中心调研部）

危险驾驶罪刑罚轻重失衡的现实考察与完善
——从宽严相济的角度谈危险驾驶罪之刑罚重构

刘来双

自醉酒驾驶机动车（简称醉驾）确立为危险驾驶犯罪情形之一，至今十年有余。给人们带来的最大直观感受：一是相对于与日俱增的机动车数量，交通肇事犯罪案件数量及交通事故纠纷案件数量明显下降；二是危险驾驶犯罪案件（绝大多数是醉驾型案件）数量逐年大幅度递增，于 2016 年成为案件数量最多的"第一大罪"并保持至今，2021 年底突破 30 万件。醉驾入刑问题再一次引起人们的广泛关注，且关注程度不低于十一年前人们对"醉驾是否应当入刑"的激烈讨论。本文将借鉴域外的立法方式并从刑罚适用之宽严相济的角度，探析危险驾驶罪之刑罚重构。

一、成效与问题：醉驾入刑的意义及刑罚结构失衡所造成的弊端

醉驾入刑的初衷与其他罪名的设定一样，基于在风险社会的背景下，许多犯罪行为一旦得逞，就会造成严重的危害结果，因此，需要对法益进行提前保护，体现刑法的预防功能。

（一）醉驾入刑的立法目的及取得的成效

醉驾入刑十余年最显著的成效或意义，直接体现在交通肇事犯罪案件及其他一般的交通事故民事纠纷案件数量得到控制，并呈相对下降趋势，既挽救了无数生命，也保护了公私财产安全，人民群众的交通安全感得到前所未有的增强。总体来看，自 2011 年"醉驾入刑"至 2020 年，全国机动车增加 1.81 亿，驾驶人增加 2.59 亿，年均增长 1800 万辆、2600 万人，但这 10 年来全国交通安全形势总体稳定。减少了 2 万余起因酒驾、醉驾肇事而导致的伤亡事故，酒驾醉驾肇事导致的一次死亡 3 人以上较大事故比 2014 年下降 26.6%。醉驾入刑间接的意义及

成效则表现在"喝酒不开车，开车不喝酒"的酒后拒驾的社会意识氛围越来越浓厚。

（二）醉驾案件连续递增并成为数量最多的案件

如上所述，醉驾入刑在较大程度上保障了交通安全，减少了交通肇事犯罪案件数量，但是每年确有 30 余万人因醉酒驾驶机动车获刑，占刑事案件总数的 20% 以上，十余年来全国约有 300 多万人获罪。可以说，醉驾案件的审理几乎成基层刑事司法的主业。2012 年任城法院审结各类刑事案件 310 件，其中危险驾驶犯罪案件 9 件；2017 年审结各类刑事案件 387 件，其中危险驾驶犯罪案件 61 件；2018 年审结各类刑事案件 1019 件，其中危险驾驶犯罪案件 517 件，自此，每年审结的危险驾驶犯罪案件均占全年刑事案件的半数以上。

（三）醉驾案件数量急剧增加所带来的主要问题

除危险驾驶罪案件外，再没有哪一类犯罪案件数量达到这样递增的迅速。醉驾案件数量的激增就像"雾霾"一样，带来各种问题，最主要的表现如下。

一是醉驾入刑后刑法的一般预防及特殊预防的目的未能真正实现。犯罪预防是刑法的根本目的，也是终极目的。刑法通过惩罚犯罪行为，进而减少或者杜绝新的犯罪行为。醉驾案件数量的有增无减本身就印证刑法预防犯罪的目的宣告失败，更多的再犯者出现则直接表明刑罚的惩戒性、教育性、挽救性欠佳，即刑法特殊预防没有实现。

二是醉驾案件数量的增加，案多人少的矛盾更加突出。基层法院不得不倾注更多的人力、物力投入到对醉驾案件的审理中去，结果简单的小案件成为基层法院非常伤脑筋的案件。

三是司法的公正与权威受到冲击。为了应对醉驾案件数量的激增，提高办案效率，一方面从醉驾的执法查处到案件审结及刑罚的执行，司法机关一直在摸索并尝试各种简便快捷的程序与方法，在这种背景下出现了刑事案件速裁程序、刑拘直诉程序等，犹如工厂的产品生产线一样，办案效率大幅度提高。但是，刑事司法毕竟不是产品加工，产品的批量化生产，如果一味地集中查处、集中公诉、集中审判，必然影响司法裁决的审慎性、严密性，进而影响司法的权威性。另一方面，为了控制或降低醉驾案件的数量，自 2017 年 5 月份最高人民法院发布《关于常见犯罪的量刑指导意见（二）（试行）》开始，全国各地司法机关相继出台各种"出罪"标准（即提高入罪的门槛），如在无其他法定从重处罚情节的前提下，浙江省、安徽省等省分别将入罪标准由 80 毫克 /100

毫升提升到 160 毫克或 140 毫克 /100 毫升，该数字之下则视为情节轻微，作相对不起诉，同时扩大缓刑适用的范围比例。然而，在醉驾入刑的前五年全国各地对醉驾采取的刑事政策是"三个一律"的高压严打态势，在许多地区甚至是"四个一律（一律入罪、一律起诉、一律定罪处罚、一律不适用缓刑）"。这样对醉驾行为惩处的大严大宽前后差距之大，自然就引起了公众对司法是否公正的广泛质疑。

四是增加了社会的不安定性。对任何社会而言，罪犯数量的增加都不会有益于社会的进步与发展。罪犯数量一旦增加到一定程度，受罚的耻辱感就会丧失，刑罚的教育挽救功能也将消弱，醉驾再犯案件数量增多的事实证明了这一问题的客观存在。

二、他山之石：域外刑法中对醉驾的惩罚方式

与其他任何事物的存在发展一样，醉驾案件数量的异常迅速增加，也受各种因素的影响与制约。其中，醉驾案件数量增多的根本原因是刑法条款中刑罚结构设置的宽严失衡。这也就是陈兴良教授所说：我国刑罚目前所面临的问题，既不是刑罚过重，也不是刑罚过轻，而是刑罚的轻重失调。刑罚的轻重失衡导致醉驾案件数量居高不下，通过国外相关刑法条文中刑罚的比较列举亦可以证实。

（一）英美法系主要国家相关刑法条款的主要内容

英国将醉酒驾驶机动车定为危险驾驶罪，且醉酒后已经启动发动机即受到刑罚，即使未实施醉驾行为，但将车停放在周边饮酒，也要承担举证不会实施醉驾行为，否则面临刑罚，对于累犯将严加处理。如果出现致人死亡的结果则构成"危险驾驶的非预谋杀人罪"，将科以重刑。

美国直接定为醉酒驾驶罪，且认定为严重危害公共安全的行为。在美国所有州，只要警察怀疑驾驶员是酒后驾驶，就可以将其当场逮捕。成人血液中的酒精含量超过 0.08%（相当于 80 毫克 /100 毫升，有的州甚至严格到 10 毫克 /100 毫升）即为醉酒驾驶。一般会被判处六个月至一年的监禁刑或者给予三至五年惩戒期，并处以 250 至 1800 美元罚金，有的州会没收汽车。如再犯，则惩罚翻倍，三次以上，会被以"谋杀罪"的名义起诉，如果酒驾造成生命伤害的，将很有可能会被判死刑。

（二）大陆法系主要国家相关刑法条款的主要内容

在法国，醉酒驾驶机动车的行为被定为非故意伤害人之身体罪，规定陆地驾驶员呈明显醉酒状态，或者被酒精所控制，表现为血液或呼出气体中的酒精含量等于或高于《道路交通法典》法律或条例规定的含量，或者拒绝接受该法典规定的旨在确认是否处于醉酒状态的检测，导致他人完全丧失劳动能力等于或低于三个月的，处 5 年监禁并科以 75000 欧元罚金，并附加暂扣驾驶执照最长期可达 10 年，没收被判刑人员的一辆或数辆汽车，情节轻的则查封行为人实施犯罪的一辆或数辆汽车，最长期限为 1 年。

在德国，酒后驾驶机动车被作为危害公共安全罪之危害公路交通安全罪定罪处罚，且不论血液中酒精含量多少，只要饮酒驾驶机动车就视为危害公路交通安全的情形之一，就视为已经危及他人身体、生命或贵重物品的行为，将会被处以 5 年以下自由刑或者罚金刑。在俄罗斯，醉酒后驾驶机动车将会被视为危害公共安全和社会秩序的犯罪之危害交通安全罪，《俄罗斯联邦刑法典》对该罪规定相当细致，如在醉酒状态下（驾驶员吹出的每升气体中酒精含量超过 0.16 毫克，即为醉酒状态）驾驶机动车或不接受法定的是否存在醉酒状态的医学检验而受到行政处罚的或者曾因醉酒驾驶有犯罪前科的，处以 20 万以上 30 万卢布以下工资或其他收入的罚金或被判刑 1 年以上 2 年以下，并处 3 年以下剥夺担任一定职务或从事某种活动的权利等。醉酒状态驾驶机动车过失造成人员健康严重损害，处 5 年以下强制劳动，并处 3 年以下剥夺担任一定职务或从事某种活动的权利等。

与上述规定大同小异，新加坡、日本、韩国等大多数国家刑法条文中对酒后或醉酒驾驶机动车进行详细的规定。

（三）两大法系主要国家对酒驾刑罚的共同点

通过上述不同国家关于醉驾刑法条款内容的比较，不难发现，不同国家刑法对醉驾行为的惩处，具有如下共同点。

一是刑法分则条款内容规定的较为系统和详细，刑罚方式递进式罗列，有宽有严，宽严相济，有利于树立公民刑法的守法意识及规范意识，进而促进刑法的一般预防功能。

二是均重视突出刑法的预防功能，突出对法益的提前保护，在危害结果出现之前刑法已经提前介入，更有利于保护不特定的法益。

三是各国对醉驾行为的入罪门槛都比较低，且惩罚都比较严厉。对醉驾处罚的严厉性多体现在阶梯档次上，同时采取严格责任说，即定罪时不必要考虑被告人的主观方面，其本人需要自证自己没有故意或者过失。

四是对结果加重犯的惩处相当严厉，如果因醉驾致人死亡，英国刑法则定为"危险驾驶的非预谋杀人罪"，在美国如果三次以上醉驾且造成他人死亡，则可能被定为"谋杀罪"判处死刑，这样更能体现罪责刑相适应。

五是一般都设定附加刑且附加刑具有可选择性。如美国、法国没收被判刑人员的汽车，在俄罗斯会被并处 3 年以下剥夺担任一定职务或从事某种活动的权利等等。

（四）我国对危险驾驶罪行为人惩罚方式过于单一

通过上述两大法系主要国家刑法中对酒后驾驶机动车的不同处罚方式的比较，不难看出，关于醉驾的刑罚方式与欧美国家最大的不同就在于我国刑法第一百三十三条之一规定的刑罚内容过于单一。结果在对被告人具体定罪量刑过程中，往往有种捉襟见肘的尴尬感。即针对不同量刑情节的被告人欲从严不能严，欲从宽也不能宽。具体讲，该罪的刑罚仅仅是"处以拘役，并处罚金"，拘役的法定上限是六个月，特殊情况下的数罪并罚最多是拘役十二个月。醉驾的法定刑罚本身就轻，这就决定了被告人有再多的法定从重情节或酌定从重情节，其量刑也跳不出拘役六个月的狭小量刑空间。醉驾刑罚幅度的局限性、单一性，对行为人的惩罚自然就出现不痛不痒的效果。轻，则不能轻到让当事人对刑律尊重并信仰的程度，重，则不能达到让当事人敬畏并惧怕的程度。结果出现了醉驾案件数量增多，行为人多次醉驾多次被刑事处罚仍不能悔改的奇怪现象。这正如贝卡利亚所言："如果对两种不同程度的侵犯社会的犯罪处以同等的刑罚，那么我们就找不到更有利的手段去制止实施能带来较大好处的较大犯罪了。"

三、宽严相济：危险驾驶罪之刑罚重构的路径

法的创制，必须顺应历史发展和时代变化，创制符合时代需求的法律。只有在宽严相济、轻重相补的法律之下的判决才会既坚实有力，又能获得公众的普遍尊重与认可。因此，必须对危险驾驶罪的刑罚进行结构性的调整，根据宽严相济的刑事政策精神，重构危险驾驶罪的刑罚以强化惩处力度，使那些具有侥幸心理的酒驾者产生畏惧心理，让那些受到惩罚的人绝不敢再越雷池半步。据此，借鉴域外刑法规定，刑罚的重构着重从如下几个方面开展。

（一）增加刑罚幅度及种类

宽严相济刑事政策首先意味着应当形成一种合理的刑罚结构，这是实现宽严相济刑事政策的基础。"宽严相济"对于刑罚的适用而言或者从立法的角度讲，首先要求刑法条文中既要有"宽"的内容，还要有"严"的内容，如果刑法条文中刑罚种类或者量刑幅度单一，如危险驾驶罪的刑罚仅仅是"判处拘役并处罚金"，没有可以选择的第二个选项，则很难体现刑罚的"相济"。

既要有宽，又要有严，参照上述国外对醉驾处罚的做法，刑罚的设置采取分级分梯次规定，增加刑罚种类及幅度：即结合危险驾驶犯罪行为特点及审判实践，在"拘役并处罚金"的基础上增加有期徒刑、管制、单处罚金甚至达到一定的情节可以没收行为人驾驶的机动车，具体而言：对于因危险驾驶造成严重后果，如造成他人重伤及其他重大财产损失等不构成交通肇事罪等其他犯罪的，可以处三年以下有期徒刑，并处罚金，对于造成严重后果且因醉酒后驾驶或者因犯危险驾驶罪被多次行政处罚或者被判处刑罚的，则可以没收行为人驾驶的机动车。对于其他一般情节的，结合行为人血液中的乙醇成分的高低及其他法定从重及酌定从重处罚的具体情节确定是否适用管制还是拘役及并处罚金或罚金的具体数额，对于其他无法定从重处罚及酌定从重处罚情节的，并结合行为人的一贯表现及醉酒后驾驶机动车行驶的距离路线或者醉酒后驾驶机动车的动机目的等等，判断情节较轻或者轻微并以此确定是否单处罚金还是定罪免刑等等。这样设置既能实现量刑的均衡化，又能体现刑罚的轻重分明，重有所重，轻有所轻。

（二）扩大缓刑的适用比例

如上文所讲，对行为人而言，刑罚的目的是惩罚和改造。刑罚应当与犯罪在性质上相似，在程度上相当，在执行上相称。缓刑适用的对象则是那些犯罪情节较轻、主观恶性相对较小的罪犯。缓刑体现了给罪犯自我反省改造的从宽处罚的机会，通过附条件地保持刑罚执行的可能性，借用外部的监督给其形成心理压力，让其珍惜自由，改过自新，弃恶扬善，形成自觉遵纪守法的潜在心理定式。针对危险驾驶犯罪中的许多被告人而言更适合用缓刑。因为，危险驾驶犯罪刑期设置较短（最长为拘役六个月），如果判处拘役一个月或两个月等短期的自由刑，很难起到有效的惩罚与教育改造作用，因为教育改造往往需要一个漫长的过程，这样就出现了改造期与服刑期相抵牾的情形，以至于罪犯不能在较短的服刑期间内汲取教训并获得心灵的救赎。由上所述，扩大危险驾驶犯罪中罪犯的缓刑适用比例，放宽缓刑的适用条件利大于弊。但是，引起我们重视的是，至今在司法审判实践中，我们对危险驾驶犯罪仍然是从严适用缓刑，甚至在许多地区仍然采取"一律不适用缓刑"的刑事司法政策。结果危险驾驶犯罪案件数量增多，罪犯收押服刑的人数增多，自 2018 年下半年起，许多地区的羁押场所出现了人满为患、罪犯收押难的现象。贝卡利亚认为，刑罚必须及时实施，才能最大限度地震慑本人，教育他人，否则随着时间的推移，刑罚与犯罪行为的联系就会削弱。结果，也就出现了为数不少的罪犯在等待收押服刑的过程中，再次实施危险驾驶犯罪。从促进罪犯的再社会化及刑法经济原则的角度看，扩大危险驾驶类罪犯的缓刑适用比例，也是比较好的选择，限于篇幅不再一一赘述。

（三）设定并积极适用单处罚金刑

罚金刑的罪名多体现在侵财、贪财类犯罪中，设置的目的就是对贪利性犯罪从经济上予以惩罚，让行为人因其实施犯罪行为而获得的利益"变本加厉"地交出来，让其从经济上感到犯罪所付出的巨大代价，同时削弱其再次犯罪的经济能力。危险驾驶犯罪不是贪利性犯罪，为什么要并处罚金？从立法目的上看，与贪利性犯罪中罚金刑的适用一样，也是冀以通过罚金刑的适用对危险驾驶犯罪的主刑"拘役"进行协调补充。但是，危险驾驶犯罪并处罚金规定却并未体现刑罚的轻重有别，也未体现罚金的独特优势。针对上述缺漏，可以设定血液中酒精含量在一定幅度内，如 80 毫克 /100 毫升至 160 毫克 /100 毫升之间且没有其他从重处罚情形的可以单出罚金。同时，为了更好地体现犯罪的危害程度与惩治犯罪行为所需要的惩罚的关系，可以根据行为人驾驶的车辆类型、醉驾的原因、行驶的时间及路线等等，分别单处不同数额的罚金。

（四）与醉驾量刑有关的三项主要辅助性内容

一是明确醉驾情节严重的标准或内容。判断醉驾情节的轻重，不能机械地仅仅依据血液中的酒精含量的多少及行驶距离的远近，应当结合醉驾的动机目的、驾驶的机动车类型及安全性能、醉驾的程度（醉态）、行驶的时间、路段、造成的后果以及是否因酒驾或醉驾行政处罚或判处刑罚等具体情况综合判断。

二是适当扩大犯罪的主体范围，如增加借车人及乘车人的责任。对于那些明知道驾车人饮酒，而向驾车人提供机动车驾驶或者乘坐醉酒人驾驶的机动车，该机动车提供者或乘车者应当以危险驾驶罪的共犯论处。

三是结合机动车本身所具有的危险性大小，应当从刑事司法的角度科学界定机动车的范围，刑事立法意义上的机动车范围应当小于机械科学意义上的机动车的范围。换句话讲，考虑到刑罚的严厉性以及人口密度大、交通压力大、经济条件差别大等特殊国情，醉驾行为人驾驶的机动车应当与《中华人民共和国道路交通安全法》规定的机动车有所区别。对他人或公共安全没有威胁或威胁非常低的低速三轮车、四轮车、残疾人助力车、超标电动车等等，甚至对一些轻便摩托车等小型机动车应当排除在外（尽管也可能构成交通肇事罪）。

综上所述，为了解决危险驾驶罪刑罚构成的失衡问题，切实体现宽严相济，真正实现刑罚的目的，笔者认为对危险驾驶罪刑罚条文可以重构如下。

在道路上驾驶机动车，有下列情形之一的，处拘役，并处或者单处两千元以上三万元以下罚金；情节恶劣或者有其他严重情节的，处三年以下有期徒刑，并处三万元以上十万元以下罚金，可以并处没收行为人所驾驶的机动车辆：

（一）追逐竞驶，情节恶劣的；

（二）醉酒驾驶机动车的；

（三）从事校车业务或者旅客运输，严重超过额定乘员载客，或者严重超过规定时速行驶的；

（四）违反危险化学品安全管理规定运输危险化学品，危及公共安全的。

明知行为人饮酒而向行为人提供机动车驾驶的或者乘坐行为人驾驶的机动车的人依照第一款的规定处罚。

机动车所有人、管理人对前款第三项、第四项行为负有直接责任的，依照第一款的规定处罚。

有前三款行为，同时构成其他犯罪的，依照处罚较重的犯罪定罪处罚。

与此同时结合本罪，总结司法经验，根据危险程度及可能造成的灾难后果，可以设定情节严重的情形如下。

具有下列情形之一的可以认定为情节严重：（1）血液中乙醇成分含量达到300mg/100mL 以上的；（2）曾因酒后驾驶机动车被行政处罚多次或因醉驾被判处刑罚的；（3）曾因犯交通肇事罪被判处刑罚的；（4）醉酒后在高速公路上驾驶机动车或者驾驶机动车载有多名乘客的；（5）醉酒驾驶机动车过程中发生道路交通事故直接造成他人财产损失价值 20 万元以上或致人死亡负事故同等或同等以下责任，或致人重伤并负事故同等或者次要责任，或者致两人以上轻伤并负事故同等或同等以上责任的情形；（6）其他情节严重的情形。

四、结语

陈兴良教授提出，宽严相济之"宽"来自惩办与宽大相结合的"宽大"，其确切含义应当是轻缓。刑罚的轻缓，可以分为两种情形，一是该轻而轻，二是该重而轻。宽严相济之"严"，当然包括严格之意，即该作为犯罪处理的一定要作为犯罪处理，该受到刑罚处罚的一定要受到刑罚，这是司法上的犯罪化与刑罚化。与此同时，"严"还含有严厉之意，主要指判处较重刑罚的，当然是该重而重，而不是不该重而重，当然也不是刑罚过重。由此，针对当前醉驾案件数量居高不下的现状，危险驾驶罪刑法条文必须进行重构，条文内容须体现刑罚的轻重兼顾、宽严相补，只有这样，醉酒者在选择是否驾驶机动车时，会自动比较且也能容易比较出违法的收益和成本，尤其是能够考量可能招致的严厉的惩罚性后果。这时，行为人会自然将犯意掐灭，自动放弃驾驶机动车的念想，从而促进危险驾驶罪案件数量自然减少。

现行刑法之危险驾驶罪刑罚失衡及对其重构的论证，也给我们带来如下深刻的启迪：即刑法条文的"硬度"永远都不能缺少，无论是一味地追求刑律的"威严（峻）"，还是不切实际滥用刑罚"宽仁（容）"，只会让刑罚本身失去威严，让刑事司法的威信成为一地鸡毛；刑罚适用的判断者，也不应时时刻刻摆出一副正襟危坐的圣人面孔，如果缺乏对罪者的同情关怀与怜悯，刑律终究都会成为田间的"稻草人"。包括危险驾驶犯罪在内的所有罪名之下的刑罚构成及量刑都是这样，只有宽严相依，宽严并用，当宽则宽，当严则严，宽严真正相"济"时，刑罚的目的才能真正实现，进而刑事司法才能返璞归真。

（作者单位：济宁市任城区人民法院）

电信网络诈骗犯罪的现状及治理对策研究

王 辉

一、近年来电信网络诈骗打击治理取得的成效

2022 年以来，公安等多部门严格落实党中央决策部署，齐抓共管，密切协作，全力推动打击治理电信网络诈骗违法犯罪工作。全年共破获电信网络诈骗案件 39.1 万起，同比上升 5.7%，抓获犯罪嫌疑人数同比上升 64.4%，立案数同比下降 17.3%，造成财产损失总价值同比下降 1.3%，有力维护了人民群众财产安全和合法权益。公安部会同中国电信、中国联通、中国移动等运营商依托线索快打机制，捣毁境内诈骗窝点 1.1 万个，抓获嫌疑人 6.9 万名。随着"长城""云剑""断卡"等行动的展开，截至目前，全国共打掉"两卡"违法犯罪团伙 1.2 万个，抓获犯罪嫌疑人 21.3 万名，缴获手机卡 328.6 万张、银行卡 19.1 万张，查处行业"内鬼" 422 名，惩处营业网点、机构 1.2 万个。据公安部新媒体平台发布，2022 年截止到 11 月，全国公安机关共破获电信网络诈骗案件 37 万多起，抓获违法犯罪嫌疑人 54.9 万多人，并且 2022 年 6 月至 11 月期间出现发案数连续 6个月同比下降的趋势。2022 年持续深入推进"断卡"行动，截止到 11 月已累计打掉涉"两卡"违法团伙 3.9 万个，查处违法犯罪嫌疑人 5000 多名，坚持打防结合，提高了群众的防骗意识和防骗能力，治理成效显著。

随着对电信网络诈骗犯罪治理力度的加大，国家取得的治理成效是显著的，人民群众的满意度也逐渐上升，具体表现在以下几点。

（一）遭遇网络诈骗的网民数量有所下降

当今时代，信息通信技术和电子设备的发展极大地改变了人类的生活和交流方式，从国家层面到个人层面无不被互联网和信息技术所笼罩着，人们的一言一行、一举一动都需要网络来传达。截至 2022 年 12 月，中国网民规模达 10.67 亿，较 2021 年 12 月增长 3549 万，互联网普及率达 75.6%（如图 1所示）。

单位：万人

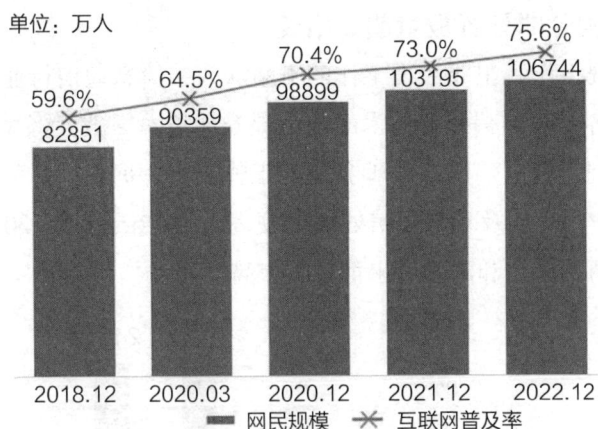

图 1　网民规模和互联网普及率

　　网民数量的暴增以及互联网普及率的增长，给犯罪分子带来了可趁之机，借助网络而出现的网络诈骗犯罪便是其中的一种表现形式。为有效治理网络犯罪、净化网络环境，国家相继展开"净网"专项行动，且成效显著。截至2022 年 9 月，中央网信办举报中心指导全国各级网信举报工作部门、主要网站平台受理举报 1518.8 万件，环比下降 5.2%，同比下降 0.4%。其中，中央网信办举报中心受理举报 58.9 万件，环比下降 30.1%，同比增长 31.1%；各地网信举报工作部门受理举报 76.2 万件，环比下降 7.7%，同比下降 29.0%；全国主要网站平台受理举报 1383.7 万件，环比下降 3.6%，同比增长 0.8%。（如图 2 所示）。

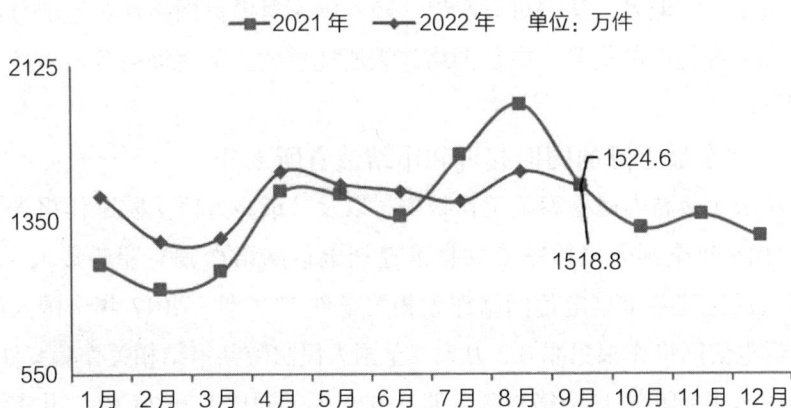

图 2　全国网络违法和不良信息举报受理总量情况

（二）诈骗呼叫处置数量明显增长

随着电信网络诈骗犯罪治理工作的不断深入，信息通信行业各个相关部门相继加快推进各类防诈骗处置技术的能力提升和技术突破，将大数据、人工智能等技术运用到防范电信网络诈骗犯罪的工作当中。据统计，就目前的防范情况来看，全国诈骗呼叫及日均短信处理次数达到 360 余万，与 2022 年相比，同比增长 56%，防范能力和治理效果都显著提高。

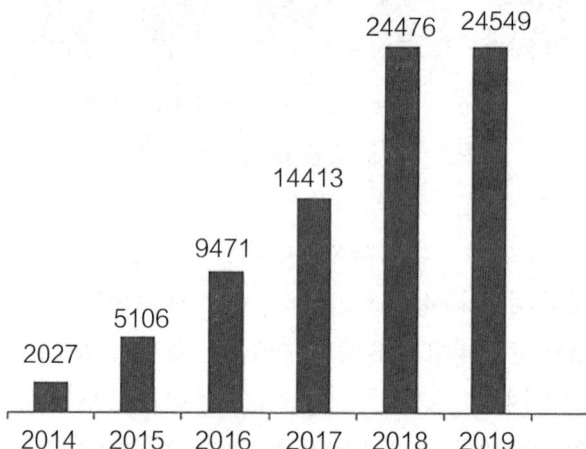

图 3   2014-2019 年电信网络诈骗人均损失（元）

（三）诈骗损失上升幅度得到有效控制

电信网络诈骗在我国传播和蔓延以来，造成的损失可谓是与日俱增，诈骗形式越来越猖狂，犯罪分子越来越肆无忌惮，民众所遭受的财产损失越来越高（如图 3 所示）。但是，从中可以看出，随着国家对电信网络诈骗犯罪打击力度的加大和治理能力的提升，电信网络诈骗所造成的损失逐渐得到有效控制，增幅逐渐放缓。

（四）立案数下降的同时起诉和审结数有所上升

据近年来《最高人民检察院工作报告》以及《最高人民法院工作报告》统计显示：2016 年全国人民检察院共批准逮捕电信网络诈骗犯罪嫌疑人 19345 人，全国人民法院共审结电信网络诈骗相关案件 1726 件；2017 年全国人民检察院共起诉电信网络诈骗犯罪 3.2 万人，全国人民法院共审结相关诈骗案件 1.1 万件；2018 年共起诉电信网络诈骗犯罪 43929 人，同比上升 29.3%，共审结相关案件 8907 件；2019 年加大惩治电信网络诈骗等犯罪力度，共起诉 71765 人，同比上升 33.3%；2020 年共起诉网络犯罪 14.2 万人，在刑事案件总量下降背景下，同比上升 47.9%，全国人民法院共审结电信网络诈骗、网络传销、网络赌博、网络黑客、网络谣言、网络暴力等犯罪案件 3.3 万件。由此发现，近年来随着国家打击治理电信网络诈骗犯罪力度的加大，在立案总数下降的同时，全国检察院对此类犯罪的起诉数和全国法院的案件审结数是有所上升的，打击力度和取得的成效显著提高。

据公安部统计数据，2022 年 1 至 5 月全国共破获电信网络诈骗案件 11.4 万起，打掉犯罪团伙 1.4 万余个，抓获犯罪嫌疑人 15.4 万名，同比分别上升 60.4%、80.6% 和 146.5%。成功劝阻 771 万名群众免于受骗，为群众挽回经济损失 991 亿元。2021 年 5 月，全国共立电信网络诈骗案件 8.46 万起，与 4 月相比下降 14.3%，案件持续高发的势头得到了一定遏制。

二、新时代电信网络诈骗犯罪的新特点

（一）作案主体特点

1. 作案主体的智能化程度高。为了提高诈骗的成功率，诈骗分子可谓是绞尽脑汁，全面综合利用大数据、心理学等技术和知识，针对不同的受骗群体而编制不同的诈骗剧本和话术，进行个性化定制。诈骗组织会聘请相关方面的专家，对组织成员进行专业的培训，不断提升组织成员的技能，对不同的受骗人都有一套智能化的应对策略。

2. 作案主体职业化趋势明显。职业化作为一个专业术语源自社会经济管理领域，职业化的出现是由于社会分工的不断细化，逐渐在一个特定的行业领域内形成一套标准化、规范化、制度化的职业行为规范。电信网络诈骗犯罪案件当中的犯罪分子往往将某一特定犯罪类型当作一种生存的技能，作为自己谋生的手段。

3. 作案主体组织化程度高。犯罪团伙的组织化程度不断提高，犯罪产业化趋势明显，上下游犯罪分工明确。从近年来破获的电信网络诈骗犯罪案件来看，此类犯罪涉及范围之广令人震惊，犯罪网络内部层级结构清晰，人员分工明确，呈现出明显的产业链式的犯罪特点。

（二）作案手段特点

作案手段即犯罪分子为达到某种犯罪目的，在实施犯罪时所采取的具体的

方式、方法。在电信网络诈骗犯罪当中主要表现形式有：兼职刷单诈骗、付费色情诈骗、"杀猪盘"诈骗、仿冒老师诈骗、网络交友诈骗、注销校园贷诈骗、仿冒领导诈骗、红包派送诈骗、返利诈骗等等，真可谓是花样百出、千奇百怪。犯罪分子的作案手段紧跟社会潮流、紧随民众需求，让人防不胜防。

（三）作案方式特点

犯罪方式指的是个体或群体在一定社会环境条件下，在某种犯罪心理支配和影响下，外化为犯罪行为的过程、形式或模式的统称。随着社会开放程度的不断加深，社会人口流动性进一步加强，借助现代化的交通工具，人、财、物的流动性极大提高。电信网络诈骗犯罪当中的犯罪分子为了逃避打击，抓住公安机关在案件管辖权、刑事执法权、国际合作等问题上的漏洞，往往采取跨区域、跳跃式作案，作案方式呈现出明显的动态化、系列性和组织性的特征。

（四）作案时空特点

所谓"时空"，即时间与空间的简略集合名词。在传统的接触性犯罪案件当中，时与空往往是同步的，而在电信网络诈骗犯罪案件当中打破了传统犯罪的时空界限，将时间与空间隔离开来。诈骗分子通过互联网高科技技术进行远程犯罪，他们将诈骗窝点设在东南亚等地区，通过广泛撒网的方式对受害者进行诈骗。

三、电信网络诈骗犯罪的发展趋势

（一）立案数在刑事案件立案总数当中比例上升

自 2016 年 3 月 22 日打击"盗抢骗"专项行动实施以来，公安机关加大了对此类案件的打击力度，并且取得了显著的成效（如表 1 所示），通过数据可以看出，盗窃、抢劫、诈骗在刑事案件当中的总比例是逐年下降的，由 2015年的 83.8% 下降到 2019 年的 76.28%，下降幅度明显。但是，在盗窃、抢劫等传统侵财犯罪下降的同时，诈骗犯罪的立案数量是呈逐年上涨的态势的，这从侧面反映出的问题就是：电信网络诈骗在刑事案件总数当中所占的比例越来越高，且上升势头明显。

表 1　各类案件占刑事案件总数的比例

（数据来源：中国法律年鉴）

案件类别	构成（%）				
	2015 年	2016 年	2017 年	2018 年	2019 年
合计	100.00	100.00	100.00	100.00	100.00
盗窃	67.96	66.97	63.10	54.97	46.44
抢劫	1.21	0.96	0.72	0.50	0.35
诈骗	14.63	15.25	16.92	22.81	29.49
总计	83.80	83.18	80.74	78.28	76.28

（二）诈骗金额越来越大，人均损失越来越大

《2019 年网络诈骗趋势研究报告》显示，猎网平台全年共收到 15505 例诈骗举报，举报者被骗总金额高达 3.8 亿元人民币，人均损失达 2.5 万元人民币，与 2018 年相比有所增长。且数据显示从 2014 年到 2019 年，电信网络诈骗人均损失呈逐年增长的态势，2019 年创下六年新高。

（三）金融诈骗占比越来越大，且"啃老"趋势明显

据电信网络诈骗趋势研究报告统计显示，在网络诈骗类型前十名当中，金融股诈骗的举报量最高，其次依次为兼职诈骗、网购诈骗、身份冒充诈骗、网络赌博诈骗、游戏诈骗、交友诈骗、虚拟物品交易诈骗、中奖诈骗、虚假办证诈骗。在金融诈骗犯罪案件当中，虽然受骗群体主要年龄段为 80 后、90 后，但是，就人均损失来看，58 岁以上人群虽然举报量很低，人均受骗金额却最高，达 8.4 万元，该年龄段的多为退休人员，或者有一定的积蓄、经济基础较好且对理财比较感兴趣。

（四）社交平台成诈骗"大舞台"

随着移动通信技术的快速发展，移动互联成为人民获取信息、互相交流的主要平台，诈骗分子充分利用这一技术，依托各种社交平台，广交"好友"，对其进行诈骗。据统计，QQ、微信成为受害者接触诈骗者或诈骗信息的两大主要途径，占比超总量的 20%，其次依此为电话、短信、钓鱼网站、游戏、QQ 群、二手平台、微信群、好友推荐。随着官方打击防治力度的加大以及受害人防范意识的提高，诈骗分子扩大"战场"平台转换场景，由传统的微信、QQ 等加好友方式转向短视频聊天、游戏组队等，通过抖音、快手、王者荣耀等热门

平台实施诈骗。

（五）"爱情＋金钱"诱惑难抵，人均损失越来越高

所谓"爱情＋金钱"，即诈骗分子披着爱情的外衣，以谈恋爱交友为幌子骗取受害人的信任后，以诱使受害人投资股票、网络赌博、借钱转账等方式从而获得诈骗钱款，俗称"杀猪盘"诈骗。此类诈骗是近年来最流行的诈骗方式之一，也是成功率最高、诈骗分子屡试不爽的方式之一。据统计，此类诈骗人均损失达 13 万元之高，并且有越演越烈之势，在爱情和金钱的双重催眠之下，受害人越陷越深，付出的代价越来越高。

（六）"区块链"为诈骗带来新"机遇"

"区块链"这个词并不陌生，从比特币、以太坊，到如今智能制造、供应链金融、数据共享等越来越多的领域和产业开始和区块链发生联系，那么区块链到底是什么呢？所谓"区块链"是按照时间顺序将数据区块以顺序相连的方式组合成链式数据结构，并以密码学方式保障的不可篡改和不可伪造的分布式账本。其实，直接从本质上来看，区块链就是给人们提供一种能够与全球范围内任何个体，以任意规模，无需中间人就可以做生意的方式。然而，在使人享受信息技术发展成果的同时，其带来的负面效应也越来越明显，催生了新的犯罪法益或者为犯罪行为的发生提供了新的"机遇"。从各类型金融诈骗所造成的人均损失来看，虚拟货币所造成的人仅损失最高。

四、新形势下治理电信网络诈骗犯罪的对策

（一）加强个人信息保护

公民个人信息的泄露是滋生电信网络诈骗犯罪的重要诱因和源头，反过来，电信网络诈骗犯罪要想长久发展就会实施更广泛的上游犯罪，也就是更为广泛的侵犯个人信息的犯罪。因此，个人信息的乱象依然成为扰乱社会秩序、诱发电信网络诈骗犯罪的罪魁祸首，严重危害了国家信息安全和公民的安全感。随着信息化社会建设的逐渐深入，侵犯公民个人信息所引发的下游犯罪所产生的危害必将日益扩大，因此，加强个人信息的保护、加大对侵犯公民个人信息的法律制裁，已经极为必要，而这必将有利于极大地改观电信网络诈骗高发、多发的态势。

（二）强化重点人群及弱势群体管理，提升宣传效率

据近几年的《网络诈骗趋势研究报告》显示，不同类型的诈骗针对的受害

群体不同，不同的年龄人群被骗的方式不同，具体表现如下。

从性别结构上来看：男性的高危诈骗类型为金融诈骗、游戏诈骗、赌博诈骗，其中网络赌博诈骗是男性群体人均损失最高的诈骗类型；女性的高危诈骗类型为金融诈骗、兼职诈骗和交友诈骗，其中交友诈骗是女性群体人均损失最高的诈骗类型。从年龄结构上来看：以 80 后、90 后为主的年轻人群受骗人数最多、举报量最高；以 60 后、50 后为主的老年人群受骗的人均损失最高。

从诈骗类型上来看：金融诈骗的受害人群较广泛，老、中、青通吃，兼职诈骗举报量最多的是大学生人群，游戏诈骗受害人群以青少年居多，00 后成为游戏诈骗的最大受害群体，交友诈骗主要受害人群为 80 后、90 后。

因此，针对不同的人群采取有针对性的宣传策略就显得尤为必要。以基层所队、社区、校园为依托，深入群众，有针对性地广泛开展"防骗大讲堂""警营开放日""防骗进课堂""中老年人反欺诈宣传"等活动，帮助广大互联网用户了解不同类型诈骗犯罪的表现特点、发展态势、预防对策等，不能只停留在形式宣传，要让宣传真正的"入心入脑"，从根本上提升群众的警惕意识，形成"骗不了"的社会大氛围。

（三）持续提升技术方法能力

1.事前预测

按刑事案件的构成要件来分析，犯罪行为不是瞬间完成的，而是一个循序渐进的发展过程，可以分为犯罪准备、犯罪预备、犯罪实施及实施犯罪活动结束之后的一系列行为等。侦查人员可以通过大数据的预测功能，在犯罪活动实施前去捕捉犯罪信号。充分发挥大数据预测技术，整合互联网欺诈数据，收集反欺诈对抗经验，建立针对不同手法的反诈骗治理体系，可以从预测诈骗类型、诈骗行为人及诈骗犯罪发展的态势等出发，实时验证、更新、发布诈骗最新特征及反诈对策提高事前"止骗"的命中率。

2.事中拦截

诈骗犯罪的得逞，最重要的环节就是事中的行骗行为顺利进行。因此，阻断诈骗行为的实施过程，是提升反诈效率的重要举措。具体可以从开发升级全新的电商、社交、搜索引擎等平台反欺诈工具出发，强化对设诈内容在跳转连接、相关搜索、广告、页面推荐、联系植入等方面的审查，推动建立互联网信息审查处置机制，依法拦截屏蔽欺诈内容并及时清理，提升事中拦截的效率，维护用户权益。

3. 事后挽回损失

诈骗犯罪是一个循环往复的过程，一旦诈骗行为得逞，犯罪分子将会以同样的手段或更换一种手段进行再次诈骗，如果不进行及时制止和处理，将会造成更大的损失。所以，在提升侦查效率加大惩治力度的同时，要对已发生的诈骗案件进行整理分析，总结经验，充分利用诈骗数据，再创价值，优化止骗机制，加强受骗资金紧急拦截工作，坚决守住人民群众钱袋子。

（四）加大、加深宣传力度，提升群众网络安全意识

近年来，中国的互联网飞速发展，我国网民数量逐年增长。据中国互联网络信息中心发布的《中国互联网络发展状况统计报告》显示：截止到 2018 年 12 月，我国网民的数量已达 10.67 亿。在这样庞大的基数之下，人民群众却对网络安全的知识了解甚少，网络安全知识宣传教育的缺失，也是导致网络诈骗频发、网络治理困难的重要因素。电信网络诈骗的宣传教育是预防犯罪发生的基础和根本，在具备完备的法律、强大的网络后备力量之后，若不能从根本上解决问题，群众自身的防范意识和维权意识不能提升，那么电信网络诈骗犯罪的治理只能是一波未平一波又起。因此，加强公民对网络安全知识的学习，真正做到入心、入脑，让人民群众自觉形成遵守网络安全规范的意识，增强防范意识和维权意识，才能从根本上减少电信网络诈骗的犯罪率，减少人民群众的身心和财产损害。

（五）完善组织保障体系，高站位推进治理工作落地落实

1. 建立专门负责机构

为有效应对日益职业化、智能化、信息化的电信网络诈骗犯罪，常规单一的刑事侦查力量已无法满足工作的需要，需整合侦查资源，建立省、市、县三级公安机关电信网络诈骗中心，专门负责全省的电信网络诈骗案件的预防和打击。充分整合公安机关内部及互联网企业资源，搭建省、市、县三级公安机关共用，集预警劝阻、技术反制、信息研判等功能为一体的防范打击电信网络诈骗作战平台，实现对电诈警情前端感知、中段拦截、后端打击的全环节处置。只有不断加强警力、装备和信息资源保障，才能提高涉诈资金、通信流查控和止付挽损能力。

2. 建立跨部门协作机制

建立完善公安、银行、信息通信等部门专门反制系统和作战平台，有效监测，及时发现诈骗行为，精准拦截、实时预防、有效打击，实现"以专对专，

以快对快"。一要建立与电信部门协同作战的诈骗电话防范系统，研究电信诈骗最新通信手段和方式，引入声纹识别等先进技术，增设语音通话即时阻断功能，实现对境外来电、异常号码来电的实时监测、全覆盖拦截。二要建立与银行系统的交易风险防控体系，完善银行账户异常资金交易风险防控系统和异常交易信息通报制度，提高信息处置和拦截效率。

3. 畅通社会各行业协同治理渠道

电信网络诈骗犯罪的形成需要利用非接触性技术、被害人过错、相关产业链等社会性因素，因此，电信网络犯罪的治理以及网络空间秩序的维护不能只靠政府部门，需要社会各行业与人民群众的共同努力。相关企业应积极响应国家号召配合警方，密切合作，资源共享，协同治理电信网络诈骗。具体可以从以下两点着手：（1）借助党的领导优势，形成群防群治的社会大氛围，建立基层自治组织，发挥治理主体主观能动性，推动精细化治理，借助社会治理主体的社会属性，完成对潜在被害人的精准分类和全覆盖；（2）扩展局、校、企、检协同治理路径，形成开放性的打防控体系，以此来推动对犯罪全链条打击的互联互通、互利共享，完成与实战相吻合、与科学技术发展相适应、与司法控制相衔接的保障。

（六）构建电信网络诈骗犯罪的国际合作新机制

据国际网络安全智库的研判，未来随着互联网用户以及电子智能产品的应用和普及等，电信网络诈骗犯罪的产业化将会不断提升，其犯罪组织结构将会顺势而变。据统计，2015 年至 2021 年的六年之间，网络犯罪造成的损失由 3 万亿美元增长到 6 万亿美元。而电信网络诈骗作为网络犯罪的重要表现形式之一，其每年造成的损失是极为庞大的。网络空间是互联互通的，各个国家之间唇齿相依、休戚与共，当今世界的人类是相互依存的利益共同体，没有哪个国家、哪个民族能够独善其身。因此，推动惩治电信网络诈骗犯罪的国际合作新方向、构建电信网络诈骗犯罪的国际合作新机制尤为必要。首先要树立网络空间命运共同体意识，积极推进电信网络诈骗全球治理法律的制定；其次，网络空间是一个开放的全球公共领域，再加上电信网络诈骗犯罪具有高度的跨国性、前沿性、复杂性等特点，这就需要充分发挥各国政府之间、司法机构、执法机关及政府或非政府间国际组织，甚至是民间团体和个人等各利益相关方的作用，形成合力，发挥全球治理的作用，构建起全方位的电信网络诈骗犯罪国际合作新格局；最后，联合国应充分发挥其作为国际组织代表性、权威性、有力、有效推进惩治电信网络诈骗犯罪国际合作、制定相关国际公约，同时，要充分发挥亚非法协、上合组织、欧洲委员会，以及《网络犯罪公约》等国际组织、国际公约的作用，共同促进惩治电信网络诈骗犯罪的国际合作。

（作者单位：济宁市技师学院）

参考文献：

[1] 叶洪，段敏."杀猪盘"网络诈骗行为的个案分析与仿真实验研究 [J]. 中国人民公安大学学报（社会科学版），2020（5）.

[2] 张明旺.社会治理视域下新型电信网络诈骗共治路径 [J]. 四川警察学院学报，2021（1）.

[3] 周振杰，赵春阳.网络诈骗犯罪中提供技术支持行为的定性分析 [J]. 人民检察 2020（17）.

[4] 喻海松.网络犯罪黑灰产业链的样态与规制 [J]. 国家检察官学院学报，2021（1）.

[5] 何东，田尉辰.关于优化银行业电信网络诈骗风险防控机制的探研——基于大型商业银行数据的实证分析 [J]. 上海公安学院学报，2021（1）.

[6] 卢建平，王昕宇.以现代化治理方略应对电信网络诈骗 [N]. 检察日报.2021-04-29.

济宁市民间借贷的社会风险与化解路径

李圆圆

民间借贷是常见的经济问题，也是法律问题。一方面，民间借贷活跃了社会市场经济，在经济生活中起着重要作用，合法的民间借贷行为应当给予充分保护；另一方面，社会生活中有大量纠纷来自民间借贷或者民间借贷行为的变形，甚至突破法律底线破坏社会秩序，应当足够警惕，予以规制。

一、民间借贷的概念及规制必要性

（一）民间借贷的概念内涵

《最高人民法院关于审理民间借贷案件适用法律若干问题的规定》（以下简称"民间借贷司法解释"）第一条规定："本规定所称的民间借贷，是指自然人、法人和非法人组织之间进行资金融通的行为。经金融监管部门批准设立的从事贷款业务的金融机构及其分支机构，因发放贷款等相关金融业务引发的纠纷，不适用本规定。"在法律层面，将民间借贷主体界定为自然人、法人和非法人组织，排除了涉及经金融监管部门批准设立的从事贷款业务的金融机构及其分支机构，一般理解为排除了银行这一主体。

（二）民间借贷问题规制的必要性

济宁中院近三年的民间借贷司法案件情况如下：2020年，济宁中院共审结案件16879件，其中民间借贷纠纷案件1182件，民间借贷纠纷审结案件量占总量比为0.7%；2021年，济宁中院共审结案件148044件，其中民间借贷纠纷案件1099件，民间借贷纠纷审结案件量占总量比为0.74%；2022年，济宁中院共审结案件121469件，其中民间借贷纠纷案件870件，民间借贷纠纷审结案件量占总量比为0.72%。

以上数据可以看出，近三年来，济宁中院的民间借贷纠纷的案件量一直稳定在总案件量的0.7%以上，是社会矛盾纠纷的一大重要来源。

济宁中院 2018-2022 年民事再审案件共收案 812 件，涉及 103 个案由。在 103 个案由中，民间借贷纠纷这一案由涉及案件数量最多，为 276 件，占民事再审案件总量的 34%。

由此可以看出，大量民间借贷纠纷案件经过两次审理，不能定纷止争，进入了再审程序。表明涉案主体之间争议大、矛盾深，风险系数高，成为社会的不安定因素。因此，对其进行分析研判十分必要。

二、民间借贷问题的相关风险点

民间借贷关系涉及两方主体，一方是借款人，一方是出借人。借贷双方都会面临一定的法律风险，有一定的社会隐患。出借人的风险是借出款项难以收回，造成资金损失；而借款人达到一定条件，则可能扰乱社会金融秩序，面临刑事处罚。

（一）犯罪

1. 非法吸收公众存款

非法吸收公众存款或者变相吸收公众存款的行为，一般都是通过采取提高利率的方式或手段，将大量的资金集中到自己手中，从而造成大量社会闲散资金失控。同时，行为人任意提高利率，形成在吸收存款上的不正当竞争，破坏了利率的统一，影响币值的稳定，严重扰乱国家金融秩序。行为人一般都要千方百计冒充银行或者其他金融机构，或者谎称金融机构授权，或者变换手法、巧立名目，变相地吸收公众存款，以逃避法律的追究。

全国人大法工委认为，构成非法吸收公众存款罪应符合以下条件：（1）非法吸收公众存款罪的主体可以是自然人，也可以是单位。（2）行为人在主观上具有非法吸收公众存款或者变相吸收公众存款的故意。（3）在犯罪的客观方面，行为人实施了非法向公众吸收存款或者变相吸收存款的行为。（4）本罪侵犯的客体是国家的金融管理秩序。

涉嫌非法吸收公众存款罪并非当然无效。从犯罪事实看，非法吸收公众存款罪是由多个"向不特定人"借款行为的总和，但具体到每一笔借贷关系中，均是当事人意思自治的结果，且非法吸收公众存款行为违反的是市场准入资质，其违反的是管理性强制性规定，而非效力性强制性规定，故每一笔借贷合同应认定为有效。

2. 集资诈骗

集资诈骗罪包括诈骗行为和合同行为。其中，集资诈骗罪聚焦的是单方诈骗行为，而民法关注的是双方合同行为，故诈骗行为构成犯罪与合同有效并不存在逻辑上的矛盾。因此，集资诈骗罪一方所涉及的诈骗行为应认定为民法上的欺诈行为，案涉合同属于可撤销合同。

3. 套路贷

套路贷，是对以非法占有为目的，假借民间借贷之名，诱使或迫使被害人签订"借贷"或变相"借贷""抵押""担保"等相关协议，通过虚增借贷金额、恶意制造违约、肆意认定违约、毁匿还款证据等方式形成虚假债权债务，并借助诉讼、仲裁、公证，或者采用暴力、威胁以及其他手段非法占有被害人财物的相关违法犯罪活动的概括性称谓。

涉嫌套路贷犯罪的民间借贷合同当然无效。

（二）一般违法

一般违法的典型表现为高利转贷。目前，只要是出借人有银行贷款未还清，仍旧将资金出借给他人，一律认定为高利转贷。但是高利转贷并非犯罪，不属于刑事案件审理范围，有些当事人认为高利转贷即刑事犯罪，这是一个思维误区。高利转贷是扰乱国家金融监管秩序的行为，在法律上予以否定性评价，但带来的后果是经济性惩罚，不让扰乱秩序的人因此而获益。

法律后果为返还出借资金，同时根据双方过错程度判定资金占用损失，如果双方均有过错，那么借款人仍然要承担一半的资金占损失。

涉嫌职业放贷人（非法经营罪）、高利转贷罪的民间借贷合同，根据《民间借贷规定》第13条之规定，也应认定为无效。

（三）普通民事纠纷

一般非金融主体之间的借款是民间借贷，这是法律保护的民事行为，在司法评价上也都会予以充分保护。但是，其仍然蕴含一些潜在风险。

1. 虚高本金的"借贷协议"

（1）砍头息，一般是指交付本金时预先扣除利息。法律虽然并未禁止提前偿付利息，实务中经常出现出借款项的次日即付息的情形。最高人民法院民法典贯彻实施工作领导小组认为，当事人借款目的是取得利益，包括借款的期限利益，如果次日即支付利息，无疑剥夺了借款人对于部分借款本金的期限利益。此种行为尽管并非在出借款项时直接扣除利息后交付本金，但结合立法目的、利息性质等分析，应该予以否定性评价。

（2）虚高的服务费，部分民间借贷合同中，会约定管理费、服务费等手续费用。如果这类费用超出利息保护上限，法院不予支持。职业放贷人会采取一些隐蔽手段，巧立名目，如"利息""保证金""中介费""服务费""违约金"等，收取额外费用，在司法上都予以否定性评价。在民事案件中，对额外要求偿还的费用不予支持，如果情节严重的构成刑事犯罪，要将犯罪线索移送公安机关，追究刑事责任。

2.虚假诉讼

在民间借贷诉讼中，有一部分诉讼主体是为了逃避债务，企图以法院判决来对抗案外人的债权，是恶意的诉讼行为，在司法审查过程中应当充分注意，审查此类案件。这类诉讼主体往往涉及债务繁多，如果法院支持其诉求，将虚假的借贷关系确认为真实的借贷，将会损害大批案外人的利益，甚至引发大规模诉讼，甚至酿成集体事件，产生负面社会影响。

为了防止虚假诉讼造成错案，《最高人民法院关于审理民间借贷案件适用法律若干问题的规定》第十八条规定了民间借贷案件中应当重点审查的内容，"严格审查借贷发生的原因、时间、地点、款项来源、交付方式、款项流向以及借贷双方的关系、经济状况等事实"，这一规定给司法审查提供了方向和思路。但是在我们审理的案件中，有些案件时间跨度长，其中夹杂着人情往来，且很多人是出借现金，甚至有些人借条遗失，当事人和证人因时间久远而记忆模糊，这都给案件审理带来困难。

涉嫌虚假诉讼罪的民间借贷合同，基于虚假诉讼罪的特征为"无中生有"，根据民法典第146条第1款之规定，也应认定为无效。但是，对于"部分虚增"的虚假诉讼所涉及的借贷合同则应认定为有效。

三、对济宁市民间借贷社会风险的处理建议

（一）事前管控风险——普法宣传

社会公众对民间借贷的相关风险点认识比较模糊，因此，普法宣传显得十分必要。宣传方式和宣传人群的选择对于宣传效果也十分关键。

1.宣传对象的选择

把握重点人群，尤其是个体户、小微企业，存在资金流转需求且资金融通

困难的主体，常常会考虑民间借贷融通资金。可以通过本市发生的民间借贷纠纷案例，定位相关人群。

2.宣传方式的把握

第一，对于不是从事法律专业工作的一般公众，有时候单纯就法讲法效果不佳。社会公众往往对身边发生的新鲜事感兴趣，把握这一特点，相关的政法单位可以就人讲法，将相关案例编成小故事，吸引公众注意。负责宣传工作的同志可以发挥自身工作优势，将社会热点转化为普法宣传点，将民间借贷案件处理的逻辑及风险点结合热点问题推向公众，扩大普法范围。

第二，宣传的时候要注意宣传对象的年龄、学历、职业等因素，便于针对性宣传。例如，经过调研本单位及同学朋友发现：对年轻人的普法宣传，线上比线下的效果要好，长沙坡子街派出所的故事《守护解放西》、上海的警察故事《大城无小事》等纪录片深受年轻人欢迎，普法效果较好；对老年人的普法，则可以选择线下面对面的方式，挑选热心且有一定文化认知的群众代表，向其讲解案例，选定其为社区、村落普法宣传员、联络员，发动群众自发传播法律知识，规避借贷风险。

第三，用好社区法制宣传栏，为广大群众学法打造固定的宣传阵地。通过科学合理规划，最大限度地利用宣传阵地，采用一问一答、以案说法、名词解释、漫画等多种形式。加大对社区居民法律知识的灌输、法律意识的培养，不断增强居民法制观念，推进法治社区创建工作。

3.宣传内容的选择

一方面，全市政法机关可以就自身工作侧重点，选择合适的区域，就本单位的工作重点进行普法宣传。比如，公安机关可以就集资诈骗等类型案件，就涉及人群进行针对性宣传。另一方面，可以各单位联合普法。

（二）事后风险管控

第一，加强领导，完善符合本市特点的金融监管工作机制。金融监管工作是一项巨大的社会系统工程，必须统筹规划，整体推进，分步实施。一方面，金融监管机构履行监管职责，警惕职业放贷人违规操作贷款，对存在问题的资金流向及时发现，及时查处，将线索移送公安机关。公安机关加强与检察院和法院的联系，及时将大型社会资金违规流动的情形进行通报，便于法院主动审查风险点，对涉众案件提前研判，将社会风险化解在萌芽时期。另一方面，加强公检法部门与金融监管机构的沟通协作，建立健全工作协调机制、部门联动机制。以法院工作为例，对涉及银行的民间借贷案件，如果发现共性问题、机制问题，应当深入剖析，揪住问题根源，形成司法建议送至相关单位，弥补金融漏洞，防范化解金融风险和社会借贷矛盾。

第二，把握重点，切实加大依法治理工作力度。司法是最后一道防线，也是保护社会秩序的底线。法院在案件审理的过程中，需要注意主动审查与被动核查相结合。一方面，对当事人起诉到法院的案件，核查的力度应当一以贯之，将风险防范意识贯彻至诉讼的全过程、各方面，对涉及的违规违法线索及时移交公安，同时通报相关责任部门；另一方面，案外人的申请核查，以虚假诉讼案件为例，该类案件往往是双方虚增债务，恶意串通损害案外人利益，如果案外人提供线索说明正在处理的案件是虚假诉讼，法院应当重视该线索，根据实际情况来判断案件事实，必要时可以追加案外人为第三人加入诉讼。

第三，公检法协调联动处理风险隐患畅通沟通机制，形成一般性共识。

（作者单位：济宁市中级人民法院）

"枫桥式"人民法庭服务基层矛盾纠纷多元化解工作
——以济宁市各县市区人民法庭为样本

曾宪峰

全面推进依法治国，推进国家治理体系和国家治理能力现代化，工作的基础在基层；要不断夯实基层基础，加强基层党的领导，引导群众积极参与，带动群众知法、尊法、守法。人民法庭作为基层人民法院的派出机构，既处于法院系统的最前端，是践行习近平法治思想，加速推进审判体系和审判能力现代化建设的重要基础环节；又处于人民群众的身边，是优化司法供给，密切法院与人民群众血肉联系的重要纽带；还处于基层治理的前沿，是促发展、保安全、防风险，充分发挥法治固根本、稳预期、利长远重要作用的关键载体。因此，要以建设新时代"枫桥式"人民法庭为支点，充分延伸和发挥司法职能，在源头预防化解矛盾、服务基层群众、参与社会治理等方面积极作为，服务矛盾纠纷多元化解，推动新时代人民法庭工作高质量发展，促进基层治理体系和治理能力现代化。本文主要依据济宁市各县区法院人民法庭的建设情况，以人民法庭所面临的矛盾纠纷特点为切入点，分析基层人民法院建设发展中存在的主要问题，提出人民法庭服务矛盾纠纷多元化解的对策措施。

一、人民法庭所面临的矛盾纠纷的特点

（一）基层社会纠纷类型多样复杂

与传统社会相比，无论是在广大乡村社会，还是在城市社区社会，基层社会纠纷的类型具有鲜明的多样性和复杂性的特点。在社会纠纷爆发的领域中，基层社会纠纷具有鲜明的多样性，既包括婚姻、家庭、继承、赡养、土地、房屋、民间借贷和侵权等传统社会纠纷，还包括恋爱、交通事故、相邻关系、意外事件和工伤等具有鲜明城市化特征的纠纷，甚至包括劳资、物业、医疗、环

境和校园伤亡等不断凸显的新型社会纠纷。不仅如此，某些具有传统性质的社会纠纷，其在表现形式和争议内容上，也都不断地呈现出新的变化。例如，在相邻关系的社会纠纷当中，无论是在乡村社会，还是城市社区社会，以前主要表现在"便利通行、排水和排污"等方面，而现在则主要表现为"相邻空间利用、采光、通风和噪音"等方面，这主要是由于乡村的城镇化和城市高层建筑密集等原因而引发的。由于传统法律框架针对这些新型社会纠纷，或者存在着法律滞后和法律缺失的情形，或者出现因法律过于粗放而难以发挥其调整的功能，从而引发新的社会纠纷。乡村社会多元化、新型化矛盾纠纷的不断出现，使得人民法庭传统的司法职能、审理方式和结构受到较大挑战。

（二）基层社会纠纷涉诉涉访越来越多

近些年以来，伴随着城市化运动的不断发展，在有关土地征收征用、城中村拆迁改造和城市烂尾楼纠纷等领域当中，极易发生突发性事件和群体性事件；在农村，诸多围绕着"三农问题"的社会纠纷，也是极易引发冲突的。例如，在任城、嘉祥、泗水、汶上，很多农村地区在仍然延续过去土地承包的增人增地、减人减地，"三年一调整"的传统做法，这与国家规定的及农民持有的土地证上土地承包权三十年不变相矛盾，由于国家对耕地的补贴日益增加，以及农民把土地承包出去可以获得日益增加的租金收益等，在强大的经济利益驱动之下和在全国普法力度不断加大的背景下，土地流转出去的农民，开始联合聚集和群体性上访，或者努力通过司法途径来维权和确权，要求恢复自己名下的原有耕地。面对这种以"经济利益诉求"为目的的群体性上访，基层组织甚至是县级以下的党政部门，常常面临治理困境。

（三）基层社会纠纷冲突具有群体性和公共性

基层社会纠纷在对抗的外观上具有群体性的鲜明特点，而在引发对抗的原因上却具有疑难性的鲜明特点。其中，在诸如土地征收征用、城中村拆迁改造、水资源利用和山地资源确权等领域当中，容易发生"以直接利益为纽带而聚集"的群体性社会冲突；在诸如医疗纠纷、交通事故和校园伤亡等领域当中，则容易发生"以家族为纽带而聚集"为特点的群体性社会纠纷；而在出租车市场的竞争与管理、城市清洁工的待遇和特定职业人员的安置等领域当中，则容易发生"以行业（职业）为纽带而聚集"为特点的群体性社会纠纷。在环境治理、食品安全、物业产权和共享单车使用等领域当中所发生的大量社会纠纷，诉求在具有政治无涉性特点的同时，还具有鲜明的公共性甚至是社会公益性等特点，治理成本大，治理收益不明显，治理难度大，危害长久。

二、人民法庭参与社会治理存在的困难

（一）"案多人少"现象突出，无暇参与基层社会治理

随着乡村经济社会的不断发展和农村改革的不断深入，近年来乡村基层的民商事矛盾纠纷案件不断增加，人民法庭工作繁杂，案多人少的问题比较突出。2022 年，济宁两级法院年审结案件 204.53 件，位居全省第 3 位，案件基数大，人民法庭受理案件数量更多。例如，梁山县大路口人民法庭只有一名员额法官，繁重的办案任务使得法官分身乏术。案件的处理不只是简单判决，而是在案件接手时对矛盾源进行调查，获悉争议焦点，力求"案结事了"，还需综合考虑法官日常工作中的会议时间、司法解释、法律适用学习时间、文书撰写时间、社会活动时间，案多人少容易导致法庭工作效率下降，许多工作的开展难出成效。

（二）与相关组织之间的衔接机制运行不畅，联动难

"枫桥式"人民法庭的建设离不开相关党政组织或社会组织的支持，仅由司法机关承担纠纷解决和基层社会治理的重任难免存在制度供给不足的情况，特定情况下人民法庭和党政机关或基层群众性自治组织合作，有助于实现共建共治共享的社会治理目标，防范社会治理风险的发生。遗憾的是，当前呈现的状况是社会各界对于诉讼纠纷解决机制过分依赖，人民法院包揽了社会纠纷的解决，人民法院处理矛盾纠纷的作用从"最后一道防线"变成了"唯一防线"。在村（居）委会、司法所、派出所调解的案件，有时在没有充分调解的情况下，往往告诉当事人直接起诉。

（三）人员较少，缺少经费支持

人民法庭属派出机构，人员编制少，若再抽调专人参与则无异于雪上加霜。法庭参与矛盾纠纷调解需要相应的人员对案件跟进。即采取调解自然要有结果，不能参与调解而没有效果。最高人民法院虽已有文件确定法庭应参与调处社会矛盾纠纷，却未有具体文件对经费等问题进行细化规定，导致法庭没有相应经费支撑。基层法院党组或各部门驻地党委政府无法为部门联动调处纠纷提供经费支持，这也是各部门难以协调联动的因素。例如，个别基层人民法庭虽然有特约调解员，但调解员在没有基本工资的情况下，参与调解的积极性并不高。

三、人民法庭服务矛盾纠纷多元化解的措施

（一）坚持党的领导，充分实现党建引领

法院在诉源治理中应由"引领"向"参与"角色转变，重塑法院在"多元解纷"机制中的定位。人民法庭参与诉源治理，要借助党委政府的统筹领导作用，协同多元治理力量进行共建、共治。

1. 以党委政府统筹领导为方向，人民法庭要主动成为党委政府开展诉源治理的得力助手。一是要坚持主动作为，将诉源治理目标、价值向地方党委政府汇报清楚；将诉源治理融入党委政府的法治建设、平安建设和"三共""三治"社会治理总体布局规划中；二是要推进诉源治理长远发展，将诉源治理作为地方一项系统工程、整体工作来抓，建立单独科学考评体系；三是要请求党委政府联系协调各治理主体，支持人民法庭与各部门的"上联下通"工作，寻求帮助，获得全面支持。

2. 以党建强化内部组织建设。人民法庭的力量来自内部组织，要通过党建实现内部组织体系化建设。一是明确要求将"支部建在庭上"，配足党员干警，优先发展干警入党，实现党的组织和工作全覆盖。二是推进扁平化管理，建立院领导直接联系人民法庭机制，通过党建开展政治轮训，加强政治引领，通过直接参加党建活动，帮助解决实际困难。三是加强政治督察，落实党风廉政责任，充分发挥党支部和党小组对干警的监督、教育、管理职能，坚决杜绝工作人员利用诉源治理违法乱纪，插手社会事务；及时发现和纠正干警在纪律作风方面存在的问题，切实解决人民群众身边的腐败问题。

3. 以党建联通外部治理主体。人民法庭要通过党建联通外部资源，聚拢治理主体。一是要通过各种党建渠道，将诉源治理延伸到人民法庭外部，在党组织层面，提前拉通、疏通与各政府部门、各行业组织、团体间的联系，促进、巩固、优化诉源治理共同体的形成。例如，任城区李营法庭积极参与党群解纷站点建设，加强与村（居）"两委"、社会组织、基层群众组织的沟通联系。二是通过党建发挥党委政府带头遵法、守法、协调作用，将人民法庭在诉源治理中的地位、作用讲清楚、讲明白，避免党员干部产生错误认识，甚至干扰司法工作。对于违反法律规定的错误认识和做法，人民法庭要及时反馈给各级党组织，要求其加强监管，引导党员干部带头学法用法。要让党员干部明白，人民法庭就地预防化解矛盾纠纷，不但要保持执法办案的独立性，而且要依法调解、合法化解矛盾纠纷。

（二）构建多元参与的社会协同治理格局

现代社会协同治理格局不单是法庭参与治理，更多的是各部门、团体均充分利用自身优势从多角度、多维度解决基层社会纠纷，所谓"众人拾柴火焰高"，基层社会治理绝不能沦为"一言堂"。

1. 加强协商共建共治共享。加强社区治理体系建设，在推动社会治理重心向基层下移的过程中实现政府治理和社会调节、居民自治良性互动。发挥人民法庭"基层法律工作者"作用，进一步建立法庭定期上山下乡巡回审判的长效机制。发挥以法庭为代表的各机构成员在社会治理中的积极作用，引导宗教团体等社会团体积极参与基层社会共建共治共享。各机构内部自查矛盾，各机构人员筛查周边矛盾，各机构主动调查外部矛盾，统一汇总，统筹解决，确保矛盾纠纷从源头发现，在源头治理，提高群众幸福感，增强各组织机构参与感，维持基层社会安全感。例如，微山县夏镇人民法庭以村（居）委会为基点，协调政府机构、司法机构等，着重解决基层群众急难愁盼的突出问题。

2. 搭建多元共治平台。围绕司法体制改革目标，突出法庭的桥梁纽带作用，着力建设主动参与型法庭，先期介入各部门纠纷。建立以人民法庭、派出所、司法所、村（居）委会、工会、商会、业主委员会、妇女联合会、行业协会等为骨干的基层社会组织治理体系，开展定期宣传，主动询问群众矛盾纠纷情况等服务。充分发挥社区党组织领导下的村（居）委会自治功能，创新自治的内容及形式以激发基层自治活力，建立新旧居民共同参与的协商机制，矛盾纠纷先行采取群众自治，将简单矛盾化解在基层。以"两所一庭"为主要机构，合力攻克复杂化矛盾、尖锐化纠纷等单一机构难以解决的问题，建立矛盾纠纷联席会议平台，吸收其他基层治理机构，共同搭建多元共治的大平台。

3. 多渠道推进溯源治理。构建以人民法庭为中心、巡回审判为纽带、法官服务点为触角的便民诉讼服务体系。引导鼓励法官将坐堂问案与巡回审判相结合，选取典型案例进村组、乡镇街道开展巡回审判和就地调解，充分发挥司法裁判和诉前调解结果的司法价值引领示范作用，形成多层次、多渠道诉源治理。扎实开展普法宣传教育，积极打造融合当地乡村文化特色的法治文化、家和文化、乡贤文化、调解文化，以文化人、移风易俗，教育引导群众"以和为贵""诚信立身""无讼无诉"，实现"消未起之患、医未病之疾、治无事之前"的工作目标。

（三）多措并举，确立综合治理体系建设

人民法庭的职能定位必须立足实际，逐步推进法庭转型发展，夯实法院主

业根基。人民法庭并不属于社会治理的职能部门，基层社会综合治理体系建设只能作为法庭转型方向，不能全盘由法庭主导，只能以法庭为基础设置部分综合治理机制，但基层社会综合治理的大方向还是应由党委领导、政府主导。

1. 健全纠纷排查调处机制与多元化解衔接工作，通过法庭参与确保纠纷解决时由法庭快速对相关文书确权，巩固纠纷先期解决成果，不能解决则询问当事人意愿后由法庭当场立案，减少纠纷群众负面情绪，建立"一站式"纠纷解决机制，确保纠纷群众合理诉求得到及时回应，坚持发展新时代"枫桥经验"。

2. 促进网络社会治理。5G 时代，"互联网+"时代的到来影响巨大，社会治理模式也应随着科技进步而改变，彼时的治理或许需要人员亲身实地落实，但如今的科技网络已遥遥领先于过去。人民法庭在积极参与基层社会治理的过程中应注重法庭硬件配套设施更新换代，通过科技转变乡村治理方式。充分运用现代信息技术为法治乡村建设提供信息化、智能化支撑。目前，济宁全市所有人民法庭均已建成科技法庭，实现庭审直播、文书上网、电子送达、远程电子签章等；强化一站式诉讼服务建设，同步推进电子卷宗同步生成及深度应用、无纸化办案办公，不断提高法庭工作信息化水平。运用领先科技传播先进文化，提高法庭科技度。通过大数据的应用，及时了解当前纠纷案件类型比例，评估纠纷风险等级，提高重大突发矛盾的处理能力。通过"两微一网一端"进行普法宣传，让群众更便捷地获取法律信息，更主动地学习法律法规，更深层次地提高基层社会治理法治化水平，推动网络社会治理惠及基层群众，加快法治乡村建设。

3. 充分发挥部分人民法庭作为专业审判庭的作用。微山县夏镇人民法庭、金乡县胡集法庭、任城区李营法庭、泗水县圣水峪法庭、邹城市峰山法庭，均为各县区环境资源审判法庭，在发挥便民审判的同时，也是县区环境审判专业法庭，对辖区内环境资源审判发挥了重要作用。汶上县城郊法庭，是汶上道路交通案件和家事案件审理专门法庭，该庭庭长充分发挥专业法庭的优势，以"严、真、细、实、快"的作风践行"我为群众办实事"，对每一个关乎群众的案件都倾己所能、满怀真情，用诚挚持久的付出赢得了百姓的信任和口碑，2022 年被中共中央、国务院表彰为"人民满意的公务员"。

4. 充分发挥人民法庭的桥梁纽带作用。人民法庭转型发展必须理清思路，转型方向必须明确清晰。法庭作为我国"四级两审制"司法体系的基座，无论选取何种发展路径，都切不可忽视桥梁纽带作用的发挥。万丈高楼平地起，法治国家建设重心应下移基层，从基层播种，在基层发芽，经基层灌溉，于基层生长，国家建设的最基本单元就是基层，基座不牢则必将导致上层体制建设崩塌，所有的努力都会付诸东流。部分群众对法院纠纷解决的期待值不高，部分群众对司法机关秉持"敬而远之"的心态，部分群众存在纠纷但对司法公正性存在疑虑，对司法程序性感到繁杂而不愿寻求司法救济。只有通过法庭的桥梁纽带作用，在与群众的司法互动过程中进行合理引导，让群众预先在心理上接纳司法，才能推动司法与基层社会融合。

（四）建立统一诉前调解规范，强化诉前非诉机制引流作用

考虑到诉讼解纷方式带来的高昂诉讼成本、漫长等待时间及双方之间将产生难以调和矛盾等现实问题，可以发现，诉讼并非是化解乡村矛盾纠纷的最佳选择。与之相反，采取非诉讼纠纷解决方式，能够以更低的成本、更快的速度、更高的效率化解矛盾纠纷，并且能缓和双方当事人尖锐的矛盾冲突，将截然对立、互不相容的态势转化为相互理解、沟通协商的状态，更利于当事人未来关系的修复。故而，应当将非诉讼纠纷解决方式作为化解矛盾纠纷的第一选择，最大限度地将矛盾纠纷化解在诉前，解决在初始阶段。建立统一规范的诉前调解制度，有助于加强对法庭诉前调解工作的规范化管理，发挥诉前调解高效化解纠纷功效。诉前调解案件进行全面、准确的信息登记，记录诉前调解案号、当事人基本信息、案由、调解方式、调解机构或人员、结案方式，确保真实反映法庭的诉前调解情况；建立诉前调解工作考核制度，将诉前调解收案数量、诉前化解成功率、调解案件自动履行率等纳入法庭日常考核指标，对于诉前调解成绩突出的法官、调解机构和人员予以相应奖励。法庭应完善"诉非衔接"机制，加大对矛盾纠纷的诉前分流，对适宜诉前调解的案件，要主动向前来立案的当事人说明非诉讼纠纷解决方式的特点与优势，在不违背当事人意思自治原则的前提下，鼓励其优先选择和解、调解、仲裁、司法确认等非诉解决方式，以低成本、高效率的方式化解矛盾，减少进入诉讼程序的案件数量。

（五）引导促进诉中调解撤诉，判后答疑，真正实现息诉服判

尽管纠纷已然进入诉讼程序，但这并不意味着没有任何调解和撤诉的空间与余地，相反，调解与和解后撤诉仍然是以更低的成本、更快的速度兑现当事人的合法利益诉求和及时化解当事人矛盾纠纷的最佳选择。因此，人民法庭应修正运用审判方式来化解纠纷的工作理念，注重引导当事人达成调解或和解后撤诉，真

正实现案结事了。为进一步提高民事可调撤率，法庭应当在案件审理的全过程贯彻"调解优先、调判结合"的工作原则，做到应调尽调，当判则判。例如，在开庭前，根据原告的诉讼请求和被告的答辩意见，组织当事人进行协商解决；庭审中，在查明案件事实的基础上了解双方各自可接受的底线，寻求双方利益的平衡点，提出切实可行的调解方案，努力促进双方达成一致意见；开庭后，可邀请当事人的代理人、当地村委等参与协助调解，从情理法多角度促成调解或和解后撤诉。提高当事人对司法裁判的息诉服判率，有助于增强当事人自动履行裁判文书规定义务的内生动力，从源头上减少二审、再审等衍生诉讼的发生。

一方面，要适当调整当事人的胜诉预期。诉前建立诉讼风险告知制度，立案时发放《诉讼风险告知书》，对不予立案和败诉的可能风险提前告知。诉中通过释法说理等方式，将当事人对案件的胜诉预期维持在合理维度，避免对胜诉预期过高，奠定息诉服判的基础。另一方面，要切实做好判后答疑工作。规范和履行判后答疑程序，能够帮助当事人准确理解裁判文书的内容，从法律层面理性对待判决的结果，促使矛盾纠纷在经过司法裁判的处理后得以真正定分止争。济宁中院出台《关于加强判后答疑工作的实施办法》，明确了33项具体内容，对答疑的主体、范围、内容、处理程序等进行了详细的规定。譬如，法庭的立案窗口在收到当事人提出的判后答疑申请后，由案件原承办法官负责接待当事人，并对生效裁判所涉的程序适用、证据采纳、事实认定、裁判理由等向当事人进行解答，全程做好答疑记录，根据当事人申诉有理与无理两种情况分别作出不同处理，为群众答疑释惑、明法析理，既解法结，又解心结，促进事心双解、实质性化解矛盾。

四、结语

提升社会治理法治化水平，需要通过构筑以人民法庭为基础的社会综合治理机制，逐步健全各部门、团体参与基层社会治理模式，逐步完善覆盖城乡的公共法律服务体系，确保基层群众高效便捷解决矛盾纠纷，避免基层社会治理困难而牵一发动全身。用法律条文铺平治理法治化之路，以法律思维引领治理法治化方向，以法律体系提升社会治理法治化水平。

（作者单位：济宁市中级人民法院）

以城市管理品质提升推动平安济宁建设

庄志华

2022 年 8 月，济宁市出台的《关于济宁市城市管理品质提升攻坚年的实施意见》，将"推动城市管理服务网格化、工作规范化、管理精细化、设施智能化"作为推进城市管理品质提升的重要措施之一。习近平总书记在党的二十大报告中把完善社会治理体系作为推进国家安全体系和能力现代化的重要措施，提出了"完善网格化管理、精细化服务、信息化支撑的基层治理平台，健全城乡社区治理体系"的要求。全面提高城市精细化社会化管理水平，加快推动形成有效的城市治理体系，以城市管理品质提升促进平安济宁建设，是深化济宁市平安建设、提升平安建设水平的必然选择。

一、平安济宁建设精细化社会化的主要做法及成效

近年来，济宁市委、市政府高度重视平安建设，重点围绕社会治安防控、社会矛盾化解、特殊人群服务管理、利益表达机制、社会建设与治理等工作，积极尝试探索，形成了一系列平安济宁建设的工作模式和经验，群众安全感一直保持在全省前列。

（一）构建"三联"机制，推进社会治安防控新格局

济宁市围绕加快推进市域社会治理现代化总要求，以深化 110 接处警改革为载体，持续拓展联动联控联防融合空间，不断推进警种联动、警保联控、警民联防"三联"机制，勤务正规化、管控智能化、实战高效化，完善构建共建共治共享平安建设格局。以 110 接处警改革为牵引，推进以新主体、新编成、新流程、新机制为主要内容的 110"四新"改革，按照"区域整合、就近建制"思路，深度整合推进企业、单位、银行、学校、医院、市场等行业保安、内保力量融入社区警务工作，在社区民警指导管理下有针对性地开展建制联巡、区域共守，筑牢"警保联控"新阵地，构建基层治理综合体，将 110 改革释放的

派出所警力全部投入基层基础，依托信息化平台合理划分警务区，在社区民警带领下，"警保联控"队员与警务助理、网格员、平安义警、志愿者等多支警民联防力量叠加融合，开启"警民联防"新模式。

（二）创新社会治理服务，精准化解决群众的"急难愁盼"

济宁市发挥孔孟之乡中华优秀传统文化资源厚重优势，全力打造"和为贵"社会治理服务品牌，在全省范围内创新构建社会治理服务工作体制机制，实现群众诉求"一口收集、一网通办"，破解社会治理"条块分割"、群众诉求"多头多线"固有模式，解决了一大批群众"急难愁盼"问题，人民群众的获得感、幸福感、安全感持续提升。拓宽诉求渠道，打破群众诉求信息分散在不同系统、不同单位的局限，通过线上线下相结合的方式将群众诉求应收尽收，确保诉求表达渠道更畅通、事项流转更便利、诉求办理更便捷。加强分析研判，建立群众诉求日统计、周分析、月通报制度和风险预测预警制度，定期对县市区和市直承办部门出具"体检报告"，联合市委网信办对12345政务服务便民热线和网络舆情涉及电信运营企业的社情民意进行梳理分析，形成专报报市委、市政府及时预测预警。创新工作机制，围绕群众诉求办理，建立重点工作季度推进会议制度、重点诉求事项攻坚月度会议制度、群众诉求周分析和月分析制度，针对突出的群众诉求，加大重点督办力度，提出系统解决方案。

（三）完善"1+4+2"市域社会治理体系，擦亮"和为贵"品牌

济宁市聚焦基层治理体系和治理能力现代化建设，以抓实"一个平台、四个关键、两支队伍"为突破口，坚持全域统筹，持续发力，不断完善"1+4+2"市域社会治理体系，持续擦亮济宁"和为贵"社会治理品牌。强化整合资源、突出系统治理，聚力打造市县乡三级"和为贵"社会治理服务中心，大力推进矛盾纠纷"一站式"调处化解，努力实现矛盾纠纷化解"只进一扇门，最多跑一地"，以一个平台实现事心双解。通过抓好诉源治理、强化命案防控、深化区域协作、提升群众满意度四个关键，落实落细精准治理，夯实平安建设根基，着力构建共建共治共享的社会治理新格局，以四个关键夯实平安根基。不断加强网格员和调解员队伍建设，将"和为贵"理念与基层社会治理、人民调解相结合，努力将矛盾纠纷化解在萌芽状态，以两支队伍源头定分止争。

（四）依托网格服务平台，构建有效的社区平安志愿者工作体系

济宁市以网格化治理为基础，实现"上面千条线"和"基层一张网"的无缝对接，实现高效、快捷、精准的城市精细化管理，全面构建基层现代化治理体系和治理模式。在网格服务管理力量配备上，坚持"党政主导、多元参与"工作思路，整合调动各方资源，按照"网格党组织书记、网格管理员、网格助理员、网格督导员、网格警员、网格司法力量和网格消防员"标准，配备平安志愿者队伍。在网格党组织书记和管理员的网格责任制下，对网格服务管理通过"精确定位、精确定人、精确定责"，达到群防群治资源的最有效配置，实现综合效能最大化。在网格党组织的带领下，网格管理员在网格内发现问题、了解民情、反馈信息，网格警员、网格司法力量、网格消防员在网格基层一线开展矛盾调解和消防安全日常巡逻检查，使社区平安志愿者队伍成为基层政府和组织推进精细化管理、提供精准化服务的重要依靠力量。

（五）扛牢未成年人保护工作职责，织密织牢未成年人关爱保护网

济宁市扛牢未成年人保护工作职责，将其作为"我为群众办实事"实践活动的重要内容，织密织牢未成年人关爱保护网。成立由市委、市政府主要领导同志任双组长的未成年人保护工作领导小组，县、乡、村三级全部成立由书记牵头的未保工作协调机制，全市形成"四级书记抓未保"的工作体系。市民政局儿童福利科加挂未成年人保护科牌子，成立市未成年人救助保护中心，各县区单独设立县级未成年人保护中心，整合镇村为民服务中心、新时代文明实践中心等场所，建成未保工作站、"儿童之家"，每个乡镇（街道）配备儿童督导员，实现村（社区）儿童主任全覆盖，开通全市统一的未成年人保护热线，构建上下联动横向互动的工作机制。依托城乡中小学校、社区设立家长学校，开展"护校安园"专项行动，中小学校实现法治辅导员、法治副校长全覆盖，基层法院全部设立少年法庭，建立司法救助、法律援助、心理疏导等多元救助模式，构建全方位多层次的保护机制。

二、平安济宁建设精细化社会化面临的问题

济宁市城市管理品质提升精细化管理的目标是"管理服务网格化、工作规范化、管理精细化、设施智能化"。与这一目标要求相比，社会力量在平安济宁建设中应发挥的巨大能量还没有得到充分释放，主要表现在以下几个方面。

（一）多元化参与平安济宁建设的意识有待增强

长期以来，因为政府对社会治理的全面介入，导致大多数济宁多元化力量

对政府依赖心理根深蒂固，对政府之外的其他主体参与济宁平安建设和社会服务缺乏信心，平安济宁建设社会化、精细化理念的普及度不高，参与平安济宁建设的意识比较淡薄，平安建设的参与意愿和参与实践不足，社会组织、单位和广大群众的平安济宁建设参与度还有很大发展空间。

（二）多元化力量参与平安济宁建设的机制有待进一步完善

目前，平安济宁建设缺乏明确而细化的政府责任机制和社会多元化责任机制，政府对济宁社会组织培育参与的政策支持不够，对基层引导社会多元力量参与平安济宁建设缺乏制度规范，社会多元化力量参与平安济宁建设没有形成固定责任机制，参与平安济宁建设的实效缺乏具体评价标准。

（三）政府和社会多元组织的社会动员能力还需培养提高

社会动员是一个号召性行为，也是一门高超的艺术。从目前来看，济宁市街镇、社区（村）与政府职能部门之间的条块关系、与区域内社会单位以及与多元化社会组织之间的关系还没有完全理顺，社会动员机制不健全不完善，动员能力受到各种羁绊和制约，居（村）民委员会名义上是群众自治性组织，但实际上担负着过多的行政职能，自治水平不高，社会动员能力不足，在主动了解济宁基层群众需求、推动济宁基层群防群治工作创新、提高服务群众能力方面还有待进一步加强。济宁基层组织的社会动员能力的提升还没有引起足够重视，没有形成有效的全市社会动员能力提升体系。

三、以城市管理品质提升推动平安济宁建设的思路与途径

《关于济宁市城市管理品质提升攻坚年的实施意见》提出，要坚持以人民为中心的发展思想，践行人民城市人民建、人民城市为人民重要理念，进一步理顺城市管理体制机制，着力解决城市管理突出问题，有序推动城市更新和建设，不断提升城市功能品质。推动济宁市城市管理服务精细化社会化，以服务网格化、工作规范化、管理精细化、设施智能化不断提升济宁基层社会综合治理现代化水平，是新时代平安济宁建设的必由之路。

（一）打造新型"三联防"模式，完善立体化基层治安防控体系

在济宁市网格化服务管理经验的基础上，打造济宁市社区（村）楼门联防、楼层联防、院落联防新型"三联防"模式，加强老旧小区、平房区的楼宇门禁、防爬刺网等设施建设，不断提高基层治安防控水平。新型"三联防"工

作模式以社区（村）为防控基础，按照不同楼宇情况，以楼栋、楼层、小区为防控网格，分不同情况制定措施。社区（村）从基础防控网格选出品行好、威望高，"进得了户、交得了心、干得了事、解得了需"的义务志愿人员担任组长，做到职责任务清楚、每户情况清楚、人员类别清楚、隐患矛盾清楚、平安需求清楚的巡防责任。通过建立学习培训、情况汇报、应急处理、考核奖励等制度机制，促进每户居民切实履行公民义务，积极配合各自网格的组长开展好工作，让居民自觉做治安防控的主人，织密济宁基层社会治安防控网络，提升群防群治基层社会化力量防控水平，最大限度地消减社区入室盗窃、入室抢劫、盗窃机动车等可防性案件发案率。

（二）推广"平安济宁联盟"活动，加强社会两新组织平安济宁建设工作力度

鼓励济宁市新型社会和经济组织参与平安济宁建设工作，推广社会领域"双融、入双服务"模式，通过加强济宁市新型社会和经济组织党团组织的建设，建立社会组织的资助奖励、监督管理等工作制度，把济宁"两新"组织纳入党委和政府主导的社会治理体系，纳入平安济宁建设工作体系。一方面，积极推进平安济宁创建进商务楼宇、进企业、进市场、进协会（商会），建立起平安济宁建设社会化工作新机制。另一方面，以平安济宁联盟为载体，加强社会两新组织的自我管理能力，形成政府支持保障、社会自发组织、群众自我管理的良好工作局面。搭建平安济宁建设协作平台，落实单位综治工作站工作职责，创新社会平安济宁联盟工作方式，将驻市单位纳入街镇级平安建设领导小组成员单位，全面落实各单位在治安秩序、消防隐患、矛盾调处、维稳防控、平安创建等领域的主体责任，实现常态、共享、联动、共赢，不断提升平安创建工作的社会化水平。

（三）创新人民调解网络体系建设，组织社会力量参与矛盾化解

创新社会矛盾多元调解体系，构建以矛盾排查、信访化解、人民调解、行政调解和司法调解为基础、以专业性行业性社会化调解为补充的矛盾纠纷多元化解体系，积极打造全覆盖、广辐射的人民调解组织网络体系。推进基层人民调解委员会规范化建设，吸纳热心、优秀的党员进入人民调解员队伍，建立街道（镇）人民调解专家库，聘用村居法律顾问为村居专家调解员；公开招募人民调解志愿者，使其广泛参与矛盾纠纷预防化解工作。创新矛盾纠纷化解形式，由总工会、人力资源和社会保障局、司法局等部门联合组建劳动争议调解中心，对劳动纠纷案件进行调解；成立由专职调解人员、律师、法律工作者、专家教授组成的物业纠纷调解委员会，对因物业纠纷引起的矛盾进行调解；成立市场调委会，对市场内发生的买卖双方矛盾纠纷进行调解；依托共青团、流动人员管理、社区管理等组织，加强对生活困难青年流动人口的帮扶工作，解决其工作生活中遇到的矛盾纠纷。发挥行业专业优势，提升行业参与平安建设的能力和水平，针对侵害群众权益、扰乱城市秩序、影响群众生产生活安全的突出问题，整合各方资源，及时组织开展综合治理和专项整治行动，实现平安济宁建设社会化力量的最大范围覆盖。建强专职治安巡防员、流动人口管理员、社区治安巡逻志愿者、安全稳定信息员、各单位专职保安员等平安济宁建设骨干队伍，形成社会支持、上下参与的平安济宁建设大格局。

（四）强化科技赋能，提升基层治理智能水平

以智慧警务为动力，做强科技支撑，全面提升基层基础工作智能化水平。以"雪亮天网工程"建设应用为重点，以深度整合社会资源为引领，进一步看好点、守住线、防住面，实现"点、线、面"三维智能防控。以"智能安防小区"建设为抓手，对辖区内的老旧小区、商务楼进行智能化改造，安装人脸识别、车辆识别、单元门禁、视频监控和入侵报警等智能安防感知前端，提升社区警务智能化水平和预测预警预防能力，创建更多"零发案小区"。强化数据采集，把数据资源汇聚共享作为智能化建设的基础工程，积极争取党委政府和上级公安机关的支持，打通社会资源融合渠道，构建全方位获取、全网络汇聚、全维度整合的大数据资源体系。挖掘数据潜力，创新作战手段，切实发挥智慧警务中心和打击治理电信网络新型违法犯罪中心在利用信息化技术方面的引领作用，持续强化对各类违法犯罪活动的打击力度，切实为基层社会治理工作保驾护航。

（五）加强平安志愿者组织建设，以志愿精神动员激发平安济宁建设的社会活力

充分弘扬志愿服务理念，大力倡导志愿精神，通过网络宣传、舆论引导、表率引领吸纳更多的人参与平安济宁志愿活动，参加志愿组织和队伍。进一步完善济宁市平安济宁志愿者网络信息管理系统的推广工作，把注册志愿者招募进来，使覆盖全市的平安济宁志愿者协会切实运转起来，促进济宁市志愿者资源效用的最大化。加强志愿组织与政府、企业、社会之间的联系，有效整合社会资源，广泛吸纳济宁市各部门、各系统、各领域参加平安济宁志愿者联合

会、平安济宁志愿者协会，打造"济宁市平安志愿者之家"，加强对团体会员及志愿者的服务，为团体会员提供办公场所和会议室，为团体会员开展活动提供平台。加强志愿者组织的自我管理、自我服务，通过平安济宁志愿者档案信息库，利用网络信息系统保持并加强与志愿者的联系，举办"志愿者沙龙"，激发志愿者的工作热情和积极性，确保平安济宁志愿者的数量规模与质量要求，形成自我造血机能。借助志愿服务项目，通过与专业机构合作，引进国际先进经验，面向公益实践项目负责人、团体会员负责人以及骨干志愿者，开展专项培训计划，探索形成具有先进经验、符合济宁市实际的平安济宁志愿者培训体系。

（作者单位：中共梁山县委党校）

以协商议事推进平安济宁建设对策研究

——以全国村级议事协商创新实验试点邹城市大庄二村实践为例

岳才华

党的二十大报告指出："完善协商民主体系，统筹推进政党协商、人大协商、政府协商、政协协商、团体协商、基层协商以及社会组织协商，健全各种制度化协商平台，推进协商民主广泛多层制度化发展。"近年来，基层协商越来越受到各级党委政府的重视，协商机制和形式内容更加丰富和完善。尤其是农村社区协商议事，作为一种新型乡村治理机制，具有多重利益整合、化解矛盾纠纷、维护社会稳定的功能，对于我市平安济宁建设具有重要的理论和现实意义。

一、协商议事为促进农村基层平安建设提供了新思路

随着市场经济在农村的深入发展，村民的主体意识、民主意识、法治意识和权利保障意识逐渐增强，干群之间、群众之间因利益分配造成的矛盾日益增加，严重影响农村社会的稳定与和谐。要解决这些问题，党委和政府必须转变管理方式和治理手段。农村作为典型的熟人社会，自古以来就有以和为贵的优良传统，很多矛盾和隔阂都可以通过农民之间互相的沟通和交流来消融和化解。农村基层党组织和政府无须大包大揽，只要能够为民众提供一个规范有序、公正透明、规则合理的协商程序，通过协商民主引导村民自我管理，就可以大大缓解治理压力。协商议事以其特有的沟通、对话方式为更好地解决农村治理中的种种问题提供新的治理范式。通过协商议事在基层民主政治中独特优势的发挥，协调多方利益，疏导化解矛盾，能够积极推进基层治理现代化，促进基层社会和谐稳定。本文以邹城市峄山镇大庄二村以协商议事推进农村基层治理、化解矛盾纠纷的实践为例，对我市通过协商议事的形式促进平安济宁建设提出对策建议。

二、峄山镇大庄二村以议事协商促进基层平安建设的创新实践及成效

大庄二村在基层社会治理过程中，依托儒家"以和为贵"和孟子"民事不可缓也"思想，积极搭建"六个平台"探索实施"五步"工作法，致力打造议事协商"和事堂"品牌，被评为全国村级议事协商创新实验试点单位。在民政部组织的全国农村社区治理实验区创建工作中期评估中，通过组织村级议事协商现场观摩，对土地流转事宜进行协商，把久议不决的"老大难"，变成了致富增收的"聚宝盆"，获得专家组一致好评，成为全市农村社区治理的排头兵。其开展协商议事的创新做法主要包括以下几方面。

（一）依托"六个平台"议民事

为积极化解村内矛盾纠纷，及时回应群众关切，引导村民广泛参与村级事务，着力破解农村议事协商不深入、村民人心"沙化"等难题，该村积极探索实践，完成了议事协商"六个平台"建设。

一是有想法有建议就找"话匣子"。在村庄各街道路口设置"话匣子"——意见箱，广泛搜集诉求问题和意见建议，便于村民匿名投递，打消顾虑，最大程度了解真实情况。

二是有苦闷有矛盾就去喝茶室。在社区服务中心设置喝茶室，每日下午3～5点，由值班村干部负责接待或邀请村民一起喝喝茶、说说话、拉拉呱、通通气，便于村民单独"说事"的同时，密切了干群关系。

三是有"政事"有民意就到议事厅。设立议事厅，针对村庄未来发展规划、基层党组织建设、村民自治章程的修订完善，公益事业的筹资筹劳方案及救助帮扶等重大事项，由村党组织先期制定议事清单，共同商讨，集众人之智，聚集体之力，达村民之愿。2005年，大庄二村成立了红白喜事服务队，与村民签订《移风易俗协议书》，并约定成俗，广而推之。经过16年的坚持努力，喜事新办、丧事简办，在该村已蔚然成风。

四是想学习想富脑就聚叙礼厅。借助新时代文明实践站、孟子讲堂等载体，邀请儒学专家，聘请市民政、团委、妇联、司法、农业等部门干部进行专题教育，全面提升村民能力素养。持续深化村民自治，引导村民参与，大力开展精神文明创建活动，培育良好家风村风民风。据统计，该村自开展各类评选表彰活动以来，累计表彰"好媳妇"780余人次、"好婆婆"560余人次、"好妯

娌"1300 余人次，获得群众一致好评。

五是想服务想实践就报"和事团"。健全完善经常性议事协商机制，依托村民代表会议、村务监督委员会、村民议事会等形式，引导村民开展议事协商活动。对村庄进行网格划分，组织村内党员志愿者、便民服务志愿者、夕阳红志愿者、巾帼志愿者成立"和事团"，全方位、无死角地了解掌握村情民意、提供个性专项服务，实现议事协商的生活化、场景化。

六是想快捷想速决就在"线上办"。为方便外出务工人员和村民即时反馈信息，该村充分利用网络服务平台，开发"和事堂"App，搭建微信群、QQ 群等网络协商桥梁，村民足不出户，便可实现线上受理，大大提高了为民办事效率。

（二）实施"五步工作法"达民愿

为快速"六个平台"受理事项，该村本着"峄（谐音同"一"）心为民、务实高效"的原则，总结经验、改进不足，逐步规范议事协商工作程序，实施"汇、集、议、办、评"五步工作法，以最优的"解题步骤"，换取群众的满意反馈。

一是畅通渠道——广"汇"。依托"话匣子"广泛搜集村民意见建议，通过"和事团"走村入户拉家常，了解村民所思所想，统一集中整理汇总，按照类别进行区分，提高议事协商的精准度。属于村民之间矛盾纠纷的，第一时间向村民面对面核实情况，及时介入、化解，确保"问题不出村、矛盾不扩大"；属于村级议事协商内容的，进入"集"的环节，及时向村党支部、村委会反馈。

二是深入研究——细"集"。把属于村级议事协商的内容，纳入村"两委"会议重要议题，由村党组织负责召集"两委"成员集体讨论决定，而后根据议题的性质、复杂程度和影响范围等，确定参与协商的主体，选择适宜的议事协商平台，并做好协商前的相关调研、筹备工作。

三是充分讨论——真"议"。根据协商议题，通过议事厅"面议""和事堂"App"网议"等形式，实现线上线下联动协商，按照收集意见、拟定方案、民主讨论、联席商议、民主表决、决议公告、组织实施"七步走"工作流程，积极开展议事协商活动，与会村民轮流谈想法、讲意见，进而凝共识、定方向，并做到全流程公开、全过程留痕，提高议事协商的操作性和规范性。

四是脚踏实地——速"办"。对于已经讨论通过并组织实施的议题，在民主商议的基础上有针对性地制定推进措施，由村党组织召集利益相关方迅速实施，高标准、高质量办理。建立议事协商成果运用跟踪监督机制，强化事中事后全程督导，实时掌握进度、实时把控节奏，确保把村民的好想法、好建议落到实处，推动议事协商成果运用转化。

五是公开公正——好"评"。定期开展"和事堂"工作情况季评价活动，按照事项类别，统一实行"百分制"梯次赋分。对涉及村民矛盾纠纷的，由双方当事人对"和事堂"工作进行各自评价；对涉及群众反映意见和问题的，将办理结果提交村民代表大会进行评议，并在村务监督委员会的监督下，汇总测评成绩进行公布公示，纳入村干部年终星级考核，作为核算村干部工作绩效的重要依据，切实以公开公正、严谨规范的考评机制，倒逼工作责任的落实见底。

近年来，大庄二村通过议事协商推进平安村居建设以来，共协商解决村级事务 30 余项，重点解决了村庄绿化、自来水引入、土地流转等问题，不同主体之间矛盾纠纷 40 余件，在群众满意度、幸福感评测中，该村在全市评测中名列前茅。

三、大庄二村实践对于我市通过协商议事推进平安济宁建设的路径启示

（一）提升协商主体协商意识，以"软"协商代替"硬"对立

当前，在地方党委政府的有力支持、专家的有效指导下，民众的观念从不积极向积极转变，逐渐认识到参与协商的意义价值。当然，在基层协商民主的具体实践中，仍存在轻视、忽视协商民主的消极观念，导致形式主义、象征性协商问题出现，隐藏性社会矛盾和苗头性社会矛盾不能得到有效遏制和消除。但协商议事嵌入基层治理是必然趋势，要进一步发挥协商民主的治理效能，巩固已有的基层协商民主制度化成果，并将其进一步推广，实现持久有效的运行，并得到民众的深度认同、支持。比如大庄二村在社区服务中心设置喝茶室，每日下午 3～5点，由值班村干部负责接待或邀请村民一起聊聊天，形式灵活、氛围轻松。一杯茶、一支笔、一个本子，认真听、认真记、仔细询问，村民切身感受到了尊重和重视，村干部体会到了村民的诉求，这个过程不仅解决了眼下的复杂问题，还拉近了干群关系、修复和增进了共同体的情感和共同体的韧性。

（二）培养合格的协商主体，将矛盾纠纷化解于协商之中

涉及人民群众利益的大量决策和工作，主要发生在基层。要按照协商于民、协商为民的要求，大力发展基层协商民主，重点在基层群众中开展协商。民众

作为基层治理和协商民主建设的参与主体，其协商议事能力、民主素养是协商民主在基层治理现代化中作用发挥的重要变量。基层党组织在基层治理中负有政治引领、思想教育的职责，要通过多种方式的宣传、培训、教育，积极引导基层民众参与协商民主实践，培育民众理性、平等、有序地参加协商的基本素养，使他们能够倾听、尊重、理解他人的不同观点，在公共理性、公共利益的基础上彼此对话、协商、妥协，寻求最大共识。民主协商参与的技能、程序，需要民众通过切身体验来熟悉，并将其内化为日常性、经常性地寻求诉求表达、意愿满足、矛盾解决的路径。通过灵活多样的协商民主实践，调动起民众更加广泛深入的参与，发挥他们的聪明才智，引导民众养成遇事多协商的自觉习惯，合情、合理、合法、有序地提出利益诉求。完善相关协商机构、制度，如居民评议会、决策听证会、纠纷协调会等等，提升民众的民主素养、现代公民意识和协商能力。进而为在当前在平安建设中，各类社会主体实现自我管理自我教育、沟通多方面信息、化解矛盾纠纷奠定良好基础。

（三）强化协商议事程序规范化，为调解矛盾纠纷提供制度化保障

基层协商民主要始终着力于解决基层群众关心关注的切身利益问题，畅通民众利益表达渠道，时刻倾听民众诉求，通过平等的对话、协商来解决群众的问题、困难，使得公共事务决策合乎实际，顺乎民心，更好地落实民众直接管理基层事务的民主权利。为此，要健全民主决策机制，完善信息沟通机制、互动协同机制，健全定期协商会议、协商讨论会、审议监督等相关制度，保障基层群众在重大公共事务事前、事中和事后的全过程参与。事关基层群众利益的重大公共事项，要构建政府、民众、基层单位、自治组织多元主体开展协商合作的相关机制，规范协商的运行主体、程序步骤和运行范围，支持鼓励市场和社会力量的积极参与。

基层协商治理只有建立在充分参与的基础上，才能有效化解矛盾，凝聚基层治理共识，而这需要具有吸引力、针对性的协商议题作为支撑。一是注重协商议题的时效性。对基层治理的重要问题、关乎发展的重要事项、基层民众关心的突出问题，及时、有针对性地开展民主协商，让民主协商成为基层治理的常态化运作机制。二是注重协商内容具体化。可以建立协商事项的清单制度，围绕着涉及群众利益的公共事务，诸如环境卫生整治、绿化亮化工程、社会救助救济、物业管理服务等，确定协商议题，使问题解决在基层，纠纷化解在萌芽状态，通过协商切实维护基层群众的利益，促进基层的和谐稳定。三是监督常态化、长效化。通过探索建立乡村纪检监察机构、完善干部下访制度、群众质询制度以及媒体舆论监督制度等,将监督问责贯穿于乡村治理全过程,确保协商过程公平公正。四是落实与反馈良性化、循环化。通过协商民主达成共识,然而这种共识并未意味着真正实现,在其转化和落实过程中需要全程跟踪、协商,及时发现问题并且根据各方意见和建议加以修正,以此获得更为良性高效可持续的发展。

综上所述,在推进我市平安建设的过程中,充分发挥协商议事的独特功能,并使之成为社会治理的必经环节,是推进我市社会治理现代化、扎实做好矛盾纠纷预防化解、不断提升社会治理效能的重要路径,将切实有助于凝聚平安济宁建设强大合力,让人民群众的获得感成色更足、幸福感更可持续、安全感更有保障。

(作者单位:济宁市委党校基本理论教研部)

平安济宁建设下电动自行车问题的出路探寻

陈雪娇

电动自行车作为重要的交通工具之一，由于停放、充电不规范等原因，造成事故频发，危害广大人民群众的生命、财产安全。本文对济宁市电动自行车充电难问题进行了走访调研，分析总结电动自行车充电问题未得到有效解决的原因，并据此提出对策和建议，以期为平安济宁建设和推动济宁高质量发展建言献策。

一、电动自行车充电问题的现状和背景

电动自行车作为一种新型交通工具，以其价格实惠、小巧轻便、灵活省力、环保等特点，得到越来越多居民的青睐，是不少人日常出行首选的交通工具。但由于停放、充电不规范等方面的原因，电动自行车火灾事故频发。据统计，80%的电动自行车火灾是在充电时发生的，而居民住宅、自建房和沿街商铺则是电动自行车火灾高发场所，给人民群众生命财产安全带来严重威胁。全面加强电动自行车规范管理，既是民心所向，又是大势所趋。

近年来，国家出台了《高层民用建筑消防安全管理规定》，让禁止电动车上楼有法可依；随后，我省出台的《山东省电动自行车管理办法》对电动自行车的生产、销售、登记、通行、停放、充电以及相关管理活动进行了规定，填补了我省在电动自行车管理方面的法律空白，为依法规范电动自行车的管理提供了法律遵循和依据；山东省发展和改革委员会发布的《关于居民住宅小区电动自行车用电价格政策有关事项的通知》（鲁发该价格 [2023]39 号）于 2013 年 3 月 1 日施行，对电动自行车的充电价格进行了规范。为确保《山东省电动自行车管理办法》的实施，济宁市政府成立了专门领导小组，制定了《济宁市电动自行车综合治理工作方案》，集中开展了电动自行车综合治理工作，对电动自行车充电问题采取了一系列专项整治行动，增设充电桩、在电梯安装语音提醒、清理"僵尸车"等措施取得了良好成效。然而，居民

电动自行车充电难、存放难等问题未彻底解决，不安全充电行为仍然存在。

二、电动自行车充电难的原因分析

经过走访调查，笔者认为，电动车充电难问题未得到根治的原因主要有以下几方面。

（一）政府部门执行落实力度不够

虽然中央及我省相继出台了电动自行车管理的相关规定，但在实际执行落实过程中，主责部门划分不清，易造成相关部门的推诿扯皮。即使明确了责任部门，有关部门监督也巡查不力，存在"宽、松、软"的现象，对于违规现象，亦缺乏必要的强制执行依据和制裁手段，一些居民有恃无恐、存在侥幸心理，致使私拉电线、入户充电、上楼充电屡禁不止。

（二）充电桩供不应求、分布不合理

一是充电桩数量不足。一些小区居民不能上楼充电，只能选择在小区内露天充电或者地下储藏室、车库充电。然而，选择在小区内充电，充电桩的数量远远不够满足需求。现在的小区人口密集，一户甚至有两到三两电动车，大家选择电动车往往是上下班使用，傍晚大家都下班时是充电高峰，居民回家充电全凭"手速"，抢充电桩的难度可见一斑。二是充电站点设置分布不均。受制于客观因素，不能合理按照使用密集度和行业特性进行分布。老旧小区供配电容量不足和场地空间局限大大制约了充电桩的快速布局。

（三）充电桩配套设施不健全

一些小区虽然增设了充电桩，但未建设相应的配套设施。一是未建设配套的车棚。在没有车棚的情况下，电动车长期遭受风吹、日晒或者雨淋，会大大减少使用寿命。尤其遇到阴雨天，一些居民往楼道中存放，堵塞消防通道，且阴雨天充电更易造成安全隐患，导致已安装的露天充电桩利用率较低。二是未配备相应的消防和监控设施。目前电动自行车集中充电设施建设规范、技术标准、安全标准还不够完善，一些已建成的电动自行车集中充电设施安全性能不高，加之部分充电设备缺乏遮雨棚、智能控温、报警器等必要的安全装备，放在楼下充电有车辆被偷或者损坏的风险，导致安全无保障。

（四）充电桩日常维护不到位

"三分建、七分管"，电桩不是一安即可，后续的日常管理和维护同样关

乎居民体验。充电桩运营企业对充电桩的使用和维护重视程度不够，缺乏日常管理。对于日常设备维护保养的频次、维保项目内容普遍缺乏专人管控，存在使用和维修不及时、不规范，安全提示和操作规程不清晰、不醒目，应急预案不完备甚至缺失，监控互联无法有效实现，客服难联系、不能有效解决疑问等诸多问题，降低了车主使用充电设备充电的意愿和满意度，严重影响了居民对电动自行车的正常充电和使用。

（五）电动自行车管理不善

有些小区虽然安装了部分充电桩，但对电动自行车存放无人管理，存放杂乱无序。充电场所被大量非充电车辆挤占、堵塞充电入口等现象普遍，部分"僵尸车"长期占用有限的充电空间，无人清理，导致真正有充电需求的居民无电可充。在实际操作过程中，检查的主体往往是物业和社区居民，没有执法权，不具备强制约束力，在管理中达不到预期的效果，甚至加剧了物业和居民的矛盾。

（六）充电桩收费差异大、操作程序烦琐

一是居民不愿意选择充电桩充电的很大原因在于充电桩电费价格远高于居民家庭用电的价格。我市住宅小区电动自行车充电设施的收费标准不一，有的按次收费，有的按时间收费，同一价格充电时长也有不同。二是充电时操作界面广告植入太多、操作烦琐，耽误时间，甚至被误导购买广告产品。部分 App 存在不退还未使用金额，默认勾选单次保障险等问题，引发消费纠纷。三是操作使用不便，使用充电桩充电往往需要通过手机扫码操作，一些老年人并不会使用，而使用电动自行车频率较高的人群中老年人占比并不低。

（七）企业、公共场所充电桩建设不够

虽然很多小区增设了充电桩，但在一些公共场所建设的充电桩却不多，尤其在公园、广场建设充电桩更是罕见，不能满足居民方便、快捷的充电需求。如能增加企业等公共场所的充电设备，将有效缓解小区充电桩供不应求的局面。

（八）地下充电道路不通

由于充电桩的不足和使用不便等原因，一些居民往往会选择去地下储藏室、车库等充电。但一些小区并未建立电动自行车通向地下车库或储藏室的坡道，切断了居民去地下充电的通道。

（九）物业不作为、乱作为

部分小区物业只会遵章办事，未尽到相应职责，在小区贴个告示，敷衍了事，对一些违规行为听之任之，"睁一只眼闭一只眼"，物业管不住就当甩手

掌柜，只会转移矛盾，甚至站在道德和安全的立场上激化矛盾，根本没有解决问题，使本就脆弱的业主和物业的关系变得更加雪上加霜。

（十）部分居民安全意识淡薄

一些居民将电动自行车停放在楼道、门厅内、楼梯内等公共区域，对居民的生命安全、财产安全造成严重隐患。居民对电动车上楼充电的危害性认识不够，存在侥幸心理。即使违规上楼充电，相关部门也未出面制止或对其作出相应处罚，居民往往图省事、图方便，无所顾忌、肆无忌惮，选择铤而走险上楼充电。

三、电动自行车充电难问题的对策建议

我市电动自行车充电设施存在充电难、充电贵、充电不安全等问题，硬件设施和服务质量都需要进一步提升和完善。"禁止电动车上楼"不是一件一纸文件就能解决的小事，而是一项系统性社会工程和民生工程，关系群众的切身利益和生命安全，它牵涉居民出行的便利性、城市交通的环保性、社会效益的经济性，也关系城市治理的民生取向、法治思维和系统协调原则。要想彻底斩断电动车上楼乱象，不能仅靠《高层民用建筑消防安全管理规定》的高额罚款，更需要出台一个可行性的替代方案，将其作为一个"急难愁盼"的问题下大力气解决。电动车的火灾防范和治理还需"疏堵"结合，既要从源头上规范居民的充电行为，提高安全意识，又要为居民提供充足、安全、便捷的充电场所。为此，提出以下几点建议。

（一）出台电动自行车管理办法

根据中央及我省出台的相关法律法规，出台制定符合我市实际情况的《济宁市电动自行车管理暂行办法》，明确各部门职责分工和任务清单，尤其明确专门的职能部门作为解决电动自行车充电难问题的管理主体，全面负责配套设施建设规划制定、任务分工、机制完善及考核管理，制定全市智能充电桩建设、管理方案。对于工作开展不力的部门和单位，定期通报，严肃问责。

（二）加大财政支持力度

政府要加大财政投资力度，将解决电动自行车充电难问题持续作为政府民生实事工程来加以推进。财政部门提供一定奖补资金，支持老旧小区、公共场所和企事业单位根据需要和场地条件改建或加装充电设施。也可以按照"谁投资谁受益"原则，引进社会资本参与充电桩建设、改造，设置统一标识，公布

充电操作规程等信息，确保充电安全。

（三）制定规范建设文件

将智能充电设施纳入城乡建设规划，将电动自行车充电桩纳入"新基建"范畴，对充电设施进行统筹规划。统一集中充电场所、设施建设标准、消防技术标准，为充电设施建设提供依据。明确既有住宅增设电动自行车停放充电设施的相关流程、标准和部门职责分工，指定出台建设指引、明确技术标准；加强对充电设施的数量和布局的研究，通过住宅密度、居民数量、电动自行车保有量等设计相应建设指标，落实到各区、各街道，强化监督考核。按照因地制宜的原则，以"一小区一方案"形式，引导居民和社会力量参与改造建设，确保供需精准匹配。

（四）强化源头管控

治理电动自行车带来的问题要从源头抓起，严把电动自行车产品质量关，建立健全电瓶质量监督的长效机制，对电动自行车质量违法行为保持高压态势，杜绝劣质电瓶及非法改装电瓶流入市场。一旦企业生产的电瓶出现质量问题，应及时追根溯源并全部召回存在潜在质量隐患的其余产品，从源头上消除火灾安全隐患，解除居民对电动自行车充电的安全顾虑和困扰。

（五）加大违规充电整治力度

加大对居民住宅、城中村等场所违规充电、停放电动自行车惩治和巡防力度，在电梯中安装电梯感应报警器、电动自行车阻车器，让所有电动自行车不能上楼，避免在家中充电。排查电动自行车违规乱停乱放、进口入户、"人车同屋"和"飞线充电"等突出问题。物业服务企业、主管单位和社区街道，定期组织对住宅小区、楼院开展电动自行车停放和充电专项检查，排查不安全的充电行为，发现问题立马整改；消防、公安、住建局等部门开展联合专项整治行动，加强对电动自行车消防安全的监管与管控力度，对电动自行车进楼以及私改电动车等行为，进行纠正和处罚，可参照北京做法，对拒不改正、情节严重的，逐步纳入征信体系，多方联动打通基层治理微循环的"最后一公里"。

（六）增建充电配套设施，科学规划充电桩

一是加快新建小区智能充电设施建设。将新建住宅小区规划配套电动自行车充电设施建设作为建设工程审批项目，按规划加快推进电动自行车集中充电换电设施建设，对新建居民小区，按要求配备一定比例充电设施或预留充电设施接口保障充电基础设施建设，力争新建小区100%建设集中充电设施。二是推进老旧小区充电设施改建。对已经投入使用的住宅小区，根据入住人数，分

批增建、改建电动自行车充电棚，全面规范电动车统一停放、统一管理。三是着力在医院、办公楼、公园、广场等商业综合地段及公共区域规划非机动车充电停车位，建设综合美观的充电场景。引导有条件的党政机关、企事业单位、公共场所建立智能充电桩和车棚，使居民无论是居家、上班或者购物等，在各个场所均能实现随时随地充电。鼓励群众在工作单位和公共区域充电，以减轻居民在小区充电的压力。四是充分利用地下充电资源。对于有地下车库或储藏室的小区，建立电动自行车通向地下的坡道，满足居民到储藏室、地下充电的需求。在每个地下车位建立配套充电设施，充分利用地下公共边角地区，设置公共充电桩。五是推广使用多种充电设施。在推进电动自行车集中充电设施建设的过程中，不仅可以采用单一安装充电桩的模式，也可以采取如"充电桩 + 充电柜""充电桩 + 换电柜"等多种充电设施组合安装模式。六是提升充电配套设施安全性能，对停车棚进行全面改造，配齐消防设施和灭火器材，车棚内配备防雨隔离、防盗监控、消防器材温感喷淋装置、供水增压设备、自感应及手提式干粉灭火器、监控摄像头等安全设施，完善定时断电、过载保护、短路保护、漏电保护、电流检测、通过故障自检测等功能，对于充电异常情况及时进行提醒，居民也可实时查看充电和监控充电状态。让小区的安全更有保障，居民的生活更加安心。

（七）加强充电桩厂家的监督管理

一是严格落实执行山东省发展和改革委员会发布的《关于居民住宅小区电动自行车用电价格政策有关事项的通知》，对现有充电桩厂家的收费模式、收费价格等进行逐一排查，对收费价格不合理的限期整改。二是鼓励支持企业开发比较方便、快捷、安全性能高的充电装置，比如完善自动断电、智能充电功能，业主们可以选择扫码充电或者刷卡充电，以满足不同年龄群体的业主需要。三是推广使用智能监管平台，建议参照其他省市经验，由大型国企等开发建设充电运营监管平台，建立全市"充电智慧监管一张网"，对全市充电设施、设备进行视频监控。四是政府规范市场行业标准和运营行为，按照相关要求对充电设施运营进行统一监管，明确责任主体，维护充电设施运营市场秩序，保障居民充电安全，确保管理规范到位。

（八）完善售后服务，规范营销手段

充电桩运营商应加强充电桩的日常维护和管理，对于消费者的需求应积极响应，提供 24 小时客服服务，对于损坏的充电桩及时更换或维修，充分保障消

费者的知情权、安全保障权、自主选择权和公平交易权，不得设置默认勾选保障险的方式强制消费者购买充电险。利用充电小程序页面或 App 进行广告宣传要依法合规，不可"混淆视听"，诱导或误导消费者购买广告产品。

（九）物业发挥引导督促作用

小区物业应当根据《物业管理条例》等有关规定，对区域内电动车停放、充电设施消防安全加强管理，不仅要坚持开展小区日常巡查工作，定期清理"僵尸车"，发现"飞线充电"和电动车乱停乱放问题督促业主立行立改，对业主进行宣传教育，将安全隐患解决在基层和萌芽状态。通过宣传横幅、彩页、广播、微信平台、业主群等宣传电动车消防安全知识、火灾典型案例、充电常识等，引导群众自觉遵守消防法律法规，按小区规定位置停放电动车。切实提升服务水平，为广大业主营造舒适、整洁、美丽、安全的生活和工作环境，为建设成无数个平安、和谐小区而不懈努力。

（十）加大对相关法律法规和安全知识的宣传

有针对性地开展电动自行车的消防安全宣传，利用微信群、微信公众号和张贴宣传画、开设宣传栏、印制一封信等方式，让广大居民真正了解电动自行车引发火灾的危险性，自觉遵守相关规定。加强宣传和引导，通过公示栏、楼宇视频等方式进行规范停车充电的安全常识宣传和典型火灾案例警示教育，引导居民增强消防安全意识，提升规范停放电动自行车和安全充电意识。

民生无小事。电动自行车无处停、"飞线"充电危险大等问题虽"小"，关乎的却是百姓切身的"大"需求。百姓"微幸福"增加的一小步，就是基层社会治理的一大步，体现的是党和政府对人民的关心，考验的是城市管理者的勇气和智慧，反映的是整个社会为民服务的温度和情怀。电动自行车安全充电问题是一项系统性社会工程和民生工程，需要属地政府、相关部门和物业企业各司其职、相互配合，充分发挥基层党组织的组织协调作用，鼓励群众发挥主人翁意识，坚持疏堵结合、推动综合治理，最大限度满足居民的电动自行车集中有序停放和安全充电的需求，努力构建起共建共治共享的基层社会治理格局，共同推动平安济宁建设。

（作者单位：济宁市中级人民法院）

推进法制教育发展　构建平安职教校园

刘　凯

一、研究背景

（一）构建平安校园客观需求

平安校园建设既需要完善的管理体系，也需要学生自觉遵纪守法，这就离不开法制教育。党和国家高度重视青少年法制教育。2021 年 6 月，中共中央、国务院转发《中央宣传部、司法部关于开展法治宣传教育的第八个五年规划（2021–2025 年）》，就深入学习宣传贯彻习近平法治思想、提升公民法治素养作出全面部署。法制教育是依法治国的基础性工作，而青少年法制教育又是法制教育的基础,技工院校学生的法制教育是青少年法制教育的重要组成部分。

技工院校学生处于青少年时期，正是人生观、价值观、世界观形成的重要阶段，也是进行法制教育的关键阶段。但是，部分学生受社会不良风气影响，纪律性差、法律意识淡薄，容易参与违法犯罪活动；缺乏法律知识，容易在走上社会以后遭遇不法侵害。而义务教育阶段学业压力较重，相关法制教育课程开设有限；加之技工学校生源多来自农村，留守儿童较多，这都造成法制教育的缺失。因此，做好技工院校法制教育工作，不仅有助于平安校园建设，也将为学生走上社会保驾护航。

习近平总书记强调，普法工作要在针对性和实效性上下功夫，特别是要加强青少年法治教育。济宁市第二高级技工学校根据学生情况和自身资源，创造性地开展了形式多样的法制教育活动，包括建设法制教育基地、开展模拟法庭、召开专题报告会、组织旁听庭审等方式，提高了学生学法、懂法、用法的积极性。因此，基于学校法制教育实践活动进行调查研究，有助于青少年普法工作的创新和改进。

（二）研究的实践意义与理论价值

法律教育在技工教育中的体现已经越来越明显，在社会和技工学校的现实情况中，法律教育的重要性也更加突出。现今技工学校法律教育缺乏，这种现状急需改善，法律教育应该被尽快提上日程，使学生更好地为社会服务。技工学校法律教育是德育的重要组成部分，学生通过学习法律知识，了解和掌握与自己的生活密切相关的法律基本知识，增强法律意识，树立法制观念，提高辨别是非的能力，从而做到不仅自觉守法，严格依法办事，而且还能积极运用法律武器，维护自身合法权益，为其将来的工作和生活打下基础。

在研究中注重时代性背景，挖掘理论创造性价值，以学生为中心创设法制教育活动，让更多学生参与其中。在实践中总结经验，总结济宁市第二高级技工学校法制教育模式优点，完善理论。

（三）国内外法制教育现状分析

1.国外法制教育现状

国外学校法制教育的理论与实践共同的特点表现为以下几点。

第一，突出政治功能。国外法制教育核心思想是为政治服务。以美国为例，以培养学生成为一名热爱美国、维护美国制度的公民为目标。在学习内容上以美国社会制度为框架，围绕宪法及法律知识开展教育，普及公民义务意识。

第二，丰富教育形式。国外法制教育不仅局限于课堂内讲授，更依靠社会实践与人文环境的影响，其中学校教育占主导地位，家庭、社区、教会、传媒业都起到了促进作用。在教育中普遍以"学生中心论"为指导，引导学生积极参加诸如选举等社会实践，增强学生法治观念。注重法制教育氛围的形成，以"润物细无声"的方式将法制思想渗透入学生学习生活中。

第三，重视结合实践。国外实践证明，法制教育要贴近学生的生活，贴近他们的直接经验，对其日常生活中遇到的案例进行分析，引申出法制思想。比如，法国围绕涉及青少年的犯罪和社会生活中常见的违法现象进行案例分析，更能引起学生共鸣。新加坡通过开展"警察小拍档"活动，设立"警察与青少年俱乐部"等活动，促进学生与警察的交流，利用这些趣味性较强的活动吸引青少年参与法制教育，减少了未成年人犯罪。

2.国内法制教育现状

第一，院校普遍邀请公安、检察、法院、司法等行业从业人员到校开展法制教育讲座。相关从业人员结合工作实际，结合大量典型案件，以案释法，以法论事，讲座生动务实，促进了学生树立守法意识。但是由于业内人员的工作安排和学校活动时间有限，常态化讲座较为困难。

第二，开设相关课程，并在政治、就业、创业、修养等课程中穿插有关劳动保护、防范侵害、治安管理等方面的法律知识。讲法内容贴近学生学习生活实际，帮助他们在毕业后远离违法行为，懂得用法律武器保护自己。但相关内容较为零散，说教内容较多，学生学习积极性不高。

第三，开展各类教育创新。各地技工院校因地制宜，开展丰富多彩的法律实践活动，创设"今日说法""模拟法庭"等情景活动，组织学生参观法制、禁毒等展览，旁听法院审判，使得法制教育参与度更高、生动性更强，激起学生的兴趣，使其主动接受法律知识。

二、所要解决的主要问题

（一）法制教育内容未与学生实际相结合

随着社会的发展，原有的诸如打架斗殴等违法活动比例下降，新兴犯罪如"帮信罪"等开始增长。法制教育案例滞后，在时效性方面出现欠缺。

（二）法制教育应用对学生实践指导性较差

学生毕业后走向社会，在就业过程中会遇到相对校园更加复杂的社会环境，面对劳资纠纷、非法侵害时不善于维护自身合法权益，或是禁不住诱惑参与非法活动。

（三）法制教育方式单一刻板

传统的说教式法制教育收效甚微，学生参与度不高，很难引起共鸣。在校德育教师缺乏法律实践经验，外聘司法人员教学水平和时间有限，造成法制教育生动性不足。

针对以上问题，要把社会主义法治理念贯穿于技工院校法制教育全过程。要让学生学习宪法的基本知识，了解法治的精神，理解公民权利与义务的关系，学习与其生活密切相关的民事、刑事、行政管理等方面的法律知识，了解《预防未成年人犯罪法》的有关内容，养成遵纪守法的习惯，提高依法保护合法权益的意识、能力。通过上述工作，使得学生在走上社会以后不仅不参与违法犯罪行为，还能有足够的违法侵害防范意识和使用法律武器保护自己的能力，让平安校园建设延伸为平安社会建设。

三、研究与分析

（一）毕业生法制教育

1. 开展调查

一是选择合适的调查对象。只有了解学生情况，对被教育者知识结构、认识程度、法制观念有所掌握，才能有针对性地开展法制教育研究工作。笔者以 2020 级即将顶岗实习的数控、机电专业学生作为研究对象，开展调研。学生已经在校学习两年半，年龄在十七岁左右，心理逐渐成熟，对未来的就业和发展也开始进行规划，有了初步的法治意识，是进行调查研究的最佳对象。

二是设计完善的调查内容。问卷设计要有科学性、真实性，能够贴近被调查者的实际生活，有效反映他们的法律意识。因此，设计问题分为三类：法律认知问题，是否知晓法律的作用；法制教育问题，接受相关学习的程度如何；法律应用问题，对日常生活和将来就业遇到的用法场景如何应对。通过这三类问题，能对学生的基本情况有了一定的掌握。问题一般为单选或多选，部分题目，如"哪些证据可以作为确定劳动关系的证据"不仅是题目，更是学生通过选择从而了解如何保护自身合法权益的知识点学习。

三是选择高效的调查方式。笔者主要采用了问卷调查与个别交流的方式进行调查。传统的调查问卷一般是纸质或 word 文档，打印或共享给被调查者进行信息收集、整理。但是由于目前信息技术的发展、移动互联网的兴起，让调查问卷有了更高效的收集办法。笔者此次采用了问卷网微信小程序收集问卷，有着时效性强、操作简单、设置便捷、实时收集、图表整理好等优点。通过微信二维码方式分发给学生，便于分发和学生作答。经过班主任动员，大部分同学积极填写，1 天内共回收问卷 62 份。

四是做好问卷数据分析工作。通过微信小程序收集的答卷可以在问卷网网站生成报表，便于分析。通过数据，显示大部分同学对法制还是有一定认识，也有学习法律知识的意识，但是个别同学也暴露出法制观念淡薄的问题，需要引起注意。

2. 案例收集

笔者对近年来发生在本地的几起工伤纠纷、非法集资、参与洗钱等案件进行了整理和分析。由于此类案件涉案者多为中专、技校毕业生，而且发生在本地，对学生有很好的警示作用。

案例一：某中专毕业生甲在求职过程中发现一家"XX 紫砂文化公司"对外招聘，给出的工作条件和待遇令她动心，对求职者的要求也不高。于是她顺利通过面试，甚至依靠积极工作成为店长。而此公司存在打着紫砂文化的旗号开展非法吸收社会存款行为，涉案金额数百万。甲在工作中一直从事介绍产品、招徕客户的工作，获得提成，客观上存在帮助犯罪且获利的情节。后来上游公司资金链断裂，主犯携款潜逃，引起多地受害者经济纠纷。甲作为参与者，也被检察机关以涉嫌非法吸收社会存款罪提起公诉。

案例二：某同学乙学前教育专业毕业以后，应聘到"xx 早教机构"工作。实习三个月以后，双方签订了正式劳动合同。2020 年 11 月的一天，乙上班路上与他人相撞，经交警部门鉴定为无责任方。她受伤请假无法工作，用人单位就以缺勤为由克扣工资，且没有缴纳过工伤保险。乙选择使用法律武器维护自身合法权益，向劳动仲裁部门提交了事故鉴定书、伤情鉴定书、住院病历、劳动合同、工资发放记录等证明材料。用人单位收到处罚通知后，向劳动部门提起行政诉讼，乙作为第三人参加庭审。尽管早教机构提出多个借口要求取消处罚，但是各类证据材料的完备保证了行政处罚的正当性与合法性。

3. 开展专题讲座

利用班会时间，前往毕业班与同学们沟通交流，分享收集的案例。一方面讲解法律的严肃性，教育学生使用法律武器保护自己；另一方面培养法治意识，远离诱惑和不法侵害，让学生分清眼前利益和长远利益的关系。

（二）模拟法庭探索

1. 观摩模拟法庭

模拟法庭将法院庭审完整地在校园舞台上进行还原，使用青少年犯罪案例，贴近学生生活。参加演出的都是在校学生，由学校团委组织排练，能够拉近学生观众的距离，起到生动性强互动性好的效果。笔者先对庭审过程进行了沟通学习，然后观摩了学生排练与公开演出。学生排演模拟开庭审理的寻衅滋事案件，是根据一起真实未成年人犯罪案例改编而成，由于案例题材贴近学生年龄，对同学们来说，这既是一场普法课堂也是一场警示教育课堂，对提高学生的法治观念和预防青少年犯罪具有积极作用。

2. 开展交流

一是和指导教师及学生交流，了解学生在角色扮演的心得体会。大多数同学认为参演模拟法庭不仅是对个人能力的锻炼，更是一次深刻的法制学习机会。扮演犯罪嫌疑人的同学是节目的焦点，他不仅要把内容做好串联，更重要的是把角色悔恨的感受表现出来，感染观看的同学们。笔者通过与参演同学交流，对模拟法庭的表现形式有了进一步了解。二是和观看表演的学生交流，了解他们观看模拟法庭的感悟。起初大部分同学带着看热闹的心态或者没兴趣的态度到场观看，但是模拟法庭营造的严肃气氛和参演同学投入的表现，让大部分同学能够安静下来感受情节。尽管法庭庭审相对文艺节目枯燥，但是由于表演者均为同学，能够起到引起学生兴趣的作用。三是和法官进行交流，让他们从专业角度提出建议。法官在庭审方面属于行业专家，目前员额制实行以后，许多法官一年审理案件数百件，对庭审流程和司法程序十分熟悉。邹城市人民法院刑事庭庭长来校指导时笔者与他进行了交流，充分发挥专家意见的指导作用。

（三）青少年新型犯罪研究

1. 研究"帮信罪"

目前，技工院校在校生为"00后"，他们是移动互联网的原生代，他们在快捷讯息的海洋中，正在形成鲜明的个性和认知，也面临着时代特有的困惑。而依附于互联网的犯罪，正在日益增长。根据最高检消息，我国近年来严重暴力犯罪下降，经济犯罪持续增长，这也体现在青少年犯罪方面。"帮信罪"就是其中一种，全称是"帮助信息网络犯罪活动罪"，是指明知他人利用信息网络实施犯罪，仍为其犯罪提供互联网接入、服务器托管、网络存储、通讯传输等技术支持，或者提供广告推广、支付结算等帮助，情节严重的行为。笔者采用资料查阅、检索"中国判决书网"、参与庭审等方式，深入了解了这类犯罪行为。

2. 案例分析

2021年12月，笔者作为人民陪审员，参与一起"帮信罪"审理。学生丙毕业后到处务工，由于不耐吃苦，技术水平有限，收入较低，他有了找机会"弄钱"的想法。一次偶然的机会，他从社会人员丁那听说可以用自己的身份证办理一套企业证件拿去卖钱，他心动起来。于是在丁的煽动下，丙持自己身份证办理了"XX商贸有限公司"的营业执照，办理了公司账户，刻制了公章，并将全部材料出售给丁，由此获利两千元。丁拿到证件以后立刻转手卖给电信诈骗团伙，公司账户被用来洗钱，涉案金额六百五十万元。经公安机关侦查，传唤丙到案并予以拘留。后经司法程序，丙被检察院以帮助信息网络犯罪提起公诉。在法庭上丙后悔莫及，表示没有想到会触犯法律。

笔者围绕这个案例进行了分析，根据《刑法修正案（九）》所增设，作为《刑法》第 287 条之二的帮助信息网络犯罪活动罪规定："明知他人利用信息网络实施犯罪，为其犯罪传输等技术支持，或者提供互联网接入、服务器托管、网络存储、通讯传输等技术支持，或者提供广告推广、支付结算等帮助，情节严重的，处三年以下有期徒刑或者拘役，并处或者单处罚金。"而丙的行为尽管获利很小，但是属于"支付结算金额二十万元以上"的加重情节，难逃严厉的刑事处罚。通过这一案件，笔者认识到青少年缺乏社会经验，为谋取小利而犯下大错的严重性。由于信息技术拉近了人与人的距离，青少年在贫富差距的感受更加明显，这也是部分青少年误入歧途的诱因之一。而依托各类社交、视频、游戏、购物等软件生活的技工院校学生，成为不法分子诱骗开户进而成为网络诈骗帮凶的重要来源，因此，学校应及时将类似经济类犯罪的法律知识普及给学生。

3. 成果转化

笔者根据研究情况，撰写社情民意信息《关于防范青少年出售个人信息帮助网络犯罪的建议》，被九三学社山东省委、济宁市政协采纳。社情民意信息被采纳将会作为相关部门的参考依据，推进了研究成果转化。

四、研究成果

（一）掌握当前技工院校法制教育的开展情况

法制教育是技工院校学生综合素质培养的重要组成部分，是德育工作开展的重要体现。通过对教材、课程、教师、学生的基本情况摸排，有了以下认识。

技工院校学生还处于青春期，世界观人生观和价值观正在形成，如果没有良好的引导，就很容易误入歧途。通过调查可以发现，大部分同学还是有着朴素的守法意识，明白不义之财不可取的道理，也知道使用法律武器维护自身合法权益。但是，受客观条件限制，很多同学在具体法律知识层面还有所欠缺，对于一些带有欺骗性的违法行为，缺乏分辨能力；对强势群体，如雇主等的侵权行为不了解维权渠道或是缺乏信心。

答题人数：62

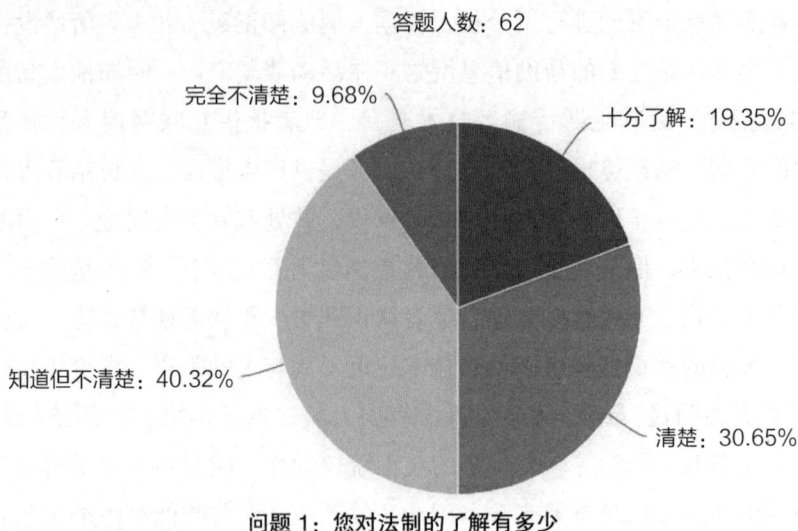

问题 1：您对法制的了解有多少

在学习法制的渠道方面，学生回答如下。

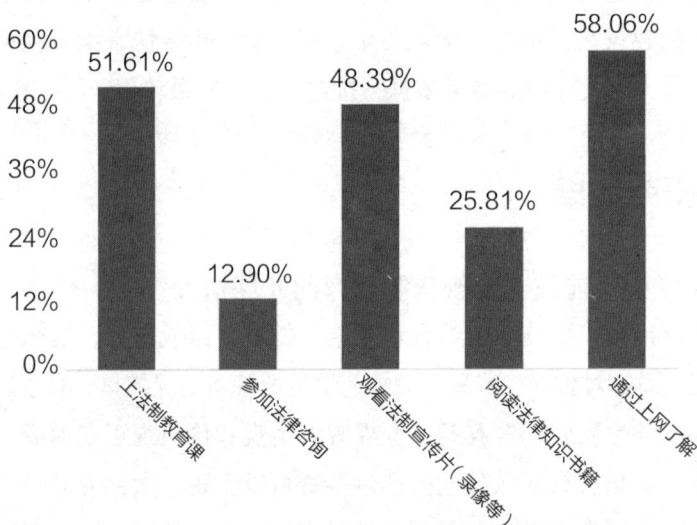

问题 2：你是通过下列哪种形式接受的法制教育

由此可见，大部分同学通过法制教育课、观看宣传片和网络渠道学习法律。因此，牢牢把握课堂教学、做好网络引导、拓宽学习渠道，是开展法制教育的重要途径。

通过笔者调查，目前课堂教学存在内容滞后、方式枯燥的缺点，与当前学生实际生活有了一定脱节。任课教师常年在学校工作，法治实践匮乏，授课的生动性不足。

（二）对毕业生法制教育的研究突出实用

一是充案例实内容。以案说法是法制教育最常用的方式，选择案例时，既要有典型性，还要有时代性。比如一则因为"你瞅啥"产生的故意伤害案件，被告无故殴打他人，被害人在己方人员占多数的情况下没有选择立刻围殴还击，而是保护自己，立刻报警，进行验伤，使对方受到法律惩处。这个案例不仅引起学生兴趣，还为学生提供了保护自己的方式。再比如，紧跟时政热点，根据政协委员提出消灭前科制度的提案，让学生了解犯罪以后留有案底对人生造成的负面影响。

二是丰富教育形式。除了法制教学课程，一般学校会采用邀请法院、公安等部门人员来校开展专题讲座。开展模拟法庭、观看庭审直播、参观法制教育基地等形式可以提高学生的参与度。学校负责学生管理科室人员、团委成员、班主任可以积极申请成为地方法院人民陪审员，开阔视野，增加对司法工作的了解，有助于提升教师队伍整体法制素养。

三是关注就业纠纷。建立毕业生长期联络跟踪机制，对毕业生的就业去向和纠纷情况进行统计分析。对于初入社会的毕业生遇到法律问题，建议给予一定的办事指导。加强与同为人社系统的劳动监察部门的联系，邀请相关人员来校对学生开展就业权益维护的讲座，让学生学会如何留存证据，如何按法律法规解决纠纷。

（三）有关模拟法庭的发展和探索注重创新

一是加入旁白和独白。旁白作为话剧艺术的重要组成，在介绍案情、解释法律等方面能够弥补表演内容的不足。可以设置旁白者或主持人，加入交流环节，创设问题，从而提高学生的法治意识。比如抢劫犯罪，会有学生认为少抢一些或者过后归还不会被追责，这个时候进行交流，解释在司法中对罪名的认定标准，就可以起到很好的警示作用。独白可以作为参演人员的心理反应和案情经过的重要表述，如被告人表述自己如何犯罪，法官对案件审理的感受、检察官对青少年犯罪的惋惜等等，就会让模拟法庭更加丰满。

二是更新和丰富案例。模拟法庭选取案例如果不能及时跟进时代发展，就会与学生生活脱节，影响教育效果。以"帮信罪"为例，其全名为"帮助信息网络犯罪活动罪"，是近年来提到的较多的青少年犯罪。不法分子利用青少年社会经验不足、法治意识淡薄的弱点，利诱他们用个人信息办理营业执照、企业公户用于电信诈骗洗钱。一旦流水数额巨大，就会触犯"帮信罪"，被刑事罪责。类似还有劳动纠纷、信贷担保、裸聊诈骗等案例，这些案例贴近学生生活，也在为他们今后走向社会予以警示，可以根据观众情况适当编排剧本，提高模拟法庭的关注度和实用性。

三是加深学生的理解。每一个参演的学生不仅是表演者，也是法制教育的传播者。只有他们对法制有了深刻了解，才能让模拟法庭更加生动，才能在学习生活中影响更多周边的同学。可以适当组织参演同学前往法院观摩，请教法律工作者；相关指导教师积极参与人民陪审员选聘，增加庭审阅历；培养"学生导演"，提高他们自身的组织协调能力。

（四）围绕青少年犯罪动向更新内容

第一，法制教育要及时跟进。技工院校、中职学校应定期开展法治教育活动，在开展法治教育的过程中要紧跟社会形势，及时科普诸如出售个人资料、兼职陷阱、"撸小贷"、裸聊诈骗等新形式的犯罪内容，教育学生保管好个人证件和个人信息，身份证、银行卡、手机卡不要轻易外借，丢失要及时挂失。提醒如果发现银行卡有异常流水，及时核实、报警处理。学校对毕业生的教育中，还应引导学生树立正确的价值观，崇尚勤劳致富而非好逸恶劳，同时传授一些常识性的社会技能，让青少年少走弯路。

第二，部门要形成治理合力。目前在放管服的趋势下，工商注册可以授权办理，造成非本人意愿设立公司的情况出现，而注册时留下的号码不一定是身份证所有人的，造成无法充分告知。建议市场监管、公安部门加强业务互通，对于非青少年本人注册公司的，确保通知到个人并告知可能的违法后果。银行业应加强监管，对青少年作为法人公司频繁异常流水情况进行监控和告知。

第三，法律宣传要多渠道进行。公司注册窗口要充分告知法定代表人出售证件行为的法律后果，明确告知即使没有流水，检察机关仍可认为涉嫌触犯出售国家机关证件罪。公安机关应将反"帮信罪"纳入反诈骗宣传，通过社会公益广告、短视频拍摄、反诈 App 等渠道进行宣传，提升"断卡"行动效果。

（五）研究成果转化

一是社情民意信息《关于防范青少年出售个人信息帮助网络犯罪的建议》，被九三学社山东省委、济宁市政协采纳。

二是论文《技工院校毕业生法治教育探索》，参加 2021 年济宁市技工教育优秀教学研究成果评选获论文类三等奖。

三是模拟法庭被邹城法院公众号以题为《"彩虹伞 · 法伴青春"邹城市青少年模拟法庭"开庭"啦！》进行报道，参加济宁市评选获第三名。

五、结束语

技术工人队伍是支撑中国制造、发展中国创造的基础。技工院校在人才培养中，弘扬工匠精神，抓好法制教育，营造"人人懂法、人人守法"的校园氛围，有助于构建平安职教校园。当今产业变革需要的精工至善的高技能人才队伍，平安社会需要的遵纪守法的高素质人才队伍，都将以平安校园为起点，顺应时代的号召，不断发展壮大。

（作者单位：邹城市技工学校）

加强和创新基层社会治理，带动全民参与网格志愿服务

——打造共建共治共享的"越河模式"

张　俊

全面建设社会主义现代化国家，推进文化自信自强，铸就社会主义文化新辉煌，提高全社会文明程度，完善志愿服务制度和工作体系，是提高社会文明程度的一项重要任务。坚持和完善中国特色社会主义制度、推进国家治理体系和治理能力现代化，加强基层治理体系建设，推动社会治理重心向基层下移，加强党的领导，构建和谐社会、发动居民参与成为新时代基层社会治理创新的主要内容。

习近平总书记致中国志愿服务联合会第二届会员代表大会的贺信中指出：志愿服务是社会文明进步的重要标志。各级党委和政府要为志愿服务搭建更多平台，给予更多支持，推进志愿服务制度常态化，凝聚广大人民群众共同为实现"两个一百年"奋斗目标、实现中华民族伟大复兴的中国梦贡献力量。

在 2018 年 9 月 3 日，中华人民共和国民政部《"互联网＋社会组织（社会工作、志愿服务）"行动方案（2018–2020 年）》的通知正式对外发布，明确提出需从推动诚信信息系统建设与制定、优化志愿服务流程、联合志愿服务激励等三方面不断推动未来三年的志愿服务工作。从整个社会来讲，网格化志愿服务团队的壮大、制度的运行、活动的常态化开展，在建设和谐社会和诚信社会的过程中作用巨大，有助于培育和践行社会主义核心价值观，积极推进社会文明进程发展，提升公民加入志愿者队伍、诚实守信的热情。要着力发挥街道、社区、网格、社会组织、居民的作用，完善夯实基层社会治理基础，助推社会治理智慧创新。

一、志愿者、网格志愿服务现状分析

志愿服务与社会经济体制改革、志愿服务需求增大、网格志愿服务社会环

境不断完善、网格志愿服务组织增多，以及社会媒体宣传的推进、人们参与意识与志愿服务意识不断提高等因素是密切相关的。但是，当前网格志愿服务与人们对志愿服务的需求之间的矛盾还比较突出，志愿服务的供给量远远不能满足网格志愿服务的需求量。

一是网格志愿服务、志愿者初步发展。网格志愿者组织的活动，往往以项目为主，与街道社区联系在一起的，并接受社区和街道志愿者管理部门的双重指导。街道在行政上属于城市基层的行政组织，社区属于城市基层群众性自治组织，社区按照国家标准委《城乡社区网格化服务管理规范》，城乡社区以常住300—500户或1000人左右划为1个网格；涉农镇（街道）根据行政村规模设置划分网格个数，总人口2000（含2000）人以下行政村划为1个网格，2000—4000（含4000）人的划为2个网格，4000人以上的划为3个网格。所以网格是现在国家治理和社会治理体系中最基础的基石。

二是网格志愿服务存在的问题。网格志愿者具有很高的社会评价，网格志愿者们义务工作的价值得到社会的广泛认可。政府部门、志愿组织和社会各界人士都热心义务工作，政府大力投资志愿组织并给予政策上的扶持，企业为在社会上塑造良好的公益形象而积极资助公益事业，非志愿机构为人们参与义务工作提供机会、培训和嘉奖，从而形成了政府、志愿机构和企业互相协调、互相补充的社会服务体系。由于网格志愿服务活动开展较晚，以及社会转型时期人们对全民性活动的本能抵触，使得社会公益活动难以深入人心，难以激发起全民的互助意识。资金短缺是志愿者活动的主要障碍之一，还存在缺乏自主空间、队伍建设不够稳定、志愿者流动性大、志愿者能力不足等问题。

三是网格志愿服务问题的分析。网格志愿服务尚处于初级阶段，相应的法律法规较少、效力等级低，都是地方性法规，而且原则性的东西多，可操作性不强，从而导致网格志愿服务具有很大盲目性、随意性和无序性。为推动志愿服务事业的发展，政府或社会组织在整个网格志愿服务活动开展过程中扮演了重要的角色，推动的方式更适用于倡导、引领工作方向。

二、网格志愿服务制度化建设分析

一是网格志愿服务建设与信息管理。网格志愿服务管理部门是组织、协调和开展志愿服务工作的最基层组织，需做到"五个有"：有一套网格志愿服务工作班子；有相对固定的服务项目；有网格志愿者和服务对象的档案；有规范的规章管理制度；有相对独立的办公场地和基本的办公设备。通过完善网格志愿者招募平台，建立区、街道、社区网格志愿服务组织和个人信息库，强化注册管理，在网格志愿者的招募、培训、使用等方面形成较为规范的管理制度，初步形成网格志愿者、网格、社区、街道共享的工作模式。

制度建设是保持网格志愿工作持久开展的保证。加强制度建设，需要政府部门为其营造一个良好的制度空间，让网格志愿者队伍能够自主运转，自主开展活动。要开展好网格志愿者服务，必须有大量的无私奉献的志愿者，必须培养社区居民的义务观，培育社区成员的公共意识。因此，需要有关部门出台一些法规，比如网格志愿者制度，规定一部分公民有义务承担一定量的公益事务。街道、社区网格志愿者组织（如志愿者协会、志愿者服务站）在志愿者的登记注册、执证上岗、服务记录、行为规范，培训、帮扶、表彰、奖励等方面要建立规范化的管理制度，特别是要建立考核和总结表彰等激励制度，以此作为对网格志愿者客观评价的依据。如有的地方政府鼓励各机关单位、企业在招工招干、学校招生时，同等条件下优先录用、录取有志愿服务经历者；志愿服务满 200 小时后，在有困难或老年时，优先获得等量回报服务；志愿满 1000 小时后，由街道、社区、网格主管部门核发"志愿者服务终生受益卡"，年老时得到经常性的回报服务。这些规定会激励社区居民群众更加积极踊跃地加入网格志愿者队伍，更好地开展活动，使网格志愿服务逐步向社会化、制度化方向发展。

总之，要把网格志愿者服务活动开展好，应做到"四定"。一是定项目。针对带有普遍性的问题和居民迫切需要的服务项目，成立相对应的网格志愿者服务队伍。总的原则是根据网格内居民群众的实际需求定项目。二是定人员。除了对外公布，应根据自己能力、特长自愿报名参加，选出队长、副队长，各队名单造册，建立活动档案，制定服务宗旨、队员的权利义务及活动要求。三是定时间。各网格志愿者队伍根据自己服务的项目、内容，写出符合本队活动内容的具体时间，每逢重大节日前必须活动一次。四是定制度。要把网格志愿者为居民群众办好事、办实事落到实处，必须有相应的制度来保证。

二是网格志愿服务队伍建设。充分调动在职在校青年、大中学生、社区青少年的积极性，特别是教育、卫生、公检法司、文化等系统青年的积极性，组建专业化、组织化的网格志愿者队伍，发挥网格志愿者的专业特长，为社区建设提供服务。建成学校网格志愿者讲师队、医疗网格志愿服务队、网格法律援助志愿服务队、网格文艺志愿者服务队、网格突发事件应急服务队、专业网络志愿服务队等专业化网格志愿服务队。建立和完善青年志愿者的评估表彰制度，做好典型培育，发挥榜样示范作用。

三是网格志愿服务项目建设。以人性化服务为目标，加强社区青年志愿者项目建设。针对居民群众的实际需求，开发教育培训、医疗服务、文艺演出、法律咨询、保洁护绿等志愿服务项目，开发助学、爱心捐书、献血、骨髓捐献志愿服务等专项项目。积极开发网格志愿服务基地，在老年公寓、敬老院普遍建立敬老服务基地，在社区绿地建立环保服务基地等。一般情况下，社区网格志愿服务队伍登记人数按照比例不少于网格内居民总数的25%。围绕国际志愿者日、助残日、重阳节等主题活动，广泛组织网格志愿者在网格内开展服务。积极开展经常性的网格志愿服务，使网格志愿服务经常化、社会化。以网格志愿者发展计划为抓手，全面推动网格志愿服务和谐行动。

三、网格志愿服务促进和谐社会建设工作的重要意义

一是网格志愿服务是满足居民现实需求的有效方式。伴随经济社会的快速发展，失业贫困、收入差距、人口老化、心理危机、青少年犯罪、人际关系淡薄等社会问题不断凸现，居民迫切需要社会关爱和帮助。大量公共管理、社会公益和社会援助等事务工作落脚到社区网格，仅靠政府和物业管理部门的力量是不够的，急需网格内志愿者的广泛参与。网格志愿服务领域宽、渠道广，而且能够广泛动员社会资源，有效弥补政府服务和市场服务的不足，为政府分忧，为百姓解难，为社会减压。社区网格志愿者提供的各种扶贫帮困、就业援助、老年帮扶、残疾人救助、青少年教育、群众文化、科学普及、医疗卫生等服务，广泛涉及社区居民的工作、学习、生活等各个领域，覆盖社区服务和社区管理各个方面，具有满足居民现实需要的基本功能。网格志愿者分别进入社区，依托社区服务站，为社区居民送去志愿服务。从蹒跚学步的儿童到耄耋之年的老人，都可以从中受益。联合企业、社会组织共同举办的大型社区公益活动，主要包括5大项内容：建立网格爱心图书馆、网格美家绿化行动、网格知识大讲堂、网格跳蚤市场、网格亲子活动。

二是网格志愿服务是社会主义核心价值观的重要体现。人人有责是本质，

人人尽责是前提，人人享有是结果。共建共治必然指向共享，评价社会治理成效的根本标准就是共同体成员能否公平合理地分享社会建设和社会治理的成果。服务是社会主义荣辱观的集中体现，是凝聚人心的坚强纽带，是人们为人处事的精神指南。网格志愿服务的过程就是传递爱心、传播文明，为社区做好事、帮邻里解忧愁的过程；是网格志愿者自我教育、自我提高、陶冶情操、提升境界的过程；是感染服务对象，影响周围群众，增强人们的协作、责任、奉献意识的过程。网格志愿者的奉献和协作，推动形成团结友爱、互帮互助的良好社会风尚，使社区充满温情和暖流，让居民感受到社会的美好，享受到生活的幸福，体验到心灵的快乐，把建设社会主义核心价值体系的任务落到基层、做到实处。

三是网格志愿服务是群众性精神文明建设的有力抓手。社区网格志愿服务是精神文明建设在社区的一种创新方式，服务领域涉及居民群众生活的方方面面，服务主体涵盖了网格内各类群体，服务形式灵活多样，是社区最具广泛性和群众性的文明创建活动项目。网格志愿者积极开展宣传发动、广泛参与、集中服务、成果展示等活动，尤其是各类群众性文化活动，极大满足了居民接触他人、融入社区网格的基本需求，为网格精神文明创建打下了坚实的群众基础。网格志愿服务适应了现代居民自主意识不断增强、生活品味不断提高的特点，满足了不同层次居民关爱他人、服务社会、实现自我价值的愿望，有利于激发群众参与文明创建的热情，推动精神文明建设蓬勃发展。

四是网格志愿服务是建设和谐诚信社区的现实需要。网格是城市社会的基本构成单元，是社会的缩影，社区和谐、居民诚信是社会治理的重要基础。构建和谐社区网格就要最大限度促进社区文明进步，把各种矛盾、问题减少到最低限度和最小范围。以"奉献、友爱、互助、进步"为宗旨的志愿服务精神正是这种促进社区进步、减少社会代价的精神，体现了人与人、人与社会、人与自然的和谐相处，与构建和谐社会的本质要求完全一致。开展社区网格志愿服务，有助于发动民力、汇集民智，引导居民积极投身社区网格建设；有助于倡导新风，普及文明，促进公众践行社会主义荣辱观；有助于化解矛盾，减少冲突，规避风险，建立和谐人际关系。社区网格志愿者来自社会各个阶层、各种职业，有着不同的经济、政治、文化背景，他们基于共同的目标和价值理念聚集在一起，互相交流、取长补短、启迪思维，促进了人与人之间的融合，减轻甚至消除彼此之间的隔阂。社区网格志愿者乐善好施、扶贫济困，为贫困居民和弱势群体提供生活、医疗、教育、就业等方面实实在在的帮助，有效缓解社会群体分化带来的矛盾，维护社会公平正义，发挥稳定器和安全阀的作用。

五是网格志愿服务是完善基层社会治理体系的有效补充。基层社会治理体系是保障社会稳定和谐、国家长治久安、人民安居乐业的一系列制度体现。实行社会诚信体系建设首先要依靠政府部门增加财政投入和政策支持，但要把这些帮扶措施和手段真正落到实处，需要依靠社会力量的支持。网格志愿服务可以激发社会活力，动员整合居民群众中蕴藏的建设热情和能量，实现帮扶活动组织化、有序化。网格志愿服务以关爱弱势群体为本色工作和服务重点，充分发挥协调利益、化解矛盾、排忧解难的平衡功能，突显提供服务、反应诉求、规范行为的调节作用。网格志愿服务针对不同社会领域的专业需求，组建各类网格志愿者应急队伍，加强日常培训和管理，可以承担自然灾害、重大事故、公共卫生事件和社会治安事件等社会危机的处理任务，提高了保障公共安全和应对突发事件的能力。

网格志愿者围绕广大人民群众普遍关心的生活、环保、交通、治安等问题，从点滴入手，从身边做起，做了大量看起来很平凡却是很有意义的事情，让广大群众因网格志愿者的出现而减少忧虑，让全社会因网格志愿者的辛劳付出而更加温馨，让祖国大家庭因网格志愿者的奉献而更加富有凝聚力。在奉献爱心的同时，网格志愿者也传播了文明，传播了追求、责任和理想的信念，传播了"爱心献社会，真情暖人间"的精神。这种"爱心"和"文明"最终会汇聚成一股强大的社会暖流，温暖着社会大家庭里的每一个人。

结合网格志愿者的现状、社区网格志愿者服务制度化建设以及社区网格志愿者活动在促进和谐基层社会治理体系建设中的重要意义，主要得出如下结论。

一是分析网格志愿服务主要存在的问题。（1）物质依托不足；（2）缺乏自主空间；（3）队伍建设不够稳定。

二是提出网格志愿服务制度化建设。（1）以网格志愿者服务队伍建设为抓手，诚信信息化管理为依托，加强网格志愿者基础建设；（2）以建立专业化、组织化网格志愿者服务队为重点，加强网格志愿者队伍建设；（3）以人性化服务为目标，加强网格志愿者项目建设。

三是提出网格志愿服务活动促进和谐社会建设的重要意义。举办的活动实例，进一步证实网格志愿者在社会建设的过程中起到的重要作用。开展网格志愿服务，根据网格志愿者的专长特点建立支援专队，根据居民群众的需求以及社区可利用的资源，建立健全服务机制网络。广泛开展便民服务，使广大网格志愿者可以真正帮助有需要的人，通过活动使网格志愿者加深了解和认识参与网格志愿服务的意义。

四、建立基层网格内全民参与志愿服务体系建设与志愿服务精神传递工作的长效机制

经过调研，任城区越河街道致力于打造"七彩阳光·幸福越河"志愿服务品牌，创新探索科技助力、居民参与、网格化协同的三位一体"群众志愿服务+诚信体系"建设，通过"掌上微益"线上志愿者服务平台，创新互联网时代群众工作机制，让群众成为基层治理的主力，形成了"小程序助推大治理、小公益激活大能量、小服务带动大节约"的工作新格局。

"掌上微益"小程序上线以来，在居民群众中广泛开展线上线下相结合的志愿服务活动。街道志愿服务团队通过"掌上微益"平台向居民发布近期"公益活动菜单"，居民既可以通过"掌上微益"平台随时在线"点单"，随时参加自己感兴趣的公益活动。通过居民和志愿者供需双方互动，实现志愿服务精准对接和公益活动高效开展。"掌上微益"小程序已经注册有"爱心驿站""同心慈善义工协会""红心志愿服务中心"等社区社会组织20余个，加入爱心网格志愿者3505名，开展慈善捐赠、困难群体救助、社区卫生整治、安全隐患排查、邻里纠纷化解等活动109次。为调动更多居民参与志愿活动的积极性，"掌上微益"小程序专门设计了全国领先的志愿服务"公益积分"系统和积分智慧化兑换系统。居民志愿者只要在"掌上微益"小程序里注册，并参与平台发布的各类志愿服务活动，小程序就会根据志愿者服务时长，自动生成相应的"益币"。每连续参加志愿服务1小时，就会获得10个益币。系统根据志愿者累积的"益币"数量，在线实时更新排名。配合"公益积分"系统，在线下设立"微益时间银行"自助柜员机，配备了饮料、矿泉水、纸巾、小零食等物品，志愿者打开手机上的小程序，按照柜员机提示操作，就能兑现相应的物品。

兴隆社区的几名志愿者用自己积累的5500个"益币"，兑换了20箱矿泉水，分批送到了环卫工人手中。这5500个"益币"相当于志愿者开展公益服务550个小时，把平时积累的"益币"换成物品回馈社会，一份公益活动就收获了两份成就感。

越河街道兴隆社区以小额专项资金投入为杠杆，激发社会各方公益力量加入，保障"掌上微益"平台逐渐发展壮大。自"掌上微益"运行以来辖区内 3 家中小企业捐助公益资金，捐助各类"益币"兑换物品 1500 余件。兴隆社区工作人员说，通过"掌上微益"小程序开展群众性网格志愿服务活动，凸显了居民的城市主人翁地位，带动更多居民养成了良好的文明习惯，参加创城、创卫等工作，网格志愿服务触角延伸到辖区的角角落落。"全民化参与网格志愿服务"是现在志愿服务发展的一个突出趋势，每一个公民都可以参与网格志愿服务或者成为网格志愿者。另一大趋势是专业化，既要重视不同志愿服务组织提供的志愿服务的专门化，也要重视网格志愿服务与志愿者个人兴趣爱好、专业技能或特长的结合。这是对网格志愿者"爱心""热情"高于能力的传统偏见的突破，也是在坚持志愿服务无偿性、非功利性的前提下，重视网格志愿者的精神收益和精神感受，如成就感、自我价值感、生活的充实感，以及专业技能的增长、人际合作能力的提高等。

网格志愿服务兴起以后，党和政府都在探索各种社会激励机制，即从社会方面对志愿者的服务予以承认，进行奖励，提供回报。但作为志愿者本人，是为了奉献爱心和充实精神参与志愿服务，恰恰摒弃了职业场所的利益计较。可是社会方面，对于网格志愿者的服务应该给予奖励和回报，只有让帮助社会和他人的人得到激励，网格志愿服务才能长期发展。网格志愿者在志愿服务中实现了自己的价值，他们是为了在参与服务过程中获得自我成就感、自我表现提升感和自我满足感。志愿精神是体现在网格志愿者和志愿服务之间的精神性特质。准确地界定志愿精神，不仅关乎志愿者个人对自己行为意义和目标预期等方面的立场观点，也关乎整个社会对志愿服务的定义、期望和管理方式，不能把志愿精神局限为单向的奉献和助人精神。

在志愿者的定义中，网格志愿者精神表现为"奉献、有爱、互助、进步"四方面。从历史源流的角度看，我们可以认为志愿精神是传统美德、时代精神和人类共同文明的有机结合。它一方面是对中华民族团结友爱、助人为乐、见义勇为、尊老爱幼、尊师重教等传统美德的继承和光大；另一方面是社会主义时代精神的弘扬和"雷锋精神"在新时代的新体现。志愿服务的开展，强调了涵盖公平、道义和爱心的社会主义道德观。

从志愿者角度看，志愿精神可以总结为"奉献服务"，对网格志愿者，需要强调"奉献"和"志愿"。这是我们通常说的"不计报酬和收入"等方面的特征。与此同时，体现在志愿者角度的志愿服务内涵不仅仅是单方面的施与，而是具有"双赢"的特色。志愿者在服务他人、服务社会时，自身也得到了完善，得到了心灵和精神的满足。网格志愿者在服务过程中丰富了自己的生活体验，加深了对社会的认识，并培养了组织、领导、合作等方面的能力，增加了自信心，获得了成就感。

从接受志愿服务或者救助的人的角度看，网格志愿精神强调的是"自助"和"自尊"，即对服务对象的自尊自信和自身潜能的激发，这是新时代志愿精神很重要的一个方面；与传统的慈善救助观念不同，志愿服务认为每个人都有自己的价值和改善生活、服务社会的能力。服务对象不是消极被动地接受帮助的失败者，而是可以在他人帮助下实现自身更好发展的积极主体。网格志愿服务在面对服务对象时，平等和互动的态度是最重要的，只有这样才能有效地减轻对方在接受服务时的自卑感、疏远感等消极感受，增加自己对自己、对他人和对社会的信心。从志愿者和服务对象两个基本方面的结合来看，志愿精神就表现为"自助助人"和"自乐乐人"的特征。

从志愿服务的社会作用角度看，网格志愿服务体现为"公民参与"和"互助友爱"。后者被理解为"爱心献社会、真情满人间"，志愿服务这一社会效应与网格志愿服务的特征密切相关，它的个人化、人性化的服务方式，以及与志愿者个人兴趣、特长相结合的特征，使志愿服务较之传统的救助方式更具有亲和性和相互性，从而使网格志愿服务的过程不再是单方面的施与和救助，而成为相互关爱、相互交往和共同发展的过程。网格志愿服务显然可以有效拉近人与人之间的心灵距离，减少服务对象因消极因素接受救助而产生的挫败感和疏远感，从而对缓解社会矛盾、促进社会稳定起到积极作用。

我们当今志愿服务的发展，网格志愿服务活动参加的人数还相对较少，缺乏统一的网格志愿者管理机构，网格志愿者服务呈"阶段性"特征，缺乏长期有效的运行机制。并且社会缺乏相应的激励机制，有一些网格志愿者积极性不是很高。网格志愿服务理念的核心是"互助"，网格志愿服务要发挥双向受益的特点，可以激励更多的人参与网格志愿服务，帮助过别人的网格志愿者可以接受别的志愿者帮助。随着志愿服务事业的蓬勃发展，网格志愿服务的趋势越来越明显。志愿服务发展将社会化，逐渐发展成为现代公民广泛参与、服务领域不断拓展的事业，社会化程度日益提高，随着网格志愿服务的日益兴旺发达，在社会各个领域发挥作用，就必须重视效益化问题，而不能停留在"声势换影响力"，许多志愿组织都存在服务资金不足的问题，满足网格志愿服务资金需求将依赖于多元化的渠道；志愿事业的生命力在于服务项目不断创新，服务效益不断提高；志愿服务人员的自主、自由发展与志愿组织科学规范管理有机统一成为新的趋势。志愿服务保障要法制化，网格志愿者是奉献自己的爱心，奉献自己的时间、精力为社会和他人服务，其合法权益的保护极为重要。

党的二十大报告指出："坚持按劳分配为主体、多种分配方式并存，构建初次分配、再分配、第三次分配协调配套的制度体系。"这一重要部署，对于正确处理效率与公平的关系，在发展的基础上不断增进人民福祉，逐步缩小收入差距，扎扎实实朝共同富裕的目标迈进具有非常重要的意义。而第三次分配就要建立健全分配机制，引导、支持有意愿有能力的企业、社会组织和个人积极参与公益慈善事业。全民参与志愿服务是第三次分配的重要支撑点。网格志愿服务要走很长的路，网格化志愿服务还在不断的探索和发展中。新时代新征程上，深入贯彻学习党的二十大精神，完善分配制度，扎实推动共同富裕，不断实现发展为了人民、发展依靠人民、发展成果由人民共享，让现代化建设成果更多更公平惠及全体人民。动员发展全民志愿服务精神，积极参与志愿服务，为志愿服务奉献一份力量。促进志愿服务元素向社会各个领域发展，使之成为人人参与、人人共享、人人可为、人人乐为的时代风尚，真正让礼遇志愿者蔚然成风，让基层社会治理效能落到实处。

（作者单位：济宁市任城区越河街道办事处）

弘扬中华优秀传统文化，助力平安济宁建设

范建田

中华优秀传统文化作为中华民族的"根"和"魂"，是中华民族数千年绵延发展的动力源泉，它包罗万象、源远流长，蕴含的治理理念、平安思想由古圣先贤积千年之思想与实践传承至今，仍拥有旺盛的生命力，其所体现的丰富道德精神、价值观念、伦理取向及行为准则等是我们探索平安城市建设与治理新途径的宝贵精神财富。新时代的平安城市建设不仅需要通过顶层设计合理设置制度框架，促进事关全局的关键领域和重要环节的深刻变革，消除危害平安城市建设的重大隐患，更需要冲破旧观念束缚，挖掘与阐扬中华优秀传统文化中可借鉴的宝贵精神财富，为平安城市建设提供价值拥趸。

一、中华优秀传统文化蕴含丰富的平安建设思想

党的十九届六中全会通过了《中共中央关于党的百年奋斗重大成就和历史经验的决议》，指出："中华优秀传统文化是中华民族的突出优势，是我们在世界文化激荡中站稳脚跟的根基，必须结合新的时代条件传承和弘扬好。"中国传统文化是伦理本位的文化形态，在其组织架构中家庭居于核心的地位，对于维系社会和个人之间的关系具有至关重要的作用，围绕着伦理关系所展示的中国传统文化，蕴含着中国人独有的生存智慧，是维系以家庭为核心的社会体系的重要力量。"天下太平"是中国人理想的社会状态，这种状态的现实基础就是人们在伦理关系上各得其所、恰到好处、相安相保，寄托了人们对平安的希冀，是我们从传统中理解平安建设的重要的思想资源。新时代平安城市建设面临诸多新任务、新矛盾、新挑战，要探索平安城市新路径，推动形成平安城市建设新格局，选择在平安城市建设中融入中华优秀传统文化元素便成为题中应有之义。

1.人本主义思想。强调以人为本，崇尚人性至善的基本价值取向，是中国

传统文化中的重要思想，这与我们坚持以人民为中心的发展思想是相契合的。"天之所生，地之所养，莫贵乎人""民为贵，社稷次之，君为轻""君者，舟也；庶人者，水也。水则载舟，水则覆舟"……儒家以"人"为出发点，奉"仁"为施政核心，体现了人在自然与社会中的作用与地位，引导治国者关注个体的生命与价值，要求天子诸侯勤政爱民，唯有察民情、体民意方能得国泰民安。"贵民"是将"以人为本"理念落实到国家治理层面的重要原则，体现在伦理关系中的人文精神，才是中国传统文化生生不息的思想源泉，是我们在平安城市建设中需要大力弘扬的重要精神财富。

2. 礼法合用的仁义思想。礼法合用思想是时人先贤对经世治国之道正反两方面经验教训的理性思辨与创造性总结，作为被中国古代统治者多次实践证明的成功治理模式，在维持社会稳定与发展方面起到极大的保障作用。"礼"作为处理人与人之间关系的最高行为准则，在我国古代社会占据重要位置。它以血缘为纽带的人之伦系统化、关系化、制度化，建立起尊卑有序、等级森严的伦理秩序体系用以纲纪天下，表面上看起来似乎宣扬了一种不平等的社会理念，但正是这种尊卑有序的社会结构，被孔子拿来作为自己核心思想之一，孔子认为："克己复礼为仁。一日克己复礼，天下归仁焉。为仁由己，而由人乎哉？""非礼勿视，非礼勿听，非礼勿言，非礼勿动"，他认为"礼"是"仁"之本义，只有"克己复礼"才能消除社会动荡不安。孔子在倡导为政以德、仁者爱人的同时，并不否认刑罚的强制作用力。他表示："政宽则民慢，慢则纠之以猛；猛则民残，残则施之以宽。宽以济猛，猛以济宽，政是以和。"治之以法是实现"政和"的重要保障，礼法互补互用、共同为治。礼法合用的治理思想不仅被历代明君贤主所推崇，还得到了古代社会民众的认同与接纳，发展成为一套独具中国特色的行为模式，是中国古代社会治理的精髓。

3. 德政思想。德的功用主要在于教化，历代开明的统治者、思想家都主张以德化民，即以德消除人所具有的不良心性，使之得到净化臻于良善，进而改良风俗，发挥道德的化民之心性与风俗的作用。论语有云"道之以政，齐之以刑，民免而无耻；道之以德，齐之以礼，有耻且格"，这是作为儒家创始人的孔子德政主张的具体表现。论语中关于孔子德治思想的论述还有很多，比方说"为政以德，譬如北辰，居其所而众星共之"，意在强调为政者当修己以安民，树德以服众。所以"政者，正也"，"其身正，不令而行"。孟子进一步阐发孔子德政理论，提出"以德行仁者王"，认为"三代之得天下也以仁，其失天下也以不仁。国之所以废兴存亡者亦然"，唯有"以不忍人之心，行不忍人之政"，才能实现"治天下可运之掌上"。孟子将治国者自身的德行修养与国家的安定昌盛相关联，强调"以德服人者，中心悦而诚服也"，因此"君仁莫不仁，君义莫不义，君正莫不正。一正君而国定矣"。劝诫统治者要树立德政思想，做到以德配位，以高尚的德行引领风尚，治理国家，国家方能长治久安。

4. 和合以求的和谐思想。"和合"是中国传统文化极具生命力的社会治理观。"和"即和顺、平和、和谐、祥和。"贵和"是中国传统文化最为核心的价值取向之一，它不仅体现为人与自然的和谐，更体现为人与人、人与社会的和谐。孔子强调"礼之用，和为贵"；孟子推崇"地利不如人和"，唯其得"和"方能实现"天下为公"的"大同"社会。"合"即融合、结合、协和、合作之意，"和合"意味着多样性的统一，在"和"的前提下尊重"不同"，孔子"和而不同"的论述道尽了"和合"思想的本质。传统文化中的"和合"理念追求个体身心的和谐、人际关系的和谐、社会秩序的和谐以及万物与自然的和谐，其丰富的文化内涵贯穿于古代社会发展的全过程，堪称传统文化治理思想的精神内核。

5. 允执其中的中庸思想。中庸思想由来已久，在老子和孔子之前就已经有了尚中、中和的道德诉求。中庸是建立在对宇宙万物基本规律认识基础上的一种认知和实践模式，并非反对变革，而是认为凡事不能走极端，应从"常道"出发理解和处理问题，尊重自然、顺应规律。"尚中"作为实现"和"的手段与途径，成为处理人与人、人与社会关系的最高原则与最高境界。《论语·雍也》讲"中庸之为德也，其至矣乎"，视中庸为完美的道德修养。《礼记·中庸》强调"中也者，天下之大本也；和也者，天下之达道也。致中和，天地位焉，万物育焉。"由此可见，无论修身齐家抑或治国平天下，"允执其中"才是根本实现途径。

二、中华优秀传统文化推动平安城市建设的生动实践

1. 济宁市"和为贵"品牌。近年来，围绕打造弘扬中华优秀传统文化首善之区，济宁市推动中华优秀传统文化赋能基层社会治理，打造市县乡村四级"和为贵"社会治理服务中心，共建成"和为贵"调解室4711个，实现市县乡村四级全覆盖，调解成功率达99.29%，把矛盾解决在群众家门口，探索出一条"以礼让人、以德教人、德法融合"的基层社会治理、平安城市建设新路。

一是打造"一站式"平台。强化整合资源、突出系统治理，聚力打造市县乡三级"和为贵"社会治理服务中心，集信访、调解、法律援助、困难帮扶等功能于一体，大力推进矛盾纠纷"一站式"调处化解，努力实现矛盾纠纷化解"只进一扇门，最多跑一地"。2022年，受理群众诉求278.98万件（次），按时办结率达到99.97%。二是创新德治实践。实施"和为贵"调解室星级建设工程，从源头抓、从前端抓，努力将矛盾纠纷化解在基层，化解在萌芽状态。整合"和为贵"调解员队伍，以行业部门专家、"两代表一委员"、政法干警、法律顾问等为骨干，鼓励新乡贤、"五老人员"等加入，组建"家庭关系、邻里关系、经济纠纷专业调解团队+N类专门调解团队+儒学顾问"的"3+N+1"调解队伍。归纳"读家训、诵经典、平心态、评公理、重和解"的"以儒促调五步调解法"，使当事人从"有气"向"想和"转变，化干戈为玉帛。三是固化德治成果。把尊老爱幼、以和为贵、讲信敦睦等儒家传统文化纳入村规民约，强化居民的社会责任意识、规则意识。强化村规民约的权威和约束力，签订倡导移风易俗承诺书，推进移风易俗和文明共建。将儒家孝善文化与社区治理、民生保障相结合，关注空巢老人、留守儿童、残障人士等重点群体，实施"幸福食堂""呵护假期"等服务计划，打造饱含温度、和谐有序的共享社区。

2. 黄山市"作退一步想"平安建设实践。徽文化蕴含着"讲仁爱、守诚信、崇正义、重谦让、尚和合"的优秀经世智慧和德治基因。在平安黄山建设中，徽文化同样发挥着重要的作用。近年来，黄山市在坚持发展新时代"枫桥经验"中，充分挖掘徽文化中"善治"等优秀因子，创新推出了"作退一步想"调解工作法等一系列具有黄山特色的基层社会治理品牌。

一是将"作退一步想"工作法中"退"的理念寓于德治教化中，引导以"谦谦之风"祛"好斗之气"，建立了"民转刑"案件预警分析系统，将"作退一步想"融入家规家训、村规民约，倡导全市客栈联盟、民宿协会等行业组织把"作退一步想"列入章程。二是将"作退一步想"工作法中"退"的精髓融入调解实践。从"作退一步想"提炼"听、理、劝、借、退、和"六字调解法，以和谐方式解决问题，让"退"成为风景，展现徽文化崇德尚善道德追求。三是将"作退一步想"工作法化解难题，修复社会关系，既调"当下争"，更促"持久和"。目前，黄山市已统一建设标准化"作退一步想"调解工作室1100余个，推动"作退一步想"理念从"矛盾纠纷化解"向地方立法、干部教育监督管理、执法司法普法等方面延伸拓展，将大量矛盾纠纷化解在基层、消除在萌芽，使徽文化优秀基因与当代文化相适应、与现代社会相协调。黄山市已连续 20 年获评全国平安综治优秀市，3 次捧得全国平安建设最高荣誉"长安杯"。

3. 龙岩市永定区打造平安文化。充分发挥客家传统文化优势，将客家文化与法治文化深度融合于平安建设，推进平安区乡村三级联创，全区 281 个建制村均设有客家家训平安文化宣传教育室，45 个美丽新农村示范村建有"和"文化农民公园，客家祖训家规的传承运用，进一步提升了群众道德境界，提高了矛盾纠纷化解，拉近了干部群众关系，为平安永定、法治永定建设创造良好的社会基础。2022 年永定获评省级平安区。

一是加强顶层设计，建立工作机制。区委、区政府制定下发《"弘扬传统文化建设厚德永定"实施方案》《关于发挥客家传统文化优势推进平安区乡村三级联创的通知》等，并将家训家风宣传、传承、建设纳入平安单位、平安乡村创建考评体系和"一把手"年度考核。二是深挖内涵，家训助力平安综治。永定区深度挖掘红色文化、客家文化、土楼文化的丰富内涵，利用客家家训馆、客家家风馆、家庭美德馆等活动场所，举办道德讲堂、土楼讲堂、经典诵读、手抄家规祖训等平安系列活动，在全社会树立"做人德为上、做事德为先"的良好风气。三是文化赋能，德治融入法治工作。司法系统在检察诉讼、诉前调解、审判执行、司法调解等工作环节，充分发挥客家家训文化优势，化解各类矛盾纠纷，创新调解方式，推动矛盾纠纷更有效地解决，全区矛盾纠纷调解率达 100%，成功率 98.7%，连续多年无"民转刑"案件发生。

三、借力中华优秀传统文化，推进平安济宁建设

济宁市是"孔孟之乡、礼仪之邦"，是孔子、孟子、颜子、曾子、子思子五大圣人的故乡，是中华文明重要发祥地、儒家文化发源地，当地百姓素有尊崇儒家优秀文化的传统。2013 年 11 月，习近平总书记到济宁视察调研时，对弘扬中华优秀传统文化提出了殷切希望和明确要求。济宁应以习近平总书记重要指示精神为指引，对中华优秀传统文化进行创造性发展和创新性转化，将民惟邦本的民本主义，德法互补的治国要略，严以治官、宽以养民的施政方针，良法善治的法治追求等，融入平安济宁建设，重构新时代平安城市建设的重要文化资源，为全面推进平安济宁建设提供可资借鉴的中华优秀传统文化支持。

1. 加强顶层设计，完善传统文化推进平安建设工作机制。完善平安济宁建

设领导小组架构，增加平安文化建设专班，围绕中华优秀传统文化转化为平安文化、助力平安建设，建立一系列工作机制、考评机制、奖惩机制，将优秀传统文化宣传、传承、建设纳入平安单位、平安县区、平安乡村创建考评体系以及各级党委政府年度考核，为平安文化建设打下良好的基础。研究制定《关于进一步弘扬优秀传统文化助推平安济宁建设的意见》《关于发挥优秀传统文化优势推进平安市县乡村四级联创的通知》等，以社会主义核心价值观为指导，注重从中华优秀传统文化中汲取营养，利用中华优秀传统文化的思想感染、理性说服等优势，运用本土基因的中华优秀传统文化理念与方法去解决现实社会中的实际问题，推进社会治理创新，提升平安建设软实力，形成新时代平安城市建设的济宁特色样本。

2. 创新方式方法，全力打造德治教化社会氛围。深入挖掘和弘扬中华优秀传统文化中的"善治"因子，积极探索、创新人性化的社会治理方式方法，大力营造崇德向善、激浊扬清的社会氛围，形成具有地域特色的社会治理体系。一方面持续推进"四德工程"建设。结合贯彻落实党的二十大精神，将中华优秀传统文化融入社会主义核心价值观，扎实推进新时代文明实践中心、实践站建设，推广"儒学讲堂"，注重家风建设，规范完善村规民约，开展群众说事、民情恳谈、百姓议事等协商活动，形成"人人彬彬有礼、户户和和美美、处处干干净净"的新风尚。另一方面活化形式，加强宣传引导力度。深入开展中华优秀传统文化普及，推动进机关、进学校、进家庭、进乡村、进企业、进社区等"六进"工程，大力实施"乡村儒学""社区儒学"推进计划，壮大儒学民间普及推广人才队伍，改变传统说教、灌输为主的宣传手段，与群众精神文化需求深入对接，与平安文化深度融合，通过文艺汇演、现代戏曲、才艺表演、情景演绎等喜闻乐见形式，将平安文化的建设延伸校园、商场（市场）、住宅小区等重点部位，植根于人民群众的日常工作生活之中，努力在源头上加强提前干预和预防，打造"源头防范、共建平安"的文化建设阵地。

3. 融入心理健康，最大限度发挥中华优秀传统文化稳定社会功能。现代社会的快速发展和变化，给人们的生活带来了很多新的挑战和压力，加上心理创伤、生活习惯不良等诸多因素，导致心理疾病患者数量不断增长，增加了城市的不稳定性。借助中华优秀传统文化中与世无争的"和谐"、积极乐观的"无为"、实现理想的"抱负"、自强不息的"精神"有效抑制精神状态上的萎靡与懈怠，塑造良好的人生观、价值观、审美观，提高全民心理健康教育水平，进而促进社会和谐稳定、健康发展。充分发挥市心理健康队伍建设专班和卫生健康部门作用，扶持建设一批心理健康医院，培育壮大心理健康人才队伍，打造"心灵花园"工程，设立名医工作室等，拓展传统文化与心理健康理念的"创造性转化"和"创新性发展"渠道和路径，传承发展传统文化中以思维方式传承的心理健康思想，以行为规范传承的心理健康思想，以健身养生方式传承的身心健康思想和在民间传承的朴素知识、技巧和实用策略，通过融入国民教育、融入道德建设、融入文化创造、融入生产生活，实现优秀传统健康理念的有序传承和活化应用，提高公民的健康意识和生态观念，保障和维护社会系统性身心健康，减少社会不稳定性隐患，推动平安济宁建设。

4.营造协同互济的基层平安建设结构。一是深入推进"和为贵"调解室建设。加强村居"和为贵"调解室规范化建设，继承和发扬"礼之用，和为贵"等传统文化精髓，推行"五老"调解、"平安周例会"、法治大讲堂等制度机制，完善人民调解、行政调解、司法调解等有机衔接、相互协调的多元化矛盾纠纷解决体系，持续打造新时代"枫桥经验"特色样板。二是传承发展传统的民事民治理念，完善乡村治理规范体系。以社会主义核心价值观为基础，从整理中华优秀传统文化中伦理道德文化入手，充分借鉴家风家训、自然历史、风俗习惯、文化传承等因素，提炼在村民中具有影响力的优秀传统伦理观念，转化为乡规民约，使传统道德成为村民自觉遵守的行为规范，促进传统道德约束与村民自治有效结合。把具有深厚文化基因、民意基础的礼俗习惯、村规民约上升为地方规范性文件，与国家法律规范一起构建起多层次、多样化的社会治理规范体系，促进平安建设刚性与柔性、他律与自律相统一，让"礼仪之乡"和"法治济宁"相辅相成、交相辉映。三是搭建共治平台，共建和谐社会。加强公共参与导向，使公众主动融入平安济宁"共建"，并在"共建"中获得利益是实现善治的应有之义。比如创建"正气银行"，对村民乐善好施、服务公益的义举进行登记积分并给予物质奖励；设立"乡贤·法官工作室"，搭建自治法治德治的交汇平台；建立公民道德档案工程，把道德诚信与金融支持结合起来，让道德模范享受信贷优先等，打造一批弘扬和认知中华优秀传统文化、构建和谐社会的平台，在乡村治理中凝聚起自治、法治、德治交融的强大正能量，为平安济宁建设贡献基层力量。

（作者单位：济宁学院）

违规低速电动车交通事故民事赔偿裁判的
现实困境与路径选择
——以济宁市 2017-2021 年裁判文书网案件为样本

张　凯

一、前言

违规低速电动车是指行驶速度低、续驶里程短，电池、电机等关键部件技术水平较低，用于载客或载货的三轮、四轮电动机动车（包括老年代步车等）。其中，违规低速三轮电动车依照《机动车运行安全技术条件》（GB7258-2017），其电机额定功率总和不大于 4kW，最大设计速度不大于 50km/h，整车整备质量低于 600kg。违规低速电动四轮车依照《四轮低速电动车技术条件（草案）》，其最高车速应大于 40km/h 小于 70km/h，整车整备质量不高于 750kg。

与最高设计车速不超过 25km/h 的新国标电动自行车（符合《电动自行车安全技术规范》）相比，违规低速电动车的速度快、整车质量高、体积较大，且多数车型配备驾驶室或挡风、顶棚等可以遮挡风雨的功能性设施，极大地便利了我市市民的出行。然而，违规低速电动车虽然属于机动车，但生产和使用均未纳入机动车管理体系。依照《机动车驾驶证申领和使用规定》第十条的规定，驾驶违规低速电动车，应当取得 D 证、E 证或 F 证，并且，车辆的所有人或管理人应当按照《机动车交通事故强制保险条例》第二条的规定，向保险机构投保交强险。现实中，大多数市民往往忽视了驾驶资格的要求，极少有市民为违规低速电动车投保交强险，这不仅对违规低速电动车交通事故赔偿问题的处理产生困扰，更对平安济宁的建设造成不良影响。

二、违规低速电动车交通事故纠纷裁判现状检视

（一）案件量占比逐年上升

截至 2023 年 4 月 16 日，中国裁判文书网查询到的 2017 年至 2021 年山东省和济宁市违规低速电动车事故占机动车交通事故责任纠纷的比例均处于增长态势，具体增幅如下图（图中占比数计算方式为违规低速电动车交通事故案件量／交通事故案件量 *1000）所示，从图中可以看出，相较于全省，济宁市违规低速电动车案件占比数更高。这说明我市更应当注重违规低速电动车的管理和事故纠纷处理工作。

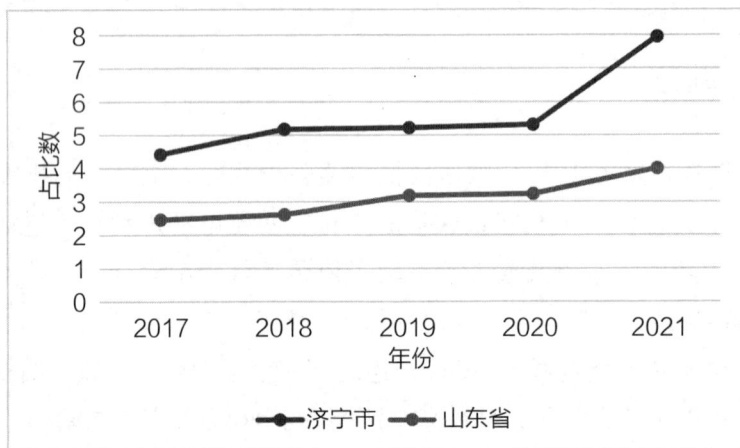

2017–2021 年济宁市违规低速电动车案件占比变化

（二）当事人定残率较高

截至 2023 年 4 月 16 日，我市在裁判文书网上公开的 2017 年至 2021 年违规低速电动车事故赔偿案例共 38 件案件，在这 38 件案件中，有 2 起事故致人死亡，有 23 件事故受侵害方被鉴定为伤残，其中 17 件鉴定为十级伤残，4 件被鉴定为九级伤残，1 件被鉴定为八级伤残，1 件被鉴定为七级伤残。伤残率达到 63.89%。可见，违规低速电动车一旦出现事故，由于其结构的特殊性及相关配置的不完善，对当事人生命健康所造成的影响极大。

（三）事故赔偿裁判路径不一

本文统计的 2017 年至 2021 年 38 件案件中，共有二审案件 11 件、一审案件 27 件，赔偿裁判分为两种不同路径。

1.判决在交强险责任限额范围内赔偿

11 件二审案件中，有 4 件法院判决应当在交强险责任限额范围内进行赔

偿。27 件一审案件中，有 20 件法院判决应当在交强险责任限额范围内进行赔偿。通过梳理案涉裁判文书，上述案件的裁判思路为：交警部门认定为机动车——机动车应当依法投保——未投保机动车应当在交强险责任限额范围内赔偿。此种裁判路径严格适用了法律对于机动车事故的赔偿规定。

2. 判决在事故责任划分范围内赔偿

11 件二审案件中，有 6 件法院判决按照事故责任划分进行赔偿。27 件一审案件中有 7 件法院判决按照事故责任划分进行赔偿。通过梳理案涉裁判文书，上述案件的裁判思路为：交警部门认定为机动车——机动车应当投保——现实投保不能——按事故责任比例赔偿。此种裁判路径考虑了现实投保不能这一客观因素，并据此降低了当事人的赔偿责任。

上述两种裁判观点造成裁判结果最大的不同就在于赔偿数额。按照《中国银保监会关于调整交强险责任限额和费率浮动系数的公告》所定的赔偿标准，如果按照第一种观点裁判，那么当事人将在 20 万限额（死亡伤残赔偿限额 18 万元，医疗费用赔偿限额 1.8 万元，财产损失赔偿限额 0.2 万元）内承担全部责任；如果按照第二种观点裁判，那么当事人仅在交警部门划分的责任限额内承担责任，两种责任承担方式在数额上有着较大的差距。通过统计上述 38 件案例的损失额可知，仅有 6 件案件的赔偿数额超过 20 万元，有 17 件案件交警部门将事故责任划分为同等责任，有 21 件案件交警部门划分事故责任为主要、次要责任。这意味着，如果按照第一种裁判观点判决，当事人将极有可能承担事故损失的全部赔偿责任；如果按照第二种裁判观点判决，当事人承担的赔偿将大幅度减少，甚至达不到前者赔偿数额的一半。

裁判尺度不一造成相同事实不同裁判结果的法律荒谬，势必引起公众对司法公正的质疑与责难。如果一条法律同时存在截然相反的解释与适用结果，法律本身应该具有的预测功能与指引功能自然无从谈起。

三、引发民事赔偿裁判困境的原因

（一）市民出行便利性与安全性的冲突

相较于普通的电动自行车，违规低速电动车往往配备驾驶室，能乘坐 2-4 人，在天气不佳的情况下具有特定的代步优势。而且与传统机动车相比，其不用担心停车车位问题，违停也不会被贴罚单。在道路上行驶时，驾驶人即便出现违规变道或无视信号灯行驶等违反交通法规的情形，往往也不会受到处罚。这在无形中提高了驾驶人的驾驶积极性。虽然目前法律法规将违规低速电动车定义为机动车，要求上路行驶必须按照规定挂牌并取得相应驾驶资格，但现实各地往往没有对违规低速电动车的上路门槛进行硬性监管，这就造成违规低速电动车成为游离在交通法规之外的车辆，没有驾驶经验资格的人也可以直接驾驶。违规低速电动车对于老年人代步能起到一定的积极作用。目前我国有149个地级及以上市的65岁及以上人口占比已经超过14%，进入深度老龄化社会。保障老年人的无障碍出行，既是"老有所乐"的基本前提，也是"老有所为"的基本保障。综上所述，违规低速电动车确实极大地便利了市民的出行。

违规低速电动车本身存在着巨大的安全隐患。首先，违规低速电动车普遍被设计为窄车身、轻底盘、高车体，车辆稳定性不好，行驶过程容易发飘；其次，车身比传统的二轮电动自行车要大1–2倍，但视野往往被驾驶室左右挡板所阻碍，难以观察路况；再次，由于违规低速电动车驱动动力有限，车身质量不能过高，因此车身强度低，外部及前后都没有防撞吸能结构，内部的驾驶室也没有强制性配备安全带等保护措施，一旦出现事故，驾驶人的安全性无法保障；最后，违规低速电动车的电池装配位置及充电配件目前没有统一标准，极易引发充电起火或者自燃事故。

违规低速电动车的行驶过程也存在极大的安全隐患。由于驾驶人未经统一的驾驶培训，行驶过程中的违法情形较多，且驾驶人多为老年人，一旦出现危险情况往往来不及反应，存在极大的安全隐患。

（二）机动车属性与非机动车管理的冲突

违规低速电动车属于机动车，但却没有被纳入机动车管理体系。关于车型，《机动车运行安全技术条件》仅对违规低速电动车的最大速度和功率作出了规定，没有对其车型进行限制，而目前上路行驶的绝大部分违规低速电动车车型都是未经工信部许可生产，未列入《道路机动车辆生产企业及产品公告》的违规车型；对于车牌，因其车辆性能不符合机动车安全技术标准，不能注册登记申领机动车号牌，同时因其不符合电动车新国标，也不能悬挂电动自行车号牌；关于驾驶资格，虽然《机动车驾驶证申领和使用规定》规定驾驶违规低速电动车需要取得相应驾驶资格，但目前在执法层面未对该项进行严格执法，导致上路行驶的绝大多数驾驶人都不具备驾驶资格。

然而，由于违规低速电动车道路行驶可能具备的危险性达到机动车标准，一旦发生交通事故，监管部门会将其认定为机动车，而由于车辆无牌上路，驾驶者不具备驾驶资格，极大可能会被判定为对事故有过错，而又因为无法参保交强险，驾驶人往往只能"自掏腰包"对事故的损失进行赔偿。并且，一旦发生重大伤亡事故，涉嫌交通肇事罪，驾驶人还可能被追究刑事责任。

（三）严格适用法律与加重无过错当事人赔偿责任的冲突

《最高人民法院关于审理道路交通事故损害赔偿案件适用法律若干问题的解释》第十六条第一款规定，未依法投保交强险的机动车发生交通事故造成损害，当事人请求投保义务人在交强险责任限额范围内予以赔偿的，人民法院应予支持。在司法裁判过程中，由于违规低速电动车依照现有技术规定，会被交警部门鉴定为机动车，依照该条，当事人需要承担与驾驶未投保交强险汽车相同的责任，即在交强险责任限额范围内赔偿。

但国家设置交强险是为了使被侵权人的损害能获得迅速填补，也是为了通过损害的转移和分散，保障侵权人不至于承担过重的经济负担。尽管交强险有保护弱者的显著特征，但不能因此而割裂了交强险作为一类保险险种本身所具有的分散风险的属性。目前中国保险行业协会未出台正式的关于违规低速电动车的承保规定，其不能投保机动车交通事故责任强制险，车辆所有人未投保交强险属于客观现状，并非投保责任人的过错，投保责任人不能享有基于投保分散损害和风险的利益，根据权责利相一致的原则，不应据此加重其民事责任。

四、走出民事赔偿裁判困境的路径选择

实践中，多地区都发布规范性文件禁止违规低速电动车上路。2021年7月，北京市各部门联合发布的《关于加强违规电动三四轮车管理的通告》决定，自2024年1月1日起，违规电动三四轮车不得上路行驶，不得在道路、广场、停车场等公共场所停放。违规上路行驶或停放的，执法部门将依法查处。天津市在2022年6月发布的《关于加强违规低速电动车管理的公告（征求意见稿）》中载明，2024年1月1日起，违规低速电动车严禁上道路行驶，严禁在道路以及广场、公共停车场等用于公众通行的场所停放。

关于省内对违规低速电动车的管理，早在2018年，山东省人民政府办公厅就发布了《关于加强低速电动车管理工作的实施意见》，该意见从开展低速电动车生产企业清理整顿、严禁新增低速电动车产能、整治道路交通秩序、加强

生产销售监督执法、强化组织领导和工作考核共计五个方面收紧了对违规低速电动车的管理。但目前各地市对违规低速电动车的管理强度不一。有地方选择全面禁止，比如德州市人民政府 2021 年 9 月发布《关于加强违规电动三轮四轮车管理的通告》，禁止生产销售违规低速电动车，设置城区限行区域，对已购买的违规低速电动车设置过渡期，2024 年 1 月 1 日起禁止上路行驶。也有地方在不取缔违规低速电动车的前提下主张以加强管理的方式来解决问题。比如聊城市 2021 年 4 月发布的《关于加强我市低速电动车通行秩序管控的通告》采取的是鉴定 – 处罚模式，即对发生事故或违规行为的违规低速电动车，一旦被鉴定为机动车，将比照机动车的处罚规定进行处理。济宁市人民政府办公室在 2019 年 9 月发布《关于加强低速电动车管理工作的实施方案》，该方案从多个方面对低速电动车清理整顿、加强管理提出了要求，但未就具体措施作出相应规定。

对于相关制度的完善，如前所述，违规电动自行车虽然不符合相关管理规定，但确实给市民出行带来了极大的方便，因此完全禁止违规电动车的出行上路并非是良策，而应当从管理制度、保险保障、裁判规则三方面入手，尽最大可能处理好违规低速电动车交通事故的民事赔偿问题。

（一）完善管理制度

登记备案是对违规低速电动车进行管理和总体把控的前提。目前，济宁市对违规低速电动车的登记备案制度还不健全，依照济宁市车管所发布的规定，能够办理注册登记的车型为普通摩托车和轻便摩托车，且需要有效期内的交强险凭证。由于违规低速电动车车型有三轮、四轮，目前的登记车型无法将其全部涵盖，并且目前违规低速电动车无法投保交强险，不具备交强险凭证，加之登记备案需要车主主动前往办理地点进行办理，群众办理的积极性不高，目前的登记备案制度难以满足对违规低速电动车管理的要求。因此，应当扩大登记备案车型范围，凡是符合最高设计车速和整车整备质量的三轮、四轮车型都可以纳入注册登记范围，其次，不再对保险种类作强制性规定，只要车辆在合规的保险承保期内即可登记备案。还应当在城区主要交通干道进行执法检查，要求违规低速电动车按照规定备案登记，以提高登记备案率。

对于发生道路交通事故的违规低速电动车，交通管理部门应委托专业机构进行机动车鉴定，经鉴定涉案车辆为机动车的，对驾驶人未登记备案、未悬挂号牌上道路行驶的，应当比照《中华人民共和国道路交通安全法》第九十五条第一款、第九十九条第一款进行处理，并在事故责任划分上从重考量。对于发生道路交通违法行为的违规低速电动车，比如占用机动车道行驶、逆向行驶、闯红灯，公安机关交通管理部门应依法进行扣押，并委托专业机构进行鉴定，经鉴定车辆为机动车的，依法按照机动车管理的相关规定，严惩严处驾驶人道路交通违法行为。

对于违规低速电动车的生产、销售端，应当卡死违规低速电动车增量流入市场的入口。严禁新增低速电动车产能，对生产、销售、拼改装违规低速电动车的行为，按照《中华人民共和国道路交通安全法》第一百零三条第三款之规定进行处罚。

（二）推广违规低速电动车投保

保险对于事故损失承担具有重要的兜底作用。我国交强险采取的模式是基本保障模式，更为强调交强险的基本保障功能和对受害人损失的填补功能。

违规低速电动车虽然属于机动车，但保险部门并未对其出台相应投保规定，现有条件下该种车型无法投保。虽然2022年中国保险行业协会发布了《电动摩托车承保实务（试行）》，将除电动自行车之外的电动两轮或三轮车辆纳入承保范围，违规低速电动车的保险制度已经在路上，但仍建议保险部门对目前存量违规低速电动车设计专门的保险合同，并要求驾驶人投保。一是在目前过渡期内，保险能够保障违规低速电动车发生事故得到及时全面的赔付，二是即便按照试行制度设计，仍有一部分现存违规车型无法纳入承保范围，需要补充制度予以兜底。因此，以商业险模式作为过渡和补充对于违规低速电动车安全发展有着重要意义。

（三）出台事故纠纷裁判指导意见

裁判指导制度是指导下级法院审判工作、统一司法裁判尺度的一种工作机制。目前，安徽省合肥市中级人民法院出台了《关于交通事故损害赔偿案件的审判规程（试行）》，其中第六十七条规定，被认定为机动车的电动自行车、电动三轮车、老年代步车、燃油助力车等无法投保交强险的车辆发生交通事故，驾驶人无须先行在交强险责任限额内承担赔偿责任，但应将其视为机动车认定赔偿责任。其采取的是绕开交强险，从赔偿责任方面对双方权益进行平衡。

违规低速电动车按照技术参数，被认定为机动车，就应认定其具有机动车的事故发生风险，造成的事故后果严重性也是高于非机动车的，应当按照机动车来认定赔偿责任。虽然交管部门做出的道路交通事故认定书并不等同于民事法律责任承担的认定，但道路交通事故认定书中对责任的反映是交通安全事故发生现场情况的证据，是查明各方是否违反交管法规的注意义务而做出的，交通事故认定书是认定侵权责任发生事实的重要证据。如事故认定责任书已考虑违规低速电动车的机动车属性，那么就意味着事故责任划分已经对车辆的机动车属性及当事人违规驾驶机动车的过错进行了评价，此时不宜再要求在交强险范围内承担赔偿责任，否则可能会产生双重评价。而对于交警部门的事故责任认定没有考虑机动车属性的，鉴于目前违规低速电动车无法投保交强险，也不宜认定其在交强险范围内承担赔付责任，而应当在审判过程中，考虑违规低速电动车的机动车属性，对赔付责任比例进行酌情调整。

五、结语

违规低速电动车所引发的问题虽然只是市民出行中的小事，但小事不可"小视"。任何案件落到家庭头上都是实实在在的大事、难事、急事。只有将管理做到事无巨细，保障做到全面覆盖，裁判做到公正客观，人民的安全感才能更加充实、更有保障、更可持续。

（作者单位：济宁市中级人民法院）

关于济宁市城市基层社会治理现代化的思考

汤　华　孟凡涛

社会治理是指政府、企业、事业单位、社会组织以及多元主体，通过一些方式来实现社会的良性发展，从而保障公民的合法权利，最终保证社会公共利益得到实现。联合国全球治理委员会在《我们的全球之家》中对社会治理作出的解释是：在面对公共事务时，多种多样的机构采取方式的加和，这就是在出现众多问题时，机构采取共同措施的一个过程。我国社会治理理论的正式提出是 20 世纪 80 年代末期，21 世纪初，我国城市的社会治理渐渐发展，政府对社会治理有了多样化的要求，主张多元主体共同参与，尽量能满足居民的多种需求。在此基础上，城市社区治理逐渐有序地开展。此时的社会治理是指政府与多元主体共同参与，旨在建立合作共赢的关系，从多个领域、多个部分入手，对社会发展、社会生活等多方面进行协调，对治理无效部分改正的过程。

当前我国的社会治理是坚持党和政府的领导，社会组织、个人等多元主体，遵循社会发展规律，在"人民至上"理念指引下，来达成公共利益以及社会稳定的目标，也是一种对社会生活和社会发展进行监督、治理的过程。在这个过程中，党充分发挥领导作用，政府主导公共事务，不断维持与其他多元主体之间的合作。社会治理的主体不再仅仅以政府为主，而是企业、社区、居民等多元主体共同治理。此时政府的角色不再是"一家霸权"，而是政府和其他治理主体一起发挥治理的作用，支持非政府组织、群众等一起参与公共事务的治理，实现多元主体在治理过程中的良性互动。

党的十八届四中全会，将社会管理转变为社会治理，从提法的改进彰显了我国治理理论的发展。十八届五中全会提出"构建全民共建共享的社会治理格局"的目标。2016 年，习近平总书记参加上海代表团审议时强调，基层是一切工作的落脚点，社会治理的重心一定要落到城乡、社区。党的十九大报告提出：加强社会治理制度建设，全面深化改革的总目标是完善和发展中国特色社会主义制度、推进国家治理体系和治理能力现代化。这些都是我国社会治理理论不断创新发展的体现。

一、城市基层社会治理的重要意义

基层社会治理围绕着高发的社会矛盾，力图解决现阶段出现的问题，它是人民安居乐业的基础，也是平安中国建设的根基。基层强则国家强，基层安则天下安，必须抓好基层治理现代化这项基础性工作。基层社区作为社会治理的基础和重点，不仅反映国家的基层社会治理的水平，而且对社会稳定也有一定的影响，因此需要着重关注城市社区治理。社会主要矛盾的变化彰显了人民多样化的生活需要，人民群众不仅对物质文化提出更高要求，而且对政治、社会和生活多方面也提出要求。党的十九大报告指出："推动社会治理重心向基层下移，发挥社会组织作用，实现政府治理和社会调节、居民自治良性互动。"在党的十九届五中全会上，审议通过了《中共中央关于制定国民经济和社会发展第十四个五年规划和二〇三五年远景目标的建议》（以下简称《建议》），在《建议》中提到了加强和创新社会治理，提出自治、法治、德治相结合，指出政府治理、社会调节以及居民自治的关系，提出完善基层治理体系、向基层放权赋能、减轻基层特别是村级组织负担治理的关键内容。《建议》明确基层社会治理的工作目标和工作要求，强调将社会治理工作重心放于基层。2021 年 4 月，国务院提出《关于加强基层治理体系和治理能力现代化建设的意见》（以下简称《意见》），《意见》对基层治理提出要求，强调基层社会治理的重要性。在工作原则方面坚持共建共治共享，明确向基层放权赋能，人人有责、人人尽责、人人享有。至于"三治"（自治、法治、德治）的工作要求，《意见》将自治部分完善为健全基层群众自治制度；在法治与德治方面，详细列举了发展公益慈善事业的要求，在这一部分指出创新社区与社会组织、社会工作者等的联动机制。党的二十大报告则强调：健全基层党组织领导的基层群众自治机制，加强基层组织建设，完善基层直接民主制度体系和工作体系，增强城乡社区群众自我管理、自我服务、自我教育、自我监督的实效。完善办事公开制度，拓宽基层各类群体有序参与基层治理渠道，保障人民依法管理基层公共事务和公益事业。

为适应新时代社会矛盾产生的新变化，国家对社会治理提出明确要求，包括完善社会治理制度、优化社会治理模式、提升治理能力等方面。政府工作至关重要的是，一定要解决群众关注的实际问题，将群众关心的难点、热点反映上来，使政府工作更加实际，更能科学决策。当前社会结构产生深刻的变化，基层社会治理发生了如下变化：

由一元主体到多元主体。新中国成立以来，我国基层社会治理的特点就是一元主体的主导，也就是指政府是主导者，对基层社会进行全面的管理。随着时代发展，社会需求逐步多元，政府在治理领域很难全面管理，治理的主体不再只是政府，而是社会组织、居民等其他主体参与。政府对权力进行让渡，原本不应该归政府承担的职能，交给居民、社会组织等其他多元主体，发挥其他多元主体的优势。政府扮演着监督者的角色，社会组织和社区等其他主体是服务的角色，他们都成为促进城市社会治理的重要角色，能够满足基层民众多样的需求。多元主体能够弥补一元主体的缺陷，打破权力的自上而下运行模式，大大激发各个主体的活力。

由管控模式到协商激励模式转型。改革开放之后，随着社会主义市场经济体制的确立，我国基层社会逐渐出现多元主体、多样诉求的特点，社会组织以及其居民等主体不断发展扩大，城市社区治理环境更加多元化、开放化。在这种环境下，多元主体可以自由、平等地参与社区治理，形成多元主体之间的良性互动，充分发挥各自的优势，最终实现基层社会治理的目标。

党中央坚持探索多种社会治理的模式，提出了"共建共治共享"的新模式。"共建"是指共同参与社会建设。"共建"的实现不仅仅是党和政府的责任，而且是社会各界的责任，要明确多元治理主体的职能。"共治"是指共同参与社会治理。共治的实现需要健全基层社会治理与德治、自治和法治的相结合，提高党在社会治理中的领导力、号召力。在一元主导下，强调多元主体的参与，建立共同治理的局面。"共享"是指共同享有治理成果。共享反映了社会治理为了谁的问题，明确为了人民群众，提升群众幸福感、安全感、获得感，为人民谋福利，解决人民最关心的问题，让发展成果惠及全体人民。

新时代加强基层社会治理，有着重大的理论和现实意义。第一，有利于化解矛盾，维护社区稳定。在经济全球化的影响下，社会产生了深刻的变化，社区治理模式需要改进完善，来应对现阶段的新变化。虽然我国社会稳定，但在改革开放和新的发展阶段中，还是出现了新的问题，亟须根据地方特点，因地制宜不断创新社区治理模式。第二，认识到多元治理主体的重要性。社区治理的主体是多元的，包含基层政府、社区组织、居民社团和辖区机关企事业单位等在内的治理主体，这些多元治理主体共同参与社区治理。第三，有利于我国城市社区治理水平的提升。当前城市基层治理问题中，诸多新问题、新冲突、新矛盾亟待解决。更好地推动基层城市治理的发展，可以为提升国家治理水平打下坚实的基础。

二、济宁市城市基层社会治理存在的问题

总体来说，济宁基层社会治理工作还显薄弱，治理模式的创新跟不上社会的发展，诸多问题逐渐凸显出来。在治理中涌现出许多矛盾与问题，通过分析，我们可以探究出存在的共性问题。

第一，基层矛盾日益复杂，群众的诉求日益多元化，迫切需要更加融洽的干群关系来解局。

随着新型城镇化的加速，城市人口剧增，给城市社区治理带来了一定难度。市民的民主和法治意识开始逐步增强，需求日趋多样化。政府的要求和群众的期望、习惯之间开始产生新的碰撞，且政府部门渴望参与并监督社区事务管理的趋向越来越强，帮助和引导市民维护自己的合法权利和利益，成为济宁市做好和改善基层社会治理的一个重要方面。当前各类社会矛盾汇聚于基层，基层社会矛盾呈现日益复杂的趋势。这些错综复杂的矛盾增加了化解问题的难度，给开展群众工作带来严峻挑战。

第二，基层社会治理机制不健全。

随着社会主要矛盾的转变，居民对社区治理主体的能力提出了更高要求。但是，社区作为基层群众性自治组织，目前还偏向于"行政性"，承接的政府任务性工作繁重。机制的不健全还体现在，社区岗位人员流动性较大。社区无论是岗位还是社会认同感，都没有足够的吸引力，特别对男性的吸引力就更为不足，导致社区工作者年龄和性别结构都不合理。

基层社会治理中各职能部门的协调还存在一些问题。目前，我国基层社会治理过程中，各个部门承担的职能不一样，职责不一样，政府部门各司其职，由不同的职能部门带头开展各项工作。但在这个过程中，基层社会治理事务繁杂，涉及领域众多，各部门难免发生职责交叉、分工不清的问题，各部门间协调难度大，基层社会治理难以发挥出整体性势能。而目前基层治理的事务繁杂，基层工作人员压力过大，必须在人才、资金和政策方面向基层治理倾斜。

第三，基层社会治理主体关系存在问题。

我国对社区的功能定位不太准确，社区往往承担不该承担的行政任务。随着

社会的转型，政府的职能也有所转变，但是政府职能转变并不是一步到位的，在转变的过程中还存在职能不明确等问题，就使得基层社区治理出现了行政负担过重的问题。在现阶段的城市基层社会治理中，各类型社会组织依赖政府部门严重。对于大部分社会问题，政府及其官员还是坚持"亲力亲为"。社会组织的准政府角色定位严重以及居委会的行政化，都导致了现阶段社会组织的发展水平还不足以完全应对得了所有社会问题。

在传统的社区治理模式下，主客体职能不明的问题尤为突出，这使得基层组织丧失原有的活力，自治的职能没办法很好地发挥，基层组织的大部分精力都被用于处理政府交付的任务，分身乏术，很难全身心应对社区的治理工作。社区居民也在这个过程中，逐渐丧失了对社区的信任和对公共事务的关注。

要想解决社区治理"行政化"的问题，避免政府的"越位"和"缺位"，使社区自治组织充分发挥作用，必须理清多元主体间的关系，确定不同事务的责任主体，实行分类治理。社区事务的细化分工是以社会分工为基础，不同的责任主体根据不同的职能履行其责任，可以把社区事务根据属性进行划分三大类：社区行政事务、社区公共服务、社区自治事务。

第四，基层社会治理存在人才困境。

现有社区治理专职工作者队伍，大部分文化程度过低、年龄偏大，文化程度和年龄结构都没办法适应现代化治理的需求，基层社区人才流失还是社区一直以来的重要问题。

社区专职工作人员整体收入水平比政府工作人员低。社区专职人员过多的事务并没有和薪资成正比。因此，社区工作者的工作倦怠成为普遍的状态，而且过多的基层社区专职工作者没有编制，他们虽然是社区运转必不可缺的一份子，但是没有取得正式的身份。这些社区专职工作人员，他们虽不是政府工作人员，但在社区治理中有很大的影响力，能够灵活地解决社区的矛盾与问题。

社区配备的工作人员数量，不能满足社区繁重的工作量，其中有正式编制的社区工作者很少，大部分是政府招募的"临时工"，因此社区招募一些志愿者来缓解社区工作压力，可招募社区志愿者并不是长久之计，还是需要政府在社区治理工作者方面多下功夫。

将网格化、网络化、大数据与市域社会治理现代化融合已经成为新时代提升基层社会治理效能的重要应用模式，基层社会治理离不开智治支撑、技术支撑，自然就更离不开人才队伍的建设。而目前人才队伍建设方面需要改善，如部分地区基层工作人员解决问题的能力、信息技术运用能力等都亟须提高。

第五，基层会治理面临事务繁杂、风险集聚的问题。

近年来，随着城市化进程的加快，我国每年新增城镇人口数量逐步上升，大量人口涌入城市，这就意味着城市街道办需要服务更多的人，社区居委会需要提供更多的服务，这对区域内城市公共基础服务设施、就业、社会保障、社会安全、社会公共卫生、社会环境保护等各个方面治理都带来了巨大的挑战。人口向城市流动，而群体文化与观念存在差异、不同群体间社会裂缝较大、利益关系复杂、矛盾冲突较多，治理难度更大，对党和政府提出了更高的要求。

第六，基层社会治理资金匮乏。

社区资金不足的主要原因，一般来说有两个方面：一方面是政府投入专项资金不足，城市社区治理资金的主要来源就是财政拨款，可是财政预算有限，这使得社区治理的资金有很大限度。另一方面社区的收入来源不够稳定，无法通过自身的力量来发展。资金的匮乏很大程度影响了基层组织的健全，影响了基层治理的效果。

三、推动济宁市城市基层社会治理现代化的建议

（一）坚持中国共产党的领导，践行"人民至上"理念

党全心全意为人民服务的宗旨，要求我们坚持"人民至上"的治理理念，基层政府要全心全意为人民服务，不断为社会的稳定和全面发展作出贡献。基层社会治理在国家治理体系中的"枢纽"地位的属性，决定了它在社会治理过程中起着承上启下的作用。基层社会治理内容多、范围广，治理过程中要注重协调性、系统性与整体性。基层社会治理倡导多元共治，治理范围涵盖城区及其周围乡镇和农村社区，涉及教育、卫生、养老等各个方面；要求政府与政府之间、政府部门与部门之间、政府与其他社会组织等治理主体之间互相协作，注重区域联动、系统谋划、整体推进，协同发展。因此，只有坚持党的全面领导才能实现社会治理的层级跨越，弥补治理过程中存在的碎片化和异质性等缺陷。

（二）转变政府职能，建设服务型政府

基层社会治理是多个主体参与的多元共治的过程，政府不再是唯一主体，政府除了担起相应的主体责任，还应该与其他参与基层社会治理的组织协调，让多元共治落到实处。基层社会治理领域的核心理念是以人民为中心，这对政府提出

了更高的要求，政府需要提供更精细化、精准化的服务来满足人民日益增长的需求。提升基层社会治理能力，要求政府提高政策制定、政策执行、资源配置、社会整合等治理能力。由于各地的发展水平、发展情况不同，政府需要根据当地的经济发展水平、技术水平、利益相关方、群众接受度，立足实际来制定相关政策，因地制宜，循序渐进，保证政策有效性，这样才能提升治理效能。

受到传统社区治理模式的影响，我国社区治理存在相对较强的行政化现象，社区居众在社区决策中没有具最终的话语权，还属于旁观者，基层社会决策很难摆脱"一言堂"的旧习。信息公开不及时、沟通渠道不畅通、公民参与机制不健全等，都严重影响着社区居民提高素质。

传统治理模式中政府作为主导已成为过去式，改进的治理模式给居委会、居民等多元主体赋予更多权力，使多元主体都能得到发展，在现有体制下，城市社区治理在党的领导下，化解旧有的全能政府职能，各类公共事务下放、权力下移，社区组织和社区居民有权力进行自治，以提高治理的针对性。

（三）加强人才队伍建设，将"智治"落到实处

智治是基层社会治理现代化的重要治理方式，要推进基层社会治理与现代科技融合，加强领导干部队伍建设，加强网格管理中的网格员队伍建设，多领域引领培育基层社会治理过程中的人才建设、完善智库建设，让基层社会治理更加专业化，提高创新能力，在一定程度上有利于提升基层社会治理水平，从而提升基层社会治理效能。

政府要加强社区专职工作者的队伍建设，就要对社区工作者进行定岗定编，社区工作者的编制目前是按照社区居民的数量由政府统一决定的，它忽略了社区自身的发展情况。社区工作者的编制应该按社区的情况来决定，社区应该有一定人事任免权，这样就可以更好地调动社区工作者的积极性。社区工作者的录用，应采取多个渠道准入机制。社区事务关系着社区居民生活的多个方面，这就要求社区工作者拥有不同的知识结构和年龄结构，多渠道的准入机制能够很好地解决这一问题。

（四）开放共治，规范引导社会组织参与治理

在现阶段，一元主体无法解决社区出现的复杂和多样的问题，也无法满足社区居民的诉求。因此，社区治理模式需要多元主体共同治理。要想实现国家治理能力和体系的现代化，就必须转变政府的管控观念，将一元的模式转变为多元的合作模式。通过行政命令来进行社会治理的模式，不仅无法顺利解决问

题，而且更容易激发基层矛盾。

引导社会组织参与基层社会治理是推动市域社会治理现代化的重要环节。如今一些重大公共安全事件中都有慈善会、基金会、志愿团体以及专业性社会组织等的支持帮助，社会组织具有自治性、志愿性、公益性、灵活性等特征。政府要承担起责任，加强对社会组织的规范和引导，主动培育或引进专业服务性的社会组织，明确和厘清社会组织参与社会治理的程度与边界，完善人大立法，保障社会组织良好平稳运行，推动社会治理现代化。

培养多元主体良性互动的理念。良性互动强调运用高效的治理来维护社会秩序稳定，在治理中防止出现一家独大的情形，主张通过多方合作来达到社会治理的良性互动。在治理过程中政府由"划船者"变为"掌舵人"，通过政策引导等多种形式，调动多元主体的积极性，从而转变政府职能，建立政府与多元主体良性互动的模式，保障多元主体在公共事务中"发光发热"，促进社会和谐发展。

（五）树立科学的治理观念，培养"自治、法治、德治"理念

法治和德治都是不容忽略的，需要在社区治理中发挥两者的重要作用。社区治理的多元主体必须树立法治、德治理念，来保证基层治理有效运行，来完善城市社区法制观念，提升城市社区的法治水平。在提升法治理念的同时，需要大力提高德治水平，推动法德同治。

党领导下的政府、社会组织、社区居民等多元主体共同参与基层社会治理。政府已经不是城市社区治理唯一的主导者，而多元主体运用切实可行的观念来共同治理，多元主体之间是合作、平等的关系，三治理念为城市社区治理提供了一定的指引，为多元主体治理模式的实践奠定了良好的基础。

基层社会是矛盾和风险的易发地，有效地解决问题纠纷，构建和谐稳定有序的社会必须重点关注基层社会治理，基层社会治理是丰富我国社会治理方式、打造社会治理新格局的重大实践，是国家治理过程中不可或缺的一环。城市基层社会治理不仅仅是一种简单的治理过程，而且是在治理过程中不断解决出现的问题。治理模式的创新不是一蹴而就的，是根据实际情况，不断改进和磨合的漫漫长路，济宁市应在这些成功经验的基础上，走出适合自身发展的新模式，加快基层社会治理现代化，推进国家治理体系和治理能力现代化的进程。

（作者单位：中共济宁市任城区委党校）

平安建设视角下防控地方金融风险对策研究

刘　宁

一、防控地方金融风险是平安建设的重要内容

从根本上，金融本身就是集发展与安全高度于一体的行业。一方面，金融是现代经济的核心，是资源配置和宏观调控的重要工具，是推动经济社会发展的重要力量。近年来全市金融总量快速做大，为推动全市高质量发展贡献了金融力量，仅 2022 年全市社会融资规模突破 1 万亿元，达到 10185 亿元；各项存款余额达到 8070 亿元；各项贷款余额达到 6410 亿元，增长 14.5%，居全省第 3 位，贷款增幅连续四年保持全省前 3 位。另一方面，金融是经营管理风险的行业，习近平总书记指出，坚持把防控风险作为金融工作的永恒主题。全市金融系统坚持"防范为主、打早打小、综合治理、稳妥处置"的工作原则，优化金融生态环境，守住了不发生区域性系统性风险的安全底线。全市互联网金融风险基本出清，网贷机构实现全行业退出，防范和处置非法集资平安建设工作连续多年在全省排名靠前。充分发挥市、县综合考核和平安建设考核指挥棒作用，落实防范化解重大金融风险问责办法，进一步压实各地各部门风险防控责任，稳妥推进重大风险和案件的处置维稳工作。推进加强和完善现代金融监管，依法将各类金融活动全部纳入监管，实现风险早识别、早预警、早发现、早处置，切实提高金融治理体系和治理能力现代化水平。加强宣传引导，营造浓厚氛围，"线上＋线下"多渠道开展金融安全宣传活动。紧盯民间投融资中介、养老服务、房地产、私募基金等重点领域以及其他新兴领域，坚决打好防范化解金融风险攻坚战、歼灭战、持久战。2022 年任城区累计开展平安创建专项督导检查 59 次，126 人次，排查各类金融机构和地方金融组织隐患风险 29 处，整改完成率 100%，确保了平安金融创建落实落地。

党的二十大报告对"坚持全面依法治国，推进法治中国建设"以及"推进国家安全体系和能力现代化，坚决维护国家安全和社会稳定"进行专章论述、专门部署，体现了党中央抓关键、补短板、防风险的战略考量，为新时代平安

中国、法治中国建设指明了前进方向，提供了根本遵循。平安建设作为新形势下加强社会治安综合治理工作的新举措，是构建社会主义和谐社会、促进经济社会协调发展的保障工程，是维护广大人民群众根本利益、为人民群众所期盼的民心工程，是提高党的执政能力、巩固党的执政地位的基础工程。要通过扎实有效的工作，将平安建设始终贯穿于加快高质量发展的全过程，融入经济、政治、文化、社会、生态等多领域、多层面，实现"政治安定、社会稳定、经济运行安全、文化活动健康、法制健全、群众满意"的总体目标。金融活，经济活；金融稳，经济稳。党的二十大报告多处提到金融一词，提出要深化金融体制改革，加强和完善现代金融监管，强化金融稳定保障体系，依法将各类金融活动全部纳入监管，守住不发生系统性风险底线。在平安金融创建上持续发力，筑牢金融安全屏障，打造安全稳定的金融营商环境，牢牢守住不发生系统性金融风险的底线，切实维护地方金融安全，是平安建设的重要内容。

2023年市政府工作报告中着重强调，要更好统筹发展和安全，聚焦守牢"一排底线"，在提高安全发展水平上构筑新屏障，提出建设更高水平平安济宁的工作目标。指出要进一步强化金融风险防控，加强政府债务管理，坚决守住不发生区域性系统性风险底线。我市召开金融机构加力助推经济高质量发展座谈会，是继市2023年高质量发展动员暨干部作风建设大会后，召开的第一个高规格的专题会议，全市四大班子领导，30多家金融机构、各市直部门负责人及县市区委书记区长参会。这充分体现市委、市政府更加重视金融业发展的鲜明态度，彰显更加重视推动金融服务实体经济发展的坚定决心，发出更加重视营造良好金融生态的响亮号召，为防控地方金融风险维护金融安全提出了更高要求。

二、防控地方金融风险面临的主要挑战

防控金融风险是维护国家金融安全的"第一道阀门"，地方金融是国家金融的重要组成部分。近年来，全市金融系统在深化金融供给侧结构性改革、增强金融服务实体经济能力的同时，坚持底线思维，压紧工作责任，精准施策发力，全市金融风险总体可控，守住了不发生区域性金融风险的底线。从全国来看，防范化解金融风险取得新成果，金融管理部门坚持市场化、法治化处置风险，一些突出风险得到稳妥处置，金融风险总体可控、趋于收敛。但由于历史性周期性结构性体制性因素共同作用，金融风险仍处于易发多发期。当前金融服务高质量发展

任务艰巨，金融改革发展稳定面临一系列新课题新挑战，防范金融风险须解决许多重大问题。

从宏观方面分析，金融风险与宏观经济基本面有着紧密的内在关联性，呈现出较为显著的顺周期性，当经济形成向上趋势，系统性金融风险被严重低估而基本没有踪影，但是，当经济形势逆转向下之时，系统性金融风险迅速暴露、严重恶化并可能进一步引发经济问题。总体来讲，我国金融体系的风险主要来自三个方面。首先是我国宏观经济周期性或结构性变化对金融体系产生的系统性冲击，其次是金融体系内部的自身演化和逐步累积的风险，最后是我国经济金融体系之外的外部风险溢出，主要是国际金融市场。从微观上看，地方金融风险具有复杂性、多样性、群体性等特征，成为当前金融风险防控维护金融安全工作的重点和难点。例如深圳市，随着互联网金融、金融产品以及小贷公司、各类民间金融机构层出不穷，深圳培育了一个庞大的民间金融市场和非正式金融市场，存在金融乱象频生、野蛮生长等突出问题，该地的金融违法犯罪案件近年来呈现出案件数量逐年增长、参与人数大幅度上升、涉案金额逐步变大、表现形式多种多样、作案手法不断升级、涉风险点不断增加等问题。

从国际上分析，随着世界政治经济格局发生深度调整，全球贸易保护主义抬头，贸易摩擦加剧，金融市场持续动荡，如出现美联储加息及利率极端波动、硅谷银行倒闭、德意志银行危机等，外部不确定性的增加对我国宏观经济和金融市场均带来巨大的挑战。从国内情况来看，当前经济面临一定的下行压力，经济运行的结构性矛盾依然突出，一段时间以来金融体系积累的风险逐步显现。一是宏观杠杆率较高，非金融部门的杠杆率显著高于其他重要经济体，而国有企业的杠杆率又明显高于其他所有制企业。二是地方政府的隐性债务扩张迅速，有些地方政府的显性债务和隐性债务远超其偿付能力，已成为金融体系的重要风险源。三是影子银行盛行，为宏观高杠杆提供了微观路径。资金信托资产、银行理财产品、证券公司定向资管产品等金融资产相加，已经超过整个银行体系内贷款规模的一半以上，且产品间存在互相嵌套、相互持有的现象，给监管、统计和金融风险控制造成了更大的难度。

从风险主体上看，地方金融风险可界定为地方金融机构、类金融机构及民间金融组织的经营活动产生的风险。当前需要特别关注以下几个方面。一是关注伪金融创新。无节制无约束的所谓金融创新是金融风险发生的重要原因之一，在各种利益驱动下，金融创新极其容易忽视风险管理的基本安排，很多新型的金融产品或者商业模式就会披着金融创新的外衣出现，以高额的收益率、缺乏保障的风险管控机制出现在市场。近年来，在中国经济增长面临下行压力持续放缓、实体经济有待振兴的大环境下，银行业资产扩张速度仍然较快，一些地方的小额信贷公司、互联网贷款公司、各类型具有高利贷性质的衍生产品同样存在着资本覆盖、审慎经营的风险。此外，缺乏有效信息披露的金融创新同样蕴藏着巨大风险隐患。二是要高度关注虚假登记产生的风险。随着商事制度改革和公司注册流程的简化，一些公司借着政策便利，进行金融活动或者是类金融企业的注册，但这些公司往往存在着注册地与监管地不一致、注册名称与实质内容不一致的情形，大量带有"擦边球"行为，甚至是带有传销、诈骗等涉嫌违法属性的公司在工商部门注册登记，但却没有得到金融监管部门的合法授权，也没有纳入金融监管部门的监管，从而形成了较大的风险隐患。三是要高度关注互联网金融活动。互联网企业与传统金融机构同样面临着大量的信用风险、市场风险、操作风险、流动性风险等，但其风险的识别和应对的经验能力跟传统机构还有很大差距。互联网金融的蓬勃发展也同时伴随着行业的野蛮生长，甚至出现"互联网金融乱象"，比如滥用股权众筹概念、领投机构放大杠杆向普通投资者转嫁风险等问题，存在大量打着普惠金融旗号的 P2P 网贷平台在运营过程中出现兑付困难、倒闭以及跑路等现象。四是要高度关注非法集资等金融犯罪。隐匿于民间的各种非法金融活动仍然多处散发，既有传统的、原始的骗局，也有结合互联网进行违规集资等活动，更有养老诈骗类的重大恶性带有非法集资性质的犯罪活动。一些无牌无照、小杂散的非法金融组织，其活动方式隐蔽性强、传染性强、突发性猛、危害性大，事后的处置过程往往又极其复杂，民办教育、地方交易所、保险等领域涉嫌非法集资问题逐步显现。

三、防控地方金融风险的工作方向

随着金融综合化经营趋势加剧、金融产品创新加快和金融科技手段的运用，金融风险更具隐蔽性、复杂性和传染性。首先是重点领域风险隐现，如互联网金融平台暴露的无牌经营、监管套利、侵害消费者权益，高风险影子银行死灰复燃，一些中小金融机构流动性不足，存量风险处置难度较大、区域风险相对集中的问题。其次是房地产市场风险隐患较多，当前，房地产业仍是我国重要的支柱性产业之一，房地产企业采用"三高"的赚钱模式，即高杠杆、高债务和高周转，房地产贷款占银行贷款总余额的比重超过四分之一，房产价值占民众财富存量的比重超过二分之一。当前我国房地产调控降价或涨价都蕴藏着风险，房地产业全行业资金绷紧，债券违约增加，房企倒闭增多，烂尾楼蔓延，金融业房贷不良率快速上升。再次仍需要加强隐性债务风险化解力度，随着减税降费进行和房地产行业持续下行，财政收入增速下降，导致地方债务到期和付息压力叠加，个别城投平台隐性债务规模较大，个别地方违规举债行为仍时有发生，引发地方金融风险的可能性增大。

习近平总书记在《当前经济工作的几个重大问题》中提出，有效防范化解重大经济金融风险，我们必须坚持标本兼治、远近结合，牢牢守住不发生系统性风险底线；防范房地产业开发系统性风险，防范化解金融风险，防范化解地方政府债务风险。这从国家层面明确了我们维护地方金融安全的工作方向。房地产方面，要正确处理防范系统性风险和道德风险的关系，确保房地产市场平稳发展，鼓励地方政府和金融机构加大保障性租赁住房供给，探索长租房市场建设，要坚持房子是用来住的、不是用来炒的定位，消除多年来"高负债、高杠杆、高周转"发展模式弊端，推动房地产业向新发展模式平稳过渡。金融风险方面，要统筹好防范重大金融风险和道德风险，压实各方责任，及时加以处置，防止形成区域性、系统性金融风险，要加强党中央对金融工作集中统一领导，深化金融体制改革。地方政府债务风险方面，要压实省级政府防范化解隐性债务主体责任，加大存量隐性债务处置力度，稳步推进地方政府隐性债务和法定债务合并监管，坚决遏制增量、化解存量。要禁止各种变相举债行为，防范地方国有企事业单位"平台化"；加强对融资平台公司的综合治理，推动分类转型。

四、防控地方金融风险的对策建议

1.加快构建协调一致地方金融风险应对机制。当前受经济增速下行影响，我国金融资产质量加速恶化，区域性金融风险仍处易发高发状态。地方金融监管和风险处置中面临定位不清、职责无限、资源有限、协作乏力和基础不牢等问题，地方在风险处置中关键是提高执行效率，一方面要强化监管统筹协调，实施功能监管和行为监管，提高监管针对性。另一方面要充分运用金融科技尤其是监管科技手段，提高监管数字化智能化水平，提升监管精准性，实现风险的早识别、早预警、早发现、早处置。在日常监管方面，根据金融机构的规模、业务特性和风险暴露等，结合机构的风险和监管评级变动情况，由央地金融监管部门定期协商，进一步厘清不同类别机构中央和地方风险处置责任，将地方各类金融、准金融机构的风险状态进行分级分类管理。

设立多个处置责任主体分级参与地方风险处置的机制，根据金融机构的风险状况和可能的外溢效应，逐步引入多个监管主体，加重监管责任，并提高最终的处置效率，对存在较大风险的机构除接受央地监管机构共同或专门的现场监管外，还可以引入最终可能承担弥补损失责任的各类主体，如存款保险机构、保险保障基金、信托保障基金或中小投资者保护基金，启动与地方财政和国资等部门的沟通协调等，将党的领导责任、地方国有金融资本管理责任、辖区风险处置责任和维护社会稳定责任统合起来，落实属地责任。

2. 运用底线思维防范化解地方金融风险。习近平总书记指出领导干部要善于运用底线思维的方法，凡事从坏处准备，努力争取最好的结果。这一科学方法论对打好防范化解金融风险攻坚战具有重大现实意义。

监管部门和金融企业要积极会同社会各方合力构筑全过程风险管控机制。一是要优化风险源头管控机制。金融企业要做好风险源头控制，明确金融企业应承担风险管理主体责任，搭建权责明晰的企业风险管理架构。要对高管层设立风险限额，进一步完善科学决策程序，持续完善管理信息系统，确保信息及时传导反馈。二是要建立风险监测和风险早期预警机制，有效降低风险发生概率，为处置赢得时间和空间。要加强对政策导向、行业趋势变化和企业经营规律的研究，完善管理架构和质量控制机制，全面提升数据收集、整理和应用水平，要重视压力测试工作，对主要业务条线和领域各种不利情景开展全面测试评估，要深化同业合作机制建设，不断拓展同业合作范围和深度，共御风险。三是要建立风险迅速处置机制。对企业债务违约、信用风险快速上升及可能出现的中小银行机构集中提款等已暴露风险或风险事件，必须联合处置，提升效率，将风险损失压至最低程度，发挥债权人委员会作用，坚持一企一策，对信用风险、流动性风险等各类风险分别做好预案和恢复计划，重点提升可操作性。要建立专业队伍，加强模拟演练，提升实战能力。要形成工作合力，在地方政府主导下，形成金融机构、监管部门、司法部门和新闻媒体等共同参与的联合处置机制，为风险处置提供全方位的法律、政策、资金和舆论支持。要借鉴国际经验赋予其灵活有效的处置工具，如限制股东权利、更换高管和董事、调整和终止合同、存款人快速赔付、设立特殊目的载体处置不良资产或组织收购承接等。

3. 平衡好稳增长与防风险之间的关系。经济高质量发展是金融业最重要的风险防范手段。中央经济工作会议多次同时提到稳增长和防风险，说明两者是不能分割开的，而且可能会长期共存。因此，必须处理好稳增长和防风险的关系，实施积极的财政政策和稳健的货币政策，根据内外部形势变化适时对政策进行预调、微调，使市场流动性更加合理充裕，将防范化解金融风险与服务实体经济更紧密地结合起来，以经济高质量发展化解系统性金融风险。

防范化解金融风险既要坚定信心和决心，又要把握好力度和节奏，要采取切实措施，加大对中小银行的支持，维护好银行体系稳定。要稳妥推行房地产贷款集中度管理等制度，促进房地产市场平稳健康发展。要压实地方政府责任，防控地方政府债务风险。要全力保障经济恢复性增长，加大金融助企纾困力度，突出扶持民营企业、小微企业，加强对重大产业项目、新基建项目和传统基础设施补短板项目的投融资支持，强化对稳外贸、稳外资、促消费的金融支撑。要推动金融高质量发展走深走实，始终坚持党对金融工作的集中统一领导，始终坚持金融发展以人民为中心，始终坚持金融支持实体经济本源，不折不扣落实党中央重大决策部署和金融宏观调控政策，用好用足各项货币政策工具，开展逆周期调节和跨周期调节，在制造强市建设、现代港航物流发展、都市区建设、县域经济、农业强市建设等方面持续贡献金融力量。

4. 建立地方党政主要领导负责的财政金融风险处置机制。财政风险和金融风险存在互溢关系，房地产业规模大、链条长、牵涉面广，对于经济金融稳定和风险防范具有重要的系统性影响。对城投发债进行分档管理，监管政策持续升级，部分城投发债受限，非标融资渠道收紧，城投公司的现金流面临考验。地方国有企业信用风险持续释放，地方政府隐性债务风险可能引发金融体系的风险。金融机构对地方政府呈现出关联度高、透明度低的"软约束"关系，金融机构比较偏好向具有地方政府隐性担保的融资平台提供贷款，并且政府债券也多数被商业银行所持有，导致财政政策一定程度上呈现金融化。随着经济下行的压力，地方政府财力随之下降，面临对政府债券和隐性债务偿付能力下降的现状，还本付息压力聚集，金融机构对融资平台公司发放的贷款金额越大，面临的金融风险也就越大。因此，落实地方党政主要领导负责的财政金融风险处置机制，进一步增强各级政府的风险防控责任，有利于风险控制和化解。

全国很多地区已经建立起该项机制，该机制不改变各部门职责划分，不改变中央和地方事权安排，接受金融委办公室的业务指导和管理，由人民银行分支机构主要负责同志担任召集人，银保监会、证监会、外汇局派出机构及地方金融监管部门主要负责人和发展改革委、财政等部门负责人为成员。该机制主要关注的风险包括金融机构风险、企业债务风险及地方政府性债务风险。主要工作目标是全力防范化解政府债务风险，坚决遏制政府隐性债务增量，稳妥化解存量；全力防范化解金融风险，引导金融机构回归本源，改善资产质量，提升服务能力；全力防范化解企业债务风险，完善机制、精准处置、管住重点，不断做强做优做大国有资本。落实好该机制还要形成多层次、多角度的监督体系，加强人大监督、社会监督等外部监督。要加大违法违规成本，提升问责力度和处罚力度，严格落实政府举债终身问责制和债务问题倒查机制。

（作者单位：济宁市任城区国有资产统计评价中心）

参考文献：

[1] 孙卓.融资约束差异对投资行为及效果的影响研究[M].同济大学出版社，2020.

[2] 杨运杰. REITs：实现公共资产证券化的金融模式[M].中国经济出版社，2022.

[3] 周丽莎.混合所有制改革实操与案例研究[M].中国经济出版社，2020.

[4] 戴国强.货币金融学第五版[M].上海财经大学出版社，2023.

[5] 奚君羊.国际金融学[M].上海财经大学出版社，2019.

[6] 张宇.中国特色社会主义政治经济学（第3版）[M].高等教育出版社，2021.

济宁市域社会治理现代化推进对策研究

崔海滨

市域社会治理现代化是国家治理体系和治理能力现代化的基础，受到党中央的高度重视。党的二十大报告指出，要"加快推进市域社会治理现代化，提高市域社会治理能力"。习近平总书记指出："把市域社会治理现代化作为切入点和突破口，深入推进社区治理创新，构建富有活力和效率的新型基层社会治理体系。"近年来，济宁市积极探索、多措并举推进市域社会治理现代化建设，市域社会治理理念不断进步，共建共治共享的工作格局初步形成，人民生活幸福感稳步提升。但是，市域社会治理作为社会治理的新阶段，在理论和实践层面仍有许多内容亟须厘清。在当前全国上下认真学习贯彻党的二十大精神和习近平新时代中国特色社会主义思想的大背景下，深入研究推进济宁市域社会治理现代化水平的可行对策，认真构建以党建为统领，政治、法治、自治、德治、慧治"五治融合"的市域社会治理现代化模式，将对推动济宁市域社会治理创新、提高济宁市域社会治理水平、统筹济宁发展与安全、推进平安济宁建设的现代化产生重要作用。

一、坚持以党建为统领，加强济宁市域社会治理的政治建设

中国特色社会主义最本质的特征是中国共产党的领导。在国家治理体系的大棋局中，党中央是坐镇中军帐的"帅"，车马炮各展其长，一盘棋大局分明。要"增强党组织政治功能和组织功能"，"坚持大抓基层的鲜明导向，抓党建促乡村振兴，加强城市社区党建工作，推进以党建引领基层治理，持续整顿软弱涣散基层党组织，把基层党组织建设成为有效实现党的领导的坚强战斗堡垒。全面提高机关党建质量，推进事业单位党建工作"。要加强社会治理制度建设，完善党委领导、政府负责、社会协同、公众参与、法治保障的社会治理体制。因此，坚持以党建为统领是济宁市域社会治理现代化必须坚持的原则

和基础。当前，要充分发挥党的全面领导优势与社会主义制度的显著优势，坚持以党建为统领，加强济宁市域社会治理的政治建设，完善济宁市委领导下市域范围内高效协调的济宁市社会治理体制。

（一）用党建统领济宁市域社会治理的全过程，筑牢政治引领制高点

第一，充分发挥党委政治引领作用，把党总揽全局、协调各方的政治优势同政府整合资源、社会组织服务、企业市场竞争优势有机结合起来，形成工作联动、城乡联治、平安联创的一体化体制机制，加强和创新社会治理。第二，牢牢把握政治安全，抓住党建引领社会治理的关键要素，明确各层级治理职能，充分有效发挥各级党委和政府职能作用，形成市级统筹协调、县区组织实施、乡镇强基固本的市域社会治理链条。第三，始终坚持以人民为中心和以问题为导向的理念，紧紧抓住群众生活中的痛点难点堵点，时刻了解群众所想所盼所需，确保党的方针政策始终体现群众诉求并贯彻落实到社会治理的全过程。

（二）构建部门协作的齐抓共管体制

第一，选好用好干部。"及时调整充实各部门领导班子力量，将思想政治素质好、贯彻执行能力强、推动科学发展能力强、处理复杂问题能力强、联系服务群众能力强的干部调整到重要岗位，确保人岗高度契合。"第二，明确部门职责。组织部门要牵头抓总、协调管理，指导做好换届选举工作，组织推选村民（社区）代表、加强村社政务公开和基层民主政治建设；社会工委要负责做好区域化党建工作，加强非公和社会领域党建，提升党的组织覆盖和工作覆盖。第三，加强督导考核。建立资源整合利用工作督查机制，党建督查组结合阶段性重点工作，定期进行督促检查并及时反馈结果。在党建工作考核中制定责任清单，明确责任人，量化考核指标，提升考核的实效性，为形成多部门联动、齐抓共管的党建工作合力提供保障。

（三）抓好基层网格化党建

习近平总书记强调："党的基层组织是确保党的路线方针政策和决策部署贯彻落实的基础。"抓好基层网格化党建是党中央对党组织领导基层建设社会治理问题提出的全新发展要求。第一，基层党组织要明确社区和网格的责任清单，把每项具体任务落实到每个网格中。"将城市按照网格划分，不留缝隙、不留漏洞，做到精细管理、精准定位、精心维护的三精原则，保证市域社会治理现代化工作落地生根。"第二，建立有效的联合联动、联合努力的工作局面。从"大党建"的角度，遵循"管理便利、责任明确"的原则，把党建工作

的领导地位放在村、社区、街道的网格上，根据辖区内实际情况，设立功能性党支部。促进企业党建网格与社区治理网格全面发展融合，真正做到人在格中走、事在网中办。

二、加强济宁市域社会治理的法治建设

加强济宁市域社会治理的法治建设旨在通过济宁市域法律规范体系、法治实施体系、法治监督体系、法治保障体系的进一步完善，达到济宁司法机关与党委、立法机关、行政机关、民众之间的良性互动，将社会治理的各项事务纳入法治轨道，实现济宁市域社会治理的法治化。

（一）建设科学完备的济宁市域法律规范体系

良法是善治的前提，济宁要聚焦基层社会治理需求，结合经济社会发展实际，用足用好地方立法权，形成软硬结合、内外协调、运行高效的济宁市域社会治理法律规范体系。第一，加强济宁地方立法。坚持立法先行，良法促进善治。济宁市人大及其常委会应当充分行使宪法与立法法等法律授予的地方性立法权，及时制定出台社会治理所需要的地方性法规，推进济宁市域社会治理领域法规的立、改、废、释。第二，健全规范性文件指引。关联贯通地方立法、法治实施、法治监督、法治保障、依法执政等环节，加强市域社会治理法治化顶层设计，推动济宁市域法治建设常态化、规范化、制度化。第三，形成济宁市域社会治理规则体系。推动国家法律法规与济宁市域社会自治规则相互衔接融通，全覆盖、分领域、多层次制定有效管用的社会规范，使基层社会治理和群众生产生活有规可循。

（二）建设公正权威的济宁市域法治实施体系

法治实施体系是推进市域社会治理法治化的基础要素。第一，明确济宁社会治理的重点领域，采取多元化解方式及时疏导利益矛盾纠纷，构建完备的矛盾纠纷化解网络。第二，根据上级安排进行风险防控主题教育、监管部门合规教育等活动要求，引导相关工作人员坚守合法合规底线，规范操作行为，提升全员风险防控意识与能力。第三，广泛开展以"遵法学法守法用法"为主题的专题培训活动，持续营造良好的守法合规文化氛围，大力建设社会主义法治文化，真正让风险防控、守法用法深入人心。第四，抓住领导干部这个"关键少数"，坚持普法教育从娃娃抓起，落实"谁执法、谁普法"的普法责任制，推广以案释法制度，从各个方面让法治成为社会治理的普遍共识，提升济宁市域

社会治理的法治能力。

（三）建设规范严密的济宁市域法治监督体系

法治监督体系是约束政府权力和保障人民权利的重要制度设计。第一，结合互联网与现代信息技术，建设一体化市域服务管理的大数据平台，大力推动"互联网＋政务服务"建设向基层拓展，提升法治监督的科学化、精准化、智能化水平。第二，打破市县乡村的层级界限，构建上下贯通的法治监督体系。法治建设重在治权，通过限制公权、规范公权，防止公权的扩张和滥用给私权带来侵害，这是现代法治的基本经验。第三，重点解决好损害群众利益的突出问题。构建全方位、全天候、立体化的市域法治监督网络，以保障法律的正确实施、立法目的的有效实现。把执法人员、司法人员列为法治监督的重点，为群众检举揭发违法执法、执法不严、司法不公等具体问题提供便捷畅通安全的通道。

（四）建设务实管用的济宁市域法治保障体系

法治保障体系是推进济宁市域社会治理法治化的支持系统。第一，构建科学完备的市域社会治理法治规则保障体系，各基层要深化对市域治理机制规律的整体把握与认识，提升法治理念，在推进过程中采用法治的形式来缓解人民矛盾，引导人民群众守法、学法、用法、护法。第二，从国家政策、管理手段以及技术提升等视角全面、多角度进行防范优化，围绕风险防范的短板，将实名登记、产权保护以及个人信用纳入市域社会治理现代化的风险防控体系。第三，从威胁到济宁市域治理现代化最突出的风险抓起，坚持统筹发展和安全，坚持问题导向，聚焦影响社会和谐、人民安宁的突出问题，以防范化解影响安全稳定的社会暴力、恐怖袭击、金融风险、电信网络诈骗等突出风险为重点，深化平安济宁创建，加强社会治安防控，构建完善的风险防控体系。

三、加强济宁市域社会治理的自治建设

健全基层党组织领导的基层群众自治机制，加强基层组织建设，要发挥社会组织作用，实现政府治理和社会调节、居民自治良性互动。充分调动城乡群众、社会组织、企业事业单位的自治积极性，实现民事民办、民事民管、民事民议，构建人人尽责、人人有责、人人享有的济宁市域社会治理共同体。

（一）完善基层群众自治制度

基层群众自治是基层社会充满活力的重要源头。基层人民群众自治是社会

主义民主的生动实践，其本质上就是群众自己的事情自己办。加强城市社区群众自治组织建设，认真总结基层自治的良好经验和良好做法，充分发挥群众自治组织在自我组织、自助服务、自我管理方面的优势。重视社会规则的作用，构建多元化、多层次的社会规则体系。基层结合辖区实际，广泛开展微自治管理活动，制定一个明确的居民公约、村民规约，激发村镇或者社区成员积极参与基层事务的积极性。培养优秀的群众组织和社区级社会组织，依靠社会力量的自身优势，吸引社会力量提供一些公益服务、公共服务和商业服务。加强基层自治的专业化和规范化，丰富群众自治形式，组织公职人员进入社区担任楼道长，积极承接各类公共事务和服务项目。

（二）完善企事业单位自治机制

企事业单位是实行民主管理、维护职工权益的基层组织。第一，全面推进标准化建设。提出硬指标、硬要求、硬措施，分层次、分重点、分阶段推进企事业单位标准化建设，加强对标准化建设成果的总结提炼。第二，拓展职代会制度机制。加强培训提升，要把职工代表培训作为一项基础性、长期性工作来抓。搭建履职平台，建立和落实巡视制度、职工代表常任制、提案跟踪落实制度等。第三，强化监督考核。建立职工代表评议机制，突出组织考核和职工监督相结合的作用，建立部门目标考核、民主测评、联合考察、津贴补助等保障制度。第四，完善平等协商机制。丰富民主平等协商形式，畅通职工参与民主管理的渠道，大力推进企事业民主管理信息化建设。加强政府、工会、企业劳动关系三方协调机制的制度化、规范化、程序化建设，完善保障职工合法权益的有效机制。

（三）完善社会组织自治机制

按照党中央关于推进社会组织改革的要求，让社会组织的微治理推动城乡社会组织成为运行规范、充满活力、制度健全的自治实体。第一，充分发挥党组织在社会组织中的政治核心、战斗堡垒作用。第二，建立健全以章程为核心的法人治理结构，使社会组织实现自我服务、自我管理、自我教育、自我发展。第三，加强社会组织规范化建设。规范活动开展，明确报备范围，严格报备程序，明确报备时限、程序，实现社会组织党建与组织发展的良性互动、规范运作、共同推进。第四，支持与发展社会组织自律联盟。由社会组织成员自愿组成联盟，按照"自愿、合作、互信、互助"的原则，通过行业倡导、资源对接、创新论坛等形式，聚集社会组织精英人才，以创新思维、科学理念、通力协作为方向，创新社会组织交流模式，推动社会组织积极参与社会治理模式的优化与创新。

四、加强济宁市域社会治理的德治建设

要积极探索创新德治新模式，更好地发挥人民群众在传承文明、弘扬美德、促进社会和谐进步中的重要基础作用，继续以德治为先导，厚植基层社会治理的道德底蕴，进一步激发济宁市域社会治理的内生动力。

（一）健全德治体系

以社会主义核心价值观为指导，构建具有中国特色、体现时代精神的德治体系。第一，要加强社会公德建设。完善市级媒体的宣传引导机制，弘扬真善美，打击假恶丑，让全社会充满正气的力量和正义的光辉。完善市级公共文化服务体系，充分利用互联网思维和信息技术，加快城市文化设施建设，提高城乡人民的公共道德水平。第二，加强职业道德建设。开展研究各类文明行业创建活动，提高各行各业的道德生活水平。推动建立和完善跨行业、跨地区的守信联动机制和失信联罚机制，提高守信红利，增加失信成本。第三，加强家庭美德建设。中华民族历来重视家庭教育和家庭作风。发挥好家庭的人生第一课堂作用，深入推进家德家风文化教育，培育公民尊老爱幼、男女之间平等、夫妻关系和睦、邻里和谐团结的传统美德。第四，加强个人品德建设。充分发挥学校作为思想品德教育主阵地的作用，构建并完善济宁市大中小学一体化德育体系，推动济宁市域各级学校的思想品德教育创新，增强德育的针对性、吸引力。

（二）强化德治约束

法安天下、德润人心，法治与德治如车之两轮、鸟之两翼。德治与法治相辅相成、相互依存，法律无法进行约束的，就由道德对群众产生一种潜移默化的约束。第一，以法助德，力促社会治理。法治与德治是社会主义精神文明建设的内在需要。法治与德治的提升，为社会文明进步不断注入正能量。第二，积极开展多种法制宣传活动，群策群力把法制教育送到基层，形成市域社会治理现代化的强大共识，引导人民群众树牢法治意识，有效构建和谐稳定的辖区环境。第三，加大对欺诈、制造销售假冒伪劣商品等行为的执法力度，使违法者付出高昂代价，充分发挥对全社会的警示教育作用。法治只有伴随着德治，以德育为后盾，才能进入良性循环，社会发展才能进入更高水平。

（三）激励德治能量

道德和法治是现代社会运行的基石。第一，要把见义勇为作为社会治理现代化的风向标，形成惩恶扬善、扶正祛邪、扶危济困的社会氛围，让见义勇为宣传走进、融入群众生活，为广大市民积极参与平安济宁建设工作搭建有效载体，将德治正气内化为自觉的行为规范，成为社会治理群众基础的有力补充。第二，充分发挥党员干部的"头雁效应"。党员特别是党员领导干部要以身作则，真正发挥模范带头作用，做到明大德、守公德、严私德，以实际行动影响周围群众，努力营造风清气正的政治生态。第三，发挥道德模范的引领作用。立足道德模范在服务基层治理、植根社会群众的优势，以道德模范、道德典型为引领，团结和带领社会各方面的力量全面营造基层治理的良好氛围。

五、加强济宁市域社会治理的慧治建设

（一）加强智慧政府建设，提升治理智慧化水平

第一，构建网格化社会治理体系。以时空信息云服务平台为依托，以地图底图数据为基础，对全市进行统一网络化划分，实现管理全覆盖和服务"零距离"，构建全市统筹、区县统管、街镇统办、社区统收、网格统报，实现全市社会治理"五级联动"的一网统管、全城统管体系。第二，不断推进基层减负便民。通过基层服务事项的优化和基层审批的便利化改革，来实现基层减负便民。充分利用数字化手段，加强基层政务服务的改革力度，如利用一体化在线政务服务平台、电子证照平台及"政务数据大脑"等，有效地解决基层手工填写任务重、重复录入等问题。第三，增强城市的智能化管理能力。城市管理涉及城市治安管理、应急管理、环境管理、交通管理、消防安全管理等诸多方面，每一个领域的管理都是极其复杂的，政府可通过城市各个领域运行状态的可视化监测、动态跟踪等方式有效增强城市的智能化管理能力。

（二）加强智慧城市建设，更好满足人民对美好生活的需要

第一，部署新型基础设施。统筹规划智慧城市、数字乡村基础设施建设，强化5G、人工智能等基础设施建设，统筹布局全域感知设施、网络连接设施等，进一步促进公共基础设施向着网络化、智能化的方向发展。第二，加强技术赋能与安全可控。可以结合数字孪生、数据中台、城市大脑等最新技术趋势与建设理念，打造统一的智慧城市数字底座，优化共性支撑体系建设，保障智

慧城市运行的安全可控。各部门依据实际需求开展应用项目建设，提升数据资源的安全性与流动性。第三，提升智慧城市应用推广能力。应该加大政策与资金的支持力度，鼓励区块链、物联网、人工智能、5G 等信息技术创新应用推广，借助技术创新实现产品创新和应用创新，让民众的众多需求得以满足。大力扶持本地信息技术优秀企业，加强智慧城市产业供需对接，促进市域智慧产业和数字经济的快速发展。

（三）推进智慧社区建设，不断提升社区治理的现代化水平

济宁市应以山东省 2022 年 10 月 31 日出台的《关于加快推进智慧社区建设工作的实施意见》为指导，加快推进智慧社区建设。通过加快推进数字变革创新，深化物联网、大数据、云计算和人工智能等现代信息技术与社区治理服务的融合应用，全面升级社区数字基础设施，集约建设便民惠民智慧服务圈，打造线上线下相融合的社区治理与服务的新形态，不断提升群众的获得感、幸福感、安全感。在智慧社区综合信息平台整体框架下，济宁市应结合本地实际，以县域为单位整合社区周边商超、维修、养老等生活服务业资源，通过微信小程序等移动端应用链接社区周边商户，推动水、电、气、暖等公共事业收费线上办理，打造社区智慧生活服务生态圈。推动社区居家生活、交通出行等各类生活场景数字化，打造多方互动、智慧共享的社区数字生活。为顺利推进智慧社区建设，济宁市还应统筹考虑实际情况，编制智慧社区建设规划，探索智慧社区建设市场化运营模式，全面总结推广成功经验和典型做法。

（作者单位：济宁学院）

加强诉源治理
推动矛盾纠纷调处化解对策研究

李　程

习近平总书记在党的二十大报告中提出"以中国式现代化全面推进中华民族伟大复兴"的重大命题，对中国式现代化的中国特色和本质要求等进行了全新而系统的阐释。法治是推进中国式现代化的重要保障，法治现代化是中国式现代化的重要内容。党的二十大确立了法治建设总体目标是"基本实现国家治理体系和治理能力现代化，全过程人民民主制度更加健全，基本建成法治国家、法治政府、法治社会"。诉源治理既是一项以法治力量助推基层社会治理的成功机制，也是一件司法为民、利民、便民的民心工程，因此创新加强诉源治理工作，构建党委领导、政府主导、司法引领、市场参与、科技赋能、文化助力的社会治理新格局，完善基层多元联动、渐进螺旋式矛盾纠纷分层过滤体系才能充分发挥其功能，真正实现社会治理体系和治理能力现代化。

2021 年，中央全面深化改革委员会第十八次会议审议通过《关于加强诉源治理推动矛盾纠纷源头化解的意见》，从矛盾纠纷源头预防、前端化解、关口把控三个维度对诉源治理作出顶层设计部署。根据习近平总书记作出的"坚持把非诉讼纠纷解决机制挺在前面，从源头上减少诉讼增量"的重要指示精神，当前，全国各地围绕诉源治理开展了积极探索，形成了有益经验，并初见成效。以济宁市为例，在地方党委、政府和人大的领导支持下，市委政法委出台了《关于加强诉源治理推动多元解纷工作的十五条意见》。将诉源治理融入党委主导的"和为贵"社会治理服务中心工作体系，选派法官入驻"和为贵"中心，第一时间将诉前纠纷导入街道、社区行业调解组织化解。发挥网格员在协助送达、促成案件和解方面的作用，建立非诉讼纠纷化解工作网格。健全纠纷化解机制，凝聚妇联、公安、住建等部门合力。加强关于行政机关、群众组织、行业协会等单位的协作配合，积极与劳动争议、家事、医疗纠纷调解委员会等专业调解组织对接，建立调解联动机制。对有必要申请司法确认的案件，由法院出具相关法律文书，比如济宁市高新区以"诉前调"号出具法律文书，以公证文书形式确认，达到了案结、事了、人和的目标，入选山东法院司法改革十大典型案例。2021年全市法院诉前调解成功案件33084件，推动收案迎来下降拐点。2022年全市法院诉前调解案件76223件，调解成功36024件，诉前调解成功率47.26%，新收案件103666件，同比下降13.89%，诉源治理取得明显成效。但是，受到体制机制等因素制约，诉源治理尚面临一些理论与现实问题亟待突破。

一、目前诉源治理存在的问题

（一）诉源治理缺乏国家层面的法律规定

虽然目前部分省市人大出台了促进社会矛盾纠纷多元化解的地方性法规，但由于各地对诉源治理工作认识尚不统一，各主体责任分工、目标任务不明，造成多元解纷力量整合困难，推动诉源治理实质化运行的保障不足，导致各地改革措施与工作格局缺乏系统性。而"非诉机制优先"的落地实施关系到当事人诉权行使以及诉讼与非诉的衔接，地方立法的效力层级较低，难以从根本上为其提供法律保障。

（二）地方党委和政府重视不够

部分基层地区虽然搭建了诉源治理平台，但大多采取在综治中心或信访接待中心加挂牌匾，实行"一套人马两块牌子"办公模式。由于缺乏统一的领导，矛盾纠纷治理主体之间的协同性不足，工作合力凝聚不够，"各自为政""单兵作战"的问题非常突出。碍于明确立案数量的考核指标，各地法院对于诉源治理工作更加重视，久而久之本应由党委领导、政府主导的工作慢慢演变为法院主推、法院主动出击的常态，渐渐形成了"法院主导"的现状。

（三）司法在诉源治理中的角色定位不明确

部分地区过分强调法院化解纠纷的工具性功能和"吸附"作用，弱化了非诉纠纷解决机制的作用，导致纠纷解决系统层次单薄和纠纷流向引导的制度性不平衡，现有矛盾纠纷多元化解机制呈现"倒金字塔"式，大量本不应进入诉讼的纠纷未经过滤直接涌入法院。法院为了降低立案率，过度依赖诉前调解机制，导致诉源治理过程中的一些异化现象，比如久调不决、限制立案、拖延立案等。法院的积极角色定位和其他联动部门的消极角色定位会导致诉源治理主导权错配，非诉解纷程序空转，最终所有矛盾纠纷又流向法院。

（四）社会主体在诉源治理中的潜力未得到充分发挥

长期以来社会大众形成了过度依赖司法救济的观念，"非诉机制挺前"的理念尚未深入人心，导致对调解等诉讼外解纷方式不认同、不信任。公益性人民调解权威性资源流失，行业调解、商业调解、专业化社会调解组织因收投入和收不成正比，参与的意愿也不高。律师因与自身代理业务存在一定的利益冲突，往往会存在一定的私心，无法尽心做好居中调解工作。非诉解纷队伍职业化、专业化水平不高，比如一些乡镇村干部素质参差不齐，尚无法满足基层治理的现实需要。

（五）诉源治理的智能化水平有待提高

社会矛盾纠纷化解未能适应信息技术发展高速发展趋势，在线纠纷解决机制平台尚处于对线下机制的简单复制阶段，缺乏基于大数据支撑的纠纷预判能力以及对纠纷成因的溯源分析和演化规律研判，解纷介入时间具有滞后性，缺乏对同源矛盾纠纷的智能预警和高效化解。很多地区只是系统空转，大量工作还是依赖线下解决。

二、正确处理诉源治理的四对关系

（一）正确处理诉源治理与落实立案登记制的关系

首先应该明确诉源治理与落实立案登记制的改革目的。诉源治理改革不是简单地减少立案量，立案登记制不是有案就立。诉源治理与立案登记制的初衷都是希望让值得保护的诉权获得司法的救济，只是两者侧重点有所不同。前者强调的是诉前的"过滤"，让真正需要保障的诉权得到及时的救济，后者是希望解决立案难的问题，追求"有案必立，有诉必理"的司法要求。为此，法院要加强内部诉源治理，严把案件"入口关"，有效减少诉讼案件增量，以达到诉源治理的目的。同时完善立案登记制，法院要保障当事人诉权，做到有案必立、有诉必理，规范提升源头预防、前端化解、关口把控等治理机制，对有案不立、弄虚作假和人为设置障碍的，必须坚决纠正、严肃问责，切实防止出现新的"立案难"问题。

（二）正确处理统领各部门与发挥专门机关作用的关系

牢固树立大治理意识，巩固以党委政法委牵头，政法各单位为主体，其他行政机关、社会组织、基层自治组织等各方参与、多元共治的工作格局，防止

"单打一"问题，凝聚起强大合力，积极探索当地法院立案数与调解部门、调解组织数量挂钩的考核标准，量化考核指标，将矛盾纠纷调解工作纳入考核体系，最大程度调动多元部门的积极性。

（三）正确处理"重点在调"与"以防为主"的关系

调解是一种有效解决纠纷的方式，是"治已病"，但是法治建设既要抓末端、治已病，更要抓前端、治未病。加强源头预防，完善重大决策社会稳定风险评估机制，对平安建设、执法司法中发现的普遍性、倾向性、趋势性问题提出治理建议，止矛盾纠纷于未发更为重要。通过庭前介入的方式，发挥法律工具性价值并为基层社会行为提供指引和示范。推动政法机关进一步转变执法司法理念、调整考核导向，真正实现让更多法治力量向引导和疏导端用力。充分发挥社会力量填补公共权力在基层社会治理中功能性空白的作用，通过劝导避免当事人产生进一步摩擦，防止恶性事件发生。

（四）正确处理纠纷化解与公正司法的关系

一方面，通过程序的简化和便利，增加民众利用司法的机会；另一方面，将正义与司法（法院）区分开来，重新理解和解释正义的内涵，通过综合运用法律、政策、经济、行政等手段和教育、协商、疏导等办法，使公民有机会获得具体而符合实际的正义，即纠纷解决的权利。在发扬中国传统"以和为贵"和"无讼"文化基础上，探寻一种旨在改善人际关系的传统恢复性纠纷化解模式。

三、以改革精神、系统思维、务实举措探索诉源治理工作

从国家层面讲，在大力弘扬新时代"枫桥经验"的背景下，要以矛盾纠纷"诉源治理"为抓手，深入推进基层社会治理工作，打造党委领导、政府主导、司法引领、市场参与、科技赋能、文化助力的社会治理新格局。

（一）坚持党委领导、政府主导下的整体性治理

党委领导是诉源治理取得成效的关键所在，应当充分发挥基层党委总揽全局、协调各方的核心作用，把诉源治理工作纳入县域社会治理现代化格局中，明确好开展诉源治理工作中各个部门、组织等的角色定位，充分发挥部门协同、系统集成的优势，实现从"场所一站式"到"功能一站式"的实质化升级。明确各解纷主体责任，完善奖惩监督考核机制，积极推进诉源治理改革的进行。

（二）推进国家层面诉源治理机制的综合性立法

虽然 2022 年新修订的民事诉讼法首次提出"依法设立的调解组织"概念，将人民调解、行业调解、商事调解等非公权力性质的各类社会调解纳入其中，丰富了人民群众化解纠纷的渠道，但是面对诉源治理主体职责模糊、治理资源不平衡、诉非衔接机制不顺畅等问题，应当加快制定全国统一的"多元化纠纷解决机制促进法规"，完善多层次预防性规章制度。

（三）正确发挥司法在诉源治理中的示范引领作用

司法治理属于末端治理，应当坚持有所为、有所不为，确保不越位、不错位，平衡诉权保障、诉讼功能与诉源治理之间的关系。一是应当恪守依法裁判的主责，强化司法裁判在诉源治理中的规范、评价、教育、引领等功能，以终局裁判定分止争，明确行为规则；二是当非诉机制无法解决纠纷时，司法作为最后屏障应为当事人提供正义保障；三是做好诉非衔接的保障工作，支持非诉机制发展。

（四）以市场化机制促进纠纷解决"供给侧"改革

纠纷解决本质上是一种服务，积极构建市场化纠纷解决机制是法治发达国家和地区近年来的发展趋势。应当总结各地通过政府购买调解法律服务等方式，推动培育市场化解纷机制，吸引社会力量参与诉源治理的积极性。可以通过招投标的市场化运作提高服务质量，中标单位及工作人员在服务期限内为纠纷案件提供法律咨询、派人到现场参与调解等服务，购买服务的政府部门可以定期进行考核评估。

（五）以数字化技术赋能打造"网上枫桥经验"

党的十九届五中全会指出"加强数字社会、数字政府建设，提升公共服务、社会治理等数字化智能化水平"。在技术驱动变革的时代，大数据、云计算、人工智能等数字技术为诉源治理赋予数字化的新思路，通过对矛盾纠纷要素画像、成因分析、同源研判、心理疏导，可以实现对矛盾纠纷的精准研判和智能化解。杭州互联网法院、浙江移动微法院作了有益的探索，在技术应用层面，开发诉源治理智能化集成平台，集合在线咨询、在线评估、在线调解、在线仲裁、在线诉讼功能，整合咨询师、调解员、仲裁员、法官等各种解纷资源，实现与法院立案系统、人民调解平台、社会服务平台的数据联通与共享，解纷前在线智能评估纠纷，解纷后通过大数据分析预防纠纷，将大部分矛盾纠纷在前端过滤和分流，仅少量疑难复杂案件通过法院诉讼解决，实现诉源治理全场景化，提升了百姓解决纠纷的体验感和获得感。

（六）培育"无讼"法治文化和社会土壤

诉源治理是一项长期性、基础性工程，需要久久为功。农耕文明孕育下的中华民族本来就有追求和合之境的传统，"息讼"也是中国传统社会治国理政的重要手段之一。"无讼"是中华法律传统中深厚的文化底蕴，新时代语境下"无讼"文化培育应当与时俱进，与现代法治精神融合起来，在纠纷预防化解过程中植入现代法治观念和权利义务意识，夯实诉源治理的社会土壤。比如在进行普法过程中可以通过在乡村礼堂、村口等标志性地点进行巡回审判的方式形成记忆互动，营造契合当地优良传统的法治文化。在非诉讼纠纷解决机制的普及宣传推广中，甚为关键的因素在于法律人观念的率先转变。我国法学教育亟待改变单一的司法中心主义人才培育模式，加强非诉法律人才的培养，为国家输送多元化法治人才队伍。

四、从矛盾纠纷调处化解流程的微观角度，深入推进基层治理体系建设

结合济宁本地现有的社会治理资源，为了进一步加强诉源治理推动矛盾纠纷调处化解，可以从优化流程的角度着力完善基层多元联动、渐进螺旋式矛盾纠纷分层过滤体系。

（一）充分发挥网格化优势，化解前端矛盾风险

济宁市任城区在 2016 年成立了济宁市任城区社区治理服务中心（济宁市任城区网格化服务管理中心），主要职责是承担"和为贵"社会治理服务平台的建设、管理，社会事项的调度、分析研判及网格化服务管理。而目前网格也实现了综治、市场监管、警务等"多网融合"，运转良好。比如基层常见的物业纠纷、土地纠纷等肇始于小矛盾的纠纷类型，可以充分发挥网格一线收集线索的优势，通过网格的收集梳理进行分流交办、指挥工单可以健全风险联合研判机制，做到实时研判、及时通报、及时联处，预防矛盾进一步激化，防止发生群体性纠纷、行政诉讼类案件等的发生，推动矛盾纠纷就地发现、就地调处、就地化解。

（二）在统一指挥下，根据纠纷进行分层过滤调解

纠纷发生后，经过综合分析研判，第一层可以村里村长、书记先调。村一

级可以充分挖掘村居贤人的资源，搭配法律顾问，从"情理＋法理"的角度进行调解。各村还可以根据经济特点和调解员个人特色，培树个人调解品牌，充分发挥示范引领作用。第二层镇里行业、综治再调。成立知识产权纠纷、物业纠纷、交通事故纠纷等专业性行业性调解组织，不断拓展人民调解服务新领域。在进行调解的过程中可以遵循以下原则：属地性强的由人民调解组织化解，专业性强的由行业调解组织化解，重大敏感的由基层党政力量联合化解，确实无法化解的再到法院诉讼，形成"党委统揽、关口前移、一站解纷"的县域诉源治理模式。对法律专业性较强或较为重大疑难复杂的纠纷，选派律师参与调解；对于调处不能成功的，引导当事人通过仲裁、行政复议等方式解决；对符合法律援助条件的矛盾纠纷，引导申请法律援助，并及时受理指派办理。

（三）充分发挥法院在纠纷诉源治理中的作用

法庭主动对接辖区"党建＋网格"管理模式，积极靠前指导。如果矛盾在以上两层"滤网"下依然不能有效地进行化解，此时就进入以人民法院为主体的矛盾调解阶段。首先是立案庭对矛盾纠纷进行受理，立案窗口可以分为审判辅助工作组和立案调解组，人员主要由法院负责立案业务的法官、法官助理及书记员构成，在这个阶段，实现案件的"繁简分流"和"分调裁审"，将适合立案的案件进行立案，并根据案件的类型和复杂程度交给民事审判庭的不同组进行审理；将适合进行调解的案件进行诉非分流、诉调对接，在当事人同意的情况下，由法院立案庭工作人员将案件交给调解组织在诉前再进行调解。如果调解成功，根据需要可以由法院进行司法确认。如果诉前调解无果，且符合立案或者执行的条件，则根据相关的法律规定，对纠纷进行移送，根据纠纷的不同移送到刑事审判庭、民事审判庭或者是执行局。在案件办理过程中，注意增加说理释法的部分，真正做到案结事了。

经过以上多元联动、渐进螺旋式矛盾纠纷分层过滤体系的层层过滤，最终进入法院的诉讼数量会大大减少，将真正解决司法资源稀缺问题，既避免诉前阶段非正式纠纷解决程序的过度侵占，也保障法官的中立及司法的信度。始终坚持以人民为中心的发展思想，把非诉讼纠纷解决机制挺在前面，持续优化诉源治理多元化纠纷解决机制，才能进一步提升预防化解矛盾纠纷的整体合力和综合效应，切实维护社会稳定和安全。

（作者单位：中共济宁市任城区委党校）

平安济宁建设视角下的特色治毒模式探寻

王亚男

一、问题的提出

近代思想家魏源曾说："鸦片流毒，为中国三千年史未有之祸。"禁毒工作事关国家安危、民族兴衰、人民福祉，厉行禁毒是党和政府的一贯立场和主张。

近几年，我国禁毒工作取得了明显成效，毒品犯罪案件呈现逐年下降的态势。现有吸毒人数和新发现吸毒人数连续 5 年下降，毒品滥用治理成效持续显现。通过持续推进"净边""集群打零""寄递渠道禁毒百日攻坚"等专项行动，国内毒品贩运活跃度大幅降低。同时我们也要看到，禁毒形势仍然十分严峻。毒品具有成瘾性，吸毒者会对毒品产生心理和生理上的双重依赖。一方面，由于所谓的"精神空虚"，"瘾君子"会在毒品的"致幻性"造就的虚拟世界中，寻找归属感；另一方面，毒品会对身体造成不可逆转的伤害，使得吸毒者对毒品产生的生理反应程度已经不受个人主观意志的支配。不论毒品价格多高，也不论吸毒者的经济水平如何，毒品市场都能保持一个相对稳定的需求量。易言之，毒品需求受制于吸毒者毒瘾的大小，与毒品供应量的多少关系并不大。一味地打击毒品供应，并不是治毒的有效路径。有需求就有市场，毒品市场的供求关系造成了毒品的存在，因此毒品滥用与毒品犯罪的发展趋势之间的关系密不可分。

二、新时代毒品问题的产生原因

（一）意识形态动摇

意识形态的一致性是保证毒品治理取得时效性的前提，受到国外一些国家的影响，个别人认为公民吸食毒品是个人的自主选择，是个人自由的体现，国家和法律不应该过多干预和限制。这些人并没有认识到毒品已经对全人类的生存和发展带来了极大的威胁。趋利避害、趋乐避苦是人的天性和本能，只不过由于法律限制和约束，使得我们对于享乐的追求是有限度的。反观涉毒人员，这类群体已经无视法律规则和社会规范，由于"精神空虚"，趋向于追求所谓"毫无节制的快乐和自由"。

新中国成立之初，我国一度被誉为"无毒国"，当时毒品问题并不严重；改革开放后，毒品问题开始显现；后来，我国展开了"禁毒人民斗争""专项大行动"。可以看出，我国对毒品一直都是"零容忍"的态度。全球毒品问题治理的统一战线出现摇摆，一些国家基于政治、经济、文化、历史等原因，主张大麻合法化。如 2018 年 10 月 17 日，加拿大法律规定 18 岁成年人持有 30 克以下的大麻皆属合法。

（二）犯罪形式隐蔽

随着互联网的飞速发展，毒品市场逐渐向线上转移，线上的交易方式实现了人与物分离、钱与毒分离的模式，形成"非接触式"贩毒，这就形成了隐蔽的交易；吸食毒品的人群逐渐年轻化，西方国家滥用合成毒品的群体已经从早期的亚文化群体逐渐蔓延至以青少年为主的社会大众，这就形成了人员的隐蔽性。

具体来讲，犯罪形式更加隐蔽还体现在以下方面。第一，毒品本身更易制得。如今一些制毒的原材料在国家管制范围的"灰色地带"，并且对制毒仪器的要求也不高，所以有些毒品很容易实现家庭作坊式小规模制毒。第二，毒品包装更易混淆视听。以前的毒品往往都是以大众容易识别的白色粉末状或者透明液体的样子呈现，但是现在一些新型毒品可能会溶解在一些常见液体饮料中，或是制成其他产品，即表现形式更加隐蔽。例如，以看似正常的药品形式出现，或者隐藏在日常食品中。这样的表现形式常常会让潜在吸毒者卸下防备心，加大了吸食毒品的可能性。第三，运输方式更易隐藏。随着网购的飞速发展，快递物流网络平台日益完备，而犯罪分子也看到了这一契机，借助发达的物流系统进行"无接触"交易，使得公安机关很难掌握犯罪分子的行踪，也很难固定和保存证据。

（三）新型毒品涌现

伴随着以新精神活性物质为代表的第三代新型毒品的出现，毒品犯罪日益严重。新型毒品的特点在于可以通过化学合成的方法制作，换言之，此类毒品更简便易得。而且新型毒品往往伪装在一些食品、饮品中，难以发现。然而，很多易制毒的化学品却在国家管制范围之外。新型毒品犯罪最显著的特点就是"新"，所以相关程序保障方面还不够完善，导致有关部门在办理案件时往往治理效率不够高。

从传统毒品到合成毒品，再到新精神活性物质，毒品种类越来越多，市场愈发复杂。尤其是现在的新型毒品更新快、种类多，伪装样式日趋多元。毒品的多样化使得对毒品犯罪的打击面临更大的挑战，对毒品治理提出了更高的要求。长期滥用毒品会导致吸毒人员患上精神类疾病，摧残人的心智，进一步引发自残自杀、暴力犯罪等极端事件或刑事案件。这影响的不仅仅是个人或是家庭，从宏观角度来看，会败坏社会风气，增加社会的不稳定因素，也不利于社会财富的增长。

三、新时代毒品问题治理的主要难点

（一）毒品犯罪预防难

毒品向青少年群体蔓延的趋势正在加快，各类新的精神活性物质利用伪包装的形式出现在市场上，而青少年刚好处在心智尚未发展成熟的成长阶段，猎奇感、好奇心强，极易染上毒品。利益又是毒品犯罪能够稳定存在并运行的根本所在，所以还是会有不法分子为了获取高额利益铤而走险。而在毒品犯罪治理的配套宣传方面还不够健全。例如宣传设施不完备，致使禁毒宣传形式单一、内容单薄，很难取得预期的宣传预防效果。

具体来讲，存在以下三"难"。第一，对易制毒化学品监管难。对于毒品犯罪打击最好的方式就是将其扼杀在萌芽时期，但是我们对于一些易制毒化学品的监管往往在事后，有些甚至要多年后才被监管部门发现，反应速度亟须提高。其实这也不仅仅是监管的问题，易制毒化学品作为毒品的原材料，其所具有的是潜在危害性，很多时候如果提前介入并没有明确的法律依据。第二，对娱乐场所的监管难。部分公共娱乐场所成为吸毒、贩毒活动的藏身之所，为毒品犯罪行为提供了隐蔽条件。一些经营者为了经济利益，甚至充当起了犯罪分子的"保护伞"。再加上各执法部门之间会存在信息壁垒，信息不能实现共享，协作配合不够，因此很难有效监管。第三，对物流网络的监管难。很多毒品运输都能实现"无接触配送"，并且混在普通物品之中，加之物流网络日渐发达。有的时候，监管力度跟不上物流发展的速度。

（二）侦查调查取证难

新型毒品的特点在于成瘾性更强、衍生犯罪的可能性更大。这些新型精神活性物质通常可以利用尚未被列管的某些原生植物或化学物质加工合成。也正是因为未被列管，所以在成分鉴定时难以判断、侦查取证时不易操作。

犯罪分子一方面忌惮于禁毒的高压态势，另一方面又搭乘了互联网的"便车"，所以传统的"一手交钱，一手交货"的贩毒模式逐渐向"钱毒分付、人物分离"的模式转变。由此可见，在寄递渠道上已经出现了毒品犯罪的新形势，传统的侦查调查已经很难遏制这一高发态势，侦查人员很难开展线上追查。随着"现实——网络"双层社会的融合，吸毒聚集行为也开始出现虚拟化、异质化的新表征。吸毒人员常常会在一些直播间中找寻彼此，或是在一些贴吧用"隐语"交流所谓经验。也正是因为网络空间"虚拟化"的特征，使得侦查难度升级，固定证据的难度加大。

（三）犯罪行为打击难

《中华人民共和国刑法》第 357 条规定："本法所称的毒品，是指鸦片、海洛因、甲基苯丙胺（冰毒）、吗啡、大麻、可卡因以及国家规定管制的其他能够使人形成瘾癖的麻醉药品和精神药品。"由此可见，我国现行刑法采用概括和列举的模式界定毒品范围，而这就会导致对新型毒品的打击游离于法律之外，处于"灰色地带"，对其打击缺乏法律依据。而法律的更新速度总是滞后于毒品的迭代速度，公安机关等专门禁毒执法部门对毒品流行趋势和规律的认识和治理也相对滞后于制毒手段的更新速度。

禁毒部门的一线执法队伍建设尚不能完全跟得上毒品市场的变化速度。比如一些执法队伍缺乏先进的设施设备。对于精准打击毒品而言，科技的力量是不容小觑的。然而，并不是所有的执法队伍都配有专业的禁毒人才、先进的新型毒品检测设备，这就导致在实际的执法工作中很难追踪到毒品的走向，从而更难提前预判风险，或是做一些前瞻性的工作。

（四）涉毒人员回归难

从某种程度上来讲，毒品是作为一种社交工具而存在的，这搭建起了吸毒者之间交往的桥梁，甚至会形成稳定的社交圈，消解了吸毒人员的内心"孤独感"。而社会大众的思维中，往往对于涉毒人员贴上一些不好的标签，不愿意与他们交往，这就会让他们失去了开展正常社交的可能性，再次陷入"孤独感"，很可能再次沾染上毒品。监狱矫正固然是毒品犯罪最主要的矫正方式之一，却承担了巨大的毒品治理压力。仅靠监狱的力量，对于涉毒人员的回归来讲，也是远远不够的。社区矫正确实能够弥补这一缺憾，但是随着城市化的发展和工业化的进步，邻里之间互相帮助的意识逐渐淡漠、群众之间的联系频率也逐渐降低，因此社区矫正的很大一部分潜力尚待发掘。

虽然现在越发重视对于戒毒人员回归社会的保障机制，但是仍然有待完善，否则极易给社会造成一定的不稳定因素，造成社会隐患。目前还没有关于成功戒毒人员回归正常社会生活的具体化规定，原则性规定较多，相关部门在适用时往往无所适从，很难直接适用。如此一来，对于这类人群来讲，回归社会就会被搁置，之前戒毒投入的精力和成本也就打了水漂，很容易陷入"回归社会——无所事事——再次吸毒"的恶性循环。

四、探索济宁特色毒品问题治理路径

（一）以党的领导为统领，构建毒品问题治理新格局

要想走好济宁特色的毒品治理之路，其核心要义就在于坚持党的领导。各级党委领导在毒品治理中统揽全局、把握方向，指挥各项具体工作落实落细，真正发挥中国特色社会主义的巨大优势。各级党委政府在毒品犯罪治理中起到部署总领的作用，要准确把握毒品犯罪的变化趋势，及时调整和变更对毒品治理的部署方案。并且要将特色治毒的决策部署融入本地区总体发展规划中去。

法治工作者不仅要有坚定的法律信仰，更要有高度的政治觉悟。时刻把思想政治建设摆在首位，始终把党的领导贯穿于禁毒工作全过程。党的二十大报告指出，健全共建共治共享的社会治理制度，提升社会治理效能。把习近平总书记重要指示批示精神牢记于心，牢固树立以人民为中心的发展思想，以更高的站位抓好禁毒工作的推进，把责任扛在肩上、落实在行动上，持之以恒地推进禁毒工作，不断增强人民群众的幸福感和满意度。

建设一支忠于党、忠于国家、忠于人民、忠于法律的社会主义法治工作队伍。以对国家、对民族、对人民、对历史高度负责的态度，坚持厉行禁毒方针，打好禁毒人民战争，完善毒品治理体系，深化禁毒国际合作，推动禁毒工作不断取得新成效。在党的领导下，联合不同行业、不同领域、不同职能部门协力禁毒。如在制毒阶段，借助医药行业、化工行业的专业知识，及时发现并阻断。在走私贩卖阶段，密切追踪物流行业的各个环节，逐步排查。

（二）以儒家文化为背景，打造地域特色禁毒新局面

国家禁毒委员会副主任曾伟雄说："只要你是中国人，你对历史有所了解，

你就会认同中国为什么对毒品犯罪是零容忍。"毒品犯罪问题的复杂性，也导致了其治理模式的多样性，仅仅依靠刑罚的方式是行不通的。

将禁毒宣传教育工作与儒家文化相结合，通过正能量文化对冲负能量毒品亚文化，促进禁毒宣传教育形式的多样性和内容的本土特色化，形成特色禁毒文化氛围。两千五百多年的儒家文化积淀为坚定走中国特色的毒品治理之路提供了文化养分。长期吸毒的"瘾君子"是一类特殊人群，存在着不同程度的世界观、人生观、价值观的扭曲，在他们的身上或多或少地会有威胁社会稳定的因素。然而他们本身也是受害者，所以他们不能只是遭受谴责。我们要关注他们的心理健康，帮助他们重塑健康的精神世界。在常规的禁毒教育之余，结合孔子思想，发挥济宁作为儒家文化发源地的本土优势，把儒家文化浸润到每一名吸毒人员的心中，重塑他们的道德伦理框架，利用中华优秀传统文化的力量教育感化戒毒人员。

可以尝试从"仁义礼智信"五个不同的角度开设不同内容的课程，并丰富课堂形式。打造特色品牌，在禁毒教育宣讲活动中培养专才，组成宣讲团，定期进行考核和培训，适时还可以走出济宁，向其他地域推广。毕竟有效的预防教育不应该仅仅是停留在表面的普及毒品知识和告知危害后果，而应该是致力于养成自发远离毒品的良好习惯。

（三）以科学技术为指导，创新毒品问题治理新模式

《中华人民共和国禁毒法》第8条规定：国家鼓励开展禁毒科学技术研究，推广先进的缉毒技术、装备和戒毒方法。正如习近平总书记所说："科学技术从来没有像今天这样深刻影响着国家前途命运，从来没有像今天这样深刻影响着人民生活福祉。"提倡"智慧禁毒"，创新禁毒科技，提升毒品治理各方面的能力，尤其是毒品检验鉴定能力、预测预警预防能力和对毒品犯罪的精准打击能力。例如打造毒品实验室，并不断升级改造，提高检测新型毒品的能力。同时，深入研究物流藏毒的探测设备。又比如药物治疗看似增加了戒毒的显性成本，实质上戒毒成功后，就能极大地降低社会总成本，从而提高社会收益。

毒品活动的网络化决定了毒品治理活动的网络化，如此才是"对症下药"。注重对前沿科技的运用，提前预判风险。运用大数据平台、区块链、云计算、AI 等前沿技术，整合获取的毒品犯罪信息，并进一步研判分析。不仅要实现精准的事后打击，还要争取做到提前预警，做好毒品犯罪的源头预防。尤其是要注意做好涉毒数据共享工作，破除"数据壁垒"，打通不同地域、不同部门之

间的"数据孤岛"困境。与此同时，也要做好有关信息的保密措施，以防被不法分子盗用。在利用大数据对海量的信息进行处理的过程中，能够借助科技手段及时掌握和固定与犯罪有关的视听资料、电子数据等。这能解决侦查调查中取证难的问题。

（四）以全民禁毒为基石，实现无毒命运共同体

从"全民禁毒"这个词语中不难发现，公民应该作为禁毒工作的主体主动参与，而不应该只是在禁毒宣传教育中被动接受的客体，全民应该一起推动禁毒工作的开展。培养全民的主人翁意识，让全民体验到全民禁毒带来的好处，例如社会风险降低、安全系数提高，从而固化共治理念，形成良性循环，共同打造宜居的社会环境。所谓"全民禁毒"的"全民"是指包括涉毒人员在内的全体人民，都是毒品问题治理的参与主体。

坚持全面依法治国，推进法治中国建设，要弘扬社会主义法治精神，深入开展法治宣传教育，增强全民法治观念。在选择开展宣传教育活动的时间节点上，抓住"虎门销烟纪念日""国际禁毒日"等比较有纪念意义的时间节点，通过以案释法、建立禁毒教育活动基地等方式，引导社会公众树立规则意识，将刑法规范内化于心、外化于行，融入自己的日常行为。

在社区戒毒中，承认了吸食毒品者是具备双重身份的：违法者和受害人，所以帮助吸食毒品者戒毒并回归社会，强调多元社会主体的参与，体现了平权化特征。如今社区大都实现网格化，所以戒毒工作可以搭乘这一"便车"，实现戒毒工作的精细化。借助多元化联络以促进网格化管理与分级、分类管控的细化落实，争取在社区的各网格中都设立戒毒治疗服务站。在这个过程中，戒毒的动态由下至上反馈，也有助于上级部门及时对戒毒方案进行调整。对于生产易制毒化学品的企业而言，要提高警惕意识，实现源头治理，实现自律自治。相关企业结合自身特点，针对性建立易制毒化学品管理制度，比如成立易制毒化学品安全管理小组，定期检查此类化学品的出入库登记信息等。

五、结语

林则徐说："流毒于天下，则为害甚巨，法当从严。"毒品犯罪本身就是一种复杂的社会现象，是错综复杂的因素所造成的。而刑罚不是万能的，也不是惩治犯罪的唯一渠道。我们应该探究犯罪背后的原因以及产生背景，在治理

毒品犯罪的过程中，充分考虑当地特色的文化环境、经济水平等因素，追根溯源，从而实现有针对性的特色治毒。

禁毒司法资源是有限的，所以我们要尽可能让有限的司法资源发挥出最大的效用，使得毒品犯罪所带来的社会成本尽可能小，而社会总体福利尽可能最大化。坚定不移贯彻总体国家安全观，解决好毒品这一非传统安全问题，建设更高水平的平安济宁。

（作者单位：济宁市任城区人民法院）

新时代"枫桥经验"的基层实践

——党建引领基层治理的"后八样板"

张明凡

后八里沟村，因位于邹城市老县城东北方向八里地而得名，又名后八村，坐落于山东省邹城市钢山街道。过去，这里是一个穷村、乱村、落后村。2005年是后八村发展的重要转折点，这一年，新班子上任，果断把创建"心齐人家"治理体系作为全村发展的切入点，聚力发展集体经济，实现共同富裕。经过党委班子和全体村民努力打拼，仅仅十余年的时间，这个地处城边的小村庄便华丽蜕变、浴火重生，形成了集学、游、购、教育、科技、商业服务、医养一体的集团化发展新格局；村集体资产从负债 20 万元发展到近 60 亿元，人均年收入 5 万多元，获得的荣誉更是不胜枚举，其中仅国家级荣誉就多达 20 余项，是全国文明村、中国美丽乡村。

那么，后八村发展壮大的秘诀在哪里呢？让我们共同找寻后八村凤凰涅槃式发展的三把制胜金钥匙，解答靠谁发展、怎么发展、为谁发展的问题。

一、锚定一个核心：党建强基

第一把金钥匙，就是锚定一个核心——党建强基。建强基层党组织，夯实基层战斗堡垒，解答"靠谁发展"的问题。

（一）党建强基第一步：选出一个好书记

2005 年之前，后八村班子弱、村庄破、村民穷，让上级党委不放心、群众不满意。街道党工委找到正在城里经商办企业的退役军人宋伟，动员他回村参选支部书记。一边是刚刚拥有几百万资产的公司和蒸蒸日上的事业，一边是党组织的信任和父老乡亲的期盼，这让他一时难以选择。他思考再三，决定挺身而出，舍小家顾大家。2005 年初，宋伟高票当选村党支部书记、村委会主任，他从上一届村委会接手一把电水壶、一张破桌椅、一个手电筒、一本欠账 20 万元的旧账簿、一个破败的村委会院子，开启了探索后八村凝心聚力、创新治理的新模式。

打铁还需自身硬，宋伟是一名退役军人，深知作风建设的重要性，为此，他毅然开展"三板斧"行动：第一板斧砍向自己，以身作则，放弃城里舒适的楼房回村居住，全身心投入村内大小事务。对家人从严要求，顶着家庭矛盾撤掉了担任十多年会计的大哥，清理了三哥在粮田里栽种的树木，以扎实作风在群众中树立威信。第二板斧砍向党员干部，制定党员干部"三大纪律八项注意"，以规矩之道约束党员干部行为举止。他亲自执尺给村干部量地，严禁村干部多占集体土地和农具；规定村干部家里的事情自己做、地里的活自己干；禁止村干部参与牌局、到村民家里吃饭饮酒、参与村民红白事等，倡导、树立了干部新风正气。第三板斧砍向村里不正之风，对打牌赌博不务正业的，对喝酒骂街、不孝敬老人、不培养孩子的，逐户走访，批评教育，引导携手共建"心齐人家"，喊响了"一家人、一条心，一个目标、一起拼"的响亮口号。

（二）党建强基第二步：带出一个好班子

村班子战斗堡垒作用对起步期的后八村发展至关重要。村"两委"从亮明党员身份、加强组织建设入手，切实解决村中实事难事。

起初，村里的土路垃圾遍地、污水横流，弯弯曲曲、崎岖不平，村民雨天雪天进不了家、出不了村。为了解决行路难和生产难问题，村"两委"每人承包一条街道，带头扫街，改善与村民生活息息相关的村居环境；召集家人主动带头出义务工，在没有设备、没有资金的情况下，整修绿化了村里的三条主干道，修建了5万立方米的水塘，栽种了3万多株杨树，给村民生产和生活带来了极大便利。

为了进一步改善居住环境，让村里人能过上城里人一样的生活，2007年，村"两委"抓住新型农村社区建设的有利时机，完成了15万平方米的新村建设，512户村民全部拆完搬入新居，没有发生一例纠纷，成为当年建设、当年搬迁且免费入住的改造典型。这一年，全体村民顺利搬迁上楼，生活环境极大改善。

可见，后八村"两委"班子把干实事儿、解难题当成了首要任务。许多攻坚战的胜利，让群众看到了一支为民办事、为村发展的好班子。后八村党委现有4个党支部、107名党员，班子成员优中选优，结构不断优化，平均年龄仅为35岁。班子成员有朝气、肯吃苦、不拖沓、干实事，是一支真正为民服务的工作队伍。

（三）党建强基第三步：打造一支先锋队

在村支书和村"两委"班子的带动下，党员干部先锋模范作用充分激发，为民服务初心使命进一步夯实筑牢。后八村对党员干部的工作任用上，坚持突出专长，能干的给战场，想干的给机会，切实发挥每一名党员干部的作用。

对待组织生活，后八村党委和支部"毫不留情"，红脸出汗练内功是常态。严格执行"三会一课"和党员活动日制度，坚持党员星级评比量化，一季度一测评、半年一小评、年终一大评，对党员评选定星并建立奖惩制度，做得好星级高则给予奖励，做得不好不尽心的党员则要"红红脸、出出汗、治治病"。每逢重大节日都组织开展重温入党誓词、"入党为了啥"、"党员荣誉在哪里"、"我为村庄做什么"等活动，进一步提高党员队伍服务村民的综合素质。

工作虽辛苦，但初心要牢，本领要强，纪律要严。后八村所有工作人员统一服装，党员佩戴党徽，走路一律小跑；无论是凌晨、中午还是深夜，泡方便面、吃盒饭加班是常有的事；所有党员一专多能，在干好本职工作的同时，都有"一块砖"的精神，哪里用就往哪里搬。用后八人的理念来讲，党员的带头作用发挥出来了，其他事儿都好办了。党员巡逻队制度的创建完美诠释了后八村党员是怎么带头的。随着商业的发展，辖区内的商户多了，在公共区域不时有烟头、卫生纸等垃圾出现，十分刺眼，党员巡逻队就弯腰捡拾垃圾，久而久之带动了全体村民、员工自觉行动，仅此一项就为村里省下每年上百万的保洁费。群众利益无小事，党员巡逻队自觉把群众关心的小事当成大事来办，身体力行，默默奉献，凭着这份苦干、实干，后八村才一步步发展起来。

后八村坚持创建为民服务型党组织，充分发挥支部战斗堡垒和党员先锋模范作用，给自己发展找到了一个可以信赖和依靠的坚强力量！

二、认准一个法子：全民共建

有了坚强的领导保证，还要找准方法，解决好"怎么发展"的问题。这就是后八村发展致胜的第二把金钥匙，认准一个法子——全民共建。通过四个抓手牢牢扭住全民共治共建，使大家心往一处想，劲往一处使，拧成一股绳，齐心协力建设家乡。

（一）全民共建的第一个抓手：发展集体经济

没有经济支撑，一切工作就没有基础。新班子果断决定发展集体经济。村

"两委"班子利用来料加工、借用朋友开拓的成熟市场等方式,先后开办了集体企业酱菜厂、水泥预制件厂、金属制品厂,不到两年时间,创造收入100多万元,还清了20万欠款,剩余资金为15户"五保"老人建设新住房、改善饮用水设施等。为了开阔眼界、打开思路,谋求后八村的更大发展,还组织党员干部和村民代表到华西、南山集团等先进地区学习。这第一桶金及其合理利用,以及外出见闻,激发了全体村民发展集体经济的极大热情。

2007年下半年,邹城市出台"城中村"改造政策。抓住机遇,借机改造地理位置偏、离城较远的后八村,是村"两委"一班人谋划的一盘大棋。经村"两委"研究,决定面向全体村民借资开创公司。2008年,在建新村、拆旧村、搬迁上楼的过程中,全村一家人、一条心,克服一切困难,实现了同年建设、同年搬迁、同步开发,公司同年盈利3600万元,集体经济迅速做大做强。

几年后,邹城市下文清理违规占道经营、环保不合格的露天烧烤摊。文件下了,可烧烤摊去哪里、如何继续经营成了大难题。这时候,后八村主动站了出来,为农贸市场统一安装油烟净化处理设备,改建为环保烧烤城。同时推出免两年租金的政策,吸引了70多家烧烤摊"退城进园"。不仅如此,由此产生的集聚效应还让摊主们的营业额意外翻番。既为政府分忧,又让烧烤摊增收,还赋予农贸市场活力,可谓一举三得。紧接着相继建成文化餐饮一条街、花鸟虫鱼市场、汽车装饰配件商城等专业市场,每年创收3200多万元,自此,村集体经济的主要来源有了充分的保证。

创办公司的成功,让大家更加心齐。多年来,在上级乡村振兴政策的指引下,当地党委政府的支持下,后八村群策群力,不断创新发展模式、创新管理和人才引入机制,在变局中开新局,集体经济不断发展壮大。

(二)全民共建的第二个抓手:挖掘孝善文化

邹城是孟子故里,孝善文化源远流长。2005年,新班子上任后,大力倡导孝善文化,实施文化沁润工程,将孟子思想中的孝善精髓提炼成通俗易懂的语言,在村中显要位置张贴,在工作中实践、在解决问题中引用,很快树立起弘扬孝善的清风正气。

为进一步强化孝善治村理念,后八村又深入挖掘了本村优良文化传统。后八村村民全姓宋,相传宋姓祖先微子启是典型的孝善贤人。为了凝聚人心,传承发扬祖先"孝善"文化,家家客厅中堂上悬挂《宋氏祖训》牌匾,引导村民牢记祖训不忘本。针对家庭矛盾中突出的"骂街"、婆媳不和、地角地边和房前屋后争端等现象，定期开展"十大孝星""好媳妇""好婆婆"等群众性评选活动并进行表彰，用身边的事教育身边的人。2008 年起，在每栋居民楼单元口设置"丑恶评议榜"，做好事要上榜表扬，做坏事要上榜"丢人现眼"。该榜"不断片、不打折、不饶人"，渐渐成了村民心中的"新闻联播"，不仅"牌子硬"，而且口碑好，于是"榜上见"的"口头禅"就传开了。村里还为每户村民建立了村民文明诚信档案，全家人做过什么好人好事或有过什么违法乱纪之行为，一笔一笔记得清清楚楚，在村委会档案室永久保存。"一训一榜一档案"无疑起到了细雨润无声的作用，潜移默化地启发、教化着每一个村民加强自我修养、自我约束。

老人生活幸福感是检验孝善治村效果的试金石。2006 年，后八村制定了"养老公约"，建立了"敬老金缴纳制度"，用硬性制度督促子女的孝养行为。多年来，每年重阳节组织老人大联欢、举办"百叟宴"，让老人们欢聚一堂，享受村庄发展带来的福祉；2020 年新增"老人生日福利制度"，举办"老人生日宴"，设立"敬老宴会厅"，组织当月过生日的老人集体聚餐，并按年龄为老人发放 1000 元到 10000 元不等的生日祝福金。老人晚年生活幸福安康，子女们无后顾之忧，后八村村民幸福感指数常年居高不下。

近年来，后八人创作了《后八孝德歌》，建立了"孝善微信群"和"孝善故事"公众号，并为村民发放记录家风"小故事"的"中华孝善相册"，倡导村民多唱孝德歌、自觉晒孝善。"一群一册一首歌"成为后八传承孝善爱亲的新载体，引导着大家真正把"孝善"二字内化于心，外化于行。

后八村村民都骄傲地说，咱们村人人都孝亲、家家有孝老故事，孝善之风遍地开花，真正做到了"优良传统后八扬，孝善治村第一庄"！

（三）全民共建的第三个抓手：加强教育引导

后八村大抓教育引导，创新了一系列培育村民新风尚的好办法。从 2006 年开始，每周一升旗仪式雷打不动，增强全体人员规矩意识。辖区的街道、广场和生活区均悬挂国旗、党旗，时刻提醒大家吃水不忘挖井人、幸福不忘共产党。

2007 年，创办村民夜校，设立教研室，聘请专职教师进行授课辅导、作业批改、班级管理，把全村 18 岁至 70 岁的村民分成 15 个培训班进行轮训，讲解党建知识、上级政策、文明新风、法律常识，经及中华优秀传统文化等内容。2008 年，创办村报《鑫琦之声》，为搬家上楼的村民安装"小喇叭"，广播站设在村委会，国事家事天下事，事事传送。村民们早上听新闻，中午看报纸,晚上上夜校,"一校一报一广播"的长期开办,形成了教育引导不停歇的后八育人新体系。

为了提高学习的自觉性,2009年建设了400平方米的图书室和电子阅览室,2019年又建设了5000平方米的大型图书室,藏书十万册,为村民提供温馨、舒适、恒温的现代化阅览服务。村集体出资为每家每户配备书橱,成立"鑫琦读书会",定期开展"书香后八"系列活动,村民读书时在书籍上做的标注、写的感想以及撰写的读书笔记,可以作为换取购书补贴的依据,在经过聘请教师的阅读和批改之后,择优在《鑫琦之声》上刊登,特别优秀的进村史馆进行展览。"一馆一橱一作业"的做法,让村民养成了自觉学习的好习惯。

为了人尽其用,最大程度发挥"后八人为后八"的人才效应,后八村建立了"回村就业鼓励制度"。本村考上大学的孩子,如果与村委会签署回村工作协议,则上大学期间的学费、住宿费等费用全部由村集体承担,每月发放生活费,在学校表现突出的村里还会发放奖学金;每年寒暑假召开大学生村庄发展建言会,鼓励优秀青年回村就业创业,为他们提供平台、给予激励,全力打造一支强大的乡村人才队伍,助推村庄发展新希望。

(四)全民共建的第四个抓手:激发村民自主意识

随着村企业和居民规模越来越大,后八村在突破发展瓶颈、创新探索实践中建立完善了"后八村网格化管理新模式"。全村划分为十个小组,由党员任组长,村民代表担任副组长,每组每年4万元经费服务50余户村民。网格员入户走访、谈心谈话、志愿服务,全面掌握每户村民实际情况,实时了解村民诉求,做到了全民覆盖、反应灵敏、执行高效、服务到位。村"两委"放手放权指导,网格员尽心尽力服务,真正形成了"村民服务村民、村民管理村民、村民影响村民、村民教育村民"这种既纵横交叉又统一管理的村民共治和谐氛围。后八村还建立起党员、退役军人、巾帼、孝善传承等9个志愿服务组织,志愿者多达600多人。在网格员和志愿者共同努力下,在全体村民共建共治中,村容村貌村风焕然一新、朝气蓬勃,村民居住小区创建了无物业人员自治精品社区,被中宣部、中央文明办授予"全国学雷锋最美志愿服务社区"荣誉称号。

三、守牢一颗初心：发展为民

第三把金钥匙，守牢一颗初心——发展为民。发展的成果最终由全体村民共享，这就明确了"为谁发展"的问题。

（一）经济发展富起来惠及全村的父老乡亲

为民服务，首先是要让村庄发展惠及村民，保证村集体增收能带动村民致富。村集体每年为每户家庭补助水费、电费、物业费近 4000 元，村民免费使用纯净水，大病住院新农合报销后集体再给予二次报销；村民子女入学享受学费优惠政策，考上大学的发放奖学金，全方位提高全村村民生活质量。2017 年底，后八村实施公司产权制度改革，把 35 亿元资产中的 13 亿元给予全体村民和员工配股，巩固了集体发展的资金基础，大大增加了村民分红比例，使每户家庭平均分到 300 万元 ~700 万元不等的股值，不上班的老人和孩子都能分到上万元的分红资金。鼓励村民在村集团就业，招引 400 多家经营户在此安家落户，各行业共安置 3000 多人。目前有劳动能力的村民全部实现就业，被国家人力资源和社会保障部授予"国家级充分就业社区"。

（二）村庄建设美起来为了后八村后世子孙

经济发展了，生活富裕了，基础设施建起来了，村民对居住环境的要求也越来越高了。后八村投入了大量的资金和建设用地，修建了宽阔的村中大路、爱国主义教育广场、孝善文化传承公园、生态停车场等公益设施，绿化覆盖率达到 45%，村庄季季有鲜花、年年有绿叶，步步有景观、处处显文化，荣获国家级 3A 景区。从原来的一片荒凉之地，成长为后劲十足、八脉通达的宜商宜居宝地，各类产业一派繁荣，成为极具活力、极具投资吸引力的热土，村民幸福指数大大提高。

（三）综合实力强起来承担更多的社会责任

为了报答党的恩情，为党分忧，为民解困，发展起来的后八村，时刻牢记社会责任，不断为社会多做贡献。2015 年，出资 1000 万元设立山东省首家精准扶贫救助基金；2017 年，出资 60 万元倡导启动邹城市扶贫基金，为山东省老龄事业促进基金会捐款 400 万元；2020 年，捐款 500 万元现金助力邹城打赢新冠疫情防控阻击战。每年用于举办各类公益活动和慰问因病致贫家庭、留守儿童、孤寡老人、伤残军人、英烈家属等的支出都在 800 万元以上。

经过十多年的发展，后八村全体党员群众团结一心、开拓进取，在村庄全面跨越式发展的基础上,实现了发展为民、成果共享、带动四方。后八村通过党建铸魂、孝善治村、文化育人、产业惠民等创新治理方式,汇聚起万千力量,形成了"心齐人家"治理体系,打造出党建引领基层治理的"后八样板",这是后八里沟村最为独特的时代印记。就像老话所说:只要心齐,泰山可移。

(作者单位:中共邹城市委党校)

现代化治理视域下
健全乡村治理体系的逻辑与优化路径
——基于济宁市乡村治理的实践探索

周长青

党的二十大报告提出："发展壮大群防群治力量，营造见义勇为社会氛围，建设人人有责、人人尽责、人人享有的社会治理共同体。"乡村治理是国家治理的核心组成，不仅能够夯实基层社会治理，也能够体现国家治理在农村社会末端的管控能力。乡村治理对实现社会治理共同体目标发挥着关键作用。乡村治理是在基层政府、乡村"两委"以及社会团体主导下，以促进乡村发展和维护乡村秩序为中心开展引导、管理和支撑的一系列工作。

一、现代化治理视域下健全乡村治理体系的内在逻辑

乡村治理简单说就是实现对乡村公共事务的管理和服务。乡镇政府与村自治主体在党的领导下，依据法律和村规民约对农村公共事务进行有效管理，提供优质高效的公共服务，加强农村环境"脏乱差"整治，建设生态宜居美丽乡村，有效化解各类矛盾纠纷，倡树文明和谐新风，规范村内事务管理制度化和规范化，从而实现乡村社会安定有序祥和发展。乡村治理在公共权力管理乡村事务中都是以实现公共利益为目标从而达到共建、共享的效果。

（一）健全乡村治理体系是推进国家治理体系和治理能力现代化的题中应有之义

乡村治理是国家治理的基石，是国家治理体系的基础。从国家治理基本内容和实践操作来看，城乡基层治理无疑是核心组成部分，治国理政的重点和难点在基层，治理创新完善的突破点集中在基层，国家治理效能、社会治理效果的真实呈现也在基层。因此，进一步加强和改进乡村治理，实现乡村治理体系和治理能

力现代化是国家治理现代化大局的题中之义。而乡村治理现代化的一个重要方面就是结合社会实践变化不断完善乡村治理体系、优化乡村治理机制，从而提升乡村社会治理成效。通过乡村治理发挥党建引领作用，发挥党员先锋模范作用，规范乡村权责和公共事务，增强自治能力，健全法治保障，发挥德治教化作用，大力提升农村人居环境，完善基础设施配套，提升公共管理和公共服务效能，加强乡风文明建设，倡导社会主义核心价值观，推动平安乡村建设，支持群团等各类组织参与乡村治理，不断提升人民的幸福感、获得感和安全感。

（二）健全乡村治理体系是全面建设社会主义现代化国家的必然选择

加强和改进乡村治理、健全乡村治理体系、提升乡村治理能力，是维护社会秩序全与国家和谐发展、推进社会主义现代化强国建设的关键一环。中央和地方都在着力推动社会治理重心向基层下移，其背后有基层社会治理现实矛盾与客观实际的需要。进入新时代，中国社会的主要矛盾已经转化为人民日益增长的美好生活需要和不平衡不充分的发展之间的矛盾。在乡村发展中不平衡不充分问题更加突出。乡村环境差、基础设施配套不到位、公共服务不均衡、乡村财政压力大、乡村文化缺失、基层干群关系紧张等问题，都要通过提升治理水平、创新治理模式来解决。因此，加快构建现代化基层治理体系，可以较好地解决乡村治理问题，夯实人民群众畅享美好生活的治理基础，激发农民的参与意识，用法律手段和法治思维来调和各种利益矛盾，使民众在认同基层治理的同时增强获得感、幸福感、安全感。

（三）健全乡村治理体系是实现乡村振兴战略的重要保障

改革开放以来，我国经济社会迅速发展，城镇化水平不断提升，城镇化过程加快了人口流动，促进乡村发生了很大的变化。乡村人口流向城市，大量农村劳动力流失，在农村形成"空巢"现象。大多数外流的乡村劳动力过着乡村和城市"两栖"的生活，在乡村和城市之间来回摆动。伴随着中国老龄化进程，留守老人和儿童问题导致乡村活力不足，留住年轻人特别是农村人才更是问题。人才留不住、产业不兴旺、农村基层组织薄弱、基层干部服务和管理水平不到位……这些问题不利于乡村振兴，严重影响了农业农村的发展。在乡村社会的人口结构、经济结构、观念结构出现巨大变化时，乡村治理变得更加重要。实现乡村振兴必须解决乡村治理问题，切实提升治理效能，努力构建三治结合的乡村治理体系，促进乡村社会安定有序。

二、济宁市健全乡村治理体系的实践探索

作为儒家文化发源地，济宁坚持和发展新时代"枫桥经验"，弘扬"礼之用，和为贵"等儒家思想精髓，推动德治、法治、自治有机融入基层社会治理，构建以德为先、以和为贵、法德并济的社会治理体系，推动形成"人人和气、家家和美、处处和谐"的善治新局面，在健全乡村治理体系上进行了创新实践，形成了一些成效凸显的乡村治理运行经验与治理样本。

（一）建设现状

济宁在市县乡村四级建设集信访、调解、仲裁、行政裁决、行政复议、诉讼于一体的"和为贵"社会治理服务中心，对各类矛盾纠纷能调则调、应调尽调，简单事项简易调、一般事项专业调、复杂问题多元调，调解成功的可当场申请司法确认，最大限度和解在诉前、访前。近年来，济宁市高度重视基层治理工作，结合工作实际，各县区在乡村治理工作方面进行了大胆的探索和实践，创新乡村治理方式和治理思路。曲阜市以"和为贵"为载体，以网格化为基础，打造提升"和为贵"社会治理品牌；鱼台县精心打造"鱼快办"高效诉求平台成为倾听群众心声、解决诉求化解矛盾的有效载体；梁山县汇聚"三力"让基层治理能力大大提升；微山县持续完善基层治理体系机制，成立县乡社会治理服务中心，打通基层治理最后一公里；邹城市以调解基层矛盾为切入点，创新打造"人和"司法调解品牌，实现基层调解智能化、人性化、长效化；汶上县创设"红色治理品牌""O2O为民新模式"，发挥"五老组织"力量加强社会治理。可以说济宁市各县区在乡村治理方面各具特色，成效显著，形成"小事不出村，大事不出镇，矛盾不上交"的新时代乡村治理的济宁做法。

1.高度重视，成立专门机构

济宁市社会治理服务中心成立运行以来，紧扣"解决群众小事就是办大事"这个突破口，把稳"切实让群众认可满意"这个方向标，紧抓"倒逼干部主动作为"这个关键点，创新构建"1+2+3+N"工作机制，聚焦聚力提升群众反映问题解决时度效，做实农村网格化管理，让村"两委"干部兼任网格员，倒逼压实县、乡、村运用网格化平台收集诉求，梳理分析精准办理的责任，倾力打造群众诉求办理的济宁做法，群众满意度持续提升。在市县两级成立社会治理服务中心，将线上线下各渠道诉求统一交给市社会治理服务中心，采取"一号受理—按责转办—限时办结—统一督办—评价反馈"全闭环处理流程。聚焦群众诉求收集

渠道"散",构建问题集纳"一张网"。切准民生工作"入口",实现线上群众诉求收集"一网通"。依托社会治理综合信息平台建设,推广服务便民热线新工单系统,完善群众诉求"一号受理－按责转办－限时办结－统一督办－评价反馈"全闭环处理流程。强化问题分析研判,对群众反映较为集中的问题、苗头性倾向性问题、易出现网络舆情风险的问题进行专项分析,为市县两级党委政府决策提供有益参考。

2. 党建引领,加强自治基础

习近平总书记指出,把加强基层党的建设、巩固党的执政基础作为贯穿社会治理和基层组织建设的一条红线。坚持党建引领社会治理,要选强人、选能人到村担任村级党支部书记,发挥"领头羊""掌舵手"的引领作用。乡村党的组织工作重点要在教育培训、管理监督党员和组织群众,化解各类利益矛盾,协调各方服务群众上,切实发挥党员干部的示范带动作用。党建带群建,组建专业合作社,各县区都把发展壮大集体经济作为一项重要任务。

3. 立足早调解,发挥法治保障作用

济宁市开展"一村一法律顾问"工作,推动公共法律服务向村居全覆盖。曲阜市建立市镇村三级联动的"和为贵"调解室工作机制。在村级"和为贵"调解室,发挥"前哨所"作用,早发现及时调处,做好矛盾纠纷调处化解的第一道防线。让群众有问题进中心,专人办,快解决。曲阜市创新调解流程再造,采用"和为贵"调节,行政调解、司法调解、人民调解。邹城市学习和发展"枫桥经验"以调解基层矛盾纠纷为切入点,采用大数据手段提升智能化水平,创新打造"人和"司法调解品牌,实现基层调解智能化、人性化、长效化。邹城市创新探索建立"诉调"对接"访调对接"行政调解"协作区"调解工作机制,有效化解各类信访矛盾。济宁公安局实行民警联系村居,在村委办等场所设立警务室,利用"雪亮"工程全覆盖,开展扫黑除恶、打匪除霸活动,严厉打击侵害农民利益等违法行为,维护广大群众的公平正义,大大提高人民满意度和安全感。

4. 发扬传统文化优势,以德治为支撑

济宁市发扬中华优秀传统文化资源优势,让中华优秀传统文化进乡村,发挥德治教化作用,为自治和法治提供重要支撑。为深入打造新时代"枫桥经验"济宁升级版,把群众矛盾解决在群众家门口,近年来济宁着力打造"和为贵"社会治理模式,将儒家文化中的"和为贵"理念融入基层社会治理中,深入挖掘和阐发中华优秀传统文化向上、向善的价值力量,坚持以文化人、以和为贵，提升全民素质，从思想意识根基上，预防和减少矛盾发生。鼓励引导群众通过先行调解等方式以调促和、定分止争。在市县乡村四级建设集信访、调解、仲裁、行政裁决、行政复议、诉讼于一体的"和为贵"社会治理服务中心，对各类矛盾纠纷能调则调、应调尽调，简单事项简易调、一般事项专业调、复杂问题多元调，调解成功的可当场申请司法确认，最大限度和解在诉前、访前。

5. 以科技为手段，创新治理载体

济宁开发了"云智济宁"信息系统，纵向连接市县乡村和网格，横向对接大数据、综治、公安、司法、政务服务热线等数据平台，群众打个电话，发条短信、微信或登录网站就能便捷反映问题。"群众遇到困难和问题，再不用东奔西跑，直接到各级'和为贵'中心反映，后续的工作全部由中心分流、交办、督促、落实。济宁市社会治理服务中心聚焦群众诉求收集整合各渠道并至12345政务服务便民热线，依托社会治理综合信息平台完成"一号受理，一网打尽"。汶上县首创O2O便民服务平台，邹城市开展"码上"调节智能系统，鱼台县推出"鱼快办"微信小程序等都是借助科技手段，创新治理思路，线上线下有机结合，让数据多跑腿，让群众少跑腿，让干部作风大转变。

（二）现代化治理格局下健全乡村治理体系面临的问题

济宁市在积极探索全新基层治理方面取得了一定成效，但也存在一些问题。

1. 乡村社会缺乏活力

随着城镇化进程，大部分劳动力去城市打工，农村留守的基本是妇女、儿童和老人，这些人往往把土地流转出去，无法担当乡村振兴和乡村治理的主体。老百姓民主意识淡薄，对村"两委"换届常常漠不关心。邻里乡土意识淡化，主人翁的主体意识不强，优秀人才涌向城市，产业不旺，甚至出现"空心"村，国家在乡村治理中，达到更好的自治是难上加难。

2. 部分村级组织涣散薄弱

乡村治理体系中的党组织治理主体建设薄弱，党组织引领社会治理的凝聚力和效能不足。部分基层党组织建设质量和水平较低，呈现出软弱涣散、组织建设不规范和党员管理无规章等问题。另一方面，部分人员对党建引领基层社会治理的思想认识不到位，没有从全局视野深刻理解"抓好党建就是最大政绩"，没有正确认识到基层党建在社会治理乃至国家治理中的重要地位，没有从政治上把握好夯实执政基础、维护社会安定、保障服务人民的党建指向，还存在将党建看作是"虚功"、非主业的现象。基层党建和社会治理有机融合不够，存在党建和治理"两张皮"的现象，基层党建工作的形式主义仍然存在。

3.乡镇财政困难，缺乏执法权

在调研中发现，在财政机制上是"乡财县管"，乡财政除保乡镇工作人员工资运转外，还要加大基础设施配套投入，以及民生事业的建设，在这种体制下，乡镇财政非常困难，导致该办的事办不到。县直部门为了推动工作落实，给乡镇签订"责任状"，并扣上"属地管理""一票否决"的帽子，导致乡镇在具体工作中，面临执法任务而无执法权和执法队伍。因此，在乡村治理中，乡镇政府权责不配，导致落实有关工作处于被动局面。

4.自治、法治、德治相结合机制不畅

在济宁创新工作举措，创新基层治理模式中，没有很好地把"三治"有效地结合起来，还存在不系统、单打一的问题，没有形成三治融合联动的合力，在实践中要以自治为基础、法治为保障、德治为支撑，相互融合相互联动，形成善治合力。

5.社会化组织作用不明显

乡村治理的主体多元化，特别要发挥乡村产业合作社组织、新型农场主、乡贤精英代表人士、慈善公益组织等社会化组织作用，而济宁在乡村治理发展专业化社会组织方面存在短板，下一步在基层治理工作中努力做好社会化、专业化、标准化、规范化、组织化发展工作，并以此提高工作水平。

6.重科技手段，缺乏监管

在乡村治理中要依托"互联网+"、人工智能、大数据、App等平台科技手段，充分利用信息化、数据化资源，推进乡村治理智能化。除了对乡镇领导及工作人员的监督考核落实外，还要对从事科技手段及信息平台操作人员进行有效教育、管理、监督和考核，避免利用科技手段徇私舞弊。

三、济宁市乡村治理体系建设优化路径

（一）创新乡村治理理念

1.优化村级服务格局

乡镇统筹区域规划，制定合村并居和乡村振兴规划，在教育、卫生、养老、文化等方面完善区域布局，切实让广大农民在乡镇区域内享受各项服务。在乡镇

管理体制上设管理区，管理区人员下派到村居，结合"我为群众办实事"和民意"5"来听等活动，做好矛盾纠纷的排查调处化解工作，还要为广大农民特别是年老体弱群体做好代办服务工作，切实让贫困户和鳏寡孤独人群享受党的温暖。在发展村集体经济中，乡镇要提前规划布局，各村要形成特色，努力做到"一村一品"。通过产业布局和产业振兴进一步发展壮大集体经济，村集体才能在教育卫生、养老助残等方面给予更大的财力支持，更好地服务群众。

2. 重心下移，权责一致

乡镇需要做的工作千头万绪，乡镇在谋发展的同时，又要做好乡村事务管理和服务工作，基层治理工作必须重心下移，加大财政转移支付力度，增加基层工作力量。县级赋予乡镇管理自主权和执法权，县级要着力增加乡镇事业编制，人员统筹使用，依法赋予乡镇综合管理权、应急处置权，以及对本区域的市场监管、自然资源、交通运输、房屋建设等执法权，大大提升乡镇管理和服务水平。

（二）加强党建引领推动自治、法治、德治融合，促进济宁善治

1. 加强党的基层组织建设

要把党的领导贯穿于基层治理各方面、全过程。选优配强村党支部书记，切实发挥"头雁"效应。发挥党员的先锋模范作用，党员干部在基层治理中发挥"关键少数"的作用。打造一支听党话、懂管理、善服务的基层治理队伍。县、乡两级党委政府要加大对基层治理队伍的教育培训力度，提高村"两委"干部的薪酬待遇，切实增强村级组织治理队伍的积极性、主动性和创造性。在党的组织宣传和服务群众工作中，发挥好基层党员干部带头示范作用，切实开展好党员联系户工作，发挥党员密切联系群众的优势，带动群众全面参与村级治理。发挥人民群众在乡村治理中的主体作用，让广大农民真正成为乡村治理的主体、乡村振兴的受益者，真正用好村民代表会议、村民小组会议、村务监督会等组织，让农民关心集体事务，参与集体事务决策。

2. 强化法治乡村建设

加大普法宣传进乡村的力度，切实增强村"两委"干部和农民法律意识、法律素质和法治思维。在推行一村一法律顾问的同时，各县区公检法部门要联系包保乡镇开设法律课堂和巡回法庭，在关爱贫困户、妇女、儿童、老人方面多做法律援助和司法援助，同时文旅部门多开展送法治电影下乡，组织通俗易懂的法治文艺节目表演，通过退休干部组建法律宣讲团进村"说法"等方式，让村民懂得有法可依，违法必究，让村级事务在法治规范下有序开展。

3. 提升乡村德治水平

济宁市第十四次党代会提出了推动中华优秀传统文化"八个融入"工程，即（融入精神文明建设、青少年教育、干部政德教育、基层社会治理、文旅融合、乡村振兴、网络建设、城市发展），在全市实施"六进普及"工程，推动中华优秀传统文化进机关、进学校、进企业、进农村、进社区、进家庭，充分发挥教化作用，一体推进政风、社风、民风、家风建设。发扬济宁优秀传统文化资源优势，让传统的道德观念、家庭观念，以及乡土文化逐步回归，形成尊老爱幼、家庭和睦、邻里友爱、互帮互助、崇善向上的良好乡风，让传统文化凝聚人心，教化群众，纯化民风发挥重要作用。新时代要将社会主义核心价值观植入农村，加强思想道德建设，加强意识形态的管理和教育，丰富乡村德治的宣传载体，避免形式化、娱乐化、空洞化，发挥德治细雨润无声的教化作用。倡树社会公德、家庭美德、个人品德，不断提升村民的思想道德素质。

4. 推进"三治融合"形成整体治理效应

自治、法治、德治"三治"结合的乡村治理体系，三者是一个有机整体，不是单纯的罗列，只有将三者有机结合起来，才能更好地发挥整体作用，实现"1+1+1>3"的效果。在三者有机结合中，自治是主线，贯穿乡村治理的整个过程；法治是有力的保障，提供一定的规范和制度约束，德治在乡村治理中发挥支撑作用，作为自治和法治的有益补充。三者要形成合力，综合考量，有力保障实现乡村治理现代化的目标。必须完善法律规范体系，规范基层政府与基层组织的权利、职责范围，实现基层乡村治理权力的良性法治建设。在法律法规准许的范围内，引导基层组织和村民的行为，制定符合本地区的制度化规则体系，发挥法律在稳定社会秩序、调处矛盾纠纷的作用，保障村民自治，营造好乡村治理法治环境。村民自治与法治相结合，建立在一定道德基础和道德良俗上，用传统文化精神和传统伦理道德感化人心，形成强制和非强制性约束，建立一个传统和现代相结合的"三治"乡村治理体系，这样可以更好地发挥自治、法治、德治的效果，实现整体效应，更好地达到乡村自治效果。

（三）强化督考，完善平台建设

1. 健全完善体制机制

"三治"结合中，很多时候法治效果不佳，和监督缺失有着很大的关系。提高村民的积极性，让更多的村民参与乡村治理，提升治理的监督监管力度，能避免"强人治村、恶人治村"一言堂的"人治"情况。建立透明公开的监督机制，建立监督台账，明确职责，加强督办队伍建设，强化"互联网＋督查督办"工作信息化，不断提升诉求办结率。扩大回访范围、加大回访力度，对经两次回访不满意和已办结但仍未解决的群众合理诉求，全部进入重点督办库，开展现场督办，对承办单位办理情况和典型问题及时通报表扬或批评，进一步压实承办单位工作责任，严格考核评价，进一步压实各部门责任，锤炼干部作风，营造比学赶超狠抓落实的浓厚氛围。

2. 加强网格化服务管理

科学整合网格，让村"两委"干部兼任村居网格员，农村地区尽可能配备专职网格员。推动多网融合，统筹整合综治、应急、环保、城管等多个网格，逐步做到一网通办、一网统管。提高专职网格员待遇，农村专职网格员与城市社区工作者同薪同酬，落实五险一金，设立网格工作经费，纳入当地财政预算。可以学习借鉴外地市经验做法，对网格员定期培训，实行积分制管理和星级评定。拓宽网格员个人成长晋升渠道，积极推荐优秀网格员入党，吸纳优秀网格员进入村（社区）"两委"队伍，在事业单位招考中针对网格员单列一定名额。成立"网格学院"，系统开展网格培训赋能活动。切实发挥好网格员早发现矛盾问题早调处早化解的作用。

（四）争取八方支援

1. 坚持以人才振兴为抓手，发展集体经济

要使乡村治理有效，必须有治理人才，才能保证乡村治理长期稳定发展。首先，做好乡村人才的培强选优工作，针对村"两委"班子成员中的致富带头人、合作社组织领头人及乡贤精英人士，加大社会治理方面的教育培训力度，让他们真正扎根农村、热爱农业、关心农民，成为新时代乡村治理的行家里手，带领广大农民实施产业振兴，共同致力于建设美丽乡村。其次，县乡政府人社部门出台乡村创业就业的扶持政策，鼓励长期在外打工的农民特别是创业成功的人士，还有毕业的大中专生、退伍军人返乡进行创业和就业，在启动创业时县乡政府人社部门给予他们有关职业培训、创业指导和资金政策扶持，通过他们的返乡创业给广大农民提供更多的就业岗位，从而为乡村治理提供物质保障。

2. 发展社会化组织力量

学习先进地区政府花钱购买服务的方式，鼓励支持各种社会力量参与乡村

治理工作。动员各方面力量参与乡村治理，让农村专业合作社、新型农场，乡贤精英代表人士、社区志愿者、慈善家在乡村治理中发挥特有的作用，充分利用社会化组织力量管理村级事务，向广大农民提供更优质便捷的专业化服务。

四、结语

乡村治理体系建设是一项长期任务，需要引向深入、推向持久、见到实效，只有构建自治、法治、德治融合的立体治理体系，实现各治理要素有效融合、按需推进，才能充分发挥多种治理手段的聚合效应。以自治、德治、法治成就"三治"融汇共生，从根本上推动"共建共治共享"的乡村治理格局的形成。济宁将"和为贵"理念融入社会治理，注重发挥以文化人的教化功能，把对个人的教化同基层社会治理结合，促进人与人、人与社会和睦相处，在乡村治理中进行了有益实践，探索出了独具地方特色的治理模式，群众满意度持续提升。未来，将在工作实践中应不断完善工作机制，创新工作举措，让济宁乡村治理更加善治，切实增强群众幸福感、获得感和安全感。

（作者单位：中共济宁市委党校）

参考文献：

[1] 习近平谈治国理政（第三卷）[M]. 外文出版社，2020.

[2] 陈伟东、佘君玗. 改革开放以来党领导基层社会治理变革的内在逻辑 [J]. 社会主义研究，2021.

[3] 李美茹、曾盛聪. 党领导基层社会治理的逻辑理路与实现路径 [J]. 理论探讨，2021.

[4] 孙智怡. 新时代党建引领基层社区治理建设的探索——以河北省张家口市西岔社区为例 [J]. 领导科学论坛，2022.

城市街道网格化服务管理探索研究

刘瑞杰

近年来，随着"网格化"的概念在各地区社会管理实践中的广泛应用，网格化管理应运而生。我国的网格化管理最早应用于军事和社会治安领域，随后在环保、社会保障、安全生产等工作中推广。党的十八届三中全会以来，保障和改善民生、改革收入分配制度、推进基本公共服务均等化成为各地社会建设的基本准则。政府在社会群众中的角色定位也从传统的管理转向了服务。丁煌在《西方行政学说史》中提出"新公共服务"的理论，指出公务员在推动社会朝着新的方向发展的过程中，更多地承担帮助表达并满足公民的权益及诉求的角色，而不是试图通过控制和掌控达到管理的目的。因此，网格化管理的定位从原有的管理职能逐渐向服务职能转变。这为网格化管理赋予了更多的内涵。城乡社区网格化管理，是在推进基本公共服务均等化、全面建成小康社会的时代背景下提出来的。这是一种以网格化管理、社会化服务为手段，在城市和乡村同步开展的治理方式。推行城乡社区网格化管理，是新时代适应经济变革与社会转型，畅通社会肌体的"神经末梢"，把资源在基层整合、矛盾在基层化解、服务在基层拓展、民心在基层汇聚的有效形式；是落实共建共治共享，以开放型架构吸纳各方力量参与，推动基层社会治理由"自上而下"线型模式转为网状模式的创新探索。

一、济阳街道网格化管理主要做法

济阳街道位于济宁市任城区西部，辖 10 个社区，人口 4.3 万，辖区内老旧小区较多，管理难度较大。近年来，济阳街道依照"6688"网格工作法、"四网合一"工作机制，不断提升网格化管理服务水平。

（一）强化党建引领基层社会治理

坚持以党建引领基层社会治理为主线，牢牢把握城市治理规律，加强党的领导，发挥党的政治优势和组织优势，把基层党组织建设成为领导基层社会治理的战斗堡垒，坚持党领导下的"多网融合、一网通办"，结合小区党支部、红帆驿站，实现网格党组织全域覆盖，促进小区党支部与社区责任网格有效衔接。选优配强网格党员力量，推动基层党组织建设，加强党员分类服务管理，充分发挥离退休党员作用，吸收基层党员参与社区治理、民生服务、政策宣传等工作。

1. 强化组织领导。第一，成立"多网融合一网统筹"工作领导小组。街道党工委书记和办事处主任任双组长，相关职能委室分管科级干部任副组长，街道各委室站所负责人、各社区书记为成员。领导小组办公室设在街道网格中心，负责日常工作。第二，发挥网格党组织领导核心作用。健全"街道—社区—网格—微网格"四级组织架构，30个庭院网格均已成立党支部，吸纳社区"两委"、网格员、楼长、物业公司、业委会等参与其中，将每年至少一次为民服务作为每名党员的"硬要求"。持续深化"党建引领楼宇微治理"，大力推行"三长制"，充分发挥486名楼长和982名住社区党员在社区治理中的示范带动效应，把党组织战斗堡垒建在最基层，把服务阵地触角延伸到最末端。

2. 夯实网格基础。第一，建立网格阵地。按照"四个统一"标准，实现"网格会客厅"、网格工作室全域覆盖；统筹建设综治办公室、警务室、城管办公室、创城办公室，联合办公、综合执法；高标准打造32处网格活动场所，贴近群众、为民服务，打通服务管理最后一百米。第二，强化网格队伍。由街道党工委书记兼任总网格长，社区书记任网格长，街道把社区干部从传统的前台窗口服务中"解放"出来，每个社区留2~3人，其余全部下到各网格服务，每个网格工作室配备一名社区"两委"人员担任网格长，设置网格员、网格片警、综治工作人员、城管人员、创城工作人员等开展便民服务。用好执法下沉力量，常态化开展治安巡查、风险隐患排查、市容市貌治理，做到第一时间发现、第一时间处理、第一时间解决。第三，健全网格工作机制。街道建立提升群众满意度工作领导小组，实行"三个一"，一周一调度、一周一通报、一周一专题，形成上下联动、委室配合、社区认领、网格中心督导，及时解决群众反映的热点难点问题，切实提升群众满意度。

3. 统筹多方参与。统筹下沉力量。借"四网融合"东风，深化资源力量下沉，统筹好市场监管、交通运输、应急管理、卫生健康、自然资源、文化市场等综合执法力量，按网格配置执法人员，做好协同配合执法工作，打通公共服务最后一公里。

（二）抓紧抓实网格基础工作

规范服务流程，提升管理服务水平。济阳街道深入推进网格化治理规范化建设，依照"6688"网格工作法，即入户走访"六必访"、居民服务"六必到"、网格巡查"八必报"、网格工作"八项制度"，规范提升网格员日常工作。做好网格日常巡查走访。网格员每天开展网格巡查，对网格内人、地、事等信息如实记录上传平台。建立网格居民信息台账，对网格内情况做到底数清、心中明，及时更新居民信息。2022年，共走访居民户数17200余户，收集更新信息5312条，办理民生服务4726件，解决各类隐患2366起。切实发挥了"社区主力军、服务先锋员"作用，为辖区群众提供"全覆盖、无缝隙、零距离、精准式、高效率"的便民服务，群众满意度和幸福感不断提升。

二、社区网格化管理存在的问题

（一）居民参与度低，社会组织参与渠道有待拓宽

1. 居民在参与社区管理中的积极性不高。小区很多居民认为社区治理只需要靠政府，个人力量微不足道。同时，社区网格化管理着重在问题收集和反馈方面发力，对居民实际需求、群众参与解决问题的能力和热情兼顾不足，例如残疾人、老年人对心理咨询、居家养老等保障和公益服务需求较大；老年人更加关注环境卫生、噪声污染、社区安全，中年人对创业、就业的资讯类服务需求更多；外来租住居民对教育、医疗等保障性服务更加关注。居民的诉求在社区内得不到满足，使得其参与社区管理和建设的积极性不高。

2. 社会组织参与社区服务管理渠道不多。当前社会组织参与社区服务的渠道并不多，主要以政府购买服务、社区共建为主，缺乏社会组织参与的准入机制。在参与方式上，更多时候是以有偿服务、购买服务为主，推行志愿服务、互助服务的力度不大、效果不明显。

（二）网格力量薄弱

基层治理属于社会治理，是国家治理体系的重要组成部分和基础。党的十九大报告曾指出："加强社区治理体系建设，推动社会治理重心向基层下移，发挥社会组织作用，实现政府治理和社会调节、居民自治良性互动。"基层社会是社会最基础的层级，由于人数众多、构成复杂，相对而言在社会关系

协调和管理方面存在较大的难度。当前，基层社会治理过程中遇到的一些问题、纠纷和陋习，单纯通过法律、条例和行政手段进行约束解决，很难达到合情合理、温情高效，这就需要我们拓宽视野，不断探索新的思路和途径。

（三）网格员队伍建设不足

1. 网格员业务素质不高。网格化管理要求工作人员要同时掌握多项业务工作能力，确保对网格内反馈的各种问题快速办理。调研中发现，受访的网格员认为需熟练掌握的知识有计算机、社保、计生、医疗、综治、调解和文字写作等方面。但是，就目前的网格员情况来看，这些人员大都学历不高，平均年龄偏大，不具备全面的知识结构，尤其缺乏法律、社保等专业性强的知识，较上级要求有很大差距。由于网格员队伍的素质参差不齐，对其综合管理也有很大难度。

2. 网格员工作主动性不强。网格员在城市社区网格化管理扮演重要角色，但是，很难在中国的法律层面上找到对网格员的定义。他们不是行政、事业单位人员，甚至不是社区居民选举产生的，像这种"非官非民"身份，使他们在工作中经常遇到阻碍。首先，他们中的许多人对自己的认同度不高，对自己的职能不清楚，从而影响其工作热情。其次，网格管理员的薪资待遇偏低，职业发展晋升机会小，导致许多优秀人才对网格管理员这一职业望而却步。

三、完善城市社区网格化管理的对策举措

（一）强化网格阵地建设

1. 打造"网格会客厅"。打造集居民办事、居民活动、民主协商等功能于一体的"网格会客厅"，为居民提供场地，方便居民参与社区事务。济阳街道京杭社区鲁抗庭院网格"何国珩书记工作室"和草桥口社区水景花苑网格会客厅建成并投入使用，进一步提升了为民服务水平，提高了群众满意度。

2. 大力开展志愿服务活动。依托"网格会客厅"，大力开展为民服务活动。根据辖区居民特点或结合传统节日，开展丰富多彩的为民志愿服务活动，街道层面积极对接公益资源，为网格居民提供生活便利。济阳街道定期开展"爱上门""爱心集市"等多项惠民服务，同时在每个网格都组织了志愿服务队，不定期开展活动，"老妈妈针线纺""小板凳宣讲团"等志愿服务团队目前已非常成熟。通过活动的开展，拉近了社区居民与网格员的距离，也激发了社区居

民参与社区事务的热情。

（二）挖掘居民代表参与社区治理

在儒家思想的影响下，追求无讼、以和为贵、崇尚和谐、尊老爱幼、诚信敬业、家庭和睦、亲邻友善、爱家爱乡等思想一直影响着中国人。济宁作为儒家文化发源地更是深受浸润，因此大多居民比较热心肠，喜欢调解邻里间矛盾。在基层社会治理过程中，应积极吸纳此类热心居民向社区靠拢，通过这部分居民群众影响带动其他人参与居民共治，使得解决社区问题更合情合理、温情高效。济阳街道鲁抗家园居民小区是一个老旧小区，小区住户和物业经常闹矛盾，邻居关系也有"疙瘩"。鲁抗家园小区党支部书记何国珩作为居民代表，经常主动帮助居民调解协商、解决问题，京杭社区为支持他的工作，成立了"和为贵"调解室，无论是家庭矛盾还是邻里纠纷，大家都习惯到调解室"让何书记评评理"，慢慢地社区里过往积累下来的矛盾也一一得到化解。

借鉴传统的乡贤文化融入社区治理中，积极吸纳"两代表一委员"、先进人物、社会能人及在社区中有一定影响力的居民，发挥其邻里相熟、群众威望高、群众基础好等特点和优势，积极引导其在反映社情民意，协调保障群众利益、矛盾调处等方面参与社区工作。济阳街道积极推行楼长制，每栋楼由居民投票推选一名楼长，负责本楼的事务，这样既减轻了社区工作人员工作压力，也给居民参与社区治理提供了具体路径。每年5月20日定为济阳街道"楼长节"，用以表彰为社区治理贡献力量的楼长们，进一步增加居民参与社区治理的热情。

（三）打造更高效的网格队伍

1.引导社会组织参与基层社会治理工作，不断激发社会治理新动能。对辖区中的基层党员、热心居民、志愿者等进行全面梳理，整合群众力量投入网格化管理工作，配合信用体系建设健全道德激励和诚信奖惩体系，打造更强有力的网格队伍力量。

2.开展实用的业务培训。街道层面成立网格学院，邀请优秀专家教授、社区书记、居民代表进行业务培训，以基础职责、城市管理、民生热线、综治维稳、政策宣传等实用工作方法为培训内容，通过政策解答、业务交流、经验分享，提升网格员履职尽责能力。定期召开网格工作业务培训和经验交流会，分享先进工作经验，提升网格员综合素质。

3.健全完善考核制度。出台更加完善可操作的考核方案，指导网格员工作方向，压实工作责任，每季度进行绩效考核，避免干多干少一个样，采取物质奖励与精神奖励相结合的方式，以街道或社区为单位，每年度适时召开表彰奖励大会，对工作表现优秀的网格员进行奖励。在政治待遇上，对表现优秀的网格员纳入社区后备干部培养，拓宽网格员上升渠道，从而进一步激发网格员的工作热情和积极性，全面提升网格化管理的工作效率和工作水平。

网格化管理这种新的公共治理方式正在社会治理中发挥着越来越重要的作用，其现实效能也越来越得到各地政府的试点和推广，并在具体实践中不断拓展丰富。本文主要介绍了济阳街道开展社区网格化管理的做法和成效，以及网格化管理过程中出现的居民参与度低、网格力量薄弱、网格队伍建设不足的问题，并针对这些问题提出了济阳解决方案，给出了城市社区网格化联动治理的创新路径，以期推动社区网格化联动治理工作进一步改善，促进基层社会治理的水平不断提升。

（作者单位：济宁市任城区济阳街道办事处）

"共建共治共享"视角下
济宁市社区治理格局创新研究

张　健

2017 年，党的十九大报告提出"打造共建共治共享的社会治理格局"；2019 年，党的十九届四中全会进一步提出"坚持和完善共建共治共享的社会治理制度"；2022 年，党的二十大报告强调，"健全共建共治共享的社会治理制度，提升社会治理效能"。可以说，构建并完善共建共治共享的社会治理制度是近年来对中国社会治理实践探索的最新总结，也是对未来社会治理发展和创新提出的新要求，以及国家治理体制和治理能力现代化的重要内容。社会治理是国家治理的重要组成部分，而社区又是社会治理的一个基本单元。正如习近平总书记指出："基层是一切工作的落脚点，社会治理的重心必须落到城乡、社区。"新时代，面对居民多样化的需求和多元化的价值取向，以"共建共治共享"理念构建出一种结构适当、关系良好的社区多元共治网络，已成为当前社区治理创新的关键。

一、"共建共治共享"与社区治理创新的契合

"共建共治共享"强调"共"性，要求在"共享"的前提保障下，政府、市场、社会三大主体通过结构性力量的整合，构成一个"共同体"，将公共价值内化其中，共同治理、共享利益、共生发展。在此过程中，政府、市场、社会不单是合作关系，而是联结形成"共同体"，各主体的权责明确，通过共建共治，实现利益共享和治理效果最大化，实现社会均衡发展。其主体是社会共同体，根本出发点是解决社会发展不平衡不充分的问题，满足人民对美好生活的向往，运作机制是基于协商民主的共同治理，价值目标和内生动力是善治效益的共享。简言之，"共建共享共治"就是党委、政府、企业、社会组织和公民等多元主体通过结构性整合构成"共同体"，共同打造公共平台，共同治理

公共事务、生产公共产品和提供公共服务，并根据共享原则建立利益分配机制，实现社会利益的最大化。

目前，我国的社区治理有三种方式，即行政主导型、社区自治型、多元共治型。但与"共建共治共享"下的社区治理模式相比，这三者都存在一定的差异（如表1所示）。

表1　几种社区治理类型的对比

	主体是否多元	主体间权责是否对等	社区居民需求是否得以有效回应	利益分配是否均衡
行政主导型	否	否	否	否
社区自治型	否	否	否	否
多元共治型	是	否	否	否
共建共治共享	是	是	是	是

行政主导型社区治理模式容易造成政府与社区关系的紧张，甚至出现对立，居民利益诉求无法得到有效表达，尤其在社区公共事务日益繁杂的当下，政府往往无法及时回应社区需求。在缺乏其他主体参与和监督的情况下，容易出现权力的不均等，从而导致社区利益分配的不均衡。社区自治则呼吁社区居民主动承担治理责任，自觉维护共同生活的家园。因其可以培育居民的自组织能力，并唤醒社区居民的公民意识和权利意识，因此有学者将"社区自治"视作我国政治民主化的必然路径，甚至在很长一段时间，"社区自治"成为一个不证自明的"元话语"。但我国社区自治改革在某种程度上"改而不变"，陷入了"内卷化"困境。在缺乏其他主体与居民有效互动的情况下，社区的整体利益和长足发展难以得到有效保障。随着"三社联动""社区网格化"的提出，多元共治一度成为社区治理的主流趋势，但这些主体因缺乏有效的赋权，主动参与社区治理、与政府合作共治的动力和能力不足。网格员等新型的社区治理队伍，因无法获得足够的权益保障而流失率非常高。

上述三种模式始终无法促进社区"共同体"的实现，具体表现如下。（1）社区主体的公共参与不足。目前，我国社区建设仍然以政府自上而下的运动式推动、精英主导的动员式参与为主。社区居民自主参与的积极性较低，主要是个体的分散参与，居民自身的政治觉悟起着关键性作用。并且出现一种"选择性参与"现象，即当居民的权利或权益受到侵害，社区居民会采取积极行动。

但对于选举、参与社区事务决策等关系政治权利、公民权利的事务，社区居民则表现出消极应对或无所谓的态度。（2）社区主体权利出现结构性失衡。政府以外的主体缺乏实质的权责，难以有效参与具体的社区治理事务。现有的"三社联动"等共治平台尚未赋予多元治理主体实质性的决策权，只有部分参与权、建议权和监督权，实际的主导权仍然掌握在街道办事处和其他政府职能部门。一些基层政府基于维稳等因素的考虑，对业主的自主维权等自治行动采取不同程度的行政干预，而这又会挫败居民自治的积极性。（3）社区的行政性事务挤压了社区公共服务供给职能的实现空间。大量公共事务下沉至社区，社区居委会疲于应付，难以腾出多余的时间和精力为社区居民提供其他的公共服务，居民难以形成对社区的认同。

"共建共治共享"为破解社区治理的"共同体"困局提供了新的方向和理论指导。"共建共治共享"在融合"多元共治"理念的基础上，进一步提出利益共享应作为"共建共治"的前提，同时为各主体赋权、赋能，实现主体间权责的对等。以满足居民的需求为原则，在共建共治中回应社区的利益诉求，并平等地分配利益，将社区打造成生活共同体、利益共同体和价值共同体，从而促进社区的均衡发展、共生发展。

二、济宁市社区治理模式探索

（一）"党建引领"模式

发挥党组织作为社会治理的领导核心作用，把区域内的各类企事业单位、社会团体和党员组织起来，协调沟通区域内的各类社会单元，实现党对各种治理主体的有机整合。完善基层党组织网络，发挥党组织和党员引领作用，加强对社区各类组织的领导。细化"党组织+兼职委员"制度，从驻区单位党组织负责人和居民代表、社区民警、物业经理等党员中选聘街道党工委和社区党组织兼职委员。设立社区"党建联盟"，广泛吸纳驻区单位参与街镇社区议事决策，形成以街道党工委为龙头、社区党委为基础、驻区单位党组织共同参与的区域化党建工作格局。

（二）"政府推动"模式

政府主动作为，抓好转变职能、搭建平台、加大扶持，是推进社区治理创新的重要基础和前提条件。一是狠抓政府职能转变。加强服务型政府建设，组织开展社区"减负增效"活动,对基层政府及其派出机构与社区在基层管理服务上承担的事项进行系统梳理,制定出台了济宁市《关于建立部门工作进社区申报准入制度的意见》。二是积极搭建服务平台。认真贯彻山东省《关于加强和改进城市社区居民委员会工作的意见》要求,督促任城区政府通过新建、调剂、购买等方式,全部按不低于300平方米的标准落实了87个城市社区的办公用房和公共服务设施,指导社区合理设置了警备室、医务室、图书室、活动室、居民学校等功能场所。

(三)"居民自治"模式

搞好社区治理,关键要把居民自治落到实处。一是推广民主协商经验。任城区以古槐街道每周四"逢四说事"活动为基础,总结推广了"居民说事"制度,由社区党组织和居民委员会邀请热心居民、辖区单位和联建部门人员参加,通过定期说事、分类理事、民主议事、明责办事、公开评事、跟踪问事等六道程序,及时发现并协调相关部门解决社区内存在的问题和隐患,畅通民意诉求渠道,把矛盾和问题及时有效地化解在萌芽状态。二是探索建立楼宇自治。任城区阜桥街道依据《中华人民共和国城市居民委员会组织法》,积极探索老旧小区自我管理,鼓励和引导常驻居民共同建立3~7人的小区或楼群自治会,带领辖区居民制定小区公约、住户须知等日常行为准则,做好安全防护、绿化保洁、维修维护、车辆管理等工作,弥补社区居委会在自我管理、自我教育、自我服务上的不足。任城区济阳街道推广南门社区玉苑小区12号楼老党员韩仲英当楼长的做法,连续16年在楼宇中推选了368名"公道正派、责任心强、思想觉悟高、群众威望高、热心社区事务"的居民当楼长,街道组织楼长成立了楼长党委,建设了楼长服务站,将每年5月20日作为"楼长节",连续六年表彰了78名优秀楼长。

(四)"社会参与"模式

搞好社区治理,离不开多样化的社会组织充当润滑剂。济宁市探索推进政府向社会组织购买服务,制定了《济宁市支持社会组织发展与参与社会服务试点项目实施方案》和《济宁市购买社会组织服务指导目录》,通过设立项目、资金扶持等方式,引导和鼓励社会组织承办养老、助残、教育等公共服务,为社会组织的生存和发展注入资金。2013年以来,已有40多家社会组织承办了2200多万元的政府购买服务项目,为高龄老人、留守儿童、受灾群众等特殊人群提供了基本服务。完成了社区志愿服务组织体系建设,指导市、区、街道、社区四级建立志愿服务组织 137 个，涵盖医疗、法律、教育、司法、交通等 13 个行业；建立推行社区志愿者注册登记制度，成功打造了"运河邻居节""惠民进社区"和"大爱之行"等志愿服务品牌，平均每年举办各类活动 300 场、参与志愿者 10 万人次，基本形成了社区志愿服务的长效机制。

（五）"社工服务"模式

搞好社区治理，引入社工力量是推动创新的有效突破口。一是培育发展社工机构。依托济宁医学院、济宁市职业技术学院和部分城乡社区，建立了济宁市社会工作实训基础，指导学校、医院、社区三方运用社会工作专业方式解决系统内存在的社会问题。指导微山县注册成立了微山县社会工作协会，指导泗水县注册成立了泗水县社会工作协会，指导嘉祥县成立嘉祥县社工评估培训服务中心，积极开展社工实务，激发各领域社会工作者的工作热情。二是不断推动社工实践。以济宁市惠民社区服务中心为代表的本土社工机构不断创新，有针对性地设计了"德行孝爱""情系桑榆""老妈妈针线坊""黄河滩区留守娃"等一大批社工服务项目，成功承办民政部－李嘉诚基金会"大爱之行"全国困境人群社工服务、团省委关爱留守儿童和困境儿童等项目。自 2014 年以来，任城区济阳街道、古槐街道，运用社区、小组和个案工作方法，组织开展了"送健康""送技艺""送温暖"等活动，为 1000 多名高龄老人、空巢老人、低保老人和 2000 多名儿童提供了多元化的具有预防性、支持性和发展性的社工服务。

三、"共建共治共享"下济宁市社区治理创新路径

（一）理念创新，涵养社区公共精神和共同体意识

价值认同感与情感归属感在社区发展中起着重要作用。然而，随着市场经济的发展，我国大量人口在地区间迁移，庞大的外来人口纷纷注入我国原本相对静态、单一的社区，加上伴随城市化而发生的社区重组，导致社区的异质化、流动性空前加大。社区成为人们一个短暂落脚的地方，加上市场主体因营利本能而引发的纠纷、矛盾日益增多，人们对社区的认同感骤然下降。社区公共参与冷漠、公共精神缺失，这与社区"共同体"意涵相去甚远。因此，作为共同生活的家园，人们应该重拾对社区共同体的认知。街道办、居委会作为社区的基层管理机构应强化服务意识，始终以服务社区居民、增进社区福祉为宗

旨。建立健全宽容有序的社区管理制度，做好便民惠民服务，及时调节社区居民之间的矛盾，确保社区公共安全，促进社区居民的互信，提升社区居民的获得感、幸福感。社区房地产开发商、物业管理公司等市场主体，在合法获取利润的同时，应主动承担起社会责任，改善社区环境，缓和与社区居民的矛盾，建立和谐的社企关系。社区居民作为社区生活主体，应强化对社区的认同感，在关注职业、经济收入等个人利益的同时，不要忽视或放弃社会责任。

（二）目标创新，建立互惠互助的社区利益共享机制

"共享"是实现社区利益的终极目标，也是强化社区建设的有效保障。"共建共治共享"就是要突破过去单向的利益分配机制，通过互助来实现利益的互惠。社区作为人们生活的公共空间，更易于通过互助互惠来建立社会信任。在鼓励公共奉献的同时，为社区居民提供实现个人和社会价值的机会，倡导受助者在其能力范围内"反哺"社区，以创建双向互动。实际上，美国社会学家帕特南在调查美国社区参与的情况时就指出，"社会网络和互惠规则会使双方合作产生双赢的利益""以普遍互惠为基础的社会要比人人自危的社会效率高"。在社区资源有限且分配不均衡的情况下，互助互惠不仅可以增强社区居民参与社区治理的动力，还可以降低服务的生产成本，提升社区服务的"自我造血"能力，并尽可能地保证利益分配的公平性。

（三）结构创新，重构社区多元主体权责关系

我国社区治理的权力格局存在自上而下"有限性授权"的特点，名为多元共治，实则权力并不对等。"共建共治共享"就是要打破这种权力结构的失衡，从法律上赋予各主体的治理权责。首先，由于在中国这一特定场域中，基层党组织是市场经济陌生人世界中最重要的连接和整合力量，因此，要以党建带动社建，通过建立"街道工委、社区党组织、网格党支部、楼栋党小组"四级党组织体系，强化党组织的绝对核心地位。其次，建立街道办、驻区单位等政府部门的权力清单，在明确其行政管理的核心职责之后，尽可能地减少其直接干预的社区事务，反之通过给予社区资金扶持或政策优惠的方式，以宏观上的间接管理代替直接的具体管理，以不干涉社区自治为原则，政府充当协助者、支持者与监督者的角色。再次，确定社区居民的主体地位。只要在社区这一空间生活的居民，就应当天然地享有参与社区自治的权利，包括原居民和外来人员，赋予其平等的社区自治权利和义务。还需从法理上认可社会组织和市场主体参与社区治理的合法身份，并有计划地向市场和社会力量转移职能，将

不属于政府核心职能范畴的权力归还给市场和社会，尤其要推动业主委员会等社区自组织的合法化，确保其动员群众、提供服务、反映诉求、规范行为等方面发挥正能量。最后，需要指出的是，社区各主体的实力悬殊，但是拥有同等的社区治理地位，应以合作的方式共同参与社区治理。因此，可以建立"联席会议"等决议机构，让其成为社区多元共治的载体，对参与成员产生实际约束力。

（四）管理创新，打造专业社区治理团队

作为最基层的行政管理机构，随着社区事务的复杂化，街道办事处在社区管理中往往"力不从心"。居（村）委会是社区的自治组织，但街道行政权的渗透导致大量政府工作向社区集聚，社区居委会干部不堪重负。另一方面，社区居民的需求日益多元化，现有的社区治理队伍已经无法有效满足社区运行的现实需求。因此，必须打造一支专业的社区治理队伍，完善社区网格员制度，提高网格员的待遇，促进网格员的规范化。鼓励社会工作者深入社区，为社会工作者提供合适的岗位，规范社会工作者的资质考核，完善社会工作者薪酬制度，推动社会工作者参与社区治理的合法化。定期组织针对社区网格员、社区社会工作者和居民自治组织工作人员的培训工作，解读相关政策和法律法规，并帮助其提升工作技能。

（五）技术创新，搭建智能化社区共治平台

云计算、大数据、互联网、物联网等信息技术可以为社会治理提供强有力的技术支持。信息技术的革新拉近了社会的空间距离，使得交流沟通变得更加便捷，填补社区"冷漠"的缺陷。大规模的移动互联网用户群体为社区治理的智能化提供了坚实的基础。社区治理应当积极借助移动互联网、智能终端和各类网络社群平台等信息技术，实现信息传送、发布的即时性，整合共享信息资源，实现社区居民生活的便利化、智能化和交互化。建立"社区通""掌上社区"等公共服务平台，通过信息、资源的交换与共享，消除"信息孤岛"的障碍，让各治理主体可以随时通过智能手机或客户端就社区公共议题展开交流，掌握社区公共事务的最新动态。借助云计算、大数据等技术，分析和预测社区的发展态势，完善社区的预警机制，确保社区的公共安全。

（作者单位：中共济宁市委党校）

公共安全事件中网络舆情处置问题研究

皮小卉

随着我国经济社会不断发展，改革开放不断推进，各项改革工作进入深水区，随之而来的是利益分配格局不断变化，社会矛盾突出显现。由于信息不对称等，各类负面、虚假的新闻信息产生和传播更加容易，普通民众往往难以辨别，容易使得公共安全事件引起的网络舆情脱离正常轨道，甚至演变成具有较大社会负面影响的网络舆情事件。

一、公共安全事件中网络舆情正确处置的重大意义

网络舆情伴随公共安全事件处置的全过程，甚至在事件结束之后仍然会持续一段时间。可以说只要发生较大公共安全事件，网络舆情一定会相伴出现，并影响事件处置过程的各个阶段。

（一）化解社会矛盾，推进社会和谐稳定

从国内的形式来看，我国正处于改革发展的关键时期，加之国际形势日趋严峻，国内经济社会发展面临着许多困难。改革进入困难期，人民群众对改革成果期望很高，也希望能够共享改革带来美好成果，这就需要对各方利益进行平衡。处理好公共安全背景下的网络舆情，有利于促进利益调整，化解社会矛盾。在舆情的处置过程中，新闻媒体通过关注普通百姓、关注弱势群体、关注社会公平，促进社会正义。通过注重表达最基层民众的利益诉求，尊重群众话语权，疏导社会情绪，起到解决实际问题、化解社会矛盾，促进社会和谐的重要作用。

（二）巩固执政安全，守好意识形态阵地

当前国际形势仍然比较严峻复杂，世界经济复苏形势不明，中美之间政治角力日趋激烈，以美国为首的西方势力全方位围堵我国，通过各种渠道，加紧对我国实施意识形态渗透战略，而网络就是西方敌对势力实现其目的的主要阵地。近年来一些境外敌对媒体通过网络，或编造谣言、或借题发挥，恶意炒

作、抹黑中国。特别是在国内发生较大公共安全事件的时候，这些境外敌对媒体在网络上兴风作浪，攻击我国政治、司法、出版和新闻管理等各项管理制度，妄图危害我党执政安全，这种情况下的网络舆情处置就具有了新闻舆论战的属性。[①]通过对公共安全事件中的网络舆情妥善处置，快速澄清事实，辨析事件真伪，引导舆论走向，牢牢掌握舆论场的主动权和主导权，坚决阻断西方意识形态的传播与渗透，确保我党的执政安全。

（三）把握社情民意，提升政府公信力执行力

网络舆情的正确处置与政府的公信力是相互关联的。政府公信力强，民众信任度高，能够推动网络舆情有正确的舆论方向；政府缺乏公信力，即使主动发声，也可能被群众忽略，进而有损政府形象。和谐的政府与群众关系，会对负面网络舆情产生天然的抵挡作用。反之，如果二者关系不够融洽，民众对政府持怀疑、不信任的态度，甚至导致网络舆情多发，这必然导致政府公信力下降。网络舆情为社会舆论和民众意见提供了一个出口，为人们的情绪和不满打开了畅通的宣泄渠道，避免了溃坝效应，也为民众实施参政议政、舆论监督提供了一条重要途径，使党和政府多了一个了解社情民意的渠道。

二、公共安全事件中网络舆情处置中存在的问题及原因分析

当前网络舆情态势表现为热点聚集、传播快速、影响力巨大。在新媒体时代，流量就是金钱，许多自媒体为了吸引眼球，争夺流量，对热点新闻"如蝇见血"，一旦出现就会引起规模性转发，短时间内形成全国性、全网性的网络舆情。网络舆情还有可能被境外敌对势力利用，在别有用心的引导下，转变成为现实中的群体性事件，进一步激化群众和政府之间的矛盾，抹黑我国政治制度，扰乱政府对公共安全事件的处理。[②]我国政府在公共危机事件中网络舆情的应对处置研究起步相对较晚，缺乏系统性，再叠加经济社会快速发展所带来的多种问题，导致政府在公共安全事件危机中的舆情应对能力相对不足。

（一）处置网络舆情存在的问题

在公共安全事件中，网络舆情的管理状况反映着政府治理能力和水平。目前我国各级政府，尤其是基层政府应对公共安全事件网络舆情处置仍存在一些

---

① 邵德奇，冯超，王丽萍. 新媒体视域下网络舆情特点与治理 [J]. 中国传媒科技，2022（2）.
② 周峰，周正. 基于网络舆情综合研判的社会安全事件预警研究 [J]. 情报探索，2021（6）.

问题和不足。

1. 处置不及时导致舆情持续发酵

一些地方政府在舆情处置中存在回应不及时的现象。舆情处置讲究时效性，有"黄金 24 小时"之说。但是当前一些地方政府由于自身能力、态度、执行力等方面存在问题，不能很好地把握舆情处置的时机，正面回应一拖再拖，回应文稿一改再改，白白错失了回应公众关切的最佳时机，只能任由网络舆情不断发酵，直至造成严重的后果。

2. 处置环节部门职能未理顺

从政府角度来说，网络舆情处置涉及的部门较多，宣传、网信、公安、信访以及其他具体职能部门都是舆情处置的责任单位，但在实际舆情处置工作中，还存在着各部门承担职能交叉重叠，没有理顺的问题。舆情发生后宣传、网信部门是舆情处置的牵头部门，但是事件的调查、结果的反馈等工作需要依靠公安、环境、应急等具体职能部门来完成，最终的网络舆情回应则需要宣传、网信部门根据具体职能部门的调查结果来确定。而实际中各部门之间或多或少存在职责划分、信息共享等方面没有理顺的问题。

3. 与媒体配合缺乏有效沟通

当前政府部门处置舆情中存在与媒体配合不够的问题，主要体现在三方面。一是媒体网络舆情引导能力不足。当前各媒体特别是官方媒体的职责定位主要是进行对外新闻宣传，其机构设置、工作能力建设等方面都是围绕新闻展开的，在网络舆情引导上面有的媒体根本没有涉及。二是政府部门与媒体之间缺乏有效对接和指导。有些地方政府在舆情处置工作中排斥媒体对舆情事件的报道，不提供有效信息，缺少协同合作，没有重视媒体在舆情引导中的重要作用，导致媒体无法参与舆情处置工作。三是地方政府对全国性媒体缺乏影响力。地方政府对域内媒体有管控能力，但是对于全国层面的大媒体平台，比如对微博、腾讯、头条等媒体巨头影响力不够，涉及这样的媒体时，除了请求上级支持外，没有更好的办法和手段，难以让这些全国性媒体参与舆论引导。[①]

（二）公共安全事件中网络舆情处置不利的原因分析

1. 对突发公共安全事件中网络舆情的认识偏差

对突发公共安全事件中网络舆情的认识偏差主要表现在三个方面。一是对

---

① 申保祥 . 网络舆情危机应对策略探析 [J]. 新媒体研究，2016（10）.

突发公共安全事件中网络舆情的认知程度不够。没有意识到舆情处置工作是整个公共安全事件处置工作中的重要一环，将工作的重心全部放在对事件本身的处置上，认为网络舆情处置只是细枝末节的小事，不愿意在上面花费太多精力。二是部分领导干部不敢上网、不敢触网，没有与网民打交道的技巧，害怕回应失误，导致事态更加复杂。三是部分政府部门在回应网民时，思维陈旧、打官腔、自说自话，不熟悉网络生态，不懂网络语言，无法有效抓住网民关切点，反而起到相反的效果。存在官本位思想，回应网民时居高临下，回应遮遮掩掩，不能得到网民认可。

2. 管理网络舆情的制度不健全

当前，网络舆情已成为常态，网络舆情危机时有发生，一些政府部门在舆情处置中却缺乏有效的应对机制。一是没有专门针对网络舆情处置的法律法规和应急预案，在应对舆情时无据可依，只能自行其是。二是各地方政府在处置网络舆情时，对网络舆情紧急程度的判断缺乏统一标准，只能根据自身情况大概判断，没有固定的参照体系。三是部门协同治理的机制不健全，部门之间信息不能互通，各自为政，工作不能形成合力。四是责任追究机制不健全，在舆情处置中无法对部门处置结果进行评判和考核，无法有效调动部门处置网络舆情的积极性和主动性。

3. 缺乏网络舆情管理专业化人才

党政部门的舆情工作机构是最近几年才兴起的，一些政府部门，尤其是重要行业的监管部门，普遍设置了舆情监测和分析研判等工作岗位，但是却面临舆情管理专业化人才不足的情况。随着企事业单位与党政机关对网络舆情越来越重视，人才缺口的矛盾显现，党和政府对舆情专业人才的需求十分巨大，对优质高效舆情人才培育系统的需求也同样巨大。[1]在政务舆情工作中，一个重要的制约性因素就是专业性人才储备不足。舆情处置必须有高度的专业经验和实践经验，而对于大部分的基层行政机关而言，在有限的干部编制下去招录并配置一名专职舆情干部难度很大。同时，政务舆情具有偶发性、突发性等特点，对基层而言，稍有一定舆情工作经验、具有相应行政工作能力的人员即可胜任日常工作，而配置一名专职舆情干部存在着日常利用率不高、岗位空置的问题。

---

① 刘静. 提升领导干部网络舆情应对能力的着力点 [J]. 陕西行政学院学报，2015（4）.

三、提升网络舆情处置能力的对策建议

（一）完善公共安全事件网络舆情治理体制与制度建设

建立健全公共安全事件网络舆情治理的相关机制，是公共安全事件中网络舆情风险管理的重要保障。一是要建立网络舆情的应对机制，通过科学的手段对网上舆论信息进行全面监测，适时发布对网上舆情信息的通报，为舆情化解和妥善应对奠定基础，最大程度避免毫无准备、匆忙应对、杂乱无章等无序管理现象。二是建立事件应急处置机制，通过提前建立网络舆情应急处置工作机制，建立高效、协同、反应迅速的工作体系。各部门单位要根据自身工作领域和实际工作特点，分析梳理有可能成为网络舆论焦点的问题，针对不同的情况制定出舆情处置预案，这对于提升网络舆情预防和处置能力至关重要。同时，要不断健全法律制度，厘清现有网络管理法律法规，加强网络监管立法，完善网络法律体系建设。三是完善善后协调机制，舆情消解后，需要尽快修复形象，相关部门要更加有效妥善地处理与百姓日常生活及切身利益密切相关的舆情，以真诚的姿态重新赢得舆论信任、获取群众认可。特别是领导干部要以身作则，以实际行动做出回应，对对于重塑政府形象、提振舆论信心具有积极的作用。

（二）整合组织力量提升应急管理能力

1. 建立科学有效的网络舆情监测制度

设置网络舆情处置的专业部门，不断提升网络舆情监测和处置业务水平，对于提高舆情应对效率至关重要。一是成立专门的网络舆情管理部门，在各行业主管部门内部也设置舆情管理的专门机构，形成舆情管理的工作体系，将公共安全事件网络舆情治理的效果纳入部门考核，提升工作主动性。二是加强上下级和同级部门单位间的协作配合，形成舆情处置合力。三是积极制定网络舆情管理的制度文件，建立科学有效的网络舆情监测制度、舆情处置部门联席会议制度，加强舆情处置的统筹协调调度。从而形成网络舆情主管部门牵头、其他单位成员积极配合、共同发力的工作局面。

2. 建立一支机构合理、能力突出的网络舆情队伍

在组建网络舆情队伍时，应将党政信息部门、舆情监测部门、职能部门、网络媒体，甚至村居、社区等不同部门的人员纳入队伍中统筹考虑，建立起一支机构合理、能力突出的网络舆情工作队伍。在选人用人方面，政府部门应组建一支专业的舆情管理人才队伍，包括新闻传播、数据分析、法学、信息技术

等多方面的人才，建立舆情人才培育机制，使舆情管理人才队伍建设走上专业化的道路。对各职能部门工作人员开展轮训的方式，参加网络舆情处置的实际工作，在实践中不断锻炼队伍培育人才。通过招聘具有专业技能的人才和系统性的业务能力培训，全面提升网络舆情工作队伍实际应对能力。

（三）完善网络舆情监测与预警机制

1.建立政府与网络社交媒体企业合作治理网络舆情的机制

网络社交媒体掌握大量的用户基础数据，是各种网络信息的重要集散地，网络社交平台已经成为重要的网络生活基础设施。新形势下，政府部门应与网络社交媒体建立起网络舆情处置的合作机制，建立起融洽的合作关系。让网络社交媒体成为连接政府和公众的重要纽带和桥梁，督促网络社交媒体履行社会责任，主动治理网络舆情，妥善引导网络舆论。通过网络社交媒体运用大数据等手段对网络信息进行整理、分析、提炼，使政府能够及时了解网络舆情情况，提前介入化解舆情隐患，共同治理有害的网络信息，维护良好的网络秩序。[①]要广泛使用大数据技术，找出网络舆情管理的基本方法，为各治理主体提供行为准则。根据自身情况对网络舆情开展正确引导，严格执行网络安全各项法规制度，自觉维护网络空间清朗。

2.发挥主流媒体对网络舆情的监测和引导

主流媒体作为网络媒体中的正规军、主力军，在网络舆情处置中应发挥"定海神针"的作用，要唱响主旋律，打好主动仗。积极发挥对新媒体的引导作用，引导其保持正确的舆论导向，引导其保持与主流价值观一致。另一方面，要积极发挥对网民的引导作用，深入网民聚集的主要网络平台，聚焦网民关心关注的问题，坚持正能量，开展灵活多样的舆论宣传引导，积极服务于网络舆情的处置。要坚持主动介入，第一时间发布主流媒体声音。积极建设新媒体平台，提高新闻服务水平，抢占舆论阵地，营造积极健康向上的主流舆论环境，用正面的宣传报道挤压各种网络谣言、不实信息的滋生空间。要加强与网民的互动联系，积极面对网民的言论，加强对网民情绪的纾解，构建倾听民意、解决民生、化解民怨的良性渠道。

（四）建立多元主体参与的网络舆情治理机制

1.积极发挥互联网媒体行业自律作用

大力倡导互联网媒体行业自律。新闻媒体作为社会主义精神文明建设的重

---

① 姚瑶．媒介融合环境下政府网络舆情应对的提升 [J]. 新闻传播，2022（4）.

要阵地，必须以促进社会经济发展和文明进步为目的。行业从业企业要加强社会责任感，从对社会大众负责的态度出发，加强行业自律，要将营造良好的网络舆论环境作为自己的责任，坚持诚信，不偏不倚地进行客观报道。新闻媒体发布消息应坚持格调健康向上，自觉抵制不良信息，切实提升媒体公信力。政府部门要发挥引领作用，指导网络新闻媒体妥善开展新闻传播工作，健全对新闻媒体企业的监督体系，要求新闻媒体讲大局、讲政治，恪守职业道德，加强自律。行业监管部门要明确监管底线，加强对相关媒体单位的沟通交流，督促履行社会责任。① 政府、企业、社会大众共同参与，各尽其责，共同努力才能创造出健康清朗的网络环境。

2. 鼓励公民参与网络舆情治理

积极鼓励公民参与网络生态治理，建立健全社会监督机制。建立健全网络违法和不良信息举报机制，加强网络举报和辟谣工作，在主要新闻媒体和网站显著位置公示举报电话和邮箱，开通网络辟谣专栏，号召网民及时举报发现的网络不实信息，挤压网络谣言滋生空间，进一步净化网络环境。倡导网民自觉规范自己在网上的行为，加强自身网络行为管理，不编造谣言，不传播不实信息，不随意相信来源不明的信息。加强网络伦理道德建设，增强网民道德责任感，恪守法律底线，增强网民自觉践行网络道德的主动性和自觉性。加大宣传力度，培育网民对网络违法行为的认知能力，自觉抵制不良信息的侵袭，控制网络虚假信息的传播。同时，充分尊重网民通过网络争取自身权益的言论自由，加强政府与网民之间的互动联系，积极争取网民对政府工作的支持。

3. 加强政府社会治理能力建设

网络舆情的根源在社会治理，要想从根本上减少网络舆情的发生，就需要政府加大社会治理力度，理顺各种社会矛盾。同时，加强对舆情的搜集分析研判工作，如充分发挥网络问政平台、市长热线、书记信箱等平台作用，多渠道多形式搜集社情民意，及时发现问题、查找隐患、化解矛盾，从根源上减少公共安全事件的发生。积极构筑"线上＋线下"执政模式，畅通网民表达见解和判断的渠道，并在互动中引导网络舆论走向，将基层工作从"现实社会"延伸到"虚拟社会"，并通过"虚拟社会"的服务与治理，助推"现实社会"问题解决和工作开展。

---

① 林振. 突发公共事件网络舆情协同治理机制建构研究 [J]. 华中科技大学学报（社会科学版），2019（2）.

四、结语

综上所述，公共安全事件中的网络舆情治理是一项系统性的工程，是政府执政能力建设中长期存在的挑战。我国处于社会转型期，机遇与风险并存，而网络的迅速普及和规模的急速扩张，极大地提升了公共安全事件的传播力和网络舆情的影响力，使公共安全背景下的网络舆情成为社会治理的难题。政府部门应积极面对网络舆情处理的各种新形势、新局面，不断加强自身能力建设和网络舆情处理体系建设，不断探索运用新闻舆论解决社会矛盾，变被动为主动，让互联网这个最大变量成为助推经济社会发展的最大增量。

（作者单位：济宁市委党校）

新时代推进市域社会治理现代化的思考

刘　坤　尹茂东

市域社会治理以市域整体的社会建设为目标，充分挖掘市域范围内城乡各要素优势和潜力，打破城乡区域壁垒，使市域范围内城乡不同区域间要素能够按照规则有秩序地自由流动，并赋予其较强的自我建设发展创新能力，满足不同区域发展要求，从而发挥整体功能，使区域经济、政治、社会、文化、生态统筹协调发展，将区域基本公共服务等差异保持在合理限度内，并呈现出逐步缩小趋势，使社会和谐有序。市域层面具有较为完备的社会治理体系，具有解决社会治理中重大矛盾问题的资源和能力，是将风险隐患化解在萌芽，解决在基层的最直接、最有效的治理层级，处于推进基层治理现代化的前线位置。市域社会治理现代化是社会治理现代化的切入点和突破口，要以政治强引领、以法治强保障、以德治强教化、以自治强活力、以智治强支撑，加快推进市域社会治理现代化，努力建设更高水平的平安中国。

一、加快推进市域社会治理现代化是社会发展的迫切要求

（一）社会发展步入转型发展期的现实性

推动社会建设必须与生产力发展阶段的变化相适应。中国特色社会主义进入新时代，人民日益增长的美好生活需要和不平衡不充分的发展之间的矛盾成为社会主要矛盾。一系列的社会矛盾、社会冲突等问题在相对短的时期内较为集中地出现在转型发展期的中国社会，这是社会转型加速期不可避免的问题。从社会经济变革来看，随着经济体制深刻变革和经济持续增长，社会结构和利益格局日趋复杂，社会流动明显加快，社会治理领域不断拓展，内容更加丰富。从社会主要矛盾来看，随着经济社会发展，人民群众不仅对物质文化生活提出更高要求，期盼得到更好的教育、更稳定的工作、更满意的收入、更可靠的社会保障、更高水平的医疗卫生服务、更舒适的居住条件、更优美的环境，

而且在民主、法治、公平、正义、安全、环境等方面的要求也日益增长。从社会建设来看，在对外开放、社会主义市场经济以及多种经济成分的推动下，社会活动更加频繁，经济发展更具活力。但社会利益格局、关系结构和组织形式的剧烈变化，对社会治理提出了诸多挑战。首先，社会矛盾主体越来越以利益群体的社会角色出现，经济的发展导致经济利益分化和社会分化，产生了新的利益群体。新旧利益群体之间由于利益诉求的不同而产生冲突博弈，不断产生新的社会不稳定因素。其次，民生事业存在不少短板，城乡区域发展和收入分配差距依然较大，群众在就业、教育、医疗、住房、养老等领域面临不少难题，都是社会转型面临的亟待解决的问题。再次，伴随社会转型发展的是社会阶层的变化，新的社会阶层的不断涌现，需要根据社会阶层的变化来构建合理的社会阶层结构。否则，就容易引发社会不和谐因素，激发社会矛盾，需进一步努力培育合理而开放的现代社会阶层结构。最后，从潜在的风险挑战来看，互联网的快速发展在带来便利的同时，也带来严峻挑战。一些违法犯罪活动向互联网渗透，碎片化、泛娱乐化、真假难辨的海量信息衍生出新的社会问题，传统社会治理思路已明显滞后。还存在重大疾病、生态环境危机等不确定性风险，人口、资源、环境的矛盾突出，这些都考验着社会治理创新。新老问题和挑战交织叠加，必须深刻把握新时代社会治理实际，不断推动社会治理创新发展。

（二）人民群众对社会公平公正的迫切要求

世界经济形势复杂多变，中国正处于不断深化改革的关键时期。改革开放40多年来，实现了让"一部分人先富起来"的先期目标。古人云："得民心者得天下。"习近平总书记强调，民心就是最大的政治。一个政党、一个政权能否赢得民心，一个国家能否长治久安，从根本上说，取决于民生问题是否得到妥善的解决。中国共产党领导的中国特色社会主义现代化建设就是在改革中不断改善民生，在经济社会发展的同时实现好、维护好广大人民群众最关心、最直接、最现实的利益问题，给人民创造一个稳定和谐的环境。民生事业和社会事业的发展关乎人民的获得感幸福感安全感。必须全面深化改革，统筹兼顾好各方面的利益，以公平为准绳，用全新的思维认识新形势下的民生社会事业，积极回应人民的期盼和诉求，多解民生之忧，尤其是处理好伴随改革开放的迅速发展壮大起来的、原来社会历史条件下没有的新社会阶层的利益诉求，推动和谐社会建设。要不断促进公平正义，增强人民福祉，完善立法，建设法治国家，保障公平正义。改革进入攻坚期和深水期，利益格局深刻调整，社会关系错综复杂，群众诉求日益多样，社会治理要求高难度大。要不断加强社会治理创新，推进市域社会治理现代化，提升社会治理法治化精细化现代化水平，让人民群众在改革发展中拥有更多的获得感幸福感安全感。

（三）变革治理场域是加快推进社会治理现代化的必然要求

"郡县治，天下安""郡县治，天下无不治"，就是指县制在国家治理中具有"稳定器"的功能，这已被中国两千多年稳定的封建制度所证实。改革开放后，县制不仅发挥"稳定器"的作用，还承担着发展经济等突出任务功能，全国经济百强县的发展实践就是最有力的证明。党的十六大提出了壮大县域经济。县级是我国两千多年以来的基本稳定的行政单元。县域是国家治理体系中重要的基础性层级，是实现我国城镇化的主要载体。但是，社会转型期的中国具有明显的不均衡性。中国幅员辽阔，地区之间存在着自然和人文差异，现实发展的基础差异较大，区域之间发展很不平衡。面对城乡融合、乡村振兴、新型城镇化等战略，县域社会治理逐渐呈现出了"心有余而力不足"的困境，跨区域治理或区域协调发展的破题之策尤为迫切。这就需要更高层级计划、指挥、协调、控制，来缩小区域差距，发挥比较优势，形成合理的区域分工与合作要素自由流动。作为省域县域中间层级的市域层面具有较为完备的社会治理体系，具有解决社会治理中重大矛盾问题的资源能力，是将风险隐患化解在萌芽、解决在基层的最直接、最有效力的治理层级，是发展经济保障民生维护稳定、促进长治久安的坚实基础，已成为推进社会治理现代化的前线指挥部。地方最高层级的省级政府所辖区域范围较大，区域内部发展不平衡较为明显，统筹经济社会发展的许多条件尚不成熟。市域辖区范围内县区地域间发展的悬殊差距相对平衡或者保持在了相对理想的范围之内，市域内城乡区域间具有较强的互补性，实现要素流动条件较为成熟，因此，打造区域中心城市、发挥辐射效应、促进区域协调发展的重大任务落实到市域范围。

二、当前市域社会治理现代化建设面临的形势

近年来，全国市域社会治理现代化工作已经取得了一定成效，呈现出了良好势头，但也存在一些突出问题。

（一）总体呈现良好势头

党的十八大以来，特别是党的十九届四中全会以来，以习近平新时代中国

特色社会主义思想为指引，党中央从统筹推进"五位一体"总体布局、协调推进"四个全面"战略布局、深入推进国家治理体系和治理能力现代化高度出发，审时度势地提出推进市域社会治理现代化的要求。在党中央的统一部署下，全国市域社会治理现代化工作初步取得了如下三方面成效。

第一，初步形成基本工作思路。中央政法委研究制定了《全国市域社会治理现代化试点工作实施方案》《全国市域社会治理现代化试点工作指引》等重要指导性文件，于2019年底在全国范围内正式启动市域社会治理现代化试点工作，并为开展试点工作提出了总体要求、基本遵循和成效评估标准，初步明确了基本工作思路。

第二，初步形成工作实效。在全国市域社会治理现代化试点工作的推动下，省级政法委纷纷开展市域社会治理现代化工作，制定推进市域社会治理现代化的省级实施意见和相关配套文件，并以市级评估申报、省级把关为具体工作机制，试点带动、分步实施、落实市域主责，把市域社会治理现代化工作在市级层面全面铺开，在党建引领、多方共治、纠纷调解、社会治安综合治理、科技支撑等众多方面取得实效。

第三，初步形成五年规划体系。按照中央要求和国家"十四五"规划部署，全国各省、市、自治区和许多城市（区）都制定了"十四五"社会治理（或社会建设）规划，初步形成了国家与地方规划相衔接、综合与专项规划相配套的社会治理五年规划体系，使我国市域社会治理现代化工作站在了历史新起点。

（二）仍然存在的问题

当前，我国市域社会治理现代化还存在以下几个方面的突出问题。

第一，理论认识浅。对市域社会治理现代化的理论研究还不够深入，认识还不够统一。无论是在理论方面还是在实务方面，对市域社会治理的认识仍存在不少误区。比如，有的把市域社会治理简单等同于城市社会治理，没有理解其城乡一体、统筹推进的核心要义；有的把市域简单地理解为行政级别概念，简单套用在地域、州域社会治理中，没有从城市化和城乡全域社会治理的角度研究和思考问题；有的把市域社会治理现代化等同于传统意义上的城市社会工作，没有从社会治理体系和能力现代化新要求的高度来看待。这些问题都导致市域社会治理现代化的全新要义没有得到充分的认识领悟，也就无法为实践工作提供有力的理论指导。

第二，体制机制散。在推进市域社会治理现代化的具体过程中，顶层设计和整体推动仍然不足，工作缺乏全局性和系统性。因此，在推进市域社会治理现代化的过程中，往往是各自为政、五花八门，缺乏统一的政策体系作为指引，缺乏相互间的交流与合作。各地政法委是推动市域社会治理的主责部门，但市域社会治理涉及面很广，需要跨领域、跨部门的协同治理。然而，一些部门和基层单位把市域社会治理理解为政法部门负责的狭义的"平安建设"工作，没有积极主动地按照市域社会治理的新任务、新要求统筹推进工作，而是延续了以往的工作体制机制，由此导致政策执行"碎片化"问题。

第三，工作运行乱。由于理论探讨的不足和统一政策体系的缺失，市域社会治理现代化的体制创新和运行规范较欠缺。在实际工作中，一些地方和部门只是把市域社会治理作为一个新概念，套用到原有的老体制、老机制、老办法上，把以往的工作放入市域社会治理这个"大箩筐"里。这就导致市域社会治理现代化的全新要义没有真正得到贯彻落实，使得市域社会治理沦为大而空的政策概念。

第四，实际效果虚。由于上述各方面的原因共同作用，一些地方落实中央关于市域社会治理现代化的重要精神不够到位，工作做得不够扎实，工作效能不够充分。"市域社会治理现代化"作为口号提得比较多，但实际成效仍然比较少，甚至出现试点城市紧张忙碌"赶指标"、非试点城市坐等观望"看热闹"的现象，在一定程度上使市域社会治理现代化表面上轰轰烈烈，而在关于社会治理的认识转变、制度建设和能力建设方面的内在功效作用反而比较有限。

三、推进市域社会治理现代化需要树立几大关系

推进市域社会治理现代化是一项综合系统工程，涉及各个方面、各个领域的利益调整，必须坚持党的领导、人民当家做主和依法治国有机统一，辩证思维、综合施策、精准发力、务求实效，让问题解决在市域范围内，让群众有更多的安全感、幸福感、获得感。

（一）正确处理党建引领与多元共治的关系

党的领导是社会治理的根本保证，多元共治是社会治理的时代趋势。坚持党建引领，不是让党组织大包大揽，承担和解决社会治理中的所有问题，而是要通过加强和改善党对社会治理工作的领导，回应社会关切，践行群众路线，提升党的领导力。既不能走过去党委包办代替的老路，更不能不要党的领导、

摆脱党的领导或弱化党的领导，而是要走"完善党委领导、政府负责、社会协同、公众参与、法治保障"的新路子，通过完善共商治理机制、构建共治结构、激发社会活力、培育社会力量、优化基层自治、健全服务体系等推进社会治理现代化，把党组织的主张通过社会协商等方式转化为群众的自觉行动，把党的组织意图通过多元互动变成各类主体参与治理的行动，引导多元主体深度融入社会治理。

（二）正确处理科学发展与有效治理的关系

科学发展是前提、是根本，也是解决所有问题的关键。有效治理是途径、是方法、是实现善治良序的必然选择。二者相互依存、互促共进，具有内在的一致性。社会治理中存在的所有问题，归根结底都是发展不平衡不充分的问题。只有推进社会治理创新，才能为科学发展提供良好的保障；只有通过科学发展，才能进一步提升社会治理水平。

（三）正确处理治理创新与社会稳定的关系

要始终坚持问题导向，把化解社会矛盾、维护社会稳定作为重要任务，针对突出问题，抓创新、堵漏洞、补短板。坚持重心下移，充分发挥居民群众的主体作用，健全多方联动机制，优化完善基层自治机制，把矛盾化解在基层，问题解决在一线。

四、着力推进市域社会治理现代化建设

推进市域社会治理现代化，必须始终坚持和加强党的领导。党的领导是引领社会治理更好发挥社会主义制度优越性的根本保证。治理现代化首先要保证全面深化改革沿着中国特特色社会主义道路的正确方向不走样、不变形，而治理现代化的目的是保证政治上人民当家做主，满足人民美好生活的需要，使广大人民的根本利益最大化最优化。中国共产党的领导正是治理现代化目标实现的根本保证。

（一）始终贯彻维护社会和谐稳定与实现公平正义的价值追求

习近平总书记强调，"人民群众企盼生活幸福，幸福生活首先必须保证社会和谐稳定"，"抓经济促发展是政绩，抓稳定保平安同样也是政绩"。维护和实现社会公平正义、加强社会建设和管理、全力维护社会公共安全等作为平安中国建设的目标。党的十九大报告把维护社会稳定作为平安中国建设的基本

目标，强调必须多谋民生之利、多解民生之忧，在发展中补齐民生短板、促进社会公平正义，通过深化司法体制综合配套改革，全面落实司法责任制，努力让人民群众在每一个司法案件中感受到公平正义。

（二）始终贯彻社会治理重心下移的工作导向

习近平总书记指出，"治国安邦重在基层，党的工作最坚实的力量支撑在基层，最突出的矛盾和问题也在基层，必须把抓基层、打基础作为长远之计和固本之举"，要"顺应广大群众日益增强的参与社会事务管理的愿望和要求，畅通社情民意表达渠道，充分调动广大群众的积极性，使群众更好地实现自我教育、自我管理、自我约束、自我服务"。

（三）始终贯彻共建共治共享的社会治理格局的基本原则

加强和创新社会治理，打造共建、共治、共享的社会治理格局，是推进国家治理体系和治理能力现代化的重要内容。推进这一系统工程，需要从多个方面、多个角度采取措施，形成合力。党的十九大报告提出打造共建、共治、共享的社会治理格局，对新时代社会治理格局和实现路径做出了系统设计和战略谋划，成为平安中国建设的重要内容。

（四）始终贯彻依法治国的理念

法治是治国理政的基本方式，是社会治理的重要途径。必须坚持依法办事和按政策办事，把解决矛盾纠纷纳入法治化的轨道。这是维护群众合法权益、促进社会和谐稳定、积极预防和妥善处置群众性事件的根本方针。党的十八届四中全会专题研究了法治建设问题，审议通过了《中共中央关于全面推进依法治国若干重大问题的决定》，要求"坚定不移走中国特色社会主义法治道路，坚决维护宪法法律权威，依法维护人民权益，维护社会公平正义，维护国家安全稳定"。党的十九大报告要求建设法治政府，推进依法行政，严格规范公正文明执法。

（作者单位：汶上县委党校、汶上县商务局）

济宁市文化软实力视域下王杰精神传承路径研究

庄志华

王杰精神是王杰伟大事迹的理论升华，是济宁社会主义现代化强市建设的强大精神动力，也是提升济宁市文化软实力的重要载体。新时代，净化社会风气，营造良好人文环境是济宁市社会主义文化建设的重要任务。作为济宁红色文化的重要组成部分，王杰精神在新时代的弘扬和薪火相传，对于济宁市广大党员干部奋进新征程、建功新时代，对于丰富人民群众精神文化生活，对于提升济宁市文化软实力都具有重大的理论和实践意义。

一、济宁优秀传统文化是王杰精神的重要滋养源泉

王杰精神不是天然形成的，是基于济宁优秀传统文化的滋养，在党的教育下注重思想锤炼，不断改造自己主观世界的结果。济宁是孔孟之乡、礼仪之邦，孕育了悠久灿烂和丰富厚重的优秀传统文化，儒家文化、碑刻文化、梁祝文化、水浒文化、运河文化、黄河文化等多元文化交相辉映，在几千年的历史进程中融汇古今南北、内外兼容并蓄，赋予齐鲁大地勃勃生机和创新活力。多元、独具济宁特色的优秀传统文化，深深地植入济宁人的精神之中，哺育和滋养着济宁儿女顽强拼搏、自强不息，激励着济宁人民在历史的长河中砥砺前行，推动着济宁经济和社会的发展。王杰出生于济宁，在济宁优秀传统文化的滋养下成长。

舍弃生命来成全仁，为了正义而舍弃生命，是孔孟学说的核心内容之一。王杰用实际行动践行了这一传统文化理念，不论是抗洪抢险，还是爆破试验，他都不顾个人安危，冲在最前面，在战友和群众的生命遇到危险时，他更是用青春和生命浇筑了"仁"和"义"的大德，践行了他自己"为了党，我不怕进刀山入火海；为了党，哪怕粉身碎骨也心甘情愿"的庄严承诺。一代代的济宁儿女在优秀传统文化的熏陶下，爱好和平，注重与人为善，维护国家统一、民

族团结，形成了强烈的民族认同感和归属感。王杰儿童时期就守信明理、乐于助人，在学校里面经常帮助同学，深受同学们的欢迎；在家里常常帮助乡亲，照看村集体的财产。入伍后，他更是时刻以雷锋为榜样，关怀战友，爱护集体财产，关心人民群众。在王杰的部队，大家都叫王杰为"活雷锋"。他认识到"一个战士的力量是有限的，可是千百个战士团结在一起，就成为无坚不摧的力量"，优秀传统文化让他懂得只有团结，才有力量；只有团结，才能胜利。王杰参军入伍后，总是抢着干最苦的事情，争着挑最重的担子，吃大苦，耐大劳。王杰在面对战友的生命和自己安全之间选择的关键时刻，毫不犹豫牺牲自己挽救战友，这源自王杰从小生长的环境，源自他接受了济宁优秀传统文化的熏陶和滋养。

二、王杰精神对提升新时代济宁市文化软实力的重大意义

文化软实力是一个地区在长期的文化发展和积累过程中所形成的现实作用力，带有鲜明的意识形态的属性，是一个地区的独特呈现方式。在新时代，济宁市要想在激烈的区域竞争中脱颖而出，就要在发展经济、科技等物质生产力的同时，传承好王杰精神，大力发展济宁市王杰精神的文化创造力，助力新时代济宁市文化软实力的提升。

（一）王杰精神是中国共产党人精神谱系的重要组成部分

习近平总书记强调，我们是革命者，不要丧失了革命精神。王杰精神是中国共产党革命精神谱系的重要组成部分，具有重大而特殊的意义。"一不怕苦、二不怕死"的革命精神并非王杰精神首创和独有，但在王杰身上得到了集中体现。王杰精神不止在20世纪产生重要影响，而且在中华民族的基因血脉中赓续传承，时至今日依然具有重要的现实价值。2017年12月13日，习近平主席在徐州视察王杰生前所在连队时强调："王杰精神过去是、现在是、将来永远是我们的宝贵精神财富，要学习践行王杰精神，让王杰精神绽放新的时代光芒。"王杰精神激励着新时代济宁市广大党员干部在建设新时代社会主义现代化强市新征程上阔步前进。

（二）王杰精神是济宁市红色文化的重要依托

山东的红色文化根深基厚，沂蒙精神感天动地，济南战役、莱芜战役、台儿庄大捷、徂徕山抗日武装起义等彪炳史册，铁道游击队、沂蒙红嫂、地雷战

等故事广为传颂。济宁更是承载着红色基因的热土，有着光荣的革命传统和深厚的革命历史，留下了丰富的革命文化资源。王杰精神和鲁南战役、羊山战役、兖州战役、梁山战役、铁道游击队、尼山抗日游击队、鲍楼湖西地委共同构成济宁市丰厚的红色文化资源。王杰精神展现着中国共产党人一不怕苦、二不怕死的革命精神，更展示出济宁人民群众坚定的革命信念。尽管时代不同、环境变异，但王杰精神留下的红色革命印记，在任何情况下都具有红色文化的鲜明特色和济宁地域的显著特征。众多王杰事迹、王杰精神研究书籍的出版，都集中地展示出济宁红色文化的绚烂多彩，为我们讲好济宁革命故事、传承红色文化基因、弘扬新时代济宁红色文化，提供了广阔的发展空间。王杰精神以其鲜明的时代特质以及在全国的影响力和号召力，成为济宁市红色文化的知名品牌，是济宁市红色文化传承的重要依托。

（三）王杰精神是济宁市文化软实力的重要内容

红色文化是地方文化软实力的重要组成部分。王杰精神承载了中国共产党、党领导下的人民军队和人民群众的革命斗争精神，是当代济宁文化和意识形态吸引力的重要力量，也是济宁市高质量发展和提高区域竞争力的重要精神文化支撑，成为济宁市党员干部和人民群众奋进新征程的文化软实力的重要组成部分。王杰精神不只是有精神力量，更有许多实实在在的遗物和纪念馆、文化作品，为提升济宁文化软实力提供了良好的载体。通过深度挖掘王杰精神红色文化的价值传递和引导作用，可以让济宁市广大党员干部和人民群众更加直观、真切地了解王杰精神的深层次内涵，产生思想上的认同和共鸣，从而促进济宁文化软实力的提升。利用王杰精神开发文学作品、旅游产品、体验项目、游学项目，通过现代化的传播手段，结合网络、电影、电视等渠道，创新王杰精神传播方式和内容，有助于发挥王杰精神的积极作用，提升济宁知名度和文化软实力。

（四）王杰精神是济宁市社会主义现代化强市建设的重要价值引领

王杰精神就其实质而言，不是个人行为活动的简单相加，而是中华民族精神和党的优良传统在新的历史条件下的升华，体现了中华民族的传统美德，更体现了中国共产党人的崇高形象，是人民期盼的共产主义精神在新的历史条件下的具体体现。王杰的名字烙印在了亿万中国人的心中，王杰的事迹传播了几十年，激励了几代人，已经成为中华民族精神宝库的重要组成部分，必将世代传承，永放光芒。中国特色社会主义进入新时代，为实现第二个百年奋斗目标和中华民族伟大复兴的中国梦，建设社会主义现代化强市，需要济宁市全体党员干部和人民群众的不懈努力，需要王杰这座精神灯塔，也需要千千万万王杰式的济宁新人。在实现中华民族伟大复兴的时代背景下，济宁市党员干部面临的时代环境比以往复杂得多，方方面面的诱惑也很多，这就更加需要祛除私欲，时刻保持清醒头脑，不忘党和人民的重托，不忘自己的神圣职责，以王杰精神为动力在中华民族伟大复兴、建设社会主义现代化强市新征途上砥砺前行。

三、创新王杰精神新时代传承，助力济宁新时代文化强市建设

济宁是英雄王杰的故乡，王杰精神是济宁人民的宝贵精神财富。在济宁市社会主义现代化强市建设新征程上，必然需要一代代济宁市党员干部和人民群众的艰苦奋斗。丢掉了吃苦耐劳的精神，失去了敢于牺牲的勇气都不可能完成新时代的任务使命。新时代，要深入学习贯彻习近平总书记关于弘扬红色文化重要论述和视察济宁重要讲话精神，积极创新弘扬王杰精神的研究，以符合济宁新时代特征的方法和手段，开辟济宁市传承王杰精神新路径，助力济宁新时代文化强市建设。

（一）创新传承研究，以"四个看"明晰王杰精神学术研究的方向

"向内看"，直面当代济宁的社会实践，将王杰精神与新时代济宁国计民生紧密结合，从王杰精神中汲取应对济宁"三期"叠加阶段性特征的精神动力，用王杰精神的精髓准确把握济宁新时代的脉搏，不断实现理论创新，为新时代济宁高质量发展探寻新的现实路径。"向外看"，研究全国各地红色文化传承新的理念和方式方法，吸收先进经验，在王杰精神学术研究上作出有建树的新时代回答，积极挖掘王杰精神对"新阶段、新理念、新格局"的价值，进而总结出以王杰精神为基础应对新时代挑战的价值观，并逐步获得国内理论共识。"向前看"，研究济王杰精神与马克思主义价值理想的契合点，研究王杰精神与济宁红色文化的传承关系，研究如何将王杰精神和红色文化统一于济宁先进文化，进而用王杰精神研究成果助力当代济宁文化强市建设。"向后看"，通过对王杰精神对济宁优秀传统文化的传承，提炼出王杰精神真正的思想精髓，系统研究王杰精神从哪里来、往何处去，研究王杰精神在中华优秀传统文化中伦理道德、社会关系、生命意义和生态环境的深刻内涵，为济宁市文化建设提供超越时代的启迪和借鉴，完善王杰精神学术研究基础框架。

（二）创新传承理论，以"三个独特"为原则挖掘王杰精神的深层内涵与时代特征

要从济宁独特的文化传统中挖掘王杰精神的深层内涵，在济宁历史典籍中找到王杰精神丰富的传统文化来源，在济宁传统文化中总结王杰精神历史文化理念，丰富王杰精神思想体系，进而整理出王杰精神涵盖的精神信仰、传统文化等各个层次、各个方面，完善王杰精神理论体系。要从济宁独特的历史命运中把握王杰精神的时代特征，在王杰精神中总结济宁的爱国主义，探索济宁走向新中国的历史必然；总结王杰精神中对革命理想的追求，探索走中国特色社会主义道路的历史必然；总结王杰精神中的革新精神，探索改革开放的历史必然；总结王杰精神中听党指挥的信念，探索中国共产党集中统一领导的历史必然。要扎根于济宁独特的基本市情，对王杰精神中所蕴含的重要革命思想进行深度挖掘，使王杰精神与当代马克思主义相融合、与济宁文化强市建设相促进、与济宁中国特色社会主义事业相适应，形成王杰精神当代传承基本理论，为济宁和整个山东提供红色文化传承的济宁理论、济宁方案。

（三）创新载体和形式，发挥好纪念馆传承弘扬作用

要以王杰纪念馆的讲解深刻展示王杰精神"一不怕苦、二不怕死"的内涵，提高宣传的生动性、真实性、权威性，确保价值导向的正确性，为参观者提供有价值的红色精神食粮。要通过传播手段和话语方式的创新，利用微信、微博等各类信息传播平台，形成丰富的宣教模式，在注重内容严肃性的同时，强化形式的灵活性，全方面、持久地向社会传递红色基因。要利用重大时间节点开展多种主题社会活动，以建党、建军、红军长征、抗战纪念等重要纪念日为契机，将党的历史与王杰精神和当前社会需要结合起来确立活动主题。要开发有吸引力的王杰精神文艺作品和文创产品，将红色基因的价值要素融入文化创意中，通过多种形式展现王杰精神，在"润物细无声"中传承党的初心，实现红色基因凝聚正能量、弘扬主旋律的作用。大中小学与纪念馆要积极开展合作进行爱国主义教育，发挥纪念馆作为爱国主义教育和红色革命传统教育基地的重要作用，让纪念馆成为学生积极接受爱国主义教育最有效的补充。纪念馆还要在意识形态领域的斗争中，把王杰精神讲出来、传出去，将理想信念和爱国主义情感凝聚成为济宁经济社会发展强大推动力的作用凸显出来。

（四）创新王杰精神红色文旅，拓展济宁文旅融合大格局

积极打造王杰纪念馆的济宁红色文旅品牌，放大王杰精神的红色旅游效应，大力推进鲁西南红色资源的整合与开发，把以王杰纪念馆为核心的金乡红色文旅拓展融入济宁文旅大格局，借助济宁大文旅打造王杰精神红色旅游大品牌。凭借王杰纪念馆硬软件设施的提升改造，把纪念馆打造成为集革命传统教育、军事文化博览、人文精神熏陶为一体的爱国主义教育和红色旅游基地，进一步扩大济宁市文旅在全国的知名度。创新王杰纪念馆开展宣传教育活动的形式，制作音像和各种纪念品，积极开展电化教育、携带展品外出宣讲，扩大王杰精神红色教育的宣传效果，还能提升济宁市大文旅的层次和格局。创新王杰纪念馆经营模式，开发各种参与性的军事体验项目，配套建设规范的农家乐餐馆，更好地为游客提供多样化服务，增强游客体验感和收获感。利用好王杰精神红色旅游资源，把王杰纪念馆、微山湖抗日英烈纪念馆、梁山战役纪念园、兖州战役纪念馆串点成线，打造济宁红色旅游专线。通过黄河国家文化公园、大运河国家文化公园战略机遇，将济宁红色旅游和孔孟、水浒、运河、太白湖、微山湖等主要旅游线路串点成线，打造独有的"两河"文化公园，让游客在领略济宁美景的同时，更好地接受革命传统教育和爱国主义教育，为济宁乃至全省打造出全新的精品文旅线路。

（作者单位：中共梁山县委党校）

传承弘扬王杰精神的时代价值探讨

——王杰精神对高职教育的启示

王　琳

　　王杰，一位雷锋式的好战士，他留给我们的不仅仅是一段英雄事迹，更是一种精神。以"一不怕苦、二不怕死"为主要内容的王杰精神，是中国共产党革命精神的重要组成部分。需要不断弘扬和传承这种精神，以此进一步激发爱国主义精神之情，助力社会主义现代化建设。

一、王杰精神的概述

（一）王杰精神的形成

王杰精神源自艰苦环境中的磨砺、崇高理想的熏陶以及英雄事迹的感召力。

1.艰苦环境下的磨砺

　　王杰生于农村，从小就接受艰苦的生活环境磨砺。进入部队后，他接受了更加严苛的训练。这些艰难的经历锤炼了他顽强的意志和刚毅不拔的品质。他在军队中始终保持着艰苦朴素的生活方式，忠诚于人民，为共产主义事业奉献了全部青春。

2.崇高理想的熏陶

　　王杰作为共产主义事业的忠实践行者，秉承着共产主义的崇高理想，将为人民服务作为自己的终身追求。他深刻理解共产主义事业的伟大意义，始终将个人利益放在国家和人民利益之后，将自己的人生价值与国家和民族的前途命运紧密联系在一起。这种崇高理想对王杰精神的形成起到了重要的推动作用。

3.英雄事迹的感召力

　　1965年，王杰在民兵地雷实爆训练中，为了保障人民群众的生命安全，毅然选择牺牲自己。他的英勇事迹感人至深，震撼全国。党和国家领导人对他的事迹给予高度评价，全国各地掀起了王杰精神的学习和宣传热潮。王杰的"一不怕苦、二不怕死"的英勇精神，成为中国人民向往的革命精神，并在广大人民群众中产生了极为深远的影响。

（二）王杰精神的内涵

1.以人民为中心

王杰精神的核心是以人民为中心的思想，这也是中国共产党一以贯之的指导思想之一。王杰在地雷训练中，选择用自己的生命去保护人民群众的生命安全，他无私奉献的精神令人动容。在高职院校中，要以人民为中心的理念贯穿教育工作。比如，组织学生参与志愿服务活动，将课堂学习与社会实践相结合从而增强学生对人民群众的责任感。

2.勇于担当

王杰精神的另一重要方面，是勇于担当。王杰在训练中冒着生命危险，用自己的身体掩护教练和队友，更是充分体现了这种精神。在高职院校中，应该鼓励学生勇于担当，在学习和实践中，敢于接受挑战，勇于承担责任。比如，鼓励学生积极参与各种创新创业活动，提高自己的综合素质和创新能力，培养成为未来社会需要的人才。

3.不怕苦不怕死

王杰精神的最明显特征就是"一不怕苦、二不怕死"，这是一种勇毅坚韧的革命精神，一种舍生取义的慷慨豪迈，是中国共产党的优良传统。在高职院校中，应该通过教育和实践，让学生牢记这种精神，用实际行动演绎"一不怕苦二不怕死"的精神。比如，组织学生参加一些逆境训练或生存挑战，让学生在极端环境下处理事务，培养他们的勇气、毅力和团队协作精神。

二、王杰精神的时代价值

王杰精激励着中华儿女投身社会主义建设的大潮。王杰精神在20世纪60年代产生了重要影响，在中华民族的基因血脉中赓续传承，时至今日依然具有重要的现实价值。

（一）追求真理精神

王杰精神中蕴含着追求真理的精神。他毫不犹豫地冲向危险地带，用他的身体掩护了在场的12名民兵和人武干部的生命安全。他的精神代表着一种追求真理的决心和信念，他不惧苦难和困难，为了人民的利益，勇敢地站出来，无惧牺牲，他追求真理的精神将永远铭刻在历史长河中。高职生要通过学习王杰精神，追求真理，勇敢站出来，为了社会的正义和人民的利益奋斗不息。今天的高职院校培养着未来的建设者，要让学生树立正确的世界观和价值观，把追求真理的精神贯穿于学习和实践之中。

（二）坚定信仰和理想

王杰精神代表着坚定信仰和理想的精神，并且这种精神在当今社会同样具有重要的时代价值。王杰是一个有信仰、有理想、有追求的人。他将自己的生命交付于革命事业，为了维护人民的利益即便是牺牲自己的生命。这种牺牲精神、坚定信仰和理想的决心和信念，是值得学习的。作为未来的建设者和创新者，高职生应该发扬自己的志气，肩负起为人民服务的责任和使命，并以实际行动，展现出青年人的风貌和风采，为实现中华民族伟大复兴的中国梦作出贡献。

（三）勇于担当的责任意识

王杰的英勇事迹激励着每一个人。他在危急时刻果断决策，选择毅然冲向危险区域，不顾自身安危为在场的 12 名民兵和人武干部挡住飞弹。这种勇于担当的责任意识体现了他对人民生命安全的高度重视，也展现了他出众的领导才能和决策能力。在王杰的眼中，个人的生命安危不是最重要的，保护人民群众的生命安全才是至高无上的。在日常学习及生活中，始终热爱人民，对自己所负责的工作，始终以全力以赴的态度投入其中，实现自身价值，为推动社会发展和进步贡献一分力量。

（四）积极向上的进取精神

王杰精神所蕴含的积极向上的进取精神是每个高职生都应该学习和践行的。他用自己的实际行动证明了"一不怕苦、二不怕死"的革命精神，他的精神激励着年轻人积极上进。作为高职生，应该学习借鉴王杰精神，树立积极向上的进取精神。人生是一个追求和奋斗的历程，高职生应该有追求自我提高的信念，勇敢前行，开拓新的视野，积极面对挑战，为成为具有现代化素质的建设者而不断学习。在学习和工作中，也应该像王杰一样，不怕苦不怕累，迎难而上。只有在遇到挫折和困难时不气馁，勇敢面对，才能赢得成功。例如，当学习一门技术时遇到困难，要加倍努力，不断钻研，才能掌握技术，为将来的工作打下坚实的基础。

三、王杰精神的传承与弘扬

近年来，随着高职教育的蓬勃发展，高职院校已经成为青年学子与社会的重要纽带。在面对新形势新任务的同时，高职院校如何传承和弘扬王杰精神，已成为一个亟待解决的问题。本文将从以下四个方面进行论述。

（一）深入挖掘"一不怕苦、二不怕死"的革命精神

王杰的"一不怕苦、二不怕死"的革命精神是一种极具时代性和现实意义的宝贵财富。为了深入挖掘这种精神内涵，高职院校应该通过各类纪念活动和宣传措施来推广和传承这种精神。比如说，可以开展一系列的纪念活动，例如举办红色影视讲座或者面向学生组织王杰精神主题班会，生动形象地介绍王杰的生平和事迹。这样不仅可以帮助广大师生深刻领会王杰精神的内涵，还可以通过具体的例子来展现这种精神的重要价值。

通过各种渠道广泛传播王杰精神，提高公众对这种精神的认知度和认同度。例如，可以运用现代科技手段，制作生动有趣的宣传材料，结合各种传统和新兴媒体平台，将王杰的故事和精神延伸到更多的人群中，让更多的人知晓和传承这种精神。高职院校还应该将王杰精神融入校园文化建设，并在教育教学中有所体现。例如，在课堂教学中，可以适当引入王杰精神元素，通过案例分析、角色扮演等形式，启发和引导学生学习和践行这种精神。

（二）注重品德教育，培养学生的高尚情操

在弘扬王杰精神的过程中，品德教育是一个至关重要的环节，它的目的不仅仅在于教导学生做一个遵纪守法、有良好道德素质的人，更是要求学生在个人修养和社会责任上不断提升。因此，作为高职院校师生，要注重培养学生的高尚情操。要实现这个目标，可以从多个方面入手。

首先，可以通过开设思想道德修养课程，让学生了解什么是高尚的品德和行为规范，以及如何在实践中践行这些准则。其次，可以组织一些社会实践活动，让学生深入了解社会、关注社会。例如，可以带领学生到养老院、福利院等地开展志愿服务，为老弱病残等群体提供力所能及的帮助。这一过程能够使学生在无私奉献中体验到成就感和荣誉感，从而正确认识到自己的价值和社会责任。

当然，品德教育并不是简单的说教，更不是短时间内能够完成的任务。必须营造一个温馨和谐的校园环境，倡导良好学风、加强品德教育，做好师生关

系的建设。只有如此，才能促进学生的自我发展和成长，使他们在实践中不断积累和提高自己的素质和能力，最终成为具有健康心态和优秀品德的新型社会主义建设者。

（三）加强优秀传统文化教育，激发爱国情感

在加强王杰精神的传承中，对中华优秀传统文化的教育也不能忽视。高职院校应当认真思考如何注重优秀传统文化教育，帮助学生更好地理解王杰精神的形成过程。加强优秀传统文化教育也应该成为激发师生爱国情感的一种有效方式。

可以通过开展一系列主题活动，比如"中华经典诵读""古代诗词教育"等来展示中华民族的传统美德、精神风貌，让师生对传统文化产生浓厚的兴趣和热爱，为青年一代的健康成长奠定坚实的情感基础。在具体的实践中，更多考虑到师生日常学习的需要，可以通过进行中华经典文学的诵读、阅读、讨论交流等活动，帮助大家更好地领会中华文化的博大精深，提高对文化经典的认知水平。

可以安排专门的讲座或者课程，介绍中华优秀传统文化的历史、文化特点、价值观念等，让师生能够了解中华文化的流变和深刻内涵。学校可以邀请优秀的传统文化名家进行研讨交流，通过面对面的交流方式，加深学生对中华文化的了解，让他们对自己祖国的文化和历史有更深刻的思考和认识。这样既能加深学生的理解，也能让学生更好地感受到中华文化的独特魅力。

（四）积极推进工匠精神的培养，培养实践能力

为了积极推进工匠精神的培养，可以借鉴王杰同志的"一不怕苦、二不怕死"的革命精神和"技术一流"的事迹，为广大高职院校学子树立榜样，注重实践能力的培养，延续工匠精神。在高职人才培养过程中，实践能力的培养至关重要。可以采用多种方式来提升学生的实践能力，例如通过技能比赛、校企合作项目等渠道，让学生参与实际生产、销售等实践。这些活动可以帮助学生更好地掌握实际技能，培养出"肯吃苦、善动手、敢冒险、勇攀高峰"的职业精神，激励他们不断追求前沿技术，真正实现技术创新。还可以开展岗位实训活动，邀请企业专家到校授课，进行技术交流和举办创新讲座，帮助学生更好地了解现代企业的运作模式、需求和市场趋势，提高学生就业竞争力和职业发展能力。

四、结语

王杰精神是新时代的珍贵财富。传承和弘扬王杰精神，不仅对自身的成长有着积极的影响，也对社会文化建设和发展具有深远的影响。我们应该积极传承和发扬这种精神，让它在新时代焕发夺目光芒，促进青年人更好地为民族复兴和建设事业奉献自己的力量。

（作者单位：济宁职业技术学院）

参考文献：

[1] 王国印 . 传承红色基因 汲取奋进力量 [J]. 中国农垦，2023（1）.

[2] 徐隽，刘博通 . 王杰精神永远是我们的宝贵精神财富 [J]. 奋斗，2023（4）.

[3] 周良发，张梦雪，年晨曦 . 新时代传承弘扬伟大建党精神的若干审思 [J]. 南京航空航天大学学报（社会科学版），2023，25（1）.

[4] 杨元梅，王海霞，白艳香 . 南梁精神的时代价值及其弘扬理路 [J]. 陇东学院学报，2023，34（1）.

[5] 宋玉龙 . 弘扬大庆精神铁人精神的时代意义 [J]. 活力，2023（2）.

王杰精神的当代价值意蕴探析

张　晶　鞠瑞年　汤庆霞

2017 年 12 月 13 日，习近平主席在徐州视察王杰生前所在连队时讲："王杰精神过去是、现在是、将来永远是我们的宝贵精神财富，要学习践行王杰精神，让王杰精神绽放新的时代光芒。"在实现中华民族伟大复兴的中国梦的征程中，我们比其他任何时期更需要传承和弘扬王杰精神。

一、王杰精神的源泉

王杰精神是根植于中华大地优秀传统文化的热土，在中国共产党的领导下，在毛泽东思想的哺育下，在社会主义建设的实践中形成的，是中国共产党人精神谱系的重要组成部分。

（一）　中华优秀传统文化的滋养

王杰出生于孔孟之乡的山东省济宁市，从小耳濡目染孔子提倡的"杀身成仁"和孟子提倡的"舍生取义"。仁、义乃孔孟学说的核心内容之一。王杰用实际行动践行了这一点。不论是抗洪抢险，还是爆破试验，他都不顾个人安危，冲在最前面。当战友和群众的生命遇到危险时，他更是用青春和生命浇筑了"仁"和"义"，践行了他自己"为了党，我不怕进刀山入火海；为了党，哪怕粉身碎骨我也心甘情愿"的庄严承诺。

中华传统文化主张与人为善、团结统一。王杰从小深受中华传统文化的影响，儿童时期就守信明理、乐于助人。入伍后，他更是时刻以雷锋为榜样，关怀战友，爱护集体财产，关心人民群众。在王杰的部队，大家都叫王杰为"活雷锋"。他认识到"一个战士的力量是有限的，可是千百个战士团结在一起，就成为无坚不摧的力量"，他懂得了只有团结，才有力量；只有团结，才能胜利。

（二）毛泽东思想的哺育

1. 毛泽东思想指明前进方向

学习了毛主席同志的著作以后，王杰一下子懂得了为什么当兵、为谁当兵、怎样当一个好兵，明白了什么是理想、什么是前途、什么是幸福、什么是痛苦。读了毛泽东同志的著作，浑身有使不完的劲。从此，王杰就一刻也没有放松学习毛泽东同志的著作。

王杰学习毛泽东同志的著作，不是简单粗略地学，而是活学活用。在学习毛泽东同志著作的过程中，他以毛泽东思想为武器，改造自己的思想，指导自己的行动，逐步地树立起一心为革命的无产阶级世界观，不仅找到了革命的动力和激情，更找到了前进的目标和方向，从一名普通战士迅速成长为一名伟大的无产主义战士。

2. 毛泽东同志艰苦奋斗的思想激励了王杰不畏艰辛的革命干劲

"艰苦奋斗"是人民军队的底色，也是人民军队取得成功的要素之一。王杰入伍之时，条件十分艰苦，部队训练和施工面临着时间紧、任务重的情况，这就要求王杰必须有战天斗地的精神、坚忍不拔的毅力和艰苦奋斗的作风。没有这么一股劲儿，就不能很好地完成任务。王杰在《愚公移山》等著作中汲取了精神养料，向英雄们学习，向连队里的劳模们学习，学习他们不畏艰苦的崇高品质，将"艰苦奋斗"扎扎实实地运用到了工作中。

3. 毛泽东同志为实现共产主义而奋斗的思想培养了王杰崇高的革命理想

王杰是在学习毛泽东同志的著作中逐渐树立共产主义的理想信念的。毛泽东同志为共产主义奋斗的事迹感染着他，他开始了解共产主义事业是人类历史上空前伟大的、又是空前艰难的事业。为了这个事业，必须经过长期的艰苦的曲折的斗争，彻底地战胜各方面的强大敌人。王杰开始在革命工作中不断摸索和思考：一个人为什么活着？为谁活着？怎样活着？最终他在毛泽东同志的著作中找到了答案：我们这个队伍完全是为解放人民的，是彻底地为人民利益工作的。从王杰日记中不难看出，在王杰一生的 23 个春秋当中，流露出来的是坚定的革命信仰，是坚定的共产主义信仰，这份信仰成为始终激励着王杰不惧艰辛、砥砺前行的精神源泉。

（三）中国革命和建设实践的熏陶

王杰精神形成于二十世纪五六十年代，它的形成具有鲜明的时代特色。在国内，全国人民在中国共产党的领导下热火朝天地建设社会主义。国际上，以美国为首的帝国主义亡我之心不死，对新中国虎视眈眈。王杰精神正是在这样的背景下产生的。

王杰始终坚定革命信仰，站稳革命立场，胸怀革命，把打倒帝国主义、实现共产主义作为自己的奋斗目标。为此，他积极投身社会主义建设，充分认识到，当兵是为了人民，在任何一个工作岗位上都要吃苦耐劳，努力放光发热，做出一番成绩。他虚心向优秀战友学习的品质、忘我工作的精神，令大家交口称赞。

二、王杰精神的内涵

（一）"一心为革命"的坚定信仰

为革命，他处处以革命英雄为榜样。王杰总是主动地学习革命英雄的崇高品德和革命理想信念，不断提高自己的觉悟。在他的日记里，8处提到黄继光，6处提到董存瑞，33处提到雷锋。他还提到了邱少云、刘胡兰、向秀丽、欧阳海、王若飞、方志敏等。英雄人物的革命精神激励着王杰成为一心为革命、一切为革命的无产阶级革命英雄。

为革命，党叫干啥就干啥。王杰始终把党和人民的需要摆在首位。只要是干革命，王杰表示一定服从命令听指挥，完成党和人民交给他的任务。

一心为革命，是王杰同志最可贵的品德，是他英雄行为的思想基础。王杰的一生短暂但光荣，真正做到了"干什么工作都要一心一意，言行一致，表里如一，埋头苦干，踏踏实实"，最终用生命诠释了他一心为革命的坚定信念。

（二）"两不怕"的大无畏精神

一不怕苦、二不怕死，是王杰革命一生的真实写照，是王杰精神的核心内涵。

1. 干革命，就得吃苦

革命战士不怕苦、能吃苦，艰苦奋斗的作风，在王杰心中牢牢地扎下了根。他始终践行这一作风。

王杰曾在日记中写道：干革命是要吃苦的。在部队里，他主动向老战士学习，在革命实践的磨砺中和老兵模范的带动下，逐渐形成了革命战士不能怕苦、不应怕苦的认识。此后，王杰在革命实践中自觉培养自己艰苦奋斗的作风。

2. 干革命，总会有牺牲

敢于斗争，勇于为革命奉献出自己的一切，直到奉献出自己的生命，是无产阶级革命战士的高尚品质。王杰同志就是这样一个用毛泽东思想磨砺成长起来的不怕死的英雄。他在日记中写道："为革命胜利勇于牺牲"，"做革命军人岂能管个人安危"，"为了受苦受难的人民就是死了我也心甘情愿"。王杰深知步入革命军队意味着准备随时为党和人民牺牲一切，包括生命。

（三）"三不伸手"的革命自律

王杰在 1964 年 3 月 3 日的日记中，只写了三句话，"牢记：在荣誉上不伸手，在待遇上不伸手，在物质上不伸手"。"三不伸手"，为了革命不计较个人得失，并不是王杰一时心血来潮的冲动，而是王杰革命一生的真实写照，体现了一个共产主义战士的革命自律。

王杰"三不伸手"的革命自律是在党的教育下形成的。王杰进入部队后，非常注重政治觉悟的培养，通过学习毛泽东思想，使自己在思想上受洗礼，树立正确的世界观，及时发现非无产阶级思想并与之作斗争。每当出现"个人主义"的苗头时，王杰都会从毛泽东同志的著作中寻找思想良方。《为人民服务》《纪念白求恩》是王杰反复读的两篇文章。

王杰"三不伸手"的革命自律源于他对祖国和人民的深切热爱。王杰进入部队以后，不断和个人主义作斗争，反对那种认为只能干"大事"、不能干"小事"的错误思想，做到党叫干啥就干啥，而且一定努力把它干好，老老实实为人民服务，做人民的勤务员，并正确对待个人的入党、荣誉地位、服役和婚姻等问题。

三、王杰精神的当代价值意蕴

习近平主席在徐州视察王杰生前所在连队时指出："要学习践行王杰精神，让王杰精神绽放新的时代光芒。"王杰精神历经半个世纪，依然具有宝贵的时代价值。实现中华民族伟大复兴的中国梦必然经过一代代人的艰苦奋斗，需要面对外部势力的冲击和阻挠，如果丢掉吃苦耐劳的精神、失去敢于牺牲的勇气，是不可能完成这样的壮举的。

（一）弘扬王杰精神实现新时代强军梦想

习近平主席指出：无论什么时候，一不怕苦、二不怕死的战斗精神千万不能丢。在党、国家、人民需要的时刻，军队就要有这股劲，这种精神。

1. 听党指挥：践行习近平强军思想

听党指挥是王杰精神的基础前提。在王杰短暂而光荣的革命生涯中，忠于党的事业、听从党的指挥深深印刻在王杰的行动中。党叫干啥就干啥，一句平实的语言道出了革命军人的觉悟和使命。在党和人民的需要面前，王杰从来都是一马当先，不讲困难、不讲条件、不讲待遇，坚决投入革命行动。

时代在变，但人民军队的使命和忠诚不会变，也不能变。人民军队要继续弘扬和发展王杰精神，完全听党指挥，坚决执行命令。

2. 能打胜仗：锻造军人的血性胆魄

能打胜仗是王杰精神的具体目标。王杰在部队的实践中始终坚持"一不怕苦、二不怕死"的精神，为了时刻能打仗、打胜仗，不怕艰难险阻、不怕痛苦牺牲。用实际行动践行了能打胜仗的铮铮誓言。学习王杰精神，要求深入学习习近平强军思想，用自己的实际行动把"两不怕"从口号变成为行动。

要想打胜仗，必须锻造军人的血性胆魄。这就要求人民军队砥砺催生坚强意志品格。在和平时期，把"两不怕"精神培育贯穿实战化训练的全过程，科学加大训练难度、强度、险度，在无限接近实战的环境中激发广大官兵的军事潜能和昂扬斗志，不断用实战的"力度"锻造精神"硬度"，用打仗"强度"提纯血性"浓度"，全面抓培养，常态促落实，全方位全过程培养塑造新时代的精武善战、精忠报国的"两不怕"传人。

3. 作风优良：全心全意为人民服务

作风优良是王杰精神的重要表现。王杰的革命的一生就是全心全意为人民服务的一生。从少年时期帮助乡亲、集体到从军后帮助战友再到日常帮助人民群众，王杰始终在为人民服务的路上前进。学习和弘扬王杰精神，人民的需要就是人民军队的前进方向。1998 年抗洪抢险、2008 年汶川地震救灾、2020 年抗击新冠疫情，人民军队始终冲锋在第一线，战斗在最前沿，急群众所急、解群众所难。人民军队用实际行动践行着全心全意为人民服务的誓言。

人民军队要把王杰精神内化于心、外化于行，用"两不怕"精神锻造血性胆魄，扎实推进习近平强军思想，锻造钢铁之师，为实现强军梦提供坚强有力的精神支撑，为中华民族的伟大复兴宏图大业保驾护航。

（二）弘扬王杰精神实现中华民族伟大复兴的中国梦

推进新时代中国特色社会主义事业，实现中华民族伟大复兴的中国梦，必须弘扬伟大的中国精神。在中国精神的宝库中，王杰精神熠熠生辉，不仅是中华优秀传统文化和民族精神的继承和升华，更是民族精神和革命精神的时代结晶。以"一不怕苦、二不怕死"为核心的王杰精神，其实质就是坚定的理想信念、默默无闻的奉献精神、锐意进取的创新精神、舍生忘死的英雄精神。传承和弘扬王杰精神，必将为实现中华民族伟大复兴注入强劲精神动力。

1. 用王杰精神坚定信念，砥砺前行

在实现中华民族伟大复兴的关键时期，改革发展稳定任务之重前所未有，风险挑战之多前所未有。越是任务艰巨，形势复杂，越需要坚定的理想信念作为砥砺前行的精神支柱。王杰是坚定理想信念的典范，弘扬与传承王杰"一心为革命"的精神，有助于人们坚定对中国特色社会主义的信念，筑牢全体人民共同的思想基础和精神纽带，有助于人们增强政治认同，坚定"四个自信"，紧密团结在中国共产党周围，坚定信念跟党走，高举中国特色社会主义伟大旗帜，锐意进取、埋头苦干、矢志不渝地为实现中华民族伟大复兴的中国梦而奋斗。

2. 用王杰精神纯正思想，无私奉献

王杰是一个克己奉公、忘我奉献的人。不论是日常的小事，还是关键时刻扑向炸点而英勇献身的壮举，无不体现了王杰的克己奉公与责任担当。传承与弘扬王杰的奉献精神，有助于提升人们的思想境界，胸怀大局、心有大我，敢于担当，勇于责任，坚持为党为人民矢志奋斗，形成人人想奉献、人人愿奉献、人人乐奉献的思想氛围，并立足本职岗位，主动担当作为，淡泊名利，忘我奉献，脚踏实地，埋头苦干，以实实在在的业绩助力民族复兴的航船行稳致远。

3. 用王杰精神守正创新，开拓进取

王杰是一个富有创新精神、敢为人先的创造者。在业务上他是技术能手，凡事爱琢磨，研究能力强，创造性地革新制作训练器材；他还解决了训练中面临的一些技术难题，比如创造了在坚硬的坦克道上埋地雷的实战练兵典型案例。站在新的历史起点上，面对中华民族伟大复兴的艰巨历史任务，我们在发展理念、制度体制、核心技术、评价体系、高质量发展等各个领域各个方面都需要创新突破，都需要这种奋发图强的创新精神。

传承和弘扬王杰敢闯敢试、锐意创新的精神，有助于人们敞开思想谋划新思路，放开手脚追求新突破，把创新从全面深化改革、乡村全面振兴、保护生态环境、构建新发展格局等重大战略任务和满足人民美好生活需求的各方面民生需求相结合，以理念的创新、制度的创新、技术的创新，以及流程的再造、环境的优化等创新成果不断开创工作新局面，推进中华民族伟大复兴的历史进程。

4. 用王杰精神昂扬士气，敢于斗争

一个有希望的民族不能没有英雄，一个有前途的国家不能没有先锋，英雄是民族最闪亮的坐标，它标注了时代的价值取向。新时代实现中华民族伟大复兴，同样离不开英雄，也离不开英雄精神。王杰平常不怕苦和累，关键时刻冲上去，以实际行动阐释了革命英雄主义精神的真谛，铸就了无畏困难，勇往直前的"两不怕"精神。

传承和弘扬王杰精神，能够鼓舞、鞭策我们不断拼搏进取，在困难矛盾面前敢于迎难而上，在危机挑战面前敢于挺身而出，勇立潮头、奋勇搏击，在斗争中推进工作、开创新局，在平凡岗位上履职尽责、干事创业，众志成城守护和创造美好生活，凝聚起无坚不摧、无往不胜的磅礴力量，共圆伟大中国梦。

（作者单位：济宁职业技术学院）

参考文献：

[1] 王杰日记 [M]. 人民出版社，1965.

[2] 一不怕苦，二不怕死——学习王杰同志一心为革命的崇高精神 [N]. 人民日报，1965-11-08.

[3] 张振东. 新时代学习践行"两不怕"精神的理性思考—基于王杰生前所在部队党委班子的视角 [J]. 南京政治学院学报，2018（1）.

[4] 凌淑珍. 王杰精神及其当代价值 [D]. 湘潭大学，2020（06）.

[5] 毛泽东文集（第 1-8 卷）[M]. 人民出版社，1993-1999.

[6] 济宁干部政德教育学院. 王杰精神的时代价值 [M]. 齐鲁出版社，2021.

以王杰精神书写德育斑斓画卷

马文秀

一、研究背景和意义

新时代要有新气象，更要有新作为。王杰同志"一心为革命""两不怕""三不伸手"的精神和"人生四问"的境界，展现了共产党人"忠诚、干净、担当"的品格，是我们必须牢记并传承的宝贵精神财富。随着社会的发展和进步，培养学生良好的道德品质和正确的价值观已成为教育的重要任务。如何在小学德育教学中有效引导学生树立正确的人生观、价值观和道德观，成为当今教育领域亟待解决的问题。

王杰作为一位英雄战士，他的生平事迹和崇高精神给人们留下了深刻的印象。他无私奉献、勇往直前的精神，对于培养学生的品德修养和价值观念具有重要的启示和引导意义。小学德育在学生心灵成长和人格形成过程中占据着重要的位置。通过文学作品的阅读和欣赏，学生可以接触到不同的人物形象，拥有不同的情感体验，从中汲取力量和启示。将王杰精神融入小学德育教育中，不仅可以使学生在学习中获得知识和技能的培养，更可以潜移默化地塑造学生的人格，培养他们的爱国情怀、奉献精神和团队合作意识。

本文通过研究和探索，希望为小学教师提供有效的教学策略和方法，帮助他们更好地引导学生形成正确的人生观和价值观，培养学生的品德修养和社会责任感。同时，在小学阶段培养学生的爱国情怀和奉献精神，有助于构建和谐社会，推动国家和社会的可持续发展。

二、王杰精神概述

（一）生平事迹

王杰出生于山东金乡，自小受到黄继光、董存瑞等战斗英雄故事的熏陶，崇尚英雄。1961年，他放弃了读高中的机会，应征入伍并被分配到济南军区装甲师某部工兵营1连。在入伍后，王杰加入了共青团，连续三年被评为"五好战士"，荣立三等功两次。他用自己的坚定信念和勇敢行动，成为军营中备受尊敬的战士。

1965年7月，年仅23岁的王杰在组织民兵训练时突遇炸药包意外爆炸。在危急关头，他毫不犹豫地用自己的身体扑向炸药包，保护了在场其他人的生命，最终以身殉职，壮烈牺牲。王杰的英勇事迹感动了无数人，王杰精神成为宝贵的精神财富。

（二）精神内涵

1. "一心为革命"的理想信念

王杰为了革命工作，在部队四年，三次推迟婚期、四次让出探亲假，直到母亲心脏病复发，才踏上回家探亲的路。在面对危险和困难时毫不退缩，身体力行展现了对信仰和责任的坚守。他的勇敢精神鼓舞着人们勇往直前，不畏艰难困苦。

2. "两不怕"的担当精神

王杰同志"一不怕苦二不怕死"，他身上具备不畏艰险、争当先锋，踏实苦干、迎难而上的精神品质。他用自己的生命为他人保驾护航，他的无私奉献精神激励着人们将个人利益置于集体和社会利益之后，以更大的力量奉献于社会。

3. "三不伸手"的高尚情操

王杰具备"在荣誉上不伸手、在待遇上不伸手、在物质上不伸手"的高尚情操，彰显了清廉自守、克己奉公的精神风貌。他始终将自己的命运与祖国和人民的命运紧密相连，将个人荣誉和责任感融入为国家、为人民服务的伟大事业中。他的精神激励着人们将自身发展与国家发展紧密联系起来，积极投身社会建设与发展。

4. "四个自问"的人生境界

王杰在日记中这样写道：什么是理想？革命到底就是理想。什么是前途？革命事业就是前途。什么是幸福？为人民服务就是幸福。什么是痛苦？人最痛苦的是失去人民的信任和为人民工作的机会。新时代新形势下，继承弘扬王杰精神，我们要把"四个自问"内化于心、外践于行，坚持"吾日三省吾身"，坚持"时时勤拂拭"。

（三）王杰精神的现实意义

王杰精神是培养良好公民素养的重要引领。在当今社会，需要更多具备爱国情怀、奉献精神和社会责任感的公民。将王杰精神融入小学课堂教育，可以帮助学生树立正确的价值观和道德观，培养他们对国家和社会的热爱和责任感。

王杰精神对于塑造学生的人格品质和培养团队合作意识具有重要影响。王杰的勇敢和无私奉献精神可以激发学生勇于面对困难、追求卓越的意愿。通过学习和了解王杰的事迹，学生可以感受到集体荣誉和个人奉献之间的关系，培养团队合作意识和集体责任感。

王杰精神对于推动社会进步和建设和谐社会具有现实意义。通过弘扬王杰精神，可以引导人们积极投身社会公益事业，关注社会问题，推动社会公正与公平。王杰精神的传承与发扬有助于构建和谐社会，提升国家凝聚力和社会稳定性。

综上所述，王杰的生平事迹和精神内涵具有深远的意义和价值。将王杰精神融入小学课堂教育，可以在德育教育中发挥重要作用，培养学生正确的价值观和道德观，塑造学生的人格品质，培养团队合作意识，并推动社会进步与和谐发展。

三、小学德育教育融入王杰精神

（一）王杰精神与小学德育教育目标的契合性

王杰精神蕴含着崇高的品德追求和为人民服务的理念，与小学德育的培养目标紧密契合。小学德育教育旨在培养学生正确的人生观、世界观、价值观，从而使得学生在小学阶段就可以获得综合教育。王杰精神的核心价值观，如勇敢无畏、忠诚奉献、为人民服务等，与小学德育教育目标中的道德情操和人文素养的培养目标相一致。因此，在小学德育教育中融入王杰精神是符合教育要求和培养学生全面发展需要的。

（二）选择适当的文学作品和阅读材料

为了将王杰精神融入小学德育教育，教师可以选择适当的文学作品和阅读材料。

可以选取具有爱国情怀和奉献精神的经典作品，如《闪闪的红星》《小兵张嘎》《红岩》等。这些作品中的主人公身上展现了类似于王杰精神的品质和行为，可以激发学生对英雄人物的敬佩和对国家的热爱。

可以选择一些真实的历史故事和英雄人物的传记作为阅读材料，以此为切入点，让学生更加深入了解王杰的生平事迹和他所代表的精神内涵。通过深入了解王杰的故事，学生可以更好地理解王杰精神的核心意义，并在情感上与其产生共鸣。

还可以引入一些现实生活中的新闻报道、故事和优秀的诗歌作品，以此为切入点，让学生在阅读中感受到王杰精神的现实意义和普遍价值。这些材料可以与学生的日常生活和社会环境相联系，让他们在学习的过程中不断思考和探索王杰精神的内涵。

（三）设计相关教学活动和任务

为了有效融入王杰精神，教师可以设计相关的教学活动和任务。以下是一些建议。

可以组织学生开展阅读讨论和写作活动。教师可以引导学生一起阅读有关王杰的故事和作品，鼓励他们分享自己的观点和感受。在讨论中，可以引导学生思考王杰精神的核心价值，如勇敢无畏、忠诚奉献等，让他们从中汲取力量和启示。

可以设计情感体验活动，让学生通过角色扮演、情景再现等方式深入感受王杰精神。教师可以组织学生模拟王杰的生平经历，让他们亲身体验王杰所面临的困境和抉择，进而激发学生的情感共鸣和对王杰精神的理解。

可以安排学生参观纪念馆或进行实地考察活动。通过参观王杰纪念馆、烈士陵园等地，学生可以更加直观地了解王杰的事迹和他所代表的精神。实地考察活动可以让学生亲身感受到王杰精神的历史底蕴和现实意义，加深对王杰的尊敬和对王杰精神的认同。

在教学过程中，教师还可以设计一些创设情境、培养团队合作意识的活动，让学生在团队中体验王杰精神的重要性。例如，组织学生开展小组合作项目，让他们在合作中培养出勇往直前、团结协作的品质。

以上的教学活动和任务设计，可以使学生更加深入地了解和体验王杰精神，并在实践中将其融入自己的言行之中，从而在小学德育教育中展现出王杰精神的德育新光彩。

四、评价体系构建与实施效果分析

（一）构建符合王杰精神的评价指标体系

为了有效评价学生在小学德育教育中对王杰精神的理解和应用程度，需要构建符合王杰精神的评价指标体系。这个评价指标体系应该综合考虑学生的情感态度、思维能力和道德品质等方面。其中，主要包括以下几个方面的指标。

理解与感知能力：评价学生对王杰精神的理解程度、对其事迹和精神内涵的感知能力，包括学生对于王杰精神核心价值观的理解、对其行为和选择背后的道德追求的感悟等。

反思与思考能力：评价学生对王杰精神的思考能力，包括学生对王杰精神所体现的价值观念的深入思考和自我反思的能力，以及学生对自身与王杰精神的联系和启示的思考。

行为与实践能力：评价学生将王杰精神融入实际行动的能力，包括学生在课堂活动、小组合作和社区服务等方面是否能够体现王杰精神，是否具备奉献、团队合作价值观的实际行动能力。

道德品质与情感态度：评价学生在情感态度和道德品质方面的表现，包括学生对王杰精神的情感态度和敬意的表达，以及学生在日常生活中体现出的对他人的关心，以及互助和公正等道德品质。

通过构建符合王杰精神的评价指标体系，可以全面评价学生对王杰精神的理解和应用程度，为教师提供有针对性的教学反馈和指导。

（二）实施效果分析与评估

在小学德育教育中融入王杰精神的实施过程中，需要对实施效果进行分析与评估。可以通过多种方式进行，包括教师观察记录、学生自评、同伴评价、家长反馈以及课堂作品和项目展示等形式。

教师可以通过观察记录学生在课堂活动中对王杰精神的参与程度、对核心价值观的理解和表达情况等进行评估。同时，可以让学生进行自我评价，让他们思考自己在学习和实践中的表现，并进行反思与总结。同伴评价也是一种有效的评估方式，学生可以相互观察、评价和反馈对方在学习中对王杰精神的理解和应用情况。

家长的反馈也是评估实施效果的重要依据。可以通过家长会、家庭作业的反馈和交流等方式，了解学生在家庭环境中对王杰精神的理解和实践情况。课堂作品和项目展示可以展示学生在实际活动中对王杰精神的应用情况，包括学生的习作、手工制作、演讲等方面的展示。

通过对实施效果的分析与评估，可以及时发现问题和不足，并采取相应的改进措施，进一步提升学生对王杰精神的理解和应用能力，确保小学德育教育融入王杰精神的实施效果达到预期目标。

五、总结与展望

小学德育教育中融入王杰精神，对于学生品德培养和全面发展具有重要意义。本文通过研究分析，论述了王杰精神在小学德育教育中的价值和意义，并提出了相应的实施策略和评价体系。

通过分析研究，我们可以得出以下几个结论。首先，王杰精神与小学德育教育目标具有良好的契合性，可以通过文学作品和阅读材料等方式进行融入。其次，教师在教学设计中应注重创设情境，引发学生的情感共鸣，并通过引导学生思考，激发学生的思想意识。培养学生的团队合作和奉献精神，以及正确的价值观和道德观也是实施过程中的重要环节。然而，需要注意的是，实施过程中可能会遇到一些困难和挑战。例如，学生对于王杰精神的理解可能存在差异，教师需要针对不同学生的特点和需求进行差异化教学。评价体系的构建和实施也需要综合考虑各种因素，确保评价的准确性和有效性。

展望未来，我们应该进一步研究和探索，在小学德育教育中更好地融入王杰精神。可以从教材编写、教师培训和家校合作等方面入手，形成系统完整的实施模式和支持体系。也需要注重教师的专业发展和素养提升，提高他们对王杰精神的理解和应用能力。这对于学生的全面发展和社会责任意识的培养具有重要意义。因此，我们应该深入研究和实践，不断完善和提升德育教育中王杰精神的融入效果，为学生的成长和发展创造良好的教育环境。作为教师，我们要善于将德育教育融入课堂教学中，利用中华优秀传统文化资源，丰富德育教育的内容和形式，实现对小学生理想、道德、纪律、法制、国防和民族团结等的教育，落实"立德树人"的根本任务。

（作者单位：济宁市实验小学）

让王杰精神在担当和斗争中绽放新的时代光芒

胡廷龙

中国特色社会主义进入了新时代，世情国情党情有了深刻变化，问题、困难也有了新表现新形式。同困难作斗争，是物质的角力，也是精神的对垒。奋进新征程、建功新时代内在地要求发扬担当和斗争精神。要在困难和风险面前不推诿、不逃避、不畏缩、不躲闪，功夫在平时，就要求我们在日常事上磨，打造坚定理想信念，锤炼忠诚品格，强化血性气魄。王杰精神"一心为革命"的无限忠诚，"一不怕苦、二不怕死"做一个大无畏的人，"三不伸手"不为私心所扰、不为名利所累、不为物欲所惑，正是新时代的我们勇于担当敢于斗争最为宝贵的精神食粮。

一、王杰精神是支撑愿担当和肯斗争的孕育剂

（一）新时代面临的严峻局面需要担当和斗争

进入新时代，我们经受住了来自各方面的风险挑战和考验，党和国家事业取得历史性成就、发生历史性变革，《中共中央关于党的百年奋斗重大成就和历史经验的决议》从十三个方面对我们取得的成就进行了总结。之所以能取得如此伟大胜利，原因在于以习近平同志为核心的党中央审时度势、果敢抉择，锐意进取、攻坚克难，团结带领全党全军全国各族人民撸起袖子加油干、风雨无阻向前行，义无反顾进行具有许多新的历史特点的伟大斗争。成就的取得我们为之自豪和骄傲。然而，从另一个角度来看，就会发现问题并不随着我们进入新时代而有所减少，反而随着我国经济实力和综合国力的提升，党和国家所面临的形势和局面有了不同以往的变化，我们所面临的问题和为之需要进行的斗争有了新的历史特点。党的二十大报告指出："我国发展进入战略机遇和风险挑战并存、不确定难预料因素增多的时期，各种'黑天鹅'、'灰犀牛'事件随时可能发生。我们必须增强忧患意识，坚持底线思维，做到居安思危、未

雨绸缪，准备经受风高浪急甚至惊涛骇浪的重大考验。"

在国内，改革进入深水区、攻坚期，面临的问题都是难啃的骨头。发展不平衡不充分问题仍然突出，推进高质量发展还有许多卡点瓶颈，中国式现代化的推进必然不是一路坦途，毫无疑问，会受到各种阻碍和压力。一旦妥协，改革就深入不下去，就会变成夹生饭，改革的成果最终将无法保证甚至流产。而要全面深入改革就要像习近平总书记在二十届中央全面深化改革委员会第一次会议上强调的"以巨大的政治勇气全面深化改革，坚持目标引领，突出问题导向，敢于突进深水区，敢于啃硬骨头，敢于涉险滩，敢于面对新矛盾新挑战，坚决破除各方面体制机制弊端"，才能取得崭新局面。

国际上，逆全球化思潮抬头，单边主义、霸权主义、强权政策尘嚣日上，冷战思维卷土重来。经济压迫、军事胁迫、意识形态抹黑、鼓吹威胁、分裂主义的手段和攻击层出不穷。中国期望和平，努力推动和平，但追求和平不意味着退缩，如果一味软弱退让，国家将走上万劫不复的沉重局面。唯有采取针锋相对的斗争，才能打开局面，才能有生存和发展的空间。恰像我们抗美援朝时期"打得一拳开，免得百拳来"。毛泽东同志称之为"以斗争求和平则和平存，以妥协求和平则和平亡。"在国际事务的斗争中，无论是外交领域唇枪舌剑还是经济领域的"斤斤计较"，抑或是军事领域的寸土必争，这些斗争都充满了艰辛和阻碍，没有一项成绩的取得是可以简简单单获得的，甚至可以说国际领域上的斗争都是牵一发而动全身。这个时候如果没有担当精神或斗争精神，回望清政府的屈辱外交，我们不难想象最终的结局。

（二）能否担当斗争决定着国家民族前途命运

是否愿意担当，敢否进行斗争意味着两个截然不同的结局。

只有担负起中华民族伟大复兴的重大责任，敢于斗争，善于斗争，才能杀出一条血路。我们积极推进"人类命运共同体"，推动"一带一路"高质量发展，推动树立共同、综合、合作、可持续的全球安全观，加强国际安全合作，完善全球安全治理体系，高举和平、发展、合作、共赢旗帜，推动人类社会向前发展。这些都是我们大国担当的成果，都是我们敢于斗争善于斗争的成就。

推进中国式现代化，全面深化改革是其基本动力。但改革面临的艰难和困苦不比对外斗争少多少。进入新时代，全面推进深化改革，不断提出解决问题的新理念、新思路、新办法，推进国家治理能力现代化，经历了"具有重大现实意义和深远历史意义的三件大事"，取得了三大"历史性胜利"，正是我们正视问题、正视不足，始终保持正视问题的清醒头脑和坚决态度，始终保持解决问题的坚定决心和耐心，锐意进取，不断斗争、不断奋进的成果。

（三）王杰精神是愿担当肯斗争的孕育剂

无论何时何地都必须始终担负起责任，敢于直面问题，敢于斗争。但愿意担当、肯于斗争，不能凭借一时的头脑刺激，需要我们有持之以恒的信念和理想。王杰精神是我们坚定理想信念，对党绝对忠诚，愿担当、肯斗争的孕育剂。

王杰同志"一心为革命"的理想信念让我们时刻清醒地认识到使命为谁，担当为谁，斗争为谁。他在日记中写道："要做一个革命的良种，党和国家把我撒到哪里，我就在哪里生根、开花、结果"，"不管任何工作，党指向哪里就冲向哪里，就是需要献上青春也没怨言"。为了党和国家的事业，为了人民的幸福，王杰义无反顾。坚定理想信念，坚守共产党人精神追求，始终是共产党人安身立命的根本。习近平总书记告诫我们："理想信念就是共产党人精神上的'钙'，没有理想信念，理想信念不坚定，精神上就会'缺钙'，就会得'软骨病'"。没有"一心为革命"的支撑，就会得"软骨病"，最终在困难面前低下头，在斗争面前败下阵来。"一心为革命"才能抛却私心杂念，才能立根固本，保持清醒。2013年6月习近平同志在全国组织工作会议上强调"理想信念就是人的志向。古人说：'志之所趋，无远勿届，穷山距海，不能限也。志之所向，无坚不入，锐兵精甲，不能御也。'意思是说，志存高远的人，再遥远的地方也能达到，再坚固的东西也能突破"。2007年，习近平同志初到上海市任职时，曾立下"一心为公、一切唯实、一身正气"的政治宣言，充分调研、敢于担当，以党代表大会的形式宣示上海发展定位，推动上海稳定高效发展。正是有着这样"一心为革命"的精神加持，才一路披荆斩棘，敢于担当。

"一不怕死、二不怕苦"的"两不怕"精神则可以让我们敢于斗争。王杰听到刘思代的故事后流泪表达自己的决心："小代那么年轻，不怕苦，不怕死，他真是我们的好榜样。我们要学习先烈的英雄精神，为广大人民的幸福，情愿牺牲自己的生命！"他自己更用短短的一生践行了"两不怕"的精神。新时代十余年，有涉滩之险，有爬坡之艰，也有闯关之难，党的多少干部就是在"两不怕"的精神指引下，不怕流血牺牲不畏艰难险阻一步步跨险滩、爬陡坡、闯难关，取得傲人的成绩。习近平总书记强调："中华民族伟大复兴，绝不是轻轻松松、敲锣打鼓就能实现的。全党必须准备付出更为艰巨、更为艰苦的努力。"通过斗争，我们才能取得主动权，才能取得话语权。秉承"两不怕"

精神才能让为党、为国、为人民谋福利的决心更坚定，才能够保持战略定力，知难而进、迎难而上，依靠顽强斗争打开事业发展新天地。

精神养成非一日之功，英雄也是百炼成钢。王杰同志将"两不怕"精神升华至巅峰，背后是他不断用毛泽东思想武装头脑，并不断大力践行的结果。新时代，我们传承王杰精神也非唾手可得，需要我们用马克思主义中国化时代化的最新理论成果武装头脑，把握好习近平新时代中国特色社会主义思想的世界观和方法论，坚持好、运用好贯穿其中的立场观点方法，做到知行合一，把习近平新时代中国特色社会主义思想转化为坚定理想、锤炼党性和指导实践、推动工作的强大力量。只有这样，才能让王杰精神成为新时代强化责任担当、探索斗争规律、掌握斗争真谛的孕育剂。

二、王杰精神是助力敢担当和能斗争的催化剂

新时代，一些党员、干部仍缺乏担当精神，斗争本领不强，实干精神不足，形式主义、官僚主义现象仍较突出，我们党依靠斗争创造历史，也要依靠斗争赢得未来，唯有主动迎战、坚决斗争才有生路出路，才能赢得尊严、求得发展，逃避退缩、妥协退让只会招致失败和屈辱，只能是死路一条。王杰精神在打破部分党员干部不敢担当、不能斗争的局面，助力广大干部敢担当和能斗争上可以也应该发挥更大的作用。

（一）一心为革命，处处要担当，事事要斗争

马克思主义认为，矛盾是普遍存在的，是事物联系的实质内容和事物发展的根本动力。而矛盾则是通过问题的形式表现出来，面对问题、解决问题的过程就是我们化解矛盾的过程。问题的普遍性决定了我们无法脱离问题、矛盾而存在，无论在革命时期还是社会主义建设时期，我们都必须将自己的工作定位在解决问题、解决困难上。习近平总书记强调，"干工作就是同矛盾和困难作斗争"。而在什么样的位置上，以什么样的状态去担当去斗争，王杰精神给我们提供了答案。

"以服从祖国的需要为最快乐。""毛主席怎样说的，我就怎样做！"为了党的事业"有一分热发一分光"，王杰严格要求自己"干什么工作都要一心一意，言行一致，表里如一，埋头苦干，踏踏实实"。新时代，我们选择工作的自主性得到扩展，但是工作完全符合自己心愿、处处得心应手，不现实也不

可能，"躺平"或者"佛系"看似风轻云淡，却让人丧失了理想和斗争，于己于国都无裨益。新时代传承王杰精神"一心为革命"，要求广大党员干部纯洁思想，锤炼意志，在任何位置上都立得住，要发挥钉钉子精神，久久为功。

（二）斗争就要"两不怕"

"真正的革命者就要准备在斗争的过程中迎接万难，排除万难，不怕困难，经受住各种各样的风浪考验，哪怕是刮起十二级台风来，也要站稳脚跟，坚定不移地前进。""为了党，我不怕进刀山入火海；为了党，哪怕粉身碎骨，我也心甘情愿。""一切难以忍受的我都能忍受下去，为了党和祖国，为了人民我坚决努力到死！奋斗到死！""两不怕"精神是王杰精神的核心内涵，在一心为革命理想信念的支持下，王杰用年轻的生命践行了自己的"两不怕"誓言。新时代，我们的斗争有了新的历史特点，但是"两不怕"精神依旧为我们树立斗争精神、强化斗争本领提供指引和力量。斗争就要有付出和牺牲，在全国脱贫攻坚总结表彰大会上，习近平总书记庄严宣告：我国脱贫攻坚战取得了全面胜利。在这条长征路上，超过1800人牺牲在脱贫攻坚一线，将生命定格在了脱贫攻坚的战场。无数鲜活的事例证明，"两不怕"精神过去是现在是未来也必然是我们斗争取得胜利的保证，是我们事业从一个胜利走向另一个胜利的动力。新时代，面对新矛盾新挑战，冲破思想束缚，突破利益固化藩篱，斗争的勇气和斗争的本领缺一不可，"两不怕"精神能为我们担负起责任、敢于斗争善于斗争催生出智慧和力量。

三、王杰精神是考察真担当和善斗争的检测剂

党的二十大报告强调："加强干部斗争精神和斗争本领养成，着力增强防风险、迎挑战、抗打压能力，带头担当作为，做到平常时候看得出来、关键时刻站得出来、危难关头豁得出来。完善干部考核评价体系，引导干部树立和践行正确政绩观，推动干部能上能下、能进能出，形成能者上、优者奖、庸者下、劣者汰的良好局面。"对党政领导干部的考核评价决定干部队伍建设的质量和效果，而在考察领导干部是否真担当、能否斗争方面，党员干部对王杰精神传承的多少可以为我们干部的考核评价提供参考。

（一）"一心为革命"考察干部理想信念

信念理想决定了方向和立场，也决定着我们的言论和行动，更能决定我们

走得多远。对马克思主义的信仰，对中国特色社会主义的信念，对中华民族伟大复兴的信心，是推进中国式现代化的重要力量。头脑中有了马克思主义，一心为革命才有归宿，才能成为有源之水，有根之木。在实际工作中才能脚踏实地，才能行稳致远。一旦没有了理想信念，就会失去为革命赴汤蹈火的勇气和信心，终会半途而废。习近平总书记指出："衡量一名共产党员、一名领导干部是否具有共产主义远大理想，是有客观标准的，那就要看他能否坚持全心全意为人民服务的根本宗旨，能否吃苦在前、享受在后，能否勤奋工作、廉洁奉公，能否为理想而奋不顾身去拼搏、去奋斗、去献出自己的全部精力乃至生命。"考察一名领导干部是否"一心为革命"，实质就是考察干部党性是否坚定，这对领导干部在中国特色社会主义道路上能走多远具有决定性的意义。

（二）"两不怕"考察干部担当意识斗争意志

观察、考察一名领导干部，不仅要听其言，更要观其行。"两不怕"既可观其理想信念，亦可观责任、担当和斗争本领。实际工作中能做到一不怕苦、二不怕死可以折射出其理想信念的坚定，反之工作中畏首畏尾，不敢闯不敢冲，不敢担当，更不敢斗争，担心害怕的终极原因是害怕自己有失。而中国共产党的性质和宗旨决定了革命理想高于天，"砍头不要紧，只要主义真"。砍头都不怕，哪还怕得失。"两不怕"还能反映出干部斗争的勇气和本领。在中国共青团成立 100 周年庆祝大会上，习近平总书记鼓励广大共青团员"做敢于斗争、善于斗争的模范，带头迎难而上、攻坚克难，做到不信邪、不怕鬼、骨头硬"。"一不怕苦，二不怕死"这种大无畏的革命主义精神就是能面对困难、面对问题，真担当和善斗争，只有这样才能成为模范，才能做到引领。习近平总书记指出："做事总是有风险的。正因为有风险，才需要担当。凡是有利于党和人民的事，我们就要事不避难、义不逃责，大胆地干、坚决地干。"王杰遇到困难冲在前，遇到危险抢在前，因为他有着作为一名共产主义战士的觉悟和担当，才敢于斗争，并在斗争中不断总结经验，善于斗争，连续三年被评为五好战士，两次荣立三等功，荣获"最美奋斗者""模范共青团员""一级技术能手"称号。"两不怕"精神传承的多少可以成为我们衡量干部能否担当，斗争本领是否强大的重要标准。

（三）"三不伸手"考察干部自我净化能力

王杰"在荣誉上不伸手，在待遇上不伸手，在物质上不伸手"，这"三不伸手"是一面镜子，共产党员都要好好照照这面镜子。王杰在 1964 年 1 月 13 日写过这样一篇日记："我们争当五好战士,不是为了一个证章戴在胸前闪闪发光,而是通过五好活动,推动我们的工作。""三不伸手"以奋斗奉献为荣、以淡泊名利为本的价值观,是共产党员加强自我修养的一面明镜。而一旦脱离了这种价值观,向组织要荣誉,向党要待遇,向物质伸手,就会选错路,走错方向,陷入自私自利,既背离了党性,又可能在违法乱纪的路上一发不可收拾。常用王杰精神的"三不伸手"照看自己,则能不断实现自我净化,铸就忠诚、干净、担当的优良政治品格。是否能一直用"三不伸手"来要求约束自己,可以作为考察干部是否立得正、行得稳的重要依据。

实现中华民族的伟大复兴,全面建设社会主义现代化国家,不可避免有许多风险挑战挡在我们面前。新时代学习践行王杰精神,要求我们面对艰难险阻不逃避不退缩,一心为革命,迎难而上,主动担当,培植斗争精神,练就敢于斗争、善于斗争的本领,砥砺前行。王杰精神是推进新时代工作的重要精神财富,穿越时空、历久弥新,是不断激励我们有所作为,有所成就的澎湃动力,一定能够在担当和斗争中绽放新的时代光芒。

（作者单位：中共金乡县委党校）

王杰精神融入干部教育培训的逻辑机理与路径选择

岳才华

党的二十大报告提出："加强理想信念教育，引导全党牢记党的宗旨，解决好世界观、人生观、价值观这个总开关问题，自觉做共产主义远大理想和中国特色社会主义共同理想的坚定信仰者和忠实实践者。"这对新时代干部教育培训工作提出了新的要求。王杰精神作为根植于中华优秀传统文化热土，在中国共产党的领导下，在社会主义建设的革命实践中形成的重要精神资源，是中国共产党人精神谱系的重要组成部分，在新时代鼓舞了一批又一批的党员干部奋勇前进。习近平主席在徐州视察王杰生前所在连队时强调："要学习践行王杰精神，让王杰精神绽放新的时代光芒"。在干部教育培训工作中，应充分认识到王杰精神在培养干部中的重要性，深入挖掘王杰精神与干部教育结合的精准发力点，让王杰精神在新时代绽放德育新光彩。

一、新时代王杰精神融入干部教育培训的逻辑机理

各级干部的能力品德关系到党的事业的兴衰成败，关系到中华民族的伟大复兴。王杰精神具有重要的育人功能，并且具有强烈的鼓舞激励作用，将王杰精神融入干部教育培训，有利于培养干部信念坚定、敢于担当、甘于奉献、清正廉洁的优秀品质，为党的事业发展打下坚实的思想基础。

（一）发扬王杰精神，培养干部"一心为革命"的坚定信仰

一心为革命，是王杰英雄行为的思想基础。王杰的一生真正做到了"干什么工作都要一心一意，言行一致，表里如一，埋头苦干，踏踏实实"，最终用生命诠释了他一心为革命的坚定信念，用革命的一生诠释了随时准备为革命利益贡献自己的一切。2021 年，习近平总书记在中央党校（国家行政学院）中青年干部培训班开班式上，对中青年干部提出要求："我们共产党人为的是大公、守的是大义、求的是大我，更要正心明道、怀德自重，始终把党和人民

放在心中最高位置，做一个一心为公、一身正气、一尘不染的人。"共产党人的宗旨是全心全意为人民服务，这就要求党员领导干部要学习王杰"一心为革命"的赤诚和纯洁，时刻以人民利益为重，做到爱岗敬业，心无旁骛，扎扎实实为群众谋福祉。增强事业心和责任心，克服当"太平官""清闲官"的思想，不断增强事业心和责任心，一心为党一心为公。

（二）发扬王杰精神，培养干部"两不怕"的无畏品质

中国共产党百余年来一路披荆斩棘，之所以能从石库门走到天安门，从一穷二白到今天辉煌成就的取得，这一路的浴火重生、苦难辉煌，最重要的一点就是因为无数共产党员对共产主义有着坚定的信仰，真正做到"一不怕苦，二不怕死"，不惜抛头颅、洒热血，为了党的事业愿意牺牲一切。王杰在日记中写道："为了党，我不怕进刀山入火海；为了党，哪怕粉身碎骨我也甘心情愿。""为革命胜利勇于牺牲"，"做革命军人岂能管个人安危"，"为了受苦受难的人民就是死了我也心甘情愿"。王杰用舍生忘死的胆魄和舍己救人的壮举，践行了"我们要一不怕苦、二不怕死，做一个大无畏的人"的铮铮誓言。当前，中国特色社会主义进入新时代，改革发展进入深水区，人民群众的需求在不断变化，面对日益多样化、复杂化的现实问题，更需要各级党员干部敢于啃硬骨头、勇于涉险滩破难题。作为新时代党员干部，要敢于在艰难困苦中砥砺前行、开拓创新；要善于在苦学中立志，在苦干中成才，在苦行中建功，在中国式现代化的伟大征程上建功立业。

（三）发扬王杰精神，培养干部"三不伸手"的廉洁定力

做官要先做人，做人最重要的就是要律己，领导干部尤其要做到严于律己，慎独慎微，谨记"蠹众而木折，隙大而墙坏"。1964年3月3日，王杰在日记中写："牢记：在荣誉面前不伸手，在待遇面前不伸手，在物质面前不伸手"。"三不伸手"，为了革命不计较个人得失，是王杰革命一生的真实写照，充分体现了一个共产主义战士的革命自律。习近平主席在王杰生前所在连队视察时指出，王杰"在荣誉上不伸手，在待遇上不伸手，在物质上不伸手"。这"三不伸手"是一面镜子，共产党员都要好好照照这面镜子。"其身正，不令而行；其身不正，虽令不从。"党的领导干部一定要加强自身修养，谨言慎行，时刻保持清醒的头脑，"三不伸手"虽是看似简单四个字，却是检验党性纯洁与否、信仰坚定与否的一把标尺。新时代的党员干部要时刻对照检查、自我革新、激浊扬清，要始终心存敬畏、心系群众，把时间和精力用到干事创业、为民服务上来，如此，才能在面对利欲熏染时稳如泰山、坚如磐石，才能永葆共产党人的精神底色。

（四）发扬王杰精神，培养干部"人生四问"的政治清醒

政治清醒是最大清醒，政治糊涂是最大危险。王杰在日记中写道："什么是理想，革命到底就是理想。什么是前途，革命事业就是前途。什么是幸福，为人民服务就是幸福。什么是痛苦？失去人民的信任和为人民工作的机会就是最大的痛苦。"这是王杰的"人生四问"。"人生四问"是一种扪心自问，是一种反躬自省，是一种对个人灵魂的净化之问。这种自省和自觉在当今新时代依然具有重要的时代价值，中国特色社会主义伟大征程赋予党员干部忠诚、担当、奉献的责任与使命，要求广大干部善于把握时代大势，保持政治定力，时刻保持高度的政治自觉和清醒，把党的各项事业不断向前推进，要切实增强使命感、责任感，坚定政治立场，坚守政治原则，坚决做到信念坚定、为民服务、勤政务实、敢于担当、清正廉洁。

二、新时代王杰精神融入干部教育培训的原则

王杰精神是党的宝贵精神财富，发挥王杰精神在干部教育培训中的重要作用，要找准结合点、发力点，最鲜明的一个原则就是要坚持强党性教育原则，再就是发挥王杰精神的鼓舞激励性原则和王杰精神的启发性教育原则。

（一）强党性的教育原则

党性是一个政党固有的属性，它关系到一个政党的发展前景、发展方向。领导干部党性修养如何，关系到一个政党的生命力。共产党的干部讲党性是第一要求，党员干部任何时候都要心系党、心系人民、心系国家，自觉坚定党性、锤炼党性。新时代的领导干部应不断增强党性修养，不断锤炼自己的意志和品格。因此，在干部教育培训中尤其要注重锤炼领导干部的党性，要经常讲、反复讲。教育引领广大党员干部继承革命先烈的坚贞忠诚的品格、牺牲奉献的精神、永跟党走的坚毅和一心为民的情怀。王杰精神是滋养干部党性的宝贵精神财富，可以不断提高干部道德修养，使其更加坚定理想信念，不断激发斗争意识，发扬牺牲奉献的精神。从而以先进引领先进，以实践引领实践，带领人民群众为实现伟大目标不懈奋斗。

（二）鼓舞激励性原则

王杰的事迹感人至深，他的精神跨越时空，在今天依然是激励我们完成伟

大事业的强大精神力量。王杰舍身保护战友的奋不顾身、主动申请到艰苦的工作岗位的迎难而上、恶劣环境里战天斗地的乐观坚毅等等，具有强烈的感染性，激励着一代代官兵坚守高尚的价值追求，为国奉献。这对于新时代的党员干部依然具有强大的精神指引作用，应注重用王杰精神充分激发、引导、鼓舞广大干部干事创业、为民服务的情怀和担当，增强干部教育培训的转化性、实效性。

（三）启发性教育原则

启发式教育在干部教育培训中具有非常明显的优势，在传统的干部教育培训过程中，我们更注重课堂讲授党的理论知识，教师在台上讲，领导干部坐在下面听，领导干部处于被动接受的地位，至于受众理解得如何，接受效果如何，关注的并不是很多，这就导致干部教育培训的效果打了折扣在。在王杰精神的教学上，王杰生前的日记和王杰亲属、战友的回忆具体生动，是讲好王杰精神的重要教材，同时具体生动的事例在教育培训中能够充分激发学员的共鸣和思考，达到启发、感染、认同的培训效果。因而坚持启发性教育原则，通过案例式、讨论式等教学方式让学员主动参与、主动思考、主动探究的教学模式，能够激发他们的积极性、探索欲，让他们由被动接受到主动思考，从而使他们对问题了解得更透彻、把握得更精准，在实践中能够更准、更快地实施。

三、王杰精神融入干部教育培训的实践路径

要充分发挥王杰精神在干部教育培训中的重要作用，首先就要注意激发王杰精神在新时代的生命力，要通过创新宣讲模式，打造现场教育教学基地，依托新媒体赋能等手段，活化学习形式，强化学习效果，不断实现王杰精神宣传教育的创新发展。

（一）加大研究力度，积极研发王杰精神红色教育课程体系

近年来，济宁金乡作为王杰故里，成立了王杰精神研究中心，精心打造了一批优质的红色教育课程，出版发行了《王杰精神的时代价值》等书籍，扎实推动王杰精神进课程、进教材、进头脑，取得了很大的成绩。依托现有资源，可持续加大王杰精神课程体系研究力度，多角度、全方位研究宣讲王杰精神，打造一个多层次、立体化的课程体系。在教学中增加研讨式教学、互动式教学、体验式教学等多种教学形式，丰富教学手段，提升学员学习王杰精神的参

与度和积极性。

（二）深挖红色资源，精心打造现场教育教学基地

金乡县充分整合王杰纪念馆、新党校等资源，深挖王杰精神，建成济宁（金乡）干部政德教育基地；整合王杰学校、王杰故居等资源，建成王杰精神传承教育研学中心；整合羊山烈士陵园、王杰大道等资源，建成"红色＋文化体验"线路；精选了一批具有指位功能的标志性建筑或设施等，以王杰的名字进行命名，达到了濡染城市精神的良好效果。其中，每一现场教学点各有侧重，在路线设计过程中注重合理规划路线、合理利用时间，在现场教学点中探索设置学员交流讨论、教师与学员互动环节、角色扮演环节、情景再现表演等形式，进一步促进学员思考、互动交流、亲身体验，强化教学效果。

（三）利用新媒体技术，促进线上教育教学传播

习近平总书记强调："要运用新媒体新技术使工作活起来，推动思想政治工作传统优势同信息技术高度融合，增强时代感和吸引力。"目前干部教育培训线上方式多采用数字图书馆、网络红色微党课、网络红色专题课程讲授等，大都通过党校、干部学院网站、微信公众号、B 站、抖音等平台进行传播，取得了一定的效果。但是，现在较为先进的虚拟现实技术等传播手段在干部教育培训中使用得相对较少。比如，VR 技术应用于思政课，可以使体验者有一种身临其境的即视感，是打破传统课堂教学模式、使信息技术深度赋能思想政治教育、将新媒体新技术与思想政治教育课程紧密贴合的创新课堂教学模式，让思政课从内容到形式真正实现"活起来"，呈现出新的"打开方式"，大大增强教育培训者的体验感。在王杰精神教育培训中，在重要历史事件、工作生活场景的展现上，也可以在相关教学点增加 VR 技术及其他多媒体方式的运用，增强教育培训吸引力，让受众印象更深刻，更能使其产生共鸣，从而达到更好的教育效果。

（四）加强交流合作，健全王杰精神资源开发利用的共享机制

王杰精神作为中国共产党人精神谱系的重要组成部分，对党员干部教育培训具有丰富的时代内涵和重大的时代价值。党委政府、相关部门和机构协同研究与挖掘，是保证王杰精神资源能够得到合理开发利用的关键所在。在王杰精神资源开发的过程中要充分发挥各方协同作用，采用共同开发的研发模式，加强交流协作，开展综合开发与整体研究，积极促进联动效应的发挥，形成王杰精神资源挖掘开发的强大合力。例如，做好王杰精神融入党政干部思想政治教育文献资料的整理汇编工作，并且加强与各图书馆、党政教育培训基地、党政

工作研究室等单位之间的联系，共享相关资料、培训经验，形成点成线、线带面的资料共享文化传播方阵。作为全国王杰精神学习的主阵地，济宁金乡应该积极宣传、分享现阶段王杰精神教育取得的成果和经验，加大王杰精神宣传力度，推动王杰精神全面融入各级党政干部思想政治教育。

（作者单位：中共济宁市委党校）

以王杰精神为引领　绽放德育新光彩

侯庆娟　阚晶晶

德育是教育的重要组成部分，它不仅关乎个体的道德修养和价值观，也涉及社会的和谐与进步。近年来，随着社会的发展和变革，德育面临着新的挑战和机遇。在这个背景下，我们需要寻找新的引领，为德育注入新的力量和活力。作为一名教育工作者，深知德育教育的重要性。德育教育是培养学生全面发展的重要途径，是实现教育目标的重要手段。在德育教育中，英雄精神是一种宝贵的教育资源。英雄精神可以激励学生树立正确的价值观，培养学生的勇气和担当精神。

一、王杰精神对新时代德育教育的影响

王杰，一名伟大的解放军战士，一个让新中国无法忘却的名字。1965，面对即将爆炸的炸药包，王杰向前纵身一扑，舍命一扑，挽救了 12 个人的生命，他的英勇事迹在中华大地广为流传。他用生命践行的"一不怕苦、二不怕死"精神，激励一代又一代的青少年坚定信念，奋斗拼搏，努力成长为能够担当民族复兴大任的时代新人。王杰精神，对新时代的德育教育影响深远。

首先，王杰的英勇牺牲精神激励着新时代的学生，引导他们树立追求真善美的理想，勇于担当社会责任。王杰在军事训练中不顾个人安危，用自己的身体保护了战友们的生命安全，展现了无私奉献的精神。这种精神可以激发学生的爱国情怀和社会意识，让他们意识到自己作为新时代的公民应该积极为社会和他人贡献力量。

其次，王杰的品德榜样影响着新时代的学生，帮助他们塑造正确的价值观和道德取向。王杰的高尚品质如正直、公正、谦虚等，为学生树立了良好的道德典范。学生通过学习和宣传王杰的事迹，能够感受到品德的重要性，并从中汲取力量和智慧，塑造自己的道德观念和行为准则。王杰的榜样作用不仅体现

在他的英勇行为上，更体现在他的为人处世、与人为善的品质中。学生可以通过学习王杰的精神，提升自己的道德素养和社会责任感。

再次，王杰精神对于教师的教育教学方法和理念有着深远的影响。作为教师，我们应当以王杰的精神为引领，注重培养学生的品德和道德意识。我们应该以身作则，通过自己的言行和行为榜样来引导学生。我们还应该关注学生的全面发展，注重培养学生的创新意识和实践能力。王杰在军事训练中展现的勇敢和果断，提醒我们要培养学生的勇气和坚韧精神，让他们在面对困难和挑战时勇往直前。

二、以王杰精神为引领的德育策略和实践方法

（一）弘扬爱国奉献精神

以王杰精神为引领的德育策略之一是弘扬爱国奉献精神。爱国主义是中华民族精神的核心，当代中国必须大力弘扬爱国主义精神，使爱国主义成为中华民族的坚定信念、精神力量和自觉行动。

首先，在德育教育中，我们可以通过深入学习和宣传王杰的英勇事迹，向学生传达爱国主义情怀。王杰在保卫人民生命安全的关键时刻，毫不犹豫地挺身而出，用自己的生命保护战友，展现了高尚的爱国奉献精神。我们可以通过讲述他的故事、观看纪录片、阅读相关文献等方式，让学生深刻领会王杰精神的核心价值，激发他们对国家和人民的深厚情感。

其次，我们可以通过组织学生参与社会实践活动，让他们亲身体验社会服务和奉献的意义。学生的学习不能只局限于校园，不能只停留在课本和课堂，更应该走出校园，走出课堂。只有深入社会，深入基层，才能真正了解社会的需要，在社会服务中激发学生的爱国热情和责任担当。例如，组织学生参与社区志愿者活动、支教活动、暑期三下乡活动等，让他们深入百姓，深入基层，培养他们的社会责任感和乐于奉献精神。在这些活动中，学生可以主动参与社会服务，进深入社会调查，了解社会问题，为他人提供帮助和支持。通过亲身经历，他们将感受到奉献的快乐和满足感，培养其爱国奉献的意愿和决心。

再次，我们可以通过课堂教育，引导学生关注国家大事、社会问题，激发他们的社会意识和参与热情。教师可以组织讨论、辩论、研究等活动，让学生了解国家的发展现状、社会问题的存在，并鼓励他们积极表达自己的观点和建

议。通过这样的课堂互动，激发学生爱国热情和责任担当，学生将逐渐形成关心国家、关心社会的意识，并积极思考如何为国家和社会做出贡献。学校可以开设英雄课程，英雄课程可以是一门独立的课程，也可以是融入其他课程中的模块。通过英雄课程的学习，让学生深入了解英雄事迹和英雄精神，增强学生的爱国主义和革命英雄主义精神。班主任可以组织一些英雄主题活动，选择与王杰精神相关的话题，如爱国主义、奉献精神等，让学生分小组进行讨论和分享。每个小组可以选择一个具体的案例或个人，探讨其对于爱国奉献精神的体现和启示。通过这样的活动，学生将从多个角度了解爱国奉献的重要性，并激发他们在日常生活中践行这一精神的愿望。

（二）培养高尚道德品质

在以王杰精神为引领的德育策略中，培养学生的高尚道德品质是至关重要的。我们可以通过道德教育课程和校园文化建设来实施这一策略。

首先，课堂教育是培养学生道德品质的重要途径。通过开设道德教育课程，我们可以教授学生道德原则、伦理观念等知识，引导他们形成正确的价值观和行为准则。引导学生从王杰烈士的事迹中领悟到正确的价值观，如爱国、忠诚、勇敢、无私等。通过对王杰烈士事迹的学习，让学生深刻认识到爱国主义和革命英雄主义的重要性，树立正确的价值观。

其次，校园文化建设是培养学生道德品质的关键环节。校园文化作为一种文化形态，通过丰富多彩的内容和各种各样的形式对学生价值观念、道德情操、思想内涵和行为模式的形成和发展起着较深的影响。学校可以建立积极向上的文化氛围，通过宣传榜样、组织道德实践活动等方式，激励学生树立良好的道德形象和行为习惯。

再次，家校合作是培养学生道德品质的重要手段。家长和教师应该共同合作，共同关注学生的道德教育，形成良好的育人合力。通过家庭教育和学校教育的有机结合，学生的道德品质可以得到全面发展。

（三）激发学生创新精神和实践能力

王杰先生的精神，特别是他的英勇牺牲精神，对新时代的德育教育产生了深远影响。他用自己的生命诠释了什么是真正的爱国主义和人民利益高于一切的精神。因此，我们应该结合王杰精神，激励学生树立追求真善美的理想，勇于担当社会责任。我们可以鼓励学生参加各种社会实践活动，培养他们的实践能力和创新精神。比如组织学生参加志愿者活动、社区服务等，让他们亲身体验社会的需要和挑战，培养他们服务社会、奉献社会、勇于担当的社会责任感。也可以鼓励学生参加科技竞赛、创新创业等活动，培养他们的创新思维和实践能力。

首先，我们可以通过改革教育教学方法，培养学生的创新思维。教师既是知识的传授者，也是创造教育的实施者，为了培养学生的创新思维，教师在教学工作中应善于提出问题，启发学生独立思索，寻求正确的答案，要鼓励学生质疑争辩、自由讨论，要指导学生掌握发现问题、分析问题和解决问题的科学思维方法。可以采用启发式教学、项目式学习等方式，激发学生的创新潜能，培养他们的创新意识和解决问题的能力。

其次，学校可以提供丰富多样的实践机会，让学生将知识应用到实际生活中。例如，学校开设一些实践课程，让学亲自生动手操作参与其中，既能提高学生学习的积极性，又能提升学生解决实际问题的能力。可以利用节假日组织多种形式的实践活动，组建学生创新组织，通过不同专业学生、学生和老师之间以及学生、学校与社会之间的合作，进行科研实践活动。比如，暑期三下乡活动、青年志愿者活动、社会调查、社会服务、公益劳动等。通过实践活动，学生经受社会锻炼，增长自己的才干，实现知识和行动的有机统一，学生通过亲身实践锻炼自己的实际操作能力和创新能力。

再次，学校应该营造良好的创新氛围，鼓励学生勇于尝试、敢于创新。适当的奖励有助于大学生更好的创新，对大学生的创新行为和实践成绩给予积极肯定和鼓励，制定具体的科技创新活动管理和奖励办法，建立专项奖励基金，提高学生参与科技创新活动的积极性。通过设立创新奖励机制、组织创新竞赛等方式，激发学生的创新动力。通过这些策略的实施，学生将具备更强的创新精神和实践能力，能够在社会中积极探索和创造。

（四）倡导团队合作与社会责任意识

王杰作为时代楷模、民族英雄，其核心就在于社会责任意识和团队意识。这是我们在教育中应该积极倡导，引导学生积极学习的地方，在教育实践过程中，我们可以通过开展团队合作项目，培养学生的合作意识和团队精神。

首先，学校可以开设各种团队竞赛，学生组队参加竞赛，并通过团队合作，共同完成目标和任务，取得优异成绩。学生的毕业作业可以以团队的形式完成。目前毕业作业一般适合一人独自完成，可以转变这种传统模式，设计一些需要团队合作才能够完成的课题，给予学生一个互通有无、沟通合作的机会。鼓励学生成立学生组织，任何组织都有一个团队的共同目标，组织成员只有全力合作才能够让组织成长壮大。而学生又比较喜欢社团建设，可以鼓励他们多参加社团活动，从而培养团队意识，锻炼团队合作能力。可以组织学生参与小组活动、合作解决问题等，让他们学会与他人合作、协作，培养团队合作能力。

其次，学校可以组织社会实践活动，让学生亲身参与社会服务，提升他们的社会责任意识。例如，组织学生参与公益活动、社区服务等，让他们了解社会问题，培养关爱他人、贡献社会的意识。

再次，学校应该通过课堂教育，引导学生了解团队合作的重要性和社会责任的意义。教师可以组织讨论、案例分析等活动，让学生认识到团队合作对于解决问题和实现共同目标的重要性，引导他们形成积极的社会责任意识。教师可以设计一道复杂的数学问题，要求学生以小组形式合作解决。每个小组成员可以负责不同的部分，彼此协作、相互交流，共同解决问题。这样的活动可以促进学生之间的互动和合作，培养他们的团队合作精神。教师可以在活动结束后，引导学生进行反思和讨论，让他们认识到团队合作的重要性和合作中的收获和挑战。通过这样的教学实践，学生将深刻体验到团队合作的力量，激发他们的社会责任意识。通过倡导团队合作与社会责任意识的策略，学生将在德育教育中培养出良好的合作意识和社会责任感。他们将更加注重团队合作、关心他人，成为乐于合作、具备社会责任的优秀公民。这样的德育教育将有助于塑造和培养学生成长为社会需要的有德、有能、有担当的人才。

三、结语

总之，王杰精神是一种具有崇高理想和信仰、坚定的爱国主义精神、革命英雄主义精神、勇气和担当的精神。这种精神已经成为一种时代精神，激励着一代又一代的中国人为实现中华民族伟大复兴而不懈奋斗。以王杰精神为引领的德育策略包括弘扬爱国奉献精神、培养高尚道德品质以及激发学生创新精神和实践能力。这些策略通过教育教学的方方面面，让学生在德育教育中获得全面的发展，成为有道德修养、有责任担当、有创新精神的新时代公民。

（作者单位：济宁职业技术学院）

让王杰精神绽放新的时代光芒的调研与思考

周　侠

党的二十大报告强调，"弘扬以伟大建党精神为源头的中国共产党人精神谱系"。王杰精神是中国共产党人精神谱系的重要组成部分。2017 年 12 月 13 日，习近平主席视察陆军第 71 集团军时强调指出："王杰精神过去是、现在是、将来永远是我们的宝贵精神财富，要学习践行王杰精神，让王杰精神绽放新的时代光芒。"王杰精神是我党我军的宝贵精神财富，具有超越时空的恒久价值和旺盛生命力。全面建成社会主义现代化强国、实现中华民族伟大复兴的奋斗目标，需要强有力的精神支撑。充分挖掘王杰精神的时代内涵和价值，加大教育宣传力度，使其在新时代绽放出更加耀眼的光芒，不仅正当其时，而且具有重要的理论意义和实践价值。

一、王杰精神的内涵及时代价值

王杰，1942 年 10 月出生在山东省金乡县华墙村，1961 年 8 月参军入伍，1965 年 7 月 14 日，王杰在江苏邳县张楼公社组织民兵进行地雷实爆训练时，由于拉火装置突发意外，危急时刻，为掩护在场的 12 名民兵和人武干部，王杰奋不顾身扑向炸点，壮烈牺牲，用年仅 23 岁的宝贵生命铸就了永恒的王杰精神。

王杰精神是对王杰言行和事迹中所表现出的思想道德和崇高理想的高度概括，是以王杰名字命名并且在实践中不断丰富和发展的中国共产党精神的一部分。其核心内涵可以概括为四个方面：无限忠诚、为党为民的"一心为革命"精神；血性担当、无畏牺牲的"两不怕"精神；干净无私、永葆本色的"三不伸手"精神；净化灵魂、反躬自省的"人生四问"精神。"一心为革命"体现了坚定的理想信念；"一不怕苦、二不怕死"，是革命英雄主义的突出表现；"在荣誉上不伸手、在待遇上不伸手、在物质上不伸手"，体现了严格自律的高尚情操；"什么是理想？革命到底就是理想。什么是前途？革命事业就是前途。什么是幸福？为人民服务就是幸福。什么是痛苦？失去人民的信任和为人民工作的机会就是最大的痛苦。"这是一种扪心自问，是一种反躬自省，更是一种对个人灵魂的净化之问。

王杰精神的实质就是绝对忠诚的爱国主义精神，迎难而上的敢于担当精神，勇于牺牲的为民奉献精神，永葆本色的严格自律精神，净化灵魂的自省精神。这些精神既体现了忠、勇、仁、义、勤、廉等传统核心价值，也体现了爱国、敬业、诚信、友善等社会主义核心价值。

2017 年 12 月 13 日，习近平主席视察王杰生前所在连队时说："王杰精神过去是、现在是、将来永远是我们的宝贵精神财富。""'三不伸手'是一面镜子，共产党员都要好好照照这面镜子。"这是对王杰精神时代价值的准确定位。具体来讲，王杰精神的时代价值表现为：王杰精神是新时代强固信仰信念的政治灵魂，是新时代催生奋斗血性的刀尖铁拳，是新时代培育奉献精神的遗传基因，是新时代党员干部修身立德的价值标杆，是实现中华民族伟大复兴的强大精神动力。

二、金乡传承弘扬王杰精神的经验与模式

王杰牺牲以后，党和国家领导人高度评价王杰"一心为革命"的品德和"一不怕苦、二不怕死"的精神。在党的九届一中全会上，毛泽东同志席高度赞扬了王杰的革命精神，并指出：我赞成这样的口号，叫作"一不怕苦，二不怕死"。周恩来总理亲笔抄录了王杰的诗：座座高山耸入云，我们施工为人民。不怕工作苦和累，愿把青春献人民。全国掀起了学习宣传王杰精神的热潮，很多人将王杰作为自己学习的榜样，将王杰精神作为自己的价值参照。山东省济宁市金乡县作为英雄王杰的故乡，几十年来持续实施红色基因传承工程，弘扬王杰精神，叫响"红色金乡"品牌，聚力打造红色高地。主要经验和做法如下。

（一）丰富载体，打造红色文艺作品

王杰牺牲后，为纪念王杰，金乡县人民政府将华堌村更名为"王杰村"，并在村东建立了王杰烈士纪念馆，教育了几代金乡儿女。由于该纪念馆展陈和容量有限，为更好满足广大人民群众学习王杰精神的需要，2009 年，金乡县政府又在羊山景区专门规划建设了一座新的王杰纪念馆，占地近 70 亩，馆内陈列着 100 多幅画面和几十件实物，并开通了网上王杰纪念馆展厅，具备了国内一流的展馆水平。2018 年金乡县王杰村"王杰精神大讲堂"落成，讲堂内张贴着王杰生平事迹、

珍贵照片、日记画报，回顾了英雄短暂而辉煌的一生，大讲堂成为开展红色教育的又一重要阵地。2018 年 7 月 14 日，金乡县王杰广场落成。该广场以雕塑讲述故事，用文化传承精神，让王杰精神走进群众之中，融入日常生活，不断绽放出新的时代光芒。金乡县还精选一批学校、派出所、公园、广场、绿地、道路、桥梁，以及一些具有指位功能的标志性建筑或设施等，以王杰的名字进行命名，固化城市印记，在金乡大地叫响王杰精神。

为使王杰精神从展馆走向社会，走进千家万户，王杰老乡、战友韩义祥撰写了《王杰 /100 位新中国成立以来感动中国人物》一书，成为全社会学习王杰事迹的重要书籍。2021 年 1 月，由济宁市作家协会副主席兼秘书长汪林所著的《英雄模范共产党员故事汇——王杰》出版发行，为读者还原了王杰的英雄事迹。2021 年 6 月，由济宁（金乡）政德教育基地和金乡县委党校合著的理论读本《王杰精神的时代价值》顺利出版。2019 年 9 月，专题纪录片《走进英雄王杰》成功登录央视四套《国家记忆》栏目，纪录片用全新的视角多方位还原了王杰的英雄事迹。该片在央视黄金时段连播三晚，收视率位居同时段前列，并在媒体、学界和民众中引发强烈关注和反响。2021 年 6 月 1 日，原创京剧《英雄王杰》在山东省教育科学院"国华绽放　童心向党"庆祝中国共产党成立 100 周年暨京剧进校园成果展演活动中进行首演并获得巨大成功。同日，院线电影《王杰》在金乡开机拍摄，采用艺术手法讲述王杰精神的孕育成长，弘扬和传承王杰精神。

（二）深化研究，挖掘王杰精神的内涵和精神实质

为深入挖掘王杰精神的内涵和精神实质，金乡县成立了王杰精神研究中心和山东省王杰精神研究会，通过多种形式、多种手段，系统挖掘整理王杰生前的光荣事迹、文字影像等资料，进行拓展研究。2016 年县委党校成立了王杰精神专题课开发小组，成功打造了《学习王杰精神，做忠诚、干净、担当好干部》《王杰精神及其时代价值》专题课，在青年干部培训班、科级干部培训班、后备干部培训班以及村党支部书记培训班等班次讲授，培训学员近万人。其中，《忠诚、干净、担当：王杰精神的时代价值》在 2020 年济宁市"我来讲党课"活动中被评为精品党课。2019 年，金乡县成立了济宁（金乡）干部政德教育基地，开展王杰精神的现场教学工作，累计接待班次 153 个，培训人数近万人。2023 年，基地上报的网络课《让王杰精神绽放新的时代光芒》入选中组部基层干部培训优秀网络课程。

（三）建立长效机制，常态化践行王杰精神

金乡县将 7 月 14 日（王杰牺牲的日子）定为王杰纪念日。每年纪念日期间，通过组织党员、干部、职工、师生和广大群众参观王杰纪念馆，召开纪念大会，开展"弘扬王杰精神 争做时代先锋"主题党日活动，举办演讲、征文活动等多种形式，开展系列学习践行王杰精神的纪念活动，传承弘扬王杰精神。组织党校教师、王杰式先进人物，以及王杰生前战友、同学、亲人等成立王杰精神宣讲团，常态化讲好王杰故事、传播王杰精神，增强对王杰精神的认知度和认同感。结合学习践行王杰精神活动开展情况以及岗位目标完成情况，在每年 7 月份评选表彰一批王杰"号""班""岗""队"等先进单位、先进集体，评选表彰一批王杰式标兵、王杰式先进人物等先进个人。通过这些来自群众、有血有肉、真实可信的模范人物，使王杰精神更加贴近实际、更富时代气息、更能打动人心。

（四）创造性转化、融入学校教育

学校是社会主义核心价值观教育的主阵地，学生是学习王杰精神的重要群体，全县中小学校都将弘扬王杰精神作为校园文化建设的重要内容。2011 年 6 月，教育部为金乡县第一中学"王杰班"授牌。自此后，学校在高二年级每两年评选一次"王杰班"。目前，"王杰班"已经成为各班级争夺的荣誉牌。围绕"传承红色基因、弘扬王杰精神"打造红色教育品牌，金乡县逐步形成了以王杰小学教育集团为代表的红色教育特色学校。该校实施了王杰精神进校园、进课堂、进头脑的"三进"活动，把王杰精神融入课程建设，打造"王杰式好少年"培育工程，形成榜样示范引领、同伴心灵互助、课堂内外结合的"学王杰"3D 模式。金乡县致远实验学校把王杰精神"一二三"转化为师生共同遵循的"一二三"：一心为学习；不怕苦、不怕难，要有见义勇为的精神但还要见义智为；荣誉上不沽名钓誉向组织伸手，待遇上不好高骛远向学校伸手，物质上不追求享乐向父母伸手。这一转换，既让小学生学习了王杰精神又解除了家长们对学生贸然逞英雄的担忧，收到了很好的效果。例如，2020 年夏天，该校初一学生王恒烨在放飞无人机时发现落水老人，他没有直接跳水去救老人，而是第一时间跑到路边喊人，机智救人，得到了家长、学校和社会的称赞。王恒烨的做法被网友评为"教科书式救援"，他也被评为"王杰式好少年"，这就是对王杰精神创造性转化、创新性发展取得的实效。

三、让王杰精神绽放新的时代光芒存在的问题及提升措施

（一）传承弘扬王杰精神存在的问题

1.教育载体的智能化水平有待提升。通过调研我们发现，在金乡的王杰纪念馆、大讲堂等教育基地内，有关王杰精神的纪念设施、展陈内容及依托设施、展陈开展的相关教育还没有实现智能化自助服务。游客和学员仍靠传统的现场讲解来学习王杰的英雄事迹，这显然与时代的发展和人们获取信息的智能化偏好相距较远。

2.教育内容的差异化区分不明显。目前我县在王杰精神的宣传教育方面，虽然根据受众的不同在教育内容上有所差异，但是这种区分还不够精细和精准。比如，8分钟的现场教学——《王杰精神的时代价值》，就存在着"一稿通用"的现象，王杰精神的现场教学稿常常"以一敌百"。

3.王杰精神的教育辐射力不够宽广。以专题课形式进行的王杰精神的宣讲还仅限于济宁一隅，与王杰精神作为中国共产党精神谱系的重要组成部分相比，力度和广度还很不够。让王杰精神走出济宁，突破山东，走向全国，以此感召和凝聚广大党员干部形成建设现代化强国的磅礴力量，是一件迫切而有意义的事情。

4.复合式宣传教育方法运用不够。在宣传方式上，仍以理论灌输为主，知识性、艺术性、体验性相交融的复合式方法运用较少。理论灌输有其优点，但对现在的年轻人而言，在全球化背景下受多元价值观的影响，他们对王杰精神的感知与接受度相对较弱，单纯的理论灌输比较枯燥，如果能结合年轻人的喜好，抓住年轻人的心理，运用舞台剧、情景剧、电视剧、话剧、京剧、电影、动漫、VR、沉浸式等渗透与体验相结合的方式效果会更好。

5.理论和实践衔接度不高。虽然金乡县在弘扬和传承王杰精神方面组织开展了一批主题学习活动，在公安政法系统推出一批王杰岗，在窗口行业推出一批王杰团队，在工矿企业推出一批王杰班组（车间），在学校评选了一批王杰少先队、团支部，在文明城市创建中开展了学王杰志愿服务活动，但是，他们在全县68万人民中的占比还不是很高，与理论宣传的铺天盖地相比，很多人还停留在"震撼一瞬间、激动一阵子"的状态，甚至有人认为王杰精神崇高而遥远、很难学习推广，适用于过去的年代，没有什么现实价值。

（二）让王杰精神绽放新的时代光芒的建议

1.加强文化载体建设，提升智能化水平。红色文化的载体包括革命遗迹、战场纪念地、革命会议遗址、领袖的故居、旧居等纪念馆，也包括革命前辈用过的

物品或穿过的遗物等。这些物质载体承载着红色文化丰富的思想内涵，人们一接触到这些东西就会联想到红色的主题、历史、事件及革命精神。加强红色文化载体建设就是要保护好红色遗地遗址，利用好红色资源，讲好红色故事，使党员干部和人民群众在理想信念、价值信念和道德观念上相一致，提升道德信念和价值水平。

随着 5G 技术的发展和人们对手机的高度依赖，很多红色基地都配套了二维码自助语音导览系统，游客只需要打开手机上的任意二维码扫描软件，扫描相关二维码图像，就可以听到解说和浏览详细信息，非常方便。王杰纪念馆等红色基地很有必要引入这种二维码自助系统。还可以在基地内设置 VR 体验室，运用虚拟技术将英雄王杰牺牲前攻坚克难的事例穿点成线进行制作，让体验者置身其中，接受任务的考验，经受灵魂的拷问，体会王杰的平凡与伟大，学王杰、做王杰，践行王杰精神。

2. 加强对王杰精神蕴含的核心价值的凝练概括，打造差异化红色精品课程。王杰精神是我们宝贵的精神财富。要充分认识到王杰精神对红色文化和中华优秀传统文化的继承，加强对王杰精神中蕴含的核心价值的凝练概括，根据受众身份、职业、文化程度的特点，提出层次不同的道德要求，打造差异化红色精品课程。比如，针对中小学生群体，我们可以提炼吃苦、勤奋、负责、勇敢、机智的道德价值要求，并将这一价值观融入道德与法制课堂教学中，纳入学习特色课程；针对党员干部群体，可以提炼忠诚、干净、担当，明大德、守公德、严私德的价值要求，并通过教育方法和学习形式的创新，增强红色文化的吸引力感染力，使广大党员干部自觉学习、传承、践行，提升精神境界；针对党外人士，我们可以提出爱国、仁义、担当、干净的价值观要求，并开发出相应的教育课程，这既体现了道德实践的层次性，也体现了教育内容的针对性。

3. 成立"王杰精神全国巡回宣讲团"，播撒红色火种。2017 年习近平主席视察第 71 集团军发表重要讲话，尤其是 2021 年王杰精神被纳入第一批中国共产党人精神谱系以后，山东金乡和江苏邳州对王杰精神的宣传氛围日益浓厚。在内蒙古阿荣旗、山东临沂和一些高校也可见宣传弘扬王杰精神的行动。但是，作为英雄王杰的故乡，王杰精神的孕育地、发源地，对王杰精神的研究和宣传还有很大的提升空间。组建"王杰精神全国巡回宣讲团"，赴全国各地播撒王杰精神的红色火种，让红色基因永续传承，感召和凝聚广大党员干部形成建设现代化强国的磅礴力量，是时代要求，也正当其时。

4. 编写适合中小学生阅读的红色书籍，开设红色文化思政课，纳入学校特色课程。通过调研我们发现，在济宁市各大新华书店在售的适合中小学学生阅读的红色书籍屈指可数，而具有济宁特色或金乡特色的兼顾少年儿童阅读特点的红色读本几乎没有。书籍作为红色文化的重要载体，在传承红色基因、培育时代新人方面发挥着举足轻重的作用。因此，根据中小学生的身心发展阶段特点编写具有地方特色的红色读本供老师授课和学生学习使用、构建红色文化校本教材很有必要。各个学科可以结合学科特点教学中融入红色文化内容，打造具有自己特点的课程，尤其是思政课要从细、从小、从实等方面下功夫，通过"故事寓意道理"和"道理渗透故事"的方式把道理讲明白、讲清楚，增加思政课"润物细无声"的感染力，培育学生的社会主义核心价值观。

5. 打造红色文化艺术作品，让红色文化走进千家万户。通过艺术的形式演绎红色文化题材，讲述红色故事，挖掘红色精神，推出"有筋骨、有血肉、有温度"的红色题材作品，不仅能吸引观众尤其是年轻观众，更能使红色文化的思想内涵得到更广泛认同和传播。济宁市素有"曲山艺海"之美誉，金乡县的四平调、琴书、落子、渔鼓、花鼓等非物质文化遗产丰厚，如果能够结合地方戏曲，推进红色文化与各种艺术形式进行跨界融合，采取不同的讲述方法让"老故事"呈现出"新面貌"，让具有历史感的"红色故事"更有吸引力、感染力和冲击力，其所倡导的价值观就能够得到群众更广泛的认同、传播和践行。例如，由上海杂技团与上海市马戏学校联合创作的红色主题杂技剧《战上海》，就将杂技技巧与戏剧、舞蹈等艺术进行紧密融合，既有观赏性又有教育意义，让人看了既震撼又感动，收到了很好的教育效果。

6. 加强制度建设，形成传承弘扬红色文化的长效机制。要通过制度来弘扬党和人民在各个历史时期奋斗中形成的伟大精神，弘扬传承王杰精神也需要制度和机制来激励。要抓住党员干部这个重点，发挥青少年骨干作用和窗口服务行业的示范作用，把王杰精神融入公民道德建设各个领域和文明城市创建全过程，把群众发动起来，广泛开展道德模范、时代楷模和身边好人等评选表彰和学习宣传活动，选树一批来自群众、有血有肉、真实可信的模范人物，让王杰精神在全县各行各业成风化俗、厚植生根。

（作者单位：中共金乡县委党校）